한수성 임팩트 행정법총론 동형모의고사

한수성 편저

2025 개정판

공무원·소방 시험 완벽 대비

열정!
열정!
열정!

공무원 시험 완벽 대비

- 7·9급 공무원 시험 대비!
  최신출제경향 및 개정법령, 판례 모두 반영

- 다양한 문제, 빠짐없는 지문 구성과
  디테일한 해설로 빈틈없는 학습 가능

- 실제 시험과 가장 유사한 모의고사로
  실전 완벽 대비 및 핵심 개념 최종 점검

12회

PREFACE
이 책의 머리말

1 단계별 고강도 하드 트레이닝 모의고사(총 12회분)

❶ 1단계(1회 – 5회)

1회부터 5회(총 6회 분량)까지는 전통적으로 중요하게 다뤄진 빈출지문 들을 활용하여 철저히 기본을 물어보는 평이한 난도의 모의고사입니다. 최근 24년 국가직 9급의 난도를 기준으로 출제하였습니다.

❷ 2단계(6회 – 10회)

이전 5회분과 난도에 큰 차이는 없으나, 최근 24년에 출제된 각종 공무원 9급 및 7급 행정법 문제를 바탕으로 변형하여 출제하였습니다. 이를 통해 최근 실시된 문제들의 경향과 관심사, 그리고 대략적인 난도를 파악할 수 있어 현실을 정확하게 직시하고 분석할 수 있도록 하였습니다.

❸ 3단계(11회 – 12회)

마지막 2회분은 고강도 하드 트레이닝을 위한 모의고사입니다. 변호사시험 등에서 출제된 문제를 반영하였으며, 출제될 만한 최신법령 및 23·24년 최신판례까지 철저히 반영하여 출제하였으므로 여기까지 잘 정리하고 훈련하신 분들은 시험장에서는 발목에 차고 있던 모래주머니를 비로소 빼고 달리는 것 마냥 모든 문제가 쉽게 느껴지실 겁니다. 최근 24년과 23년에 실시된 국가직이나 지방직 행정법은 모두 평이하게 출제되었으나, 지난 21년과 22년에 시행된 것들을 확인해 보시면 최근과 현격한 차이가 있다는 것을 알 수 있습니다. 공시는 매년 변덕스러운 모습으로 수험생을 괴롭혀왔습니다. 2회분 정도만이라도 이러한 상황에 대비해볼 필요가 있습니다.

2 빠짐없는 지문 구성

모든 지문들을 꼼꼼히 분석하여 최대한 빠짐없이 정리할 수 있도록 지문을 구성했습니다. 물론 대부분 기출 변형 문제이다 보니 빈출된 것들은 해당 모의고사에서도 반복 출제됩니다. 빈출되지 않은 것들 중 그래도 중요하다고 판단되는 것들은 최대한 다시 선별하여 어떻게든 한 번씩은 풀어보고 확인해볼 수 있도록 문제를 만들었습니다.

3 최신 개정법령 및 24년 상반기 최신판례까지 반영

개정 법령 중 출제될 만한 것들을 선별하였으며 판례는 24년 6월 판례공보까지를 반영하여 출제하였습니다.

| 4 | 모의고사를 통한 훈련 방법 |

❶ 시간 내 문제풀기

문제를 풀어가는 연습하는 과정에서는 반드시 시간을 재고 문제를 풀어주시고, 20문제를 기준으로 최소한 15분 내에 OMR마킹까지 마칠 수 있도록 연습해주셔야 합니다. 일단은 시간 내에 문제를 다 풀 수 있는 것이 가장 중요합니다.

❷ 시간관리 > 점수

모의고사 점수보다는 시간관리에 더 중점을 두세요. 어차피 내용정리는 문제를 다 풀고 난 이후 해설과정에서 하면 됩니다. 모의고사는 실전연습이라는 것을 기억해주세요! 어차피 틀린 문제를 잘 정리해서 실제 시험장에서 득점하는 것이 우리 목표입니다.

❸ 기본서 및 기출문제집 회독

다 풀어보고 해설하는 복습하는 과정에서는 반드시 지금까지 보던 기출과 기본서 및 진도별 기출문제집을 계속 보셔야 한다는 것을 강조드리고 싶습니다. 모의고사는 지금까지 보고 계시던 기본서 및 기출문제집을 더욱 확실하게 정리할 수 있도록 도와주는 용도이기 때문입니다.

| 5 | 끝으로 |

동형모의고사에서 나온 것들이 그대로 시험에서 출제되어 여러분들이 웃을 수 있기를 간절히 기원합니다. 여기까지 따라오셨으니 충분히 합격을 위한 자격을 갖추셨다고 확신합니다. 그러니 두려워하지 말고 시험장까지 당당하게 걸어갑시다. 열정~! 열정~! 열정~!

편저자 한수성

CONTENTS
이 책의 목차

동형모의고사 1회 ·· 06

동형모의고사 2회 ·· 12

동형모의고사 3회 ·· 18

동형모의고사 4회 ·· 23

동형모의고사 5회 ·· 28

동형모의고사 6회 ·· 34

동형모의고사 7회 ·· 40

동형모의고사 8회 ·· 46

동형모의고사 9회 ·· 52

동형모의고사 10회 ··· 57

동형모의고사 11회 ··· 63

동형모의고사 12회 ··· 70

시험 점수로 직결되는 기출 중심의 임팩트 있는 핵심 논점 학습

한수성
임팩트
행정법
총론
동형모의고사

01

행정법의 법원(法源)에 대한 설명으로 옳지 않은 것은? (다툼이 있는 경우 판례에 의함)

① 지방자치단체가 제정한 조례가 헌법에 의하여 체결·공포된 조약에 위반되는 경우 그 조례는 효력이 없다.
② 과태료의 부과·징수, 재판 및 집행 등의 절차에 관한 다른 법률의 규정 중 「질서위반행위규제법」의 규정에 저촉되는 것은 다른 법률이 정하는 바에 따른다.
③ 국가기본도에 표시된 해상경계선은 그 자체로 불문법상 해상경계선으로 인정되는 것은 아니므로, 관할 행정청이 국가기본도에 표시된 해상경계선을 기준으로 하여 과거부터 현재에 이르기까지 반복적으로 처분을 내리고, 지방자치단체가 허가, 면허 및 단속 등의 업무를 지속적으로 수행하여 왔다면 국가기본도상의 해상경계선은 지방자치단체 관할 경계에 관하여 그 기준이 될 수 있다.
④ 사인(私人)은 반덤핑부과처분이 세계무역기구(WTO) 협정위반이라는 이유로 직접 국내 법원에 회원국 정부를 상대로 그 처분의 취소를 구하는 소를 제기할 수 없다.

02

행정법의 일반원칙에 관련된 다음의 설명 중 옳지 않은 것은? (다툼이 있는 경우 판례에 의함)

① 납세자가 구 자유무역협정의 이행을 위한 관세법의 특례에 관한 법률 제10조에 따라 수입신고 시 또는 그 사후에 협정관세 적용을 신청하여 세관장이 형식적 심사만으로 수리한 것을 두고 그에 대해 과세하지 않겠다는 공적인 견해 표명이 있었다고 볼 수 없다.
② 행정청이 조합설립추진위원회의 설립승인 심사에서 위법한 행정처분을 한 선례가 있는 경우, 행정청이 그러한 기준에 따라야 하는 자기구속이 발생하지 않는다.
③ 지방식품의약품안전청장이 수입 녹용 중 일부를 절단하여 측정한 회분함량이 기준치를 0.5% 초과하였다는 이유로 수입 녹용 전부에 대하여 전량 폐기 또는 반송처리하도록 한 지시처분은 재량권을 일탈·남용한 것에 해당한다.
④ 당초 정구장시설을 설치한다는 도시계획결정을 하였다가 정구장 대신 청소년 수련시설을 설치한다는 도시계획 변경결정 및 지적 승인을 한 경우 당초의 도시계획결정만으로는 도시계획사업의 시행자 지정을 받게 된다는 공적 견해를 표명했다고 할 수 없다.

03

행정행위의 부관에 대한 설명으로 옳지 않은 것은? (다툼이 있는 경우 판례에 의함)

① 행정청은 부관을 붙일 수 있는 처분에 대해 법률에 근거가 있는 경우, 당사자의 동의가 있는 경우, 사정이 변경되어 부관을 새로 붙이거나 종전의 부관을 변경하지 아니하면 해당 처분의 목적을 달성할 수 없다고 인정되는 경우에는 그 처분을 한 후에도 부관을 새로 붙이거나 종전의 부관을 변경할 수 있다.
② 처분 당시 법령을 기준으로 처분에 부가된 부담이 적법한 이상, 처분 후 부담의 전제가 된 주된 행정처분의 근거 법령이 개정됨으로써 행정청이 더 이상 부관을 붙일 수 없게 되었다 하더라도 그때부터 부담의 효력이 소멸하는 것은 아니다.
③ 행정처분에 붙은 부담이 제소기간의 도과로 불가쟁력이 생긴 경우에는 부담의 이행으로 한 사법상 매매 등의 법률행위도 효력이 확정되므로 그 법률행위의 유효 여부를 별도로 다툴 수 없다.
④ 행정청은 처분에 재량이 없는 경우에는 법률에 근거가 있는 경우에 부관을 붙일 수 있다.

04

정보공개에 대한 판례의 입장으로 옳지 않은 것은?

① 공공기관이 보유·관리하고 있는 개인정보의 공개에 관하여는 구 정보공개법 제9조 제1항 제6호가 「개인정보 보호법」에 우선하여 적용된다.
② 정보공개청구권은 법률상 보호되는 구체적인 권리이므로 청구인이 공공기관에 대하여 정보공개를 청구하였다가 거부처분을 받은 것 자체가 법률상 이익의 침해에 해당한다.
③ 공개를 구하는 정보를 공공기관이 한때 보유·관리하였으나 후에 그 정보가 담긴 문서들이 폐기되어 존재하지 않게 된 것이라면 그 정보를 더 이상 보유·관리하고 있지 아니하다는 점에 대한 입증책임은 해당 공공기관에게 있다.
④ 정보공개가 신청된 정보를 공공기관이 보유·관리하고 있지 아니한 경우에도 특별한 사정이 없는 한 정보공개거부처분의 취소를 구할 법률상의 이익이 있다.

05

공법상 계약에 대한 설명으로 옳은 것은? (다툼이 있는 경우 판례에 의함)

① 공법상 계약에 관한 일반규정으로 행정기본법과 행정절차법이 있다.
② 중소기업 정보화지원사업에 대한 지원금출연협약의 해지 및 환수통보는 공법상 계약에 따른 의사표시가 아니라 행정청이 우월한 지위에서 행하는 공권력의 행사로서 행정처분이다.
③ 구 「산업집적활성화 및 공장설립에 관한 법률」에 따른 산업단지 입주계약의 해지통보는 행정청인 관리권자로부터 관리업무를 위탁받은 한국산업단지공단이 우월적 지위에서 그 상대방에게 일정한 법률상 효과를 발생하게 하는 것으로서 항고소송의 대상이 되는 행정처분에 해당한다.
④ 계약직공무원 채용계약해지의 의사표시는 일반공무원에 대한 징계처분과 마찬가지로, 「행정절차법」의 처분절차에 의하여 근거와 이유를 제시하여야 한다.

06

인·허가 의제에 대한 설명으로 옳지 않은 것은? (다툼이 있는 경우 판례에 의함)

① 주택건설사업계획 승인권자가 구 「주택법」에 따라 도시·군관리계획 결정권자와 협의를 거쳐 관계 주택건설사업계획을 승인하면 도시·군관리계획결정이 이루어진 것으로 의제되고, 이러한 협의 절차와 별도로 「국토의 계획 및 이용에 관한 법률」 등에서 정한 도시·군관리계획 입안을 위한 주민 의견청취 절차를 거칠 필요는 없다.
② 건축물의 건축이 「국토의 계획 및 이용에 관한 법률」상 개발행위에 해당할 경우 그 건축의 허가권자는 국토계획법령의 개발행위허가기준을 확인하여야 하나, 국토계획법상 건축물의 건축에 관한 개발행위허가가 의제되는 건축허가 신청이 국토계획법령이 정한 개발행위허가기준에 부합하지 아니하더라도 허가권자로서는 이를 거부할 수 없다.
③ 「건축법」에서 관련 인·허가 의제 제도를 둔 취지는 인·허가 의제사항 관련 법률에 따른 각각의 인·허가 요건에 관한 일체의 심사를 배제하려는 것이 아니다.
④ 주택건설사업계획 승인처분에 따라 의제된 인·허가가 위법함을 다투고자 하는 이해관계인은, 의제된 인·허가의 취소를 구해야지 주택건설사업계획 승인처분의 취소를 구해서는 아니되며, 의제된 인·허가는 주택건설사업계획 승인처분과 별도로 항고소송의 대상이 되는 처분에 해당한다.

07

「행정심판법」에 관한 설명으로 옳지 않은 것은?

① 임시처분은 집행정지로 목적을 달성할 수 있는 경우에는 허용되지 아니한다.
② 행정심판위원회는 심판청구의 대상이 되는 처분보다 청구인에게 불리한 재결을 하지 못한다.
③ 재결에 의하여 취소되는 처분이 당사자의 신청을 인용하는 것을 내용으로 하는 경우에는 그 처분을 한 행정청은 재결의 취지에 따라 다시 이전의 신청에 대한 처분을 하여야 한다.
④ 간접강제 결정서 정본은 간접강제 결정에 대한 행정소송의 제기와 관계없이 「민사집행법」에 따른 강제집행에 관하여는 집행권원과 같은 효력을 가진다.

08

「국가배상법」상 공무원의 위법한 직무행위로 인한 손해배상에 대한 설명으로 옳지 않은 것은? (다툼이 있는 경우 판례에 의함)

① 일반적으로 공무원이 필요한 지식을 갖추지 못하고 법규의 해석을 그르쳐 행정처분을 하였다면 그가 법률전문가가 아닌 행정직공무원이라고 하여 과실이 없다고는 할 수 없다.
② 「국가배상법」 제2조 제1항의 공무원의 직무에는 권력적 작용만이 아니라 행정지도와 같은 비권력적 작용도 포함되지만, 행정주체가 사경제주체로서 하는 활동은 제외된다.
③ 「국가배상법」상 과실을 판단할 경우 보통 일반의 공무원을 그 표준으로 하고 반드시 누구의 행위인지 가해공무원을 특정하여야 한다.
④ 공무원의 직무상 불법행위로 손해를 입은 피해자의 국가배상청구권의 소멸시효 기간이 지났으나 국가가 소멸시효 완성을 주장하는 것이 권리남용으로 허용될 수 없어 배상책임을 이행한 경우에는, 특별한 사정이 없는 한, 국가가 공무원에게 구상권을 행사하는 것은 신의칙상 허용되지 않는다.

09

행정행위에 대한 설명으로 옳지 않은 것은? (다툼이 있는 경우 판례에 의함)

① 행정의사가 외부에 표시되어 행정청이 자유롭게 취소·철회할 수 없는 구속을 받게 되는 시점에 처분이 성립하고, 그 성립 여부는 행정청이 행정의사를 공식적인 방법으로 외부에 표시하였는지를 기준으로 판단해야 한다.
② 주택재개발정비사업조합이 수립한 사업시행계획에 하자가 있는데 관할 행정청의 사업시행계획 인가처분에는 고유한 하자가 없는 경우, 사업시행계획의 무효를 주장하면서 곧바로 그에 대한 인가처분의 무효확인이나 취소를 구할 수 없다.
③ 재개발조합설립인가처분에 하자가 없다면 기본행위인 조합설립동의에 하자가 있다고 하더라도 따로 그 기본행위의 하자를 다투는 것은 별론으로 하고 기본행위의 무효를 내세워 바로 그에 대한 행정청의 인가처분의 취소 또는 무효확인을 구할 법률상의 이익은 없다.
④ 영업자에 대한 행정제재처분에 대하여 행정심판위원회가 영업자에게 유리한 적극적 변경명령재결을 하고 이에 따라 처분청이 변경처분을 한 경우, 그 변경처분에 의해 유리하게 변경된 행정제재가 위법하다는 이유로 그 취소를 구하려면 변경된 내용의 당초처분을 취소소송의 대상으로 하여야 한다.

10

행정계획에 대한 설명으로 옳은 것은? (다툼이 있는 경우 판례에 의함)

① 도시의 기본적인 공간구조와 장기발전방향을 제시하는 종합계획으로서 도시기본계획은 처분성을 갖는다.
② 이미 고시된 실시계획에 포함된 상세계획으로 관리되는 토지 위의 건물의 용도를 상세계획 승인권자의 변경승인 없이 임의로 판매시설에서 상세계획에 반하는 일반목욕장으로 변경신고한 경우에 그 영업신고를 수리하지 않고 영업소를 폐쇄한 처분은 위법하다.
③ 행정주체가 구체적인 행정계획을 입안·결정할 때 가지는 형성의 자유의 한계에 관한 법리는 주민의 입안 제안 또는 변경신청을 받아들여 도시관리계획결정을 할 때에는 적용되지 않는다.
④ 장래 일정한 기간 내에 관계법령이 규정하는 시설 등을 갖추어 일정한 행정처분을 구하는 신청을 할 수 있는 법률상 지위에 있는 자의 국토이용계획변경신청을 거부하는 것이 실질적으로 당해 행정처분 자체를 거부하는 결과가 되는 경우에는 국토이용계획변경신청을 거부에 대한 거부행위는 행정처분에 해당한다.

11

행정법상 실효성 확보수단에 대한 설명으로 옳지 않은 것은? (다툼이 있는 경우 판례에 의함)

① 대집행계고처분 취소소송의 변론종결 전에 사실행위로서 대집행의 실행이 완료된 경우에는 손해배상이나 원상회복 등을 청구하는 것은 별론으로 하고 대집행계고처분의 취소를 구할 법률상 이익은 없다.
② 과세관청이 체납처분으로서 행하는 공매는 우월한 공권력의 행사로서 행정소송의 대상이 되는 공법상의 행정처분이며 공매에 의하여 재산을 매수한 자는 그 공매처분이 취소된 경우에 그 취소처분의 취소를 구할 법률상 이익이 있다.
③ 체납자 등에 대한 공매통지는 국가의 강제력에 의하여 진행되는 공매에서 체납자 등의 권리 내지 재산상의 이익을 보호하기 위하여 법률로 규정한 절차적 요건이라고 보아야 하며, 공매처분을 하면서 체납자 등에게 공매통지를 하지 않았거나 공매통지를 하였더라도 그것이 적법하지 아니한 경우에는 절차상의 흠이 있어 위법한 공매통지에 대해서 취소소송을 제기할 수 있다.
④ 전통적으로 행정대집행은 대체적 작위의무에 대한 강제집행수단으로, 이행강제금은 부작위의무나 비대체적 작위의무에 대한 강제집행수단으로 이해되어 왔으나, 이는 이행강제금제도의 본질에서 오는 제약은 아니며, 이행강제금은 대체적 작위의무의 위반에 대하여도 부과될 수 있다.

12

행정상 즉시강제에 대한 설명으로 옳지 않은 것은? (다툼이 있는 경우 판례에 의함)

① 행정강제는 행정상 강제집행을 원칙으로 하며, 법치국가적 요청인 예측가능성과 법적 안정성에 반하고, 기본권 침해의 소지가 큰 권력작용인 행정상 즉시강제는 어디까지나 예외적인 강제수단이라고 할 것이다.
② 행정상 즉시강제에는 대표적으로 출입국관리법상의 외국인 등록의무를 위반한 사람에 대한 강제퇴거를 들 수 있다.
③ 구 「음반·비디오물 및 게임물에 관한 법률」상 불법게임물에 대한 수거 및 폐기 조치는 행정상 즉시강제에 해당하며, 불법게임물을 발견한 경우 관계공무원으로 하여금 영장 없이 이를 수거하여 폐기하게 할 수 있도록 규정한 구 「음반·비디오물 및 게임물에 관한 법률」의 조항은 헌법상 영장주의에 위배되지 않는다.
④ 다른 수단으로는 행정목적을 달성할 수 없는 경우에만 허용되며, 이 경우에도 최소한으로만 실시하여야 한다.

13

취소소송의 제소기간에 대한 설명으로 옳은 것은? (다툼이 있는 경우 판례에 의함)

① 처분의 불가쟁력이 발생하였고 그 이후에 행정청이 당해 처분에 대해 행정심판청구를 할 수 있다고 잘못 알렸다면, 그 처분의 취소소송의 제소기간은 행정심판의 재결서를 받은 날부터 기산한다.
② 행정심판을 청구하였으나 심판청구기간을 도과하여 각하된 후 제기하는 취소소송은 재결서를 송달받은 날부터 90일 이내에 제기하면 된다.
③ '처분이 있음을 안 날'은 처분이 있었다는 사실을 현실적으로 안 날을 의미하므로, 처분서를 송달받기 전 정보공개청구를 통하여 처분을 하는 내용의 일체의 서류를 교부받았다면 그 서류를 교부받은 날부터 제소기간이 기산된다.
④ 고시에 의한 행정처분의 상대방이 불특정 다수인인 경우, 그 행정처분에 이해관계를 갖는 자는 고시가 있었다는 사실을 현실적으로 알았는지 여부에 관계없이 고시가 효력을 발생하는 날부터 90일 이내에 취소소송을 제기하여야 한다.

14

행정입법에 대한 설명으로 옳지 않은 것은? (다툼이 있는 경우 판례에 의함)

① 추상적인 법령에 관한 제정의 여부 등은 그 자체로서 국민의 구체적인 권리의무에 직접적 변동을 초래하는 것이 아니어서 부작위위법확인소송의 대상이 될 수 없다.
② 헌법에서 채택하고 있는 조세법률주의의 원칙에도 불구하고 과세요건과 징수절차에 관한 사항을 명령·규칙 등 하위법령에 구체적·개별적으로 위임하여 규정할 수도 있다.
③ 구 「도시 및 주거환경정비법」에서 주택재개발사업시행인가 신청시 토지 등 소유자의 동의요건을 재개발조합의 정관에 포괄적으로 위임하고 있는 것은 헌법 제75조에서 정하고 있는 포괄위임입법금지 원칙에 위배된다.
④ 법률의 시행령이나 시행규칙의 내용이 모법 조항의 취지에 근거하여 이를 구체화하기 위한 것인 때에는 모법의 규율 범위를 벗어난 것으로 볼 수 없으므로, 이러한 경우에는 모법에 이에 관하여 직접 위임하는 규정을 두지 않았다고 하여도 이를 무효라고 볼 수 없다.

15

판례상 항고소송의 원고적격이 인정되는 경우만을 모두 고르면?

> ㄱ. 중국 국적자인 외국인이 귀화불허가처분의 취소를 구하는 경우
> ㄴ. 국가기관인 시·도선거관리위원회 위원장이 처분성이 인정되는 국민권익위원회의 조치요구에 불복하여 조치요구의 취소를 구하는 경우
> ㄷ. 국가가 국토이용계획과 관련한 지방자치단체의 장의 기관위임사무의 처리에 관하여 지방자치단체의 장을 상대로 취소소송을 제기하는 경우
> ㄹ. 면허받은 장의자동차운송사업구역에 위반하였음을 이유로 한 행정청의 과징금부과처분을 취소한 재결에 대하여 처분의 상대방 아닌 제3자가 그 취소를 구하는 경우

① ㄱ, ㄴ
② ㄴ, ㄷ
③ ㄷ, ㄹ
④ ㄱ, ㄴ, ㄹ

16

행정행위의 효력에 관한 설명으로 옳지 않은 것은? (다툼이 있는 경우 판례에 의함)

① 양도소득세 부과처분에 취소할 수 있는 위법사유가 있는 경우에는 민사소송절차에서 그 처분의 효력을 부인하여 위 양도소득세 채권이 존재하지 아니하는 것으로 인정할 수 있다.
② 관할 소방서장으로부터 소방시설 불량사항에 관한 시정보완명령을 받고도 따르지 아니하였다는 내용으로 기소된 사안에서, 담당 소방공무원이 시정보완명령을 구술로 고지하였다면, 이러한 행정처분은 당연무효이고 행정형벌을 부과할 수 없다.
③ 「소하천정비법」에 따라 행정청으로부터 시정명령을 받은 사람이 이를 위반한 경우, 그로 인하여 같은 법에서 정한 처벌을 하기 위해서는 그 시정명령이 적법해야 하고, 시정명령이 당연무효가 아니더라도 위법하다고 인정되는 한 그 위반죄가 성립될 수 없다.
④ 어떠한 행정처분이 위법하다고 할지라도 그 자체만으로 곧바로 그 행정처분이 공무원의 고의 또는 과실로 인한 불법행위를 구성한다고 단정할 수는 없고, 공무원의 고의 또는 과실의 유무에 대하여는 별도의 판단을 요한다.

17

「행정심판법」상의 행정심판에 대한 설명으로 옳은 것은? (다툼이 있는 경우 판례에 의함)

① 재결의 기속력은 재결의 주문에만 미치고, 그 전제가 된 요건사실의 인정과 판단, 즉 처분 등의 구체적 위법사유에 관한 판단에는 미치지 않는다.
② 행정심판위원회는 처분의 변경명령재결이 있음에도 피청구인이 처분을 하지 않은 경우 당사자의 신청에 의해 기간을 정하여 서면으로 시정을 명하고 그 기간 안에 이행하지 않으면 원칙적으로 직접 처분을 할 수 있다.
③ 행정심판위원회는 직접 처분을 하였을 때에는 그 사실을 해당 행정청에 통보하여야 하며, 그 통보를 받은 행정청은 행정심판위원회가 한 처분을 자기가 한 처분으로 보아 관계법령에 따라 관리·감독 등 필요한 조치를 하여야 한다.
④ 기속력이 미치는 주관적 범위는 피청구인 행정청이며, 그 밖의 모든 관계행정청을 기속하지는 않는다.

18

행정조사에 관한 설명으로 옳지 않은 것은? (다툼이 있는 경우 판례에 의함)

① 우편물 통관검사절차에서 이루어지는 우편물의 개봉, 시료채취, 성분분석 등의 검사는 행정조사의 성격을 가지는 것으로서 수사기관의 강제처분이라고 볼 수 없으므로, 압수·수색영장 없이 우편물의 개봉, 시료채취, 성분분석 등 검사가 진행되었다 하더라도 특별한 사정이 없는 한 위법하다고 볼 수 없다.
② 과세자료의 수집 또는 신고내용의 정확성 검증이라는 그 본연의 목적이 아니라 부정한 목적을 위하여 세무조사가 행하여진 것이라도 이러한 세무조사에 의하여 수집된 과세자료를 기초로 한 과세처분까지 위법하게 되는 것은 아니다.
③ 「마약류 불법거래 방지에 관한 특례법」에 따른 조치의 일환으로 특정한 수출입물품을 개봉하여 검사하고 그 내용물의 점유를 취득한 행위는 범죄수사인 압수 또는 수색에 해당하여 사전 또는 사후에 영장을 받아야 한다.
④ 조사 과정에서 운전자 본인의 동의를 받지 아니하고 또한 법원의 영장도 없이 채혈조사를 한 결과를 근거로 한 운전면허 정지·취소 처분은 특별한 사정이 없는 한 위법한 처분에 해당한다.

19

행정규칙에 대한 판례의 입장으로 옳지 않은 것은? (다툼이 있는 경우 판례에 의함)

① 행정규칙인 고시가 법령의 수권에 의해 법령을 보충하는 사항을 정하는 경우에는 법령보충적 고시로서 근거법령 규정과 결합하여 대외적으로 구속력을 가진다.
② 행정규칙의 내용이 상위법령에 반하는 것이라면 법원은 해당 행정규칙이 법질서상 부존재하는 것으로 취급하여 행정기관이 한 조치의 당부를 상위법령의 규정과 입법 목적 등에 따라서 판단하여야 한다.
③ 어떠한 고시가 일반적·추상적 성격을 가질 때에는 법규명령 또는 행정규칙에 해당할 것이지만, 다른 집행행위의 매개 없이 그 자체로 직접 국민의 구체적인 권리·의무나 법률관계를 규율하는 성격을 가질 때에는 행정처분에 해당한다.
④ 법규명령의 위임근거가 되는 법률에 대하여 위헌결정이 선고되면 그 위임에 근거하여 제정된 법규명령은 폐지되지 않는 한 효력을 상실한다고 볼 수 없다.

20

행정소송의 심리에 관한 설명 중 옳지 않은 것은? (다툼이 있는 경우 판례에 의함)

① 취소판결을 받더라도 해당 처분으로 발생한 위법상태를 원상으로 회복시킬 수 없는 경우에는 그 취소를 구할 소의 이익이 인정되지 않는 것이 원칙이나, 그 취소로써 회복할 수 있는 다른 이익이 남아 있거나 또는 불분명한 법률문제의 해명이 필요한 경우에는 예외적으로 소의 이익을 인정할 수 있다.
② 처분의 위법 여부는 처분 당시의 법령과 사실 상태를 기준으로 판단하여야 하므로, 법원은 처분 당시에 행정청이 알고 있었던 자료만을 기초로 처분 당시 존재하였던 객관적 사실을 확정하여 처분의 위법 여부를 판단하여야 한다.
③ 처분에 대한 무효확인소송에는 확인소송의 보충성이 요구되지 않으므로 처분의 무효를 전제로 한 부당이득반환청구소송과 같은 직접적인 구제수단이 있는지 여부를 따질 필요가 없다.
④ 부작위위법확인소송에서는 사실심 변론종결시를 기준으로 부작위의 위법 여부를 판단하여야 하고, 사실심 변론종결 전에 거부처분이 이루어져 부작위 상태가 해소된 경우에는 소의 이익이 소멸하므로 원고가 거부처분 취소소송으로 소변경을 하지 않는 이상 법원은 소를 각하하여야 한다.

01

신뢰보호의 원칙에 대한 설명으로 옳지 않은 것은? (다툼이 있는 경우 판례에 의함)

① 처분청이 착오로 행정서사업 허가처분을 한 후 20년이 다 되어서야 취소사유를 알고 행정서사업 허가를 취소한 경우, 그 허가취소처분은 실권의 법리에 저촉되지 않는다.
② 건축주와 그로부터 건축설계를 위임받은 건축사가 상세계획지침에 의한 건축한계선의 제한이 있다는 사실을 간과한 채 건축설계를 하고 이를 토대로 건축물의 신축 및 증축허가를 받은 경우, 그 신축 및 증축허가가 정당하다고 신뢰한 데에 귀책사유가 있다.
③ 행정청은 공익 또는 제3자의 이익을 현저히 해칠 우려가 있는 경우에도 행정에 대한 국민의 정당하고 합리적인 신뢰를 보호하여야 한다.
④ 국립공원 관리권한을 가진 행정청이 실제의 공원구역과 다르게 경계측량과 표지를 설치한 십수 년 후 착오를 발견하여 지형도를 수정한 조치는 신뢰보호원칙에 반하지 않는다.

02

강학상 인가에 대한 설명으로 옳지 않은 것은? (다툼이 있는 경우 판례에 의함)

① 인가는 당사자의 법률적 행위를 보충하여 그 법률적 효력을 완성시키는 행정주체의 보충적 의사표시로서의 법률행위적 행정행위이다.
② 재단법인의 정관변경 결의가 적법 유효하고 보충행위인 인가처분 자체에만 하자가 있다면 그 인가처분의 무효나 취소를 주장할 수 있다.
③ 재단법인의 정관변경 결의에 하자가 있는 경우, 그에 대한 인가가 있었더라도 기본행위인 정관변경 결의가 유효한 것으로 될 수는 없다.
④ 재단법인의 임원취임이 사법인인 재단법인의 정관에 근거한 경우, 재단법인의 임원취임승인 신청에 대하여 주무관청이 그 신청을 당연히 승인하여야 한다.

03

기속행위와 재량행위에 대한 판례의 입장으로 옳지 않은 것은?

① 「여객자동차 운수사업법」에 의한 개인택시운송사업면허는 특정인에게 권리나 이익을 부여하는 행정행위로서 법령에 특별한 규정이 없는 한 재량행위이다.
② 공유수면점용허가는 특정인에게 공유수면 이용권이라는 독점적 권리를 설정하여 주는 처분으로서 그 처분의 여부 및 내용의 결정은 원칙적으로 행정청의 재량에 속한다.
③ 「국토의 계획 및 이용에 관한 법률」상 토지의 형질변경허가는 그 금지요건이 불확정개념으로 규정되어 있으므로, 동법상 지정된 도시지역 안에서 토지의 형질변경행위를 수반하는 「건축법」상의 건축허가는 재량행위이다.
④ 귀화허가는 강학상 특허에 해당하므로, 귀화신청인이 귀화 요건을 갖추지 못한 경우, 법무부장관은 귀화 허부에 관한 재량권을 갖는다.

04

행정의 실효성확보수단에 대한 설명으로 옳은 것만을 모두 고른 것은? (다툼이 있는 경우 판례에 의함)

ㄱ. 금지규정으로부터 그 위반결과의 시정을 명하는 원상복구명령을 할 수 있는 권한이 도출되는 것은 아니므로, 결국 그 금지규정에 의거한 행정청의 원상복구명령은 권한 없는 자의 처분으로 무효라고 할 것이다.
ㄴ. 양벌규정에 의해 영업주를 처벌하는 경우, 금지위반 행위자인 종업원을 처벌할 수 없는 경우에는 영업주만 따로 처벌할 수 없다.
ㄷ. 「건축법」상 이행강제금부과처분은 행정소송의 대상이나, 「농지법」상 이행강제금부과처분은 행정소송의 대상이 되지 않는다.
ㄹ. 행정상 의무위반행위자에 대하여 과징금을 부과하기 위해서는 원칙적으로 위반자의 고의 또는 과실이 있어야 한다.

① ㄱ, ㄴ
② ㄱ, ㄷ
③ ㄱ, ㄷ, ㄹ
④ ㄱ, ㄴ, ㄷ, ㄹ

05

행정행위의 직권취소에 대한 설명으로 옳지 않은 것은? (다툼이 있는 경우 판례에 의함)

① 법률에서 직권취소에 대한 근거를 두고 있는 경우에도 이해관계인이 처분청에 대하여 위법을 이유로 행정행위의 취소를 요구할 신청권을 갖는다고 볼 수는 없다.
② 행정행위를 한 행정청은 그 행정행위에 하자가 있는 경우, 원칙적으로 별도의 법적 근거가 없더라도 스스로 그 행정행위를 직권으로 취소할 수 있다.
③ 수익적 행정처분을 직권으로 취소하는 경우, 행정청이 종전 처분과 양립할 수 없는 처분을 함으로써 묵시적으로 종전의 수익적 행정처분을 취소할 수는 없다.
④ 행정행위의 위법 여부에 대하여 취소소송이 이미 진행 중인 경우에도 처분청은 위법을 이유로 그 행정행위를 직권취소할 수 있다.

06

행정정보의 공개에 대한 설명으로 옳지 않은 것은? (다툼이 있는 경우 판례에 의함)

① 공개청구의 대상이 되는 정보가 인터넷 등을 통하여 공개되어 인터넷검색 등을 통하여 쉽게 알 수 있는 경우에도 비공개결정이 정당화될 수 없으며, 공개거부결정에 대한 취소소송의 소의 이익이 있다.
② 「교육공무원승진규정」상 근무성적평정 결과를 공개하지 않는다는 규정을 근거로 정보공개청구를 거부할 수 있다.
③ 의사결정과정에 제공된 회의관련자료나 의사결정과정이 기록된 회의록은 의사가 결정되거나 의사가 집행된 경우에도 비공개대상정보에 포함될 수 있다.
④ 정보공개를 청구한 목적이 손해배상소송에 제출할 증거자료를 획득하기 위한 것이었고 그 소송이 이미 종결되었더라도, 이러한 정보공개청구를 권리남용에 해당한다고 볼 수 없다.

07

행정질서벌과 「질서위반행위규제법」에 대한 설명으로 옳은 것은? (다툼이 있는 경우 판례에 의함)

① 신분에 의하여 과태료를 감경 또는 가중하거나 과태료를 부과하지 아니하는 때에는 그 신분의 효과는 신분이 없는 자에게도 미친다.
② 「질서위반행위규제법」 원칙상 고의 또는 과실이 없는 질서위반행위에 대해서도 과태료를 부과할 수 있다.
③ 행정청의 과태료 부과에 불복하는 이의제기가 있더라도 과태료 부과처분의 효력에는 영향이 없다.
④ 행정질서벌인 과태료는 죄형법정주의 및 형법총칙이 적용되지 않는다.

08

재산권 보장과 손실보상에 대한 설명으로 옳은 것은? (다툼이 있는 경우 판례에 의함)

① 공용수용은 공공필요에 부합하여야 하므로, 수용 등의 주체를 국가 등의 공적 기관에 한정하여야 한다.
② 공익사업시행으로 인한 개발이익은 완전보상의 범위에 포함되는 피수용토지의 객관적 가치 내지 피수용자의 손실에 해당한다.
③ 공유수면매립면허의 고시가 있는 경우 그 사업이 시행되고 그로 인하여 직접 손실이 발생한다고 할 수 있으므로, 관행어업권자는 공유수면매립면허의 고시를 이유로 손실보상을 청구할 수 있다.
④ 영업이 해당 공익사업으로 폐업하거나 휴업하게 된 것이어서 토지보상법령에서 정한 영업손실 보상대상에 해당하는 경우에는, 사업인정고시가 없는 경우에도 사업시행자는 영업손실을 보상할 의무가 있다.

09

당사자소송에 대한 설명으로 옳지 않은 것은? (다툼이 있는 경우 판례에 의함)

① 당사자소송에는 항고소송에서의 집행정지규정은 적용되지 않고 「민사집행법」상의 가처분규정은 준용된다.
② 지방자치단체가 보조금 지급결정을 하면서 일정 기한 내에 보조금을 반환하도록 교부 조건을 부가한 경우, 보조사업자에 대한 지방자치단체의 보조금반환청구는 당사자소송의 대상이 된다.
③ 국토의 계획 및 이용에 관한 법률 제130조 제3항에서 정한 토지의 소유자·점유자 또는 관리인(이하 '소유자 등'이라 한다)이 사업시행자의 일시 사용에 대하여 정당한 사유 없이 동의를 거부하는 경우, 사업시행자는 해당 토지의 소유자 등을 상대로 동의의 의사표시를 구하는 소를 제기할 수 있고, 이는 항고소송에 해당한다.
④ 조세부과처분의 당연무효를 전제로 하여 이미 납부한 세금의 반환을 청구하는 것은 민사상 부당이득반환청구로서 당사자소송이 아니라 민사소송절차에 따른다.

10

「국가배상법」제5조의 손해배상책임에 관한 판례의 설명으로 옳지 않은 것은?

① 국토해양부장관이 하천공사를 대행하던 중 지방하천의 관리상 하자로 인하여 손해가 발생하였다면 하천관리청이 속한 지방자치단체는 국가와 함께 「국가배상법」제5조 제1항에 따라 지방하천의 관리자로서 손해배상책임을 부담한다.
② 관련 행정처분의 성립이나 무효·취소 여부 등을 따지지 않은 채 주민들이 일시적으로 행정절차에 참여할 권리를 침해받았다는 사정만으로 곧바로 국가나 지방자치단체가 주민들에게 정신적 손해에 대한 배상의무를 부담한다고 단정할 수 없다.
③ 국가배상법 제5조 제1항에 정하여진 '영조물의 설치 또는 관리의 하자'라 함은 당해 영조물을 구성하는 물적 시설 그 자체에 있는 물리적·외형적 흠결이나 불비로 인하여 그 이용자에게 위해를 끼칠 위험성이 있는 경우를 말하고, 그 영조물이 공공의 목적에 이용됨에 있어 그 이용 상태 및 정도가 일정한 한도를 초과하여 제3자에게 사회통념상 수인할 것이 기대되는 한도를 넘는 피해를 입히는 경우까지 포함되는 것은 아니다.
④ 보행자 신호기가 고장 난 횡단보도 상에서 교통사고가 발생한 사안에서, 적색등의 전구가 단선되어 있었던 위 보행자 신호기는 그 용도에 따라 통상 갖추어야 할 안전성을 갖추지 못한 관리상의 하자가 있어 국가배상책임이 인정된다고 보아야 한다.

11

행정심판의 재결의 기속력에 대한 설명으로 옳지 않은 것은? (다툼이 있는 경우 판례에 의함)

① 재결이 확정된 경우에도 처분의 기초가 된 사실관계나 법률적 판단이 확정되는 것이 아니므로, 당사자들이나 법원은 이에 기속되지 않아 모순되는 주장이나 판단을 할 수 있다.
② 재결에 의하여 취소되거나 무효 또는 부존재로 확인되는 처분이 당사자의 신청을 거부하는 것을 내용으로 하는 경우에는 그 처분을 한 행정청은 재결의 취지에 따라 다시 이전의 신청에 대한 처분을 하여야 한다.
③ 재결의 기속력은 재결의 주문 및 그 전제가 된 요건사실의 인정과 판단, 즉 처분 등의 구체적 위법사유에 관한 판단에만 미친다.
④ 당사자의 신청을 받아들이지 않은 거부처분이 재결에서 취소된 경우, 그 재결의 취지에 따라 이전의 신청에 대하여 다시 어떠한 처분을 하여야 할지는 처분을 할 때의 법령과 사실을 기준으로 판단하여야 하나, 행정청은 종전 거부처분 또는 재결 후에 발생한 새로운 사유를 내세워 다시 거부처분을 할 수 없다.

12

「행정소송법」상 집행정지에 관한 설명 중 옳지 않은 것은? (다툼이 있는 경우 판례에 의함)

① 집행정지결정의 효력은 결정주문에서 정한 기간까지 존속하다가 그 기간의 만료와 동시에 당연히 소멸한다.
② 집행정지는 행정쟁송절차에서 실효적 권리구제를 확보하기 위한 잠정적 조치일 뿐이므로, 본안 확정판결로 해당 제재처분이 적법하다는 점이 확인되었다면 처분청은 제재처분의 상대방이 집행정지가 이루어지지 않은 경우와 비교하여 제재를 덜 받게 되는 결과가 초래되도록 해서는 안 된다.
③ 항고소송을 제기한 원고가 본안소송에서 패소확정판결을 받은 경우에는 집행정지결정의 효력이 소급적으로 소멸한다.
④ 처분상대방이 집행정지결정을 받지 못했으나 본안소송에서 해당 제재처분이 위법함이 확인되어 취소하는 판결이 확정되면, 처분청은 그 제재처분으로 처분상대방에게 초래된 불이익한 결과를 제거하기 위하여 필요한 조치를 취하여야 한다.

13

행정절차에 대한 설명으로 옳지 않은 것은? (다툼이 있는 경우에는 판례에 의함)

① 「도로법」상 도로구역을 변경할 경우, 이를 고시하고 그 도면을 일반인이 열람할 수 있도록 하고 있는바, 도로구역을 변경한 처분은 「행정절차법」상 사전통지나 의견청취의 대상이 되는 처분이 아니다.
② 「군인사법」에 따라 당해 직무를 수행할 능력이 없다고 인정하여 장교를 보직해임 하는 경우, 처분의 근거와 이유 제시 등에 관하여 「행정절차법」의 규정이 적용되지 않는다.
③ 특별한 사정이 없는 한 신청에 대한 거부처분은 직접 당사자의 권익을 제한하는 것이어서 처분의 사전통지대상이 된다.
④ 「식품위생법」상의 영업자지위승계신고를 수리하는 경우, 종전 영업자에 대하여 사전통지를 하고, 그에게 의견제출의 기회를 주어야 한다.

14

행정상 손실보상에 관한 설명으로 옳지 않은 것은? (다툼이 있는 경우 판례에 의함)

① 「하천법」 제50조에 따른 하천수 사용권은 「공익사업을 위한 토지 등의 취득 및 보상에 관한 법률」이 손실보상의 대상으로 규정하고 있는 '물의 사용에 관한 권리'에 해당한다.
② 「공익사업을 위한 토지 등의 취득 및 보상에 관한 법률」상 보상금증액소송은 처분청인 토지수용위원회를 피고로 한다.
③ 개발제한구역의 지정으로 인한 개발가능성의 소멸과 그에 따른 지가의 하락이나 지가상승률의 상대적 감소는 토지 소유자가 감수해야 하는 사회적 제약의 범주에 속하는 것으로 보아야 한다.
④ 수용재결에 불복하여 취소소송을 제기하는 때에는 이의신청을 거친 경우에도 수용재결을 한 중앙토지수용위원회 또는 지방토지수용위원회를 피고로 하여 수용재결의 취소를 구하여야 한다.

15

행정심판에 대한 설명으로 옳은 것은? (다툼이 있는 경우 판례에 의함)

① 취소심판의 인용재결로서 취소재결, 변경재결, 취소명령재결, 변경명령재결을 할 수 있다.
② 당사자의 신청을 받아들이지 않은 거부처분이 재결에서 취소된 경우에 행정청은 재결 후에 발생한 새로운 사유를 내세워 다시 거부처분을 할 수 없다.
③ 당해 행정청이 어떠한 처분을 하였다면 그 처분이 재결의 내용에 따르지 아니하였다고 하더라도 재결청이 직접 처분을 할 수는 없다.
④ 인용재결의 기속력은 피청구인과 그 밖의 관계 행정청에 미치므로, 행정심판위원회의 간접강제 결정의 효력은 피청구인인 행정청이 소속된 국가·지방자치단체 또는 공공단체에는 미치지 않는다.

16

행정법관계에 대한 설명으로 옳지 않은 것은? (다툼이 있는 경우 판례에 의함)

① 행정에 관한 기간의 계산에 관하여는 「행정기본법」 또는 다른 법령등에 특별한 규정이 있는 경우를 제외하고는 「민법」을 준용한다.
② 법령등의 시행일을 정하거나 계산할 때, 법령등을 공포한 날부터 일정 기간이 경과한 날부터 시행하는 경우 법령등을 공포한 날을 첫날에 산입하지 아니한다.
③ 취소소송에 당해 처분의 취소를 선결문제로 하는 부당이득반환청구가 병합된 경우 그 청구가 인용되려면 소송절차에서 당해 처분의 취소가 확정되어야 한다.
④ 법령의 규정에 의한 납입고지에 의한 시효중단의 효력은 그 납입고지에 의한 부과처분이 취소되어도 상실되지 않는다.

17

다단계 행정행위에 관한 판례의 설명으로 옳지 않은 것은? (다툼이 있는 경우 판례에 의함)

① 폐기물처리업의 허가를 받기 위하여는 먼저 사업계획서를 제출하여 허가권자로부터 사업계획에 대한 적정통보를 받아야 하는데, 부적정통보는 허가신청 자체를 제한하는 등 개인의 권리 내지 법률상의 이익을 개별적이고 구체적으로 규제하고 있어 행정처분에 해당한다.
② 공정거래위원회가 부당한 공동행위를 행한 사업자로서 구 「독점규제 및 공정거래에 관한 법률」상 자진신고자에 대하여 과징금 부과처분(선행처분)을 한 뒤, 동법 시행령에 따라 다시 자진신고자에 대한 사건을 분리하여 자진신고를 이유로 과징금 감면처분(후행처분)을 한 경우, 선행처분의 취소를 구하는 소를 구해야 한다.
③ 자동차운송사업 양도양수인가신청에 대하여 행정청이 내인가를 한 후 그 본인가신청이 있음에도 내인가를 취소함으로써 다시 본인가에 대하여 따로 인가여부의 처분을 한다는 사정이 보이지 않는 경우 위 내인가취소를 인가신청 거부처분으로 볼 수 있다.
④ 구 「원자력법」 제11조 제3항에 따른 원자로 및 관계 시설의 부지사전승인처분은 나중에 건설허가처분이 있게 되면 부지사전승인처분의 취소를 구하는 소는 소의 이익을 잃게 된다.

18

행정청의 침익적 행위에 대한 판례의 입장으로 옳지 않은 것은? (다툼이 있는 경우 판례에 의함)

① 「국민연금법」상 연금 지급결정을 취소하는 처분과 그 처분에 기초하여 잘못 지급된 급여액에 해당하는 금액을 환수하는 처분이 적법한지를 판단하는 경우 비교·교량할 각 사정이 상이하므로, 연금 지급결정을 취소하는 처분이 적법하다하여 환수처분도 적법하다고 판단하여야 하는 것은 아니다.
② 세무조사가 과세자료의 수집 등의 본연의 목적이 아니라 부정한 목적을 위하여 행하여진 것이라면 세무조사에 중대한 위법사유가 있는 경우에 해당하고, 이러한 세무조사에 의하여 수집된 과세자료를 기초로 한 과세처분 역시 위법하다.
③ 과세관청이 과세예고 통지 후 과세전적부심사 청구나 그에 대한 결정이 있기 전에 과세처분을 한 경우에도, 특별한 사정이 없는 한 그 과세처분은 절차상 하자가 중대·명백하여 당연무효로 볼 수는 없다.
④ 건축주 등이 장기간 시정명령을 이행하지 아니하였으나 그 기간 중에 시정명령의 이행 기회가 제공되지 아니하였다가 뒤늦게 이행 기회가 제공된 경우, 이행 기회가 제공되지 아니한 과거의 기간에 대한 이행강제금까지 한꺼번에 부과하였다면 그러한 이행강제금 부과처분의 효력은 하자가 중대하고 명백하여 당연무효이다.

19

신고와 수리에 대한 설명으로 옳은 것은? (다툼이 있는 경우 판례에 의함)

① 건축법상 신고사항에 관하여는 건축을 하고자 하는 자가 적법한 요건을 갖춘 신고만 하면 건축을 할 수 있고, 행정청의 수리처분 등 별단의 조처를 기다릴 필요가 없으므로 건축신고에 대한 반려행위는 항고소송의 대상이 되는 행정처분이 아니다.
② 국토의 계획 및 이용에 관한 법률상의 개발행위허가로 의제되는 건축신고가 개발행위허가의 기준을 갖추지 못한 경우라도, 행정청은 수리를 거부할 수 없다.
③ 행정절차법 은 '법령등에서 행정청에 일정한 사항을 통지함으로써 의무가 끝나는 신고'에 대하여 '신고서의 기재사항에 흠이 없을 것', '필요한 구비서류가 첨부되어 있을 것', '그 밖에 법령등에 규정된 형식상의 요건에 적합할 것'을 그 신고의무 이행요건으로 정하고 있다.
④ 식품위생법 에 따른 식품접객업(일반음식점영업)의 영업신고의 요건을 갖춘 이상, 그 영업신고를 한 당해 건축물이 건축법 소정의 허가를 받지 아니한 무허가 건물이라 하더라도 적법한 신고를 할 수 있다.

20

甲은 「산업집적활성화 및 공장설립에 관한 법률」(이하 '법'이라 함)에 따라 산업단지관리공단과 A시 소재 산업단지 입주계약을 체결하였으나, 이후 산업단지관리공단은 甲의 계약위반을 이유로 입주계약을 해지하였다. 이에 관한 설명 중 옳은 것은? (다툼이 있는 경우 판례에 의함)

① 甲이 산업단지관리공단을 상대로 입주계약의 해지를 다투려면 당사자소송에 의하여야 한다.
② 산업단지관리공단이 甲에 대하여 입주계약을 해지하는 경우, 법에 특별한 규정이 없는 한 「행정절차법」의 적용을 받는다.
③ 甲이 입주계약의 해지에 대하여 행정소송으로 다투고 있는 중에는 산업단지관리공단은 입주계약의 해지를 직권으로 취소할 수 없다.
④ 甲이 일정기간 산업용지를 양도하지 않자 관할 A시장이 甲에게 과태료를 부과한 경우, 甲은 과태료부과처분 취소소송을 통해 다툴 수 있다.

01

신뢰보호의 원칙에 관한 설명으로 옳은 것은? (다툼이 있는 경우 판례에 의함)

① 「국세기본법」 제18조 제3항에서 말하는 비과세관행이 성립하려면 상당한 기간에 걸쳐 과세를 하지 않은 객관적 사실이 존재하면 충분하고, 나아가 과세관청 자신이 그 사항에 관하여 과세할 수 있음을 알면서도 어떤 특별한 사정 때문에 과세하지 않는다는 주관적인 의사까지 요구되는 것은 아니다.
② 폐기물관리법령에 따른 관할 관청의 폐기물처리업 사업계획에 대한 적정통보는 그 사업부지 토지에 대한 국토이용계획변경신청을 승인하여 주겠다는 취지의 공적인 견해표명을 한 것으로 볼 수 있다.
③ 서울지방병무청 총무과 민원팀장이 국외영주권을 취득한 사람의 상담에 응하여 법령의 내용을 숙지하지 못한 채 민원봉사차원에서 현역입영대상자가 아니라고 답변하였다면 그것도 서울지방병무청장의 공적인 견해표명이라 할 수 있다.
④ 담당 공무원으로부터 국립공원 인근 자연녹지지역에서 토석채취허가가 법적으로 가능할 것이라는 말을 듣고 관련 토지를 매수하는 등 많은 비용을 투자하고 형질변경 및 토석채취허가를 신청한 사람에 대해 관할 행정청이, 해당 토지에서 토석채취작업을 하면, 주변의 환경·풍치·미관 등이 크게 손상될 우려가 있다는 이유를 들어 이를 불허가처분 하는 것은 신뢰보호원칙에 반한다고 볼 수 없다.

02

「법령 등 공포에 관한 법률」에 대한 설명 중 옳지 않은 것은? (다툼이 있는 경우 판례에 의함)

① 헌법개정·법률·조약·대통령령·총리령 및 부령의 공포와 헌법개정안·예산 및 예산 외 국고부담계약의 공고는 관보(官報)에 게재함으로써 한다.
② 법률의 공포일은 해당 법률을 게재한 관보 또는 신문이 발행된 날로 한다.
③ 대통령령, 총리령 및 부령은 특별한 규정이 없으면 공포한 날부터 30일이 경과함으로써 효력을 발생한다.
④ 「국회법」에 따라 하는 국회의장의 법률 공포는 서울특별시에서 발행되는 둘 이상의 일간신문에 게재함으로써 한다.

03

행정입법에 대한 판례의 입장으로 옳지 않은 것은?

① 고시가 비록 법령에 근거를 둔 것이더라도 규정 내용이 법령의 위임 범위를 벗어난 것일 경우에는 법규명령으로서의 대외적 구속력을 인정할 여지는 없다.
② 행정규칙이 법률의 위임을 받아 제정된 경우라면 행정적 편의를 도모하기 위한 절차적 규정에 불과하더라도 대외적 구속력이 인정된다.
③ 어떠한 고시가 다른 집행행위의 매개 없이 그 자체로서 직접 국민의 구체적인 권리의무나 법률관계를 규율하는 성격을 가질 때에는 행정처분에 해당한다.
④ 주택건설촉진법 제7조 제2항의 위임에 터잡아 행정처분의 기준을 정한 주택건설촉진법 시행령 제10조의3 제1항 [별표 1]은 법규명령에 해당한다.

04

행정행위의 부관에 대한 설명으로 옳지 않은 것은? (다툼이 있는 경우 판례에 의함)

① 기부채납받은 공원시설의 사용·수익허가에서 부관인 허가기간에 위법사유가 있다면 이로써 공원시설의 사용·수익허가 전부가 위법하게 된다.
② 부담이 처분 당시 법령을 기준으로 적법하다면 처분 후 부담의 전제가 된 주된 처분의 근거 법령이 개정됨으로써 행정청이 더 이상 부관을 붙일 수 없게 되었다 하더라도 곧바로 그 효력이 소멸하게 되는 것은 아니다.
③ 처분과 실제적 관련성이 없어 부관으로 붙일 수 없는 부담은 사법상 계약의 형식으로도 처분의 상대방에게 부과할 수 없다.
④ 행정재산에 대한 사용·수익허가에서 공유재산의 관리청이 정한 사용·수익허가의 기간에 대해서는 독립하여 행정소송을 제기할 수 있다.

05

공법상 계약에 대한 설명으로 옳지 않은 것은? (다툼이 있는 경우 판례에 의함)

① 행정청은 법령등을 위반하지 아니하는 범위에서 행정목적을 달성하기 위하여 필요한 경우에는 공법상 법률관계에 관한 계약을 체결할 수 있다. 이 경우 계약서를 반드시 작성하여야 하는 것은 아니다.
② 공법상 계약의 한쪽 당사자가 다른 당사자를 상대로 효력을 다투거나 이행을 청구하는 소송은 공법상의 법률관계에 관한 분쟁이므로 특별한 사정이 없는 한 공법상 당사자소송으로 제기하여야 한다.
③ 계약직공무원 채용계약해지의 의사표시는 행정처분과 같이 「행정절차법」에 의하여 근거와 이유를 제시하여야 하는 것은 아니다.
④ 행정청은 공법상 계약의 상대방을 선정하고 계약 내용을 정할 때 공법상 계약의 공공성과 제3자의 이해관계를 고려하여야 한다.

06

신고에 대한 설명으로 옳지 않은 것은? (다툼이 있는 경우 판례에 의함)

① 식품위생법 제25조 제3항에 의한 영업양도에 따른 지위승계신고를 수리하는 허가관청의 행위는 영업허가자의 변경이라는 법률효과를 발생시키는 행위라고 할 것이다.
② 정보통신매체를 이용하여 학습비를 받고 불특정 다수인에게 원격 평생교육을 실시하기 위해 구 평생교육법에서 정한 형식적 요건을 모두 갖추어 신고한 경우, 행정청은 신고대상이 된 교육이나 학습이 공익적 기준에 적합하지 않는다는 등의 실체적 사유를 들어 신고 수리를 거부할 수 없다.
③ 「건축법」에 의한 인·허가의제 효과를 수반하는 건축신고는 건축을 하고자 하는 자가 적법한 요건을 갖춘 신고만 하면 건축을 할 수 있고, 행정청의 수리 등 별단의 조처를 기다릴 필요가 없다.
④ 사업의 양도행위가 무효라고 주장하는 자가 민사쟁송으로 양도·양수행위의 무효를 구함이 없이 사업양도·양수에 따른 허가관청의 지위승계 신고수리처분의 무효확인을 구할 경우, 그 법률상 이익이 있다.

07

행정절차에 대한 설명으로 옳지 않은 것은? (다툼이 있는 경우 판례에 의함)

① 「국가공무원법」상 직위해제처분은 당해 행정작용의 성질상 행정절차를 거치기 곤란하거나 불필요하다고 인정되는 사항 또는 행정절차에 준하는 절차를 거친 사항에 해당하므로, 처분의 사전통지 및 의견청취 등에 관한 행정절차법의 규정이 별도로 적용되지 않는다.
② 처분 당시 당사자가 어떠한 근거와 이유로 처분이 이루어진 것인지를 충분히 알 수 있어서 그에 불복하여 행정구제절차로 나아가는 데에 별다른 지장이 없었던 것으로 인정되는 경우에는 처분서에 처분의 근거와 이유가 구체적으로 명시되어 있지 않았더라도 그 처분을 취소하여야 할 절차상 하자로 볼 수 없다.
③ 세액산출근거가 기재되지 아니한 납세고지서에 의한 부과처분은 그 후 부과된 세금을 자진납부하였다거나 또는 조세채권의 소멸시효기간이 만료되었더라도 하자가 치유되지 않는다.
④ 청문주재자는 당사자 등의 전부 또는 일부가 정당한 사유 없이 청문기일에 출석하지 못하거나 의견서를 제출하지 못한 경우에는 10일 이상의 기간을 정하여 이들에게 의견진술 및 증거제출을 요구하여야 하며, 당해 기간이 경과한 때에 청문을 마칠 수 있다.

08

「공공기관의 정보공개에 관한 법률」상 정보공개에 대한 설명으로 옳지 않은 것은? (다툼이 있는 경우 판례에 의함)

① 정보의 공개 및 우송 등에 드는 비용은 실비의 범위에서 청구인이 부담한다.
② 공공기관은 공개 청구의 내용이 진정·질의 등으로 이 법에 따른 정보공개 청구로 보기 어려운 경우로서 「민원 처리에 관한 법률」에 따른 민원으로 처리할 수 있는 경우에는 민원으로 처리할 수 있다.
③ 청구인이 공공기관에 대하여 정보공개를 청구하였다가 거부처분을 받은 것 자체가 법률상 이익의 침해에 해당한다.
④ 공공기관은 국민생활에 매우 큰 영향을 미치는 정책에 관한 정보에 해당하는 경우라도, 정보공개 청구가 없는 한 공개의 구체적 범위, 주기, 시기 및 방법 등을 미리 정하여 정보통신망 등을 통하여 알리거나 정기적으로 공개하여야 할 의무가 없다.

09

이행강제금에 대한 설명으로 옳은 것은? (다툼이 있는 경우 판례에 의함)

① 이행강제금은 대체적 작위의무의 위반에 대하여는 부과될 수 없다.
② 이미 사망한 사람에게 「건축법」상의 이행강제금을 부과하는 내용의 처분이나 결정은 당연무효이다.
③ 「부동산 실권리자명의 등기에 관한 법률」상 장기미등기자가 이행강제금 부과 전에 등기신청의무를 이행하였더라도 동법에 규정된 기간이 지나서 등기신청의무를 이행하였다면 이행강제금을 부과할 수 있다.
④ 형사처벌과 별도로 시정명령 위반에 대하여 이행강제금을 부과하는 건축법 제83조 제1항이 이중처벌에 해당한다.

10

사정판결에 대한 설명으로 옳지 않은 것은? (다툼이 있는 경우 판례에 의함)

① 당사자의 명백한 주장이 없는 경우에도 직권으로 사정판결을 할 수 있다.
② 원고의 청구가 이유 있다고 인정하는 경우에도 처분의 무효를 확인하는 것이 현저히 공공복리에 적합하지 아니하다고 인정하는 때에는 법원은 청구를 기각할 수 있다.
③ 법원이 사정판결을 함에 있어서는 미리 원고가 그로 인하여 입게 될 손해의 정도와 배상방법 그 밖의 사정을 조사하여야 한다.
④ 원고는 피고인 행정청이 속하는 국가 또는 공공단체를 상대로 손해배상, 제해시설의 설치 그 밖에 적당한 구제방법의 청구를 당해 취소소송등이 계속된 법원에 병합하여 제기할 수 있다.

11

행정벌에 대한 설명으로 옳지 않은 것은? (다툼이 있는 경우 판례에 의함)

① 법률에 따르지 아니하고는 어떤 행위도 질서위반행위로 과태료를 부과하지 아니한다.
② 경찰서장이 범칙행위에 대하여 통고처분을 한 경우에도, 통고처분에서 정한 범칙금 납부 기간 내에도 경찰서장은 즉결심판을 청구할 수 있고, 검사도 동일한 범칙행위에 대하여 공소를 제기할 수 있다.
③ 행정청의 과태료부과에 불복하는 당사자는 과태료부과 통지를 받은 날부터 60일 이내에 해당 행정청에 서면으로 이의제기를 할 수 있고, 이의제기가 있는 경우에는 행정청의 과태료 부과처분은 그 효력을 상실한다.
④ 신분에 의하여 과태료를 감경 또는 가중하거나 과태료를 부과하지 아니하는 때에는 그 신분의 효과는 신분이 없는 자에게는 미치지 아니한다.

12

행정대집행에 대한 설명으로 옳지 않은 것은? (다툼이 있는 경우 판례에 의함)

① 도시공원시설 점유자의 퇴거 및 명도 의무는 「행정대집행법」에 의한 대집행의 대상이 아니다.
② 건물의 점유자가 철거의무자일 때에 행정청이 행정대집행의 방법으로 건물철거의무의 이행을 실현할 수 있는 경우에 건물 철거 대집행과 별도로 그 건물의 점유자들에 대한 퇴거를 구하는 소송을 제기할 수 있다.
③ 대집행에 요한 비용을 징수하였을 때에는 그 징수금은 사무비의 소속에 따라 국고 또는 지방자치단체의 수입으로 한다.
④ 대집행에 대하여는 행정심판을 제기할 수 있다.

13

국가배상에 대한 설명으로 옳지 않은 것은? (다툼이 있는 경우 판례에 의함)

① 지방자치단체장으로부터 교통신호기의 관리권한을 위임받은 기관 소속의 공무원이 위임사무 처리에 있어 고의 또는 과실로 타인에게 손해를 가하였거나 위임사무로 설치·관리하는 영조물의 하자로 타인에게 손해를 발생하게 한 경우에는 권한을 위임한 관청이 소속된 지방자치단체가 「국가배상법」 제2조 또는 제5조에 의한 배상책임을 부담한다.
② 국가배상책임에 있어서 국가는 직무상의 의무 위반과 피해자가 입은 손해 사이에 상당인과관계가 인정되는 범위 내에서만 배상책임을 지는 것이고, 이 경우 상당인과관계가 인정되기 위해서는 공공 일반의 이익을 위한 것이거나 행정기관 내부의 질서를 규율하기 위한 것이어야 한다.
③ 국가배상법 상 '공공의 영조물'은 지방자치단체가 소유권, 임차권 그 밖의 권한에 기하여 관리하고 있는 경우뿐만 아니라, 사실상의 관리를 하고 있는 경우도 포함된다.
④ 공무원 개인이 고의 또는 중과실이 있는 경우에는 불법행위로 인한 손해배상책임을 진다고 할 것이지만, 공무원의 위법행위가 경과실에 기한 경우에는 공무원은 손해배상책임을 부담하지 않는다.

14

「행정심판법」상 행정심판에 대한 설명으로 옳지 않은 것은? (다툼이 있는 경우 판례에 의함)

① 심판청구기간의 기산점인 '처분이 있음을 안 날'이라 함은 당사자가 통지·공고 기타의 방법에 의하여 당해 처분이 있었다는 사실을 현실적으로 안 날을 의미한다.
② 행정청의 부작위에 대한 의무이행심판은 심판청구기간 규정의 적용을 받지 않으나, 사정재결은 인정된다.
③ 행정심판의 재결에 고유한 위법이 있는 경우에는 재결에 대하여 다시 행정심판을 청구할 수 있다.
④ 재결이 확정된 경우에도 처분의 기초가 된 사실관계나 법률적 판단이 확정되고 당사자들이나 법원이 이에 기속되어 모순되는 주장이나 판단을 할 수 없게 되는 것은 아니다.

15

행정소송상 협의의 소익에 대한 설명으로 옳지 않은 것은?

① 장래의 제재적 가중처분 기준을 대통령령이 아닌 부령의 형식으로 정한 경우에는 이미 제재기간이 경과한 제재적 처분의 취소를 구할 법률상 이익이 인정되지 않는다.
② 월정수당을 받는 지방의회 의원에 대한 제명의결 취소소송 계속 중 의원의 임기가 만료된 경우에도 지방의회의원은 그 제명의결의 취소를 구할 법률상 이익이 있다.
③ 파면처분 취소소송의 사실심 변론종결 전에 금고 이상의 형을 선고받아 당연퇴직된 경우에도 해당 공무원은 파면처분의 취소를 구할 이익이 있다.
④ 공익근무요원 소집해제신청을 거부한 후에 원고가 계속하여 공익근무요원으로 복무함에 따라 복무기간 만료를 이유로 소집해제처분을 한 경우, 원고는 거부처분의 취소를 구할 소의 이익이 인정되지 않는다.

16

부작위위법확인소송에 관한 설명으로 옳지 않은 것은? (다툼이 있는 경우 판례에 의함)

① 부작위위법확인판결에는 취소판결의 기속력에 관한 규정과 거부처분취소판결의 간접강제에 관한 규정이 준용된다.
② 행정청이 당사자의 신청에 대하여 거부처분을 한 경우에는 부작위위법확인소송의 원고적격이 없거나 위 항고소송의 대상인 위법한 부작위가 있다고 볼 수 없어 그 부작위위법확인의 소는 부적법하다.
③ 부작위위법확인소송에 대해서도 행정심판과 취소소송의 관계를 준용하여 임의적 전치가 원칙이며, 다른 법률이 정한 경우에만 예외적으로 행정심판전치주의가 적용된다.
④ 신청에 대하여 처분을 하여야 할 법률상 의무란 처분요건이 충족된 경우에 상대방의 신청에 따라 처분을 하여야만 하는 기속행위에만 인정되고, 처분의 가부, 선택 여부가 행정청의 재량에 달려있는 재량행위에는 인정되지 않는다.

17

행정행위에 대한 설명으로 옳지 않은 것은? (다툼이 있는 경우 판례에 의함)

① 개발제한구역 내의 건축물의 용도변경에 대한 예외적 허가는 그 법률적 성질이 재량행위 내지 자유재량행위에 속한다.
② 농지처분의무통지는 단순한 관념의 통지에 불과하다고 볼 수 없고, 상대방인 농지소유자의 의무에 직접 관계되는 독립한 행정처분으로서 항고소송의 대상이 된다.
③ 퇴직연금의 환수결정은 당사자의 권익을 침해하는 처분이므로 관련 법령에 따라 당연히 환수금액이 정해지는 것이라 하더라도 행정청은 환수결정에 앞서 당사자에게 의견진술의 기회를 부여하여야 한다.
④ 부담은 행정청이 행정행위를 하면서 일방적으로 부가할 수도 있지만 부담을 부가하기 이전에 상대방과 협의하여 부담의 내용을 협약의 형식으로 미리 정한 다음 행정행위를 하면서 부가할 수도 있다.

18

행정상의 법률관계와 소송형태 등에 관한 설명으로 옳지 않은 것은? (다툼이 있는 경우 판례에 의함)

① 「도시 및 주거환경정비법」상의 주택재건축정비사업 조합을 상대로 관리처분계획안에 대한 조합 총회결의의 무효확인을 구하는 소는 공법관계이므로 당사자소송을 제기하여야 한다.
② 「국가를 당사자로 하는 계약에 관한 법률」에 따라 국가가 당사자로 되는 입찰방식에 의한 사인과 체결하는 이른바 공공계약은 공법상 법률관계에 관한 것으로 공법상 계약에 해당한다.
③ 「국유재산법」에 따른 국유재산의 무단점유자에 대한 변상금 부과·징수권은 민사상 부당이득반환청구권과 법적 성질을 달리하므로, 국가는 무단점유자를 상대로 변상금 부과·징수권의 행사와 별개로 국유재산의 소유자로서 민사상 부당이득반환청구의 소를 제기할 수 있다.
④ 지방소방공무원이 자신이 소속된 지방자치단체를 상대로 초과근무수당의 지급을 구하는 청구에 관한 소송은 행정소송법 제3조 제2호에 규정된 당사자소송의 절차에 따라야 한다.

19

행정지도에 관한 설명으로 옳지 않은 것은? (다툼이 있는 경우 판례에 의함)

① 행정지도란 행정기관이 그 소관 사무의 범위에서 일정한 행정목적을 실현하기 위하여 특정인에게 일정한 행위를 하거나 하지 아니하도록 지도, 권고, 조언 등을 하는 행정작용을 말한다.
② 세무당국이 주류거래를 일정기간 중지하여 줄 것을 요청한 행위는 항고소송의 대상이다.
③ 교육인적자원부장관(현 교육부장관)의 (구)공립대학 총장들에 대한 학칙시정요구는 헌법소원의 대상이 되는 공권력의 행사로 볼 수 있다.
④ 행정지도가 강제성을 띠지 않은 비권력적 작용으로서 행정지도의 한계를 일탈하지 아니하였다면, 그로 인해 상대방에게 어떤 손해가 발생하였다고 해도 행정기관은 그에 대한 손해배상책임이 없다.

20

당사자소송에 관한 설명으로 옳지 않은 것은? (다툼이 있는 경우 판례에 의함)

① 당사자소송은 행정청의 처분등을 원인으로 하는 법률관계에 관한 소송 그 밖에 공법상의 법률관계에 관한 소송으로서 그 법률관계의 한쪽 당사자를 피고로 하는 소송이다.
② 행정소송법 제8조 제2항에 의하면 행정소송에도 민사소송법의 규정이 일반적으로 준용되므로 법원으로서는 공법상 당사자소송에서 재산권의 청구를 인용하는 판결을 하는 경우 가집행선고를 할 수 있으나, 국가를 상대로 하는 당사자소송의 경우에는 가집행선고를 할 수 없다.
③ 당사자소송은 국가·공공단체 그 밖의 권리주체를 피고로 한다.
④ 소의 변경에 관한 「행정소송법」 제21조의 규정은 당사자소송을 항고소송으로 변경하는 경우에 준용한다.

01

사인의 공법행위에 대한 설명으로 옳지 않은 것은? (다툼이 있는 경우 판례에 의함)

① 사인의 공법상 행위는 명문으로 금지되거나 성질상 불가능한 경우가 아닌 한 그에 따른 행정행위가 행하여질 때까지 자유로이 철회할 수 있다.
② 납골당설치신고는 수리를 요하는 신고에 해당하고, 여기서 수리란 신고를 유효한 것으로 판단하고 법령에 의하여 처리할 의사로 이를 수령하는 수동적 행위이므로 수리행위에 신고필증 교부 등 행위가 꼭 필요한 것은 아니다.
③ 「식품위생법」에 의하여 허가영업의 양도에 따른 지위승계신고를 수리하는 허가관청의 행위는 단순히 양도·양수인 사이에 이미 발생한 사법상의 사업양도의 법률효과에 의하여 양수인이 그 영업을 승계하였다는 사실의 신고를 접수하는 행위에 그치는 것이다.
④ 사인의 공법행위에 적용되는 일반규정은 없으며, 특별한 규정이 없는 한 「민법」의 규정이 준용될 수 있으나, 「민법」상 비진의 의사표시의 무효에 관한 규정은 사인의 공법행위에 적용될 수 없다.

02

판례상 취소소송의 대상이 되는 행정작용에 해당하는 경우만을 모두 고르면?

ㄱ. 한국마사회의 조교사·기수 면허취소처분
ㄴ. 임용기간이 만료된 국립대학 조교수에 대하여 재임용을 거부하는 취지로 한 임용기간만료의 통지
ㄷ. 「국가공무원법」상 당연퇴직의 인사발령
ㄹ. 어업권면허에 선행하는 확약인 우선순위결정
ㅁ. 검찰총장이 사무검사 및 사건평정을 기초로 검사에 대하여 하는 '경고조치'

① ㄱ, ㄷ
② ㄴ, ㅁ
③ ㄱ, ㄴ, ㄹ
④ ㄷ, ㄹ, ㅁ

03

「공공기관의 정보공개에 관한 법률」상 정보공개에 대한 설명으로 옳지 않은 것은? (다툼이 있는 경우 판례에 의함)

① 청구인이 정보공개와 관련한 공공기관의 결정에 대하여 불복이 있거나 정보공개 청구 후 10일이 경과하도록 정보공개 결정이 없는 때에는 「행정심판법」에서 정하는 바에 따라 행정심판을 청구할 수 있다.
② 비공개대상정보로 '진행 중인 재판에 관련된 정보'는 재판에 관련된 일체의 정보가 그에 해당하는 것은 아니고, 진행 중인 재판의 심리 또는 재판결과에 구체적으로 영향을 미칠 위험이 있는 정보에 한정된다.
③ 법원이 행정기관의 정보공개거부처분의 위법 여부를 심리한 결과 공개를 거부한 정보에 비공개사유에 해당하는 부분과 그렇지 않은 부분이 혼합되어 있고, 공개청구의 취지에 어긋나지 않는 범위 안에서 두 부분을 분리할 수 있음을 인정할 수 있을 때에는 공개가 가능한 정보에 국한하여 정보공개거부 처분의 일부취소를 명할 수 있다.
④ 정보공개를 요구받은 공공기관이 법률에서 정한 비공개사유에 해당하는지를 주장·증명하지 아니한 채 개괄적인 사유만을 들어 공개를 거부하는 것은 허용되지 아니한다.

04

「행정기본법」상 처분에 대한 설명으로 옳은 것은?

① 행정청은 적법한 처분의 경우 당사자의 신청이 있는 경우에만 철회가 가능하다.
② 행정청은 처분에 재량이 있는 경우에도 법률이 정하는 바가 있다면, 이에 따라 완전히 자동화된 시스템으로 처분할 수 있다.
③ 법령등을 위반한 행위의 성립과 이에 대한 제재처분은 법령등에 특별한 규정이 있는 경우를 제외하고는 처분 당시의 법령 등에 따른다.
④ 새로운 법령등은 법령등에 특별한 규정이 있는 경우를 제외하고는 그 법령등의 효력 발생 전에 완성되거나 종결된 사실관계 또는 법률관계에 대해서는 적용되지 않는다.

05

행정계획에 대한 설명으로 옳지 않은 것은? (다툼이 있는 경우 판례에 의함)

① 「국토의 계획 및 이용에 관한 법률」 제30조의 도시·군관리계획결정의 경우 도시관리계획구역 안의 토지나 건물 소유자의 토지형질변경, 건축물의 신축·개축 또는 증축 등 권리행사가 일정한 제한을 받게 되므로 항고소송의 대상이 되는 처분에 해당한다.
② 국토해양부, 환경부, 문화체육관광부, 농림수산식품부가 합동으로 2009. 6. 8. 발표한 '4대강 살리기 마스터플랜'은 행정기관 내부에서 사업의 기본방향을 제시하는 것에 불과한 것이 아니라, 국민의 권리·의무에 직접 영향을 미치는 행정처분에 해당한다.
③ 행정주체가 행정계획을 입안·결정함에 있어서 이익형량을 하였으나 정당성과 객관성이 결여된 경우 그 행정계획 결정은 위법하다.
④ 산업단지개발계획상 산업단지 안의 토지 소유자로서 산업단지개발계획에 적합한 시설을 설치하여 입주하려는 자는 산업단지지정권자 또는 그로부터 권한을 위임받은 기관에 대하여 산업단지개발 계획의 변경을 요청할 수 있는 법규상 또는 조리상 신청권이 있다.

06

「행정절차법」상 행정절차에 대한 설명으로 옳은 것은? (다툼이 있는 경우 판례에 의함)

① 공매를 통하여 체육시설을 인수한 자의 체육시설업자 지위승계신고를 수리하는 경우, 종전 체육시설업자에게 사전에 통지하고 의견제출 기회를 주어야 하는 것은 아니다.
② 행정예고기간은 예고 내용의 성격 등을 고려하여 정하되, 특별한 사정이 없으면 40일 이상으로 한다.
③ 신청인이 신청에 앞서 행정청의 허가업무 담당자에게 신청서의 내용에 대한 검토를 요청한 경우, 다른 특별한 사정이 없는 한 명시적이고 확정적인 신청의 의사표시가 있었다고 보아야 한다.
④ 행정절차법의 적용이 제외되는 '외국인의 출입국에 관한 사항'이란 해당 행정작용의 성질상 행정절차를 거치기 곤란하거나 거칠 필요가 없다고 인정되는 사항이나 행정절차에 준하는 절차를 거친 사항으로서 행정절차법 시행령으로 정하는 사항만을 가리키므로, '외국인의 출입국에 관한 사항'이라고 하여 행정절차를 거칠 필요가 당연히 부정되는 것은 아니다.

07

행정소송의 제기기간에 관한 설명으로 옳은 것은? (다툼이 있으면 판례에 따름)

① 행정심판에 의한 감액명령재결에 따른 감액처분이 있은 경우 취소소송의 제소기간은 감액처분이 있음을 안 날로부터 90일 이내이다.
② 소의 종류가 변경된 경우에는 새로운 소에 대한 제소기간의 준수는 소의 변경이 허가된 때를 기준으로 하여야 한다.
③ 행정심판을 거친 후 부작위위법확인소송을 제기하는 경우 행정심판재결서 정본을 송달받은 날로부터 90일 이내에 소를 제기하여야 한다.
④ 필요적 행정심판전치주의가 적용되는 처분에 대해서 행정심판이 제기된 후 60일이 지나도 재결이 없는 경우에도 바로 행정소송을 제기할 수는 없다.

08

국가배상책임에 대한 설명으로 가장 옳지 않은 것은? (다툼이 있는 경우 판례에 의함)

① 국가배상책임에서의 법령위반에는 형식적 의미의 법령을 위반한 경우뿐만 아니라, 널리 그 행위가 객관적인 정당성을 결여하고 있는 경우도 포함된다.
② 담당공무원이 주택구입대부제도와 관련하여 지급보증서 제도에 관해 알려주지 않은 조치는 법령위반에 해당하지 않는다.
③ 공무원의 직무집행이 법령이 정한 요건과 절차에 따라 이루어진 것이라도, 그 과정에서 개인의 권리가 침해되면 법령위반에 해당한다.
④ 「공직선거법」이 후보자가 되고자 하는 자와 그 소속 정당에게 전과기록을 조회할 권리를 부여하고 수사기관에 회보의무를 부과한 것은 공공의 이익만을 위한 것이 아니라, 후보자가 되고자 하는 자나 그 소속 정당의 개별적 이익까지 보호하기 위한 것이다.

09

「행정소송법」상 취소소송과 무효등확인소송에 대한 설명으로 옳은 것은? (다툼이 있는 경우 판례에 의함)

① 무효확인소송을 제기하려면 먼저 무효확인심판을 거쳐야 한다.
② 거부처분에 대해서 무효확인판결이 내려진 경우에는 당해 행정청에 판결의 취지에 따른 재처분의무가 인정됨은 물론 간접강제도 허용된다.
③ 무효확인소송을 제기하였다가 취소소송을 추가로 병합하는 경우, 무효확인의 소가 취소소송 제소기간 내에 제기되었다 하더라도 취소청구의 소의 추가 병합이 제소기간을 도과했다면 병합된 취소청구의 소는 부적법하다.
④ 무효확인소송을 제기하였다가 취소소송으로 소의 종류를 변경하는 경우, 제소기간의 준수 여부는 무효확인소송을 제기한 때를 기준으로 한다.

10

다음 <보기>에 '특정인에 대하여 새로운 권리·능력 또는 포괄적 법률관계를 설정하는 행위(가)'와 '제3자의 법률적 행위를 보충하여 그 법률상의 효과를 완성시키는 행정행위(나)'에 해당하는 것을 바르게 짝지은 것은? (다툼이 있는 경우 판례에 의함)

<보기>
ㄱ. 구「도시 및 주거환경정비법」상 토지 등 소유자들이 조합을 따로 설립하지 않고 직접 시행하는 도시환경정비사업에서 사업시행 인가처분
ㄴ. 사립학교법인 임원에 대한 취임 승인
ㄷ. 「국적법」에 따른 귀화허가
ㄹ. 개발촉진지구 안에서 시행되는 지역개발사업에 관한 지정권자의 실시계획승인처분
ㅁ. 재단법인 정관변경허가

	ㄱ	ㄴ	ㄷ	ㄹ	ㅁ
①	(가)	(가)	(나)	(나)	(가)
②	(가)	(나)	(가)	(가)	(나)
③	(가)	(나)	(나)	(나)	(나)
④	(나)	(가)	(나)	(가)	(가)

11

행정상 제재에 대한 설명으로 옳지 않은 것은? (다툼이 있는 경우 판례에 의함)

① 「도로교통법」에 따른 경찰서장의 통고처분은 행정소송의 대상이 되는 행정처분이 아니다.
② 지방자치단체가 국가의 기관위임사무를 처리하는 경우에도 별도의 독립한 공법인으로서 「자동차관리법」 제83조의 양벌규정에 의한 처벌대상이 된다.
③ 「독점규제 및 공정거래에 관한 법률」상 부당내부거래에 대한 과징금에는 행정상의 제재금으로서의 기본적 성격에 부당이득환수적 요소도 부가되어 있다.
④ 「법인세법」상 가산세는 형벌이 아니므로 행위자의 고의 또는 과실·책임능력·책임조건 등을 고려하지 아니하며, 조세의 부과절차에 따라 과징할 수 있다.

12

행정행위의 무효와 취소에 관한 설명으로 옳지 않은 것은? (다툼이 있는 경우 판례에 의함)

① 법률에 근거하여 행정처분이 발하여진 후에 헌법재판소가 그 행정처분의 근거가 된 법률을 위헌으로 결정하였다면 이러한 사유는 특별한 사정이 없는 한 그 행정처분의 취소소송의 전제가 될 수 있을 뿐 당연무효사유는 아니다.
② 위헌결정의 소급효가 인정된다고 하여 위헌인 법률에 근거한 행정처분이 당연무효가 된다고는 할 수 없고 오히려 이미 취소소송의 제기기간을 경과하여 확정력이 발생한 행정처분에는 위헌결정의 소급효가 미치지 않는다.
③ 법령 규정의 문언만으로는 처분 요건의 의미가 분명하지 아니하여 그 해석에 다툼의 여지가 있었던 이상, 이에 대한 법원이나 헌법재판소의 분명한 판단이 있었다하더라도 합리적 근거 없이 이에 벗어난 행정처분의 하자를 당연무효로 볼 수 없다.
④ 법률관계나 사실관계에 대하여 그 법령의 규정을 적용할 수 없다는 법리가 명백히 밝혀지지 아니하여 해석에 다툼의 여지가 있는 때에는 과세관청이 이를 잘못 해석하여 과세처분을 하였더라도 그 하자는 명백하다고 할 수 없다.

13

행정심판과 행정소송에 대한 설명으로 옳지 않은 것은? (다툼이 있는 경우 판례에 의함)

① 「행정심판법」에서는 의무이행심판제도를 두고 있지만, 「행정소송법」에서는 의무이행소송제도를 두고 있지 않다.
② 행정청이 법정 심판청구기간보다 긴 기간으로 잘못 알린 경우에 그 잘못 알린 기간 내에 심판청구가 있으면 그 심판청구는 법정 심판청구기간 내에 제기된 것으로 본다는 취지의 「행정심판법」 규정은 행정소송 제기에도 당연히 적용되는 규정이다.
③ 「행정심판법」에서는 거부처분에 대한 이행명령재결에 따르지 않을 경우 직접 처분에 관한 규정을 두고 있으나, 「행정소송법」에서는 이에 관한 규정을 두지 않고 있다.
④ 「행정심판법」에서는 거부처분에 대한 취소심판에서 인용재결이 내려진 경우 재결의 취지에 따라 다시 이전의 신청에 대한 처분을 해야 할 재처분의무에 관한 규정을 두고 있다.

14

「행정소송법」상 법률상 이익 유무에 관한 판례의 입장으로 옳지 않은 것은?

① 「산업집적활성화 및 공장설립에 관한 법률」에 따라 공장설립승인처분 후에 공장건축허가처분이 있은 경우, 공장설립승인처분이 취소된 이후에도 공장건축허가처분의 취소를 구할 이익이 있다.
② 과세관청이 직권으로 법인세법 상 소득처분을 경정하면서 일부 항목은 증액을 하고 동시에 다른 항목은 감액을 한 결과 전체로서 소득처분금액이 감소된 경우, 소득금액변동통지의 취소를 구할 이익이 없다.
③ 파면처분이 있은 후에 파면처분취소소송의 사실심변론종결 전 금고 이상의 형을 선고받아 당연퇴직사유가 발생한 경우에도, 파면처분의 취소를 구할 이익이 있다.
④ 주유소 운영사업자 선정처분이 내려진 경우, 불선정된 사업자는 경원관계에 있는 사업자에 대한 선정처분의 취소를 구하지 않고 자신에 대한 불선정처분의 취소를 구할 이익이 없다.

15

행정법의 일반원칙에 대한 설명으로 옳지 않은 것은? (다툼이 있는 경우 판례에 의함)

① 계속 중인 사실이나 그 이후에 발생한 요건사실에 대한 법률적용을 인정하는 부진정 소급입법의 경우 개인의 신뢰보호와 법적 안정성을 내용으로 하는 법치국가 원리에 의하여 허용되지 않는 것이 원칙이다.
② 재건축조합에서 일단 내부 규범이 정립되면 조합원들은 특별한 사정이 없는 한 그것이 존속하리라는 신뢰를 가지게 되므로, 내부 규범을 변경할 경우 내부 규범 변경을 통해 달성하려는 이익이 종전 내부 규범의 존속을 신뢰한 조합원들의 이익보다 우월해야 한다.
③ 신뢰보호의 원칙은 행정청이 공적인 견해를 표명할 당시의 사정이 그대로 유지됨을 전제로 적용되는 것이 원칙이므로, 사후에 그와 같은 사정이 변경된 경우에는 특별한 사정이 없는 한 행정청이 그 견해표명에 반하는 처분을 하더라도 신뢰보호의 원칙에 위반된다고 할 수 없다.
④ 관할관청이 위법한 직업능력개발훈련과정 인정제한처분을 하여 사업주로 하여금 제때 훈련과정 인정신청을 할 수 없도록 하였음에도, 인정제한처분에 대한 취소판결 확정 후 사업주가 인정제한 기간 내에 실제로 실시하였던 훈련에 관하여 비용지원신청을 한 경우에, 사전에 훈련과정 인정을 받지 않았다는 이유만을 들어 훈련비용 지원을 거부하는 것은 신의성실의 원칙에 반하여 허용될 수 없다.

16

「행정소송법」상 확정판결의 기속력에 관한 설명으로 옳지 않은 것은? (다툼이 있으면 판례에 따름)

① 종전 처분 사유와 기본적 사실관계에서 동일성이 인정되지 않는 다른 사유를 들어서 새로이 처분을 하는 것은 기속력에 저촉되지 않는다.
② 거부처분 후에 법령이 개정·시행된 경우에는 개정된 법령을 새로운 사유로 들어 다시 이전의 신청에 대한 거부처분을 할 수 있다.
③ 절차상 하자로 인하여 무효인 행정처분이 있은 후 행정청이 관계 법령에서 정한 절차를 갖추어 다시 동일한 행정처분을 하였다면 당해 행정처분은 종전의 무효인 행정처분과 관계없는 새로운 행정처분이다.
④ 행정청이 취소판결의 기속력에 반하는 행정처분을 하는 것은 허용되지 않지만 그 하자가 중대하고 명백한 것은 아니다.

17

공무원의 직무상 불법행위로 인한 손해배상에 관한 설명으로 옳지 않은 것은? (다툼이 있는 경우 판례에 의함)

① 판례는 구 국가배상법 (67. 3. 3. 법률 제1899호) 제3조의 배상액 기준은 배상심의회 배상액 결정의 기준이 될 뿐 배상 범위를 법적으로 제한하는 규정이 아니므로 법원을 기속하지 않는다고 보았다.
② 준공검사업무를 담당하는 공무원이 준공검사를 현저히 지연시켰고 그러한 지연이 직무에 충실한 보통 일반의 공무원을 표준으로 할 때 객관적 정당성을 상실하였다고 인정될 정도에 이른 경우에는 「국가배상법」제2조의 위법성이 인정된다.
③ 이중배상금지에 관한 국가배상법 제2조 제1항 단서 규정은 다른 법령에 보상제도가 규정되어 있고, 그 법령에 규정된 상이등급 또는 장애등급 등의 요건에 해당되어 그 권리가 발생한 이상, 실제로 그 권리를 행사하였는지 또는 그 권리를 행사하고 있는지 여부에 관계없이 적용된다.
④ 공무원이 고의 또는 중과실로 직무상 불법행위를 한 경우뿐만 아니라, 단순 경과실에 의한 경우에도 피해자는 공무원에 대해 선택적 청구가 가능하다.

18

판례상 항고소송의 대상으로 인정되는 것만을 모두 고르면?

> ㄱ. 도시계획구역 내 토지소유자의 도시계획입안신청에 대한 입안권자의 거부행위
> ㄴ. 시험승진후보자명부에 등재된 자가 승진임용되기 전에 감봉 이상의 징계처분을 받은 경우, 임용권자가 당해인을 시험승진후보자명부에서 삭제한 행위
> ㄷ. 공정거래위원회의 표준약관 사용권장행위
> ㄹ. 세무서장의 법인세 과세표준결정행위

① ㄱ, ㄴ
② ㄱ, ㄷ
③ ㄴ, ㄹ
④ ㄷ, ㄹ

19

행정소송제도에 대한 설명으로 옳지 않은 것은?

① 개별법령에 합의제 행정청의 장을 피고로 한다는 명문규정이 없는 한 합의제 행정청 명의로 한 행정처분의 취소소송의 피고적격자는 당해 합의제 행정청이다.
② 원고가 피고를 잘못 지정한 경우 피고경정은 취소소송과 당사자소송 모두에서 사실심 변론 종결에 이르기까지 허용된다.
③ 법원은 당사자소송을 취소소송으로 변경하는 것이 상당하다고 인정할 때에는 청구의 기초에 변경이 없는 한 사실심의 변론종결시까지 원고의 신청 또는 직권에 의한 결정으로써 소의 변경을 허가할 수 있다.
④ 당사자소송의 원고가 피고를 잘못 지정하여 피고경정신청을 한 경우 법원은 결정으로써 피고의 경정을 허가할 수 있다.

20

행정규칙에 대한 설명으로 옳지 않은 것은? (단, 다툼이 있는 경우 판례에 의함)

① 행정규칙인 고시가 법령의 수권에 의해 법령을 보충하는 사항을 정하는 경우에는 법령보충적고시로서 근거법령규정과 결합하여 대외적으로 구속력 있는 법규명령의 효력을 갖는다.
② 행정규칙은 행정규칙을 제정한 행정기관에 대하여는 대내적으로 법적 구속력을 갖지 않는다.
③ 사실상의 준비행위 또는 사전안내로 볼 수 있는 국립대학의 대학입학고사 주요요강은 항고소송의 대상이 되는 행정처분에 해당하지 않는다.
④ 구 「여객자동차 운수사업법」 제11조 제4항의 위임에 따라 시외버스운송사업의 사업계획변경에 관한 절차, 인가기준 등을 구체적으로 규정한 구 「여객자동차 운수사업법 시행규칙」 제31조 제2항 제1호, 제2호, 제6호는 행정청 내부의 사무처리준칙을 규정한 행정규칙에 불과하여 대외적 구속력이 없다.

01

행정의 법원칙에 관한 설명 중 가장 적절하지 않은 것은? (다툼이 있는 경우 판례에 의함)

① 행정작용은 법률에 위반되어서는 아니되며, 국민의 권리를 제한하거나 의무를 부과하는 경우와 그 밖에 국민생활에 중요한 영향을 미치는 경우에는 법률에 근거하여야 한다.

② 행정작용은 그 행정작용이 의도하는 공익이 행정작용으로 인한 국민의 이익 침해보다 크지 않아야 한다.

③ 행정청은 공익 또는 제3자의 이익을 현저히 해칠 우려가 있는 경우를 제외하고는 행정에 대한 국민의 정당하고 합리적인 신뢰를 보호하여야 한다.

④ 고속국도의 관리청이 고속도로 부지와 접도구역에 송유관 매설을 허가하면서 상대방과 체결한 협약에 따라 송유관 시설을 이전하게 될 경우 상대방에게 그 비용을 부담하도록 한 부관은 부당결부금지 원칙에 반하지 않는다.

02

행정입법에 관한 설명 중 가장 적절하지 않은 것은?(다툼이 있는 경우 판례에 의함)

① 지방자치단체의 조례가 규정하고 있는 사항이 근거 법령 등에 비추어 볼 때 자치사무나 단체위임사무에 관한 것이라면 위임 조례와 같이 국가법에 적용되는 일반적인 위임입법의 한계가 적용될 여지는 없다.

② 일반적으로 법률의 위임에 따라 효력을 갖는 법규명령의 경우, 위임의 근거가 없어 무효였다고 하더라도 나중에 법률 개정을 통해 위임의 근거가 부여되었다면 그때부터는 유효한 법규명령으로 볼 수 있다.

③ 행정각부의 장은 소관사무에 관하여 법률이나 대통령령의 위임 또는 직권으로 부령을 발할 수 있는데, 법률이 부령에 입법을 위임하는 경우 대통령령에 위임하는 경우와는 달리 '구체적으로 범위를 정하여'하여야할 필요가 없다.

④ 헌법이 인정하고 있는 위임입법의 형식은 예시적인 것으로 보아야할 것이고, 법률이 행정규칙에 위임하더라도 그 행정규칙은 위임된 사항만을 규율할 수 있으므로 국회입법의 원칙과 상치되지 않는다.

03

행정행위에 관한 설명 중 가장 적절하지 <u>않은</u> 것은? (다툼이 있는 경우 판례에 의함)

① 「국토이용관리법」 제21조의3 제1항 소정의 허가(토지거래허가)는 규제지역 내의 모든 국민에게 전반적으로 토지거래의 자유를 금지하고 일정한 요건을 갖춘 경우에만 금지를 해제하여 계약체결의 자유를 회복시켜 주는 허가의 성질을 갖는다.
② 「기부금품모집규제법」상의 기부금품모집허가는 공익목적을 위하여 일반적·상대적으로 제한된 기본권적 자유를 다시 회복시켜주는 강학상의 허가에 해당한다.
③ 「국토의 계획 및 이용에 관한 법률」이 정한 용도지역 안에서 토지의 형질 변경(경작을 위한 경우로서 대통령령으로 정하는 토지의 형질 변경은 제외)을 수반하는 건축허가는 건축법 제11조제1항에 의한 건축허가와 국토의 계획 및 이용에 관한 법률 상의 개발행위허가의 성질을 아울러 갖게 되므로 재량행위에 해당한다.
④ 건설업 등록증 및 건설업 등록수첩의 재발급은 준법률행위적 행정행위인 공증행위에 해당한다.

04

개인적 공권에 대한 설명으로 옳지 <u>않은</u> 것은? (단, 다툼이 있는 경우 판례에 의함)

① 한의사들이 가지는 한약조제권을 한약조제시험을 통하여 약사에게도 인정함으로써 감소하게 되는 한의사들의 영업상 이익은 법률에 의하여 보호되는 이익이라 볼 수 없다.
② 면허받은 장의자동차운송사업구역에 위반하였음을 이유로 한 행정청의 과징금부과처분에 의하여 동종업자의 영업이 보호되는 결과는 법률에 의해 보호되는 이익이라 볼 수 있으므로, 그 과징금부과처분을 취소한 재결에 대하여 처분의 상대방 아닌 제3자도 그 취소를 구할 법률상 이익이 있다.
③ 당사자 사이에 석탄산업법시행령 제41조 제4항 제5호 소정의 재해위로금에 대한 지급청구권에 관한 부제소합의가 있는 경우 그러한 합의는 효력이 인정될 수 없다.
④ 석유판매업 허가는 소위 대물적 허가의 성질을 갖는 것이어서 양수인이 그 양수후 허가관청으로부터 석유판매업 허가를 다시 받았다하더라도 이는 석유판매업의 양수도를 전제로 한 것이어서 이로써 양도인의 지위승계가 부정되는 것은 아니므로 양도인의 귀책사유는 양수인에게 그 효력이 미친다.

05

기속행위와 재량행위에 대한 설명으로 옳지 <u>않은</u> 것은? (다툼이 있는 경우 판례에 의함)

① 「주택법」상 주택건설사업계획의 승인은 재량행위에 해당하므로, 처분권자는 주택건설사업계획이 법령이 정하는 제한사유에 배치되지 않는 경우에도 공익상 필요가 있으면 사업계획승인 신청에 대하여 불허가 결정을 할 수 있다.
② 건축행정청은 건축허가신청이 건축법 등 관계 법령에서 정하는 어떠한 제한에 해당되지 않는 이상 같은 법령에서 정하는 건축허가를 하여야 하고, 중대한 공익상의 필요가 없음에도 요건을 갖춘 자에 대한 허가를 관계 법령에서 정하는 제한사유 이외의 사유를 들어 거부할 수는 없다.
③ 주택건설사업에 대한 사전결정이 있었던 이상, 사업승인 단계에서 그 사전결정에 기속되어 특별한 사정이 없는 한 승인을 해야한다.
④ 건축허가를 하면서 일정 토지를 기부채납하도록 하는 내용의 허가조건을 붙였다면 이는 위법한 부관으로 당연무효이다.

06

행정절차의 하자에 관한 설명 중 가장 적절하지 <u>않은</u> 것은? (다툼이 있는 경우 판례에 의함)

① 임기가 정해진 별정직 공무원인 대통령기록관장을 직권면직하면서 당사자에게 사전통지를 하지 않고 의견제출의 기회를 주지 않았다면 특별한 사정이 없는 한 「행정절차법」을 위반하였다고 보아야 한다.
② 행정청이 사전환경성검토협의를 거쳐야 할 대상사업에 관하여 법의 해석을 잘못한 나머지 세부용도지역이 지정되지 않은 개발사업 부지에 대하여 사전환경성검토협의를 할지 여부를 결정하는 절차를 생략한 채 승인 등의 처분을 하였다면, 그 행정처분은 하자가 중대하고 명백하여 당연무효이다.
③ 구 「소방시설설치유지 및 안전관리에 관한 법률」에 따른 소방공무원의 시정보완명령 고지가 구두로 행하여졌다면 그 내용이 적법하다 하더라도 해당 처분은 당연무효이다.
④ 지방자치단체와 민간단체 등이 공동발족한 추모공원건립추진협의회가 시립화장장 후보지 선정을 위해 개최하는 공청회는 행정청이 도시계획시설결정을 하면서 개최한 공청회가 아니므로 「행정절차법」에서 정한 절차를 준수하여야 하는 것은 아니다.

07

「공공기관의 정보공개에 관한 법률」에 의한 정보공개에 관한 설명 중 가장 적절하지 않은 것은? (다툼이 있는 경우 판례에 의함)

① 공공기관은 전자적 형태로 보유·관리하지 않는 정보에 대하여 청구인이 전자적 형태로 공개하여 줄 것을 요청한 경우 특별한 사정이 없으면 그 정보를 전자적 형태로 변환하여 공개해야 한다.
② 정당한 사유 없이 반복적으로 동일 대상에 대한 정보를 청구하거나 「민원 처리에 관한 법률」에 따른 민원으로 처리된 정보를 다시 청구하는 공개청구의 남용이 있는 경우 해당 청구를 종결 처리할 수 있다.
③ 공개청구를 받은 공공기관이 공개청구대상정보의 기초자료를 전자적 형태로 보유·관리하고 있고, 당해 기관에서 통상 사용되는 컴퓨터 하드웨어 및 소프트웨어와 기술적 전문지식을 사용하여 그 기초자료를 검색하여 청구인이 구하는 대로 편집할 수 있으며, 그러한 작업이 당해 기관의 컴퓨터 시스템 운용에 별다른 지장을 초래하지 아니한다면, 그 공공기관이 공개청구대상정보를 보유·관리하고 있는 것으로 볼 수 있다.
④ 정보공개청구인은 특정한 정보공개 방법을 지정하여 청구할 수 있는 법령상 신청권이 있다고 할 것이므로 공공기관이 공개청구의 대상이 된 정보를 정보공개청구인이 신청한 공개방법 이외의 방법으로 공개하기로 하는 결정을 하였다면, 이는 정보공개 방법에 관한 부분에 대하여 일부 거부처분을 한 것이고 정보공개청구인은 그에 대해 항고소송을 제기할 수 있다.

08

「행정대집행법」상 대집행에 관한 설명 중 가장 적절하지 않은 것은? (다툼이 있는 경우 판례에 의함)

① 구 「토지수용법」상 피수용자가 기업자에 대하여 부담하는 수용대상 토지의 인도의무에는 명도도 포함되고, 이러한 명도의무는 특별한 사정이 없는 한 「행정대집행법」상 대집행의 대상이 되지 않는다.
② 제1차로 철거명령 및 대집행계고를 한 데 이어 제2차로 대집행계고를 하였는데도 불응하여 대집행을 일부 실행한 후 철거의무자의 연기 요청을 받아들여 중단하였다가 그 기한이 지나 다시 제3차로 철거명령 및 대집행계고를 한 경우에 제3차로 한 철거명령 및 대집행계고는 항고소송의 대상이 되지 않는다.
③ 관계 법령에서 금지규정 및 그 위반에 대한 벌칙규정은 두고 있으나 금지규정 위반행위에 대한 시정명령의 권한에 대해서는 규정하고 있지 않은 경우에 그 금지규정 및 벌칙규정은 당연히 금지규정 위반행위로 인해 발생한 유형적 결과를 시정하게 하는 것도 예정하고 있다고 할 것이어서 금지규정 위반으로 인한 결과의 시정을 명하는 권한도 인정하고 있는 것으로 해석된다.
④ 행정대집행을 실시하기 위하여 지출한 비용은 민사소송 절차에 의하여 그 비용의 상환을 청구할 수 없다.

09

수익적 행정행위의 취소와 철회에 대한 설명으로 옳지 않은 것은? (단, 다툼이 있는 경우 판례에 의함)

① 수익적 행정행위에 대한 취소권 등의 행사는 기득권의 침해를 정당화할 만한 중대한 공익상의 필요 또는 제3자의 이익을 보호할 필요가 있고, 이를 상대방이 받는 불이익과 비교·교량하여 볼 때 공익상의 필요 등이 상대방이 입을 불이익을 정당화할 만큼 강한 경우에 한하여 허용될 수 있다.
② 직권취소를 할 수 있다는 사정만으로 이해관계인에게 처분청에 대하여 그 취소(=직권취소)를 요구할 신청권이 부여된 것으로 볼 수는 없다.
③ 영유아보육법 제30조 제5항 제3호에 따른 평가인증의 취소는 평가인증 당시에 존재하였던 하자가 아니라 그 이후에 새로이 발생한 사유로 평가인증의 효력을 소멸시키는 경우에 해당하므로, 법적 성격은 평가인증의 '철회'에 해당한다.
④ 행정청이 행한 공사중지명령의 상대방은 그 명령 이후에 그 원인사유가 소멸하였음을 들어 행정청에게 공사중지명령의 철회를 요구할 수 있는 조리상의 신청권이 없다.

10

甲은 A지방자치단체가 관리하는 도로를 운행하던 중 도로에 방치된 낙하물로 인하여 손해를 입었고, 이를 이유로 「국가배상법」상 손해배상을 청구하려고 한다. 이에 대한 설명으로 옳지 않은 것은? (다툼이 있는 경우 판례에 의함)

① A지방자치단체가 위 도로를 권원 없이 사실상 관리하고 있는 경우라도 A지방자치단체의 배상책임은 인정될 수 있다.
② 위 손해가 제3자의 행위 또는 甲의 행위와 경합하여 발생한 것인 이상 영조물의 설치 또는 관리상의 하자가 공동원인의 하나가 되는 이상 그 손해는 영조물의 설치 또는 관리상의 하자에 의하여 발생한 것이라고 볼 수 있다.
③ 위 도로가 국도이며 그 관리권이 A지방자치단체의 장에게 위임되었다면 A지방자치단체가 도로의 관리에 필요한 일체의 경비를 대외적으로 지출하는 자에 불과하더라도 甲은 국가뿐만 아니라 A지방자치단체에 대해서도 국가배상을 청구할 수 있다.
④ A 지방자치단체는 손해의 방지에 필요한 주의를 해태하지 아니하였다면 면책을 주장할 수 있다.

11

「행정소송법」상 피고 및 피고의 경정에 대한 설명으로 옳지 않은 것은? (다툼이 있는 경우 판례에 의함)

① 취소소송에서 원고가 처분청 아닌 행정관청을 피고로 잘못 지정한 경우, 직권으로 피고를 올바르게 경정하게 하여 소송을 진행하여야 하고, 곧바로 각하해서는 안 된다.
② 소의 종류의 변경에 따른 피고의 변경은 교환적 변경에 한 한다고 봄이 상당하므로 예비적 청구만이 있는 피고의 추가경정신청은 예외적 규정이 있는 경우를 제외하고는 원칙적으로 허용되지 않는다.
③ 사정판결의 경우, 원고는 피고인 행정청이 속하는 국가 또는 공공단체를 상대로 손해배상, 제해시설의 설치 그밖에 적당한 구제방법의 청구를 당해 취소소송등이 계속된 법원에 병합하여 제기할 수 있다.
④ 상급행정청의 지시에 의해 하급행정청이 자신의 명의로 처분을 하였다면, 당해 처분에 대한 취소소송에서는 지시를 내린 상급행정청이 아닌 하급행정청이 피고가 된다.

12

「행정심판법」상 재결에 관한 설명 중 옳지 않은 것은? (다툼이 있는 경우 판례에 의함)

① 피청구인이 거부처분을 취소하는 재결의 취지에 따라 다시 이전의 신청에 대한 처분을 하지 아니하는 경우에 행정심판위원회는 간접강제는 할 수 있으나 직접 처분은 할 수 없다.
② 피청구인이 당사자의 신청을 거부한 처분의 이행을 명하는 재결에도 불구하고 이전의 신청에 대하여 재결의 취지에 따라 처분을 하지 아니하는 경우에 행정심판위원회는 간접강제를 할 수 있다.
③ 재결이 확정되면 처분의 기초가 된 사실관계나 법률적 판단이 확정되고 당사자들이나 법원은 이에 기속되어 모순되는 주장이나 판단을 할 수 없다.
④ 당사자가 합의한 사항을 조정서에 기재한 후 당사자가 서명 또는 날인하고 행정심판위원회가 이를 확인함으로써 성립하는 조정에 대하여는 제51조(행정심판 재청구의 금지)의 규정이 준용된다.

13

행정계획에 대한 설명으로 옳지 않은 것은? (다툼이 있는 경우 판례에 의함)

① 환지예정지 지정이나 환지처분은 그 자체가 직접 토지소유자 등의 법률상 지위를 변동시키므로 항고소송의 대상이 되는 처분에 해당하나, 환지계획은 환지예정지 지정이나 환지처분과는 다른 고유한 법률효과를 수반하는 것이 아니어서 이를 항고소송의 대상이 되는 처분에 해당한다고 할 수가 없다.
② 「도시 및 주거환경정비법」에 기초하여 주택재건축정비사업조합이 수립한 사업시행계획은 인가·고시를 통해 확정되면 이해관계인에 대한 직접적인 구속력이 있는 행정계획으로서 독립된 행정처분에 해당한다.
③ 도시환경정비사업을 직접 시행하려는 토지 등 소유자들이 사업시행인가를 받기 전에 작성한 사업시행계획은 독립된 행정처분에 해당한다.
④ 장기미집행 도시계획시설결정의 실효제도에 의해 개인의 재산권이 보호되는 것은 입법자가 새로운 제도를 마련함에 따라 얻게 되는 법률에 기한 권리일 뿐 헌법상 재산권으로부터 당연히 도출되는 권리는 아니다.

14

「행정소송법」상 제소기간에 관한 설명 중 가장 적절한 것은? (다툼이 있는 경우 판례에 의함)

① 동일한 행정처분에 대하여 무효확인소송을 제기하였다가 그 후 그 처분의 취소를 구하는 소송을 추가적으로 병합한 경우에 주된 청구인 무효확인소송이 적법한 제소기간 내에 제기되었더라도 추가로 병합된 취소소송도 적법하게 제기된 것으로 볼 수는 없다.
② 행정심판청구를 할 수 있는 경우에 행정심판청구가 있은 때의 기간은 재결서 정본을 송달받은 날부터 기산한다. 여기서 말하는 '행정심판'은 행정심판법에 따른 일반행정심판과 특별행정심판(행정심판법 제4조)을 말한다.
③ 행정청이 불가쟁력이 발생한 당초처분에 대해 양적 일부 취소로서의 감액처분을 하면서 행정심판을 청구할 수 있다고 잘못 알린 경우에는 그에 따라 청구된 행정심판재결서 정본을 송달받은 날부터 90일 이내에 당초처분 중 감액처분에 의하여 취소되지 않고 남은 부분의 취소를 구하는 소송을 제기하여야 한다.
④ 부작위위법확인소송은 행정심판 등 전심절차를 거친 경우에도 제20조(제소기간)의 규정이 적용되지 않는다.

15

「행정소송법」상 취소판결의 기속력에 관한 설명 중 가장 적절하지 않은 것은? (다툼이 있는 경우 판례에 의함)

① 거부처분을 취소하는 판결이 확정된 경우에 행정청은 사실심 변론종결 이후 발생한 새로운 사유를 내세워 다시 이전의 신청에 대한 거부처분을 할 수 있지만, 재처분을 부당하게 지연하면서 확정판결의 기속력을 잠탈하기 위하여 인위적으로 새 거부처분사유를 만들어 낸 것이라면 유효한 재처분이 아니다.
② 새로운 처분의 처분사유가 종전 처분의 처분사유와 기본적 사실관계에서 동일하지 않은 다른 사유에 해당하더라도, 처분사유가 종전처분 당시 이미 존재하고 있었고 당사자가 이를 알고 있었던 이상 이를 내세워 새로이 처분을 하는 것은 확정판결의 기속력에 저촉된다.
③ 어떤 행정처분을 위법하다고 판단하여 취소하는 판결이 확정되면 행정청은 취소판결의 기속력에 따라 그 판결에서 확인된 위법사유를 배제한 상태에서 다시 처분을 하거나 그 밖에 위법한 결과를 제거하는 조치를 할 의무가 있다.
④ 수익적 행정처분을 신청한 여러 사람이 서로 경원관계에 있어서 한 사람에 대한 허가 처분이 다른 사람에 대한 불허가로 귀결될 수밖에 없을 때 허가 처분을 받지 못한 사람의 신청에 대한 거부처분의 취소판결이 확정되는 경우 행정청은 취소판결의 기속력에 따라 경원자에 대한 수익적 처분을 반드시 취소하여야 할 의무가 있는 것은 아니다.

16

공법상 시효에 대한 설명으로 옳은 것은? (다툼이 있는 경우 판례에 의함)

① 국유재산의 무단점유자에 대하여 국가가 변상금 부과·징수권을 행사한 경우에는 민사상 부당이득반환청구권의 소멸시효가 중단된다.
② 공법상 부당이득반환청구권은 사권(私權)에 해당하므로, 국가에 대한 납세의무자의 부가가치세 환급세액 지급청구는 민사소송에 따른다.
③ 소멸시효에 대해 「국가재정법」은 국가의 국민에 대한 금전채권뿐만 아니라 국민의 국가에 대한 금전채권에도 적용된다.
④ 「국유재산법」상 변상금부과처분에 대한 취소소송이 진행되는 동안에는 그 부과권의 소멸시효가 진행되지 않는다.

17

항고소송의 원고적격에 관한 설명 중 옳은 것은? (다툼이 있는 경우 판례에 의함)

① 채석허가를 받은 자로부터 영업양수 후 명의변경신고 이전에 양도인의 법위반사유를 이유로 채석허가가 취소된 경우, 양수인은 수허가자의 지위를 사실상 양수받았다고 하더라도 그 처분의 취소를 구할 법률상 이익을 가지지 않는다.
② 문화재나 문화재보호구역 지정으로 인하여 인근주민이 문화재를 향유할 이익은 구체적인 법률상 이익에 해당한다.
③ 환경영향평가 대상지역 밖의 주민이라 할지라도 공유수면매립면허처분 등으로 인하여 그 처분 전과 비교하여 수인한도를 넘는 환경피해를 받거나 받을 우려가 있는 경우에는, 공유수면매립면허처분 등으로 인하여 환경상 이익에 대한 침해 또는 침해우려가 있다는 것을 입증함으로써 그 처분 등의 무효확인을 구할 원고적격을 인정받을 수 있다.
④ 담배 일반소매인으로 지정되어 있는 기존업자가 신규 담배 구내소매인 지정처분을 다투는 경우에는 원고적격이 인정된다.

18

「행정조사기본법」에 대한 설명으로 옳지 않은 것은?

① 행정조사는 법령등의 위반에 대한 처벌보다는 법령등을 준수하도록 유도하는 데 중점을 두어야 한다.
② 행정조사는 조사대상자의 자발적 협조를 얻어서 실시하는 경우에는 개별 법령의 근거규정이 없는 경우에도 실시할 수 있다.
③ 행정기관의 장은 법령 등에서 규정하고 있는 조사사항을 조사대상자로 하여금 스스로 신고하도록 하는 자율신고제도를 운영할 수 있다.
④ 조사원이 조사목적을 달성하기 위하여 시료채취를 하는 경우에는 그 시료의 소유자 및 관리자의 정상적인 경제활동을 방해하지 아니하는 범위 안에서 최소한도로 하여야 하나, 시료채취로 조사대상자에게 손실을 입힌 경우에 대해 손실보상은 규정하고 있지 않다.

19

「행정소송법」에 따른 집행정지에 대한 설명으로 옳지 않은 것은? (다툼이 있는 경우 판례에 의함)

① 처분의 효력정지결정을 하려면 그 효력정지를 구하는 당해 행정처분에 대한 본안소송이 법원에 제기되어 계속 중임을 요건으로 한다.
② 거부처분은 그 효력이 정지되더라도 그 처분이 없었던 것과 같은 상태를 만드는 것에 지나지 아니하는 것이고 그 이상으로 행정청에 대하여 어떠한 처분을 명하는 등 적극적인 상태를 만들어 내는 경우를 포함하지 아니하는 것이므로, 효력을 정지할 필요성이 없다.
③ 처분의 효력정지는 처분의 집행 또는 절차의 속행을 정지함으로써 목적을 달성할 수 있는 경우에는 허용되지 아니한다.
④ 본안에 관한 이유 유무는 원칙적으로 집행정지 결정단계에서 판단할 것은 아니므로 집행정지사건 자체에 의하여 신청인의 본안청구가 이유 없음이 명백한 때에도 집행정지를 명할 수 있다.

20

「공익사업을 위한 토지 등의 취득 및 보상에 관한 법률」상 토지수용절차 및 보상에 대한 설명으로 옳지 않은 것은? (다툼이 있는 경우 판례에 의함)

① 재결에 의한 토지취득의 경우 보상액 산정은 수용재결 당시의 가격을 기준으로 함이 원칙이고, 보상액을 산정할 경우에 해당 공익사업으로 인하여 수용대상 토지의 가격이 변동되었을 때에는 이를 고려하지 않아야 한다.
② 잔여지 수용청구를 받아들이지 않은 토지수용위원회의 재결에 대하여 토지소유자가 불복하여 제기하는 소송은 '보상금의 증감에 관한 소송'에 해당하여 사업시행자를 피고로 하여야 한다.
③ 이주대책은 헌법 제23조 제3항에 규정된 정당한 보상에 포함되는 것이므로, 공익사업을 위한 토지 등의 취득 및 보상에 관한 법률 시행령 제40조 제3항 제3호가 이주대책의 대상자에서 세입자를 제외하고 있는 것은 세입자의 재산권을 침해하는 것이다.
④ 사업시행자의 이주대책 수립·실시의무 및 이주대책의 내용에 관한 규정은 당사자의 합의 또는 사업시행자의 재량에 의하여 적용을 배제할 수 없는 강행법규이다.

01

「행정기본법」상 기간의 계산에 대한 설명으로 옳지 않은 것은?

① 행정에 관한 기간의 계산에 관하여는 「행정기본법」 또는 다른 법령등에 특별한 규정이 있는 경우를 제외하고는 「민법」을 준용한다.
② 법령등을 공포한 날부터 일정 기간이 경과한 날부터 시행하는 경우 그 기간의 말일이 토요일 또는 공휴일인 때에는 그 말일로 기간이 만료한다.
③ 법령등을 공포한 날부터 일정 기간이 경과한 날부터 시행하는 경우 법령등을 공포한 날을 첫날에 산입한다.
④ 법령등 또는 처분에서 국민의 권익을 제한하거나 의무를 부과하는 경우 권익이 제한되거나 의무가 지속되는 기간을 계산할 때에 기간을 일, 주, 월 또는 연으로 정한 경우에는 기간의 첫날을 산입한다. 다만, 그러한 기준을 따르는 것이 국민에게 불리한 경우에는 그러하지 아니하다.

02

행정입법에 대한 설명으로 옳은 것은?

① 법률의 위임에 의해 유효하게 성립된 법규명령은 이후 법 개정으로 위임의 근거가 없어지더라도 법규명령의 효력에 영향이 없다.
② 행정권의 행정입법 등 법집행의무는 헌법적 의무라고 보아야 할 것이므로, 하위 행정입법의 제정 없이 상위 법령의 규정만으로 집행이 이루어질 수 있는 경우라도 하위 행정입법을 하여야 할 헌법적 작위의무는 인정된다.
③ 법률조항의 위임에 따라 대통령령으로 규정한 내용이 헌법에 위반되는 경우에는 그로 인하여 모법인 해당 수권(授權) 법률조항까지 위헌으로 되는 것은 아니다.
④ 법률이 행정부가 아니거나 행정부에 속하지 않는 공법적 기관의 정관에 자치입법적 사항을 위임하는 경우에도 헌법에서 정한 포괄적인 위임입법의 금지의 원칙에 따라 구체적으로 범위를 정하여 위임하여야 한다.

03

행정행위의 부관에 대한 설명으로 옳지 않은 것은?

① 기부채납받은 행정재산에 대한 사용·수익허가에서 공유재산의 관리청이 정한 사용·수익허가의 기간은 그 허가의 효력을 제한하기 위한 행정행위의 부관으로서 이러한 사용·수익허가의 기간에 대해서는 독립하여 행정소송을 제기할 수 없다.
② 토지소유자가 토지형질변경행위허가에 붙은 기부채납의 부관에 따라 토지를 국가나 지방자치단체에 기부채납(증여)한 경우, 기부채납의 부관이 당연무효이거나 취소되지 아니한 이상 토지소유자는 위 부관으로 인하여 증여계약의 중요부분에 착오가 있음을 이유로 증여계약을 취소할 수 없다.
③ 행정행위의 부관인 부담에 정해진 바에 따라 당해 행정청이 아닌 다른 행정청이 그 부담상의 의무이행을 요구하는 의사표시를 하였을 경우, 이러한 행위는 당연히 항고소송의 대상이 되는 처분에 해당한다.
④ 행정처분에 부담인 부관을 붙인 경우 부관의 무효화에 의하여 본체인 행정처분 자체의 효력에도 영향이 있게 될 수 있으나, 그 처분을 받은 사람이 부담의 이행으로 사법상 매매 등의 법률행위를 한 경우 그 법률행위 자체는 당연히 무효화 하는 것은 아니다.

04

행정처분의 효력에 대한 설명으로 옳지 않은 것은?

① 과세처분에 관한 이의신청절차에서 과세관청이 이의신청 사유가 옳다고 인정하여 과세처분을 직권으로 취소한 경우 그 후 특별한 사유 없이 이를 번복하고 종전 처분을 되풀이할 수 없다.
② 점용료 부과처분에 취소사유에 해당하는 흠이 있는 경우 도로관리청으로서는 당초 처분 자체를 취소하고 흠을 보완하여 새로운 부과처분을 하거나, 흠 있는 부분에 해당하는 점용료를 감액하는 처분을 할 수 있고, 이를 통하여 당초 도로점용허가 및 점용료부과처분의 하자가 치유된다.
③ 행정처분이 불복기간의 경과로 인하여 확정될 경우 그 처분의 기초가 된 사실관계나 법률적 판단이 확정되고 당사자들이나 법원이 이에 기속되어 모순되는 주장이나 판단을 할 수 없게 되는 것은 아니다.
④ 민사소송에 있어서 어느 행정처분의 당연무효 여부가 선결문제로 되는 때에는 이를 판단하여 당연무효임을 전제로 판결할 수 있고 반드시 행정소송 등의 절차에 의하여 그 취소나 무효확인을 받아야 하는 것은 아니다.

05

행정행위의 직권취소 및 철회에 대한 설명으로 옳지 않은 것은?

① 처분에 대하여 행정심판이나 행정소송이 제기되어 쟁송이 진행되고 있는 도중에도 행정청은 스스로 대상 처분을 취소할 수 있다.
② 행정청은 사정변경으로 적법한 처분을 더 이상 존속시킬 필요가 없게 된 경우 그 처분의 전부 또는 일부를 소급하여 철회할 수 있다.
③ 제소기간의 경과 등으로 처분에 불가쟁력이 발생하였다 하여도 행정청은 실권의 법리에 해당하지 않는다면 직권으로 처분을 취소할 수 있다.
④ 행정청은 위법 또는 부당한 처분의 전부나 일부를 소급하여 취소할 수 있다. 다만, 당사자의 신뢰를 보호할 가치가 있는 등 정당한 사유가 있는 경우에는 장래를 향하여 취소할 수 있다.

06

하자의 승계에 대한 설명으로 옳지 않은 것은?

① 도시·군계획시설결정과 실시계획인가는 별도의 요건과 절차에 따라 별개의 법률효과를 발생시키는 독립적인 행정처분이므로 선행처분인 도시·군계획시설결정에 하자가 있더라도 그것이 당연무효가 아닌 한 원칙적으로 후행처분인 실시계획인가에 승계되지 않는다.
② 「공인중개사법」 위반으로 업무정지처분을 받고 그 업무정지기간 중 중개업무를 하였다는 이유로 중개사무소개설등록취소처분을 받은 경우, 양 처분은 서로 결합하여 1개의 법률효과를 완성하는 때에 해당하므로 선행처분인 업무정지처분의 위법을 후행처분인 중개사무소개설등록취소처분의 위법사유로 주장할 수 있다.
③ 수용보상금의 증액을 구하는 소송에서는 선행처분으로서 그 수용대상 토지 가격 산정의 기초가 된 비교표준지공시지가결정의 위법을 독립된 사유로 주장할 수 있다.
④ 보충역편입처분과 공익근무요원소집처분은 각각 단계적으로 별개의 법률효과를 발생하는 독립된 행정처분이다.

07

행정행위의 확약에 대한 설명으로 옳지 않은 것은? (다툼이 있는 경우 판례에 의함)

① 어업권면허에 선행하는 우선순위결정은 행정청이 우선권자로 결정된 자의 신청이 있으면 어업권 면허처분을 하겠다는 것을 약속하는 행위로서 처분성이 부정된다.
② 확약은 본처분의 전체 요건에 관한 긍정적인 판단을 하기 때문에 본처분에 대한 정당한 권한을 가진 행정청만이 할 수 있다.
③ 확약이 있은 후에 사실적·법률적 상태가 변경되었더라도 확약은 당연히 실효되는 것은 아니므로 그 효력을 제거하기 위해서는 철회라는 별도의 행정행위를 요하며, 철회 전까지는 행정청은 이러한 확약에 기속된다.
④ 확약은 신뢰보호원칙의 적용에 있어서 행정청의 선행 조치에 해당할 수 있다.

08

다음 사례에 관한 설명으로 옳은 것은? (다툼이 있는 경우 판례에 따름)

> 관할 시장 A는『국토의 계획 및 이용에 관한 법률』에 따라 甲 소유의 토지가 포함된 지역 일대를 도시계획시설로 결정하였다.

① 甲이 A에 대하여 자신의 토지를 도시계획시설에서 해제하여 줄 것을 요청하였으나 A가 이를 거부한 경우, A의 거부행위는 항고소송의 대상이 되는 행정처분에 해당한다.
② A의 도시계획시설결정 이후 장기간 그 사업을 시행하고 있지 않은 상황이라면, 甲은 법률의 규정과 관계없이 도시계획시설결정의 장기미집행으로 인해 헌법상 재산권이 침해되었음을 이유로 위 도시계획시설결정의 실효를 주장할 수 있다.
③ 도시계획시설사업에 관한 실시계획인가에 의하여 의제되는 인·허가가 있는 경우, 실시계획인가를 하는 행정청은 의제되는 인·허가의 절차적 요건도 모두 준수하여야 한다.
④ 관할 도지사가 적법한 권한 없이 A의 도시계획시설결정과 양립할 수 없는 내용의 도시계획을 결정·고시한 경우, 도지사의 도시계획결정은 위법한 것으로 취소의 대상이나 당연무효가 되는 것은 아니다.

09

행정행위의 하자에 대한 설명으로 옳지 않은 것은? (다툼이 있는 경우 판례에 의함)

① 위헌결정 전에 이미 형성된 법률관계에 기한 후속처분이라도 그것이 새로운 위헌적 법률관계를 생성·확대하는 경우라면 이를 허용할 수 없으므로, 과세처분의 근거법률에 대한 위헌결정의 효력에 위배하여 이루어진 체납처분은 그 사유만으로 하자가 중대하고 객관적으로 명백하여 당연무효이다.
② 과세예고통지 후 과세전적부심사청구를 한 경우 그에 대한 결정이 있기도 전에 과세처분을 하는 것은 그 절차상 하자가 중대하고도 명백하여 무효이다.
③ 민원사무를 처리하는 행정기관이 민원사항의 심의·조정 등을 위한 민원조정위원회를 개최하면서 민원인에게 회의일정 등을 사전에 통지하지 않았다면 민원사항에 대한 행정기관의 장의 거부처분은 원칙적으로 위법하다.
④ 구『학교보건법』상 학교환경위생정화구역에서의 금지행위 및 시설의 해제 여부에 관한 행정처분을 함에 있어 학교환경위생정화위원회의 심의절차를 누락한 것은 특별한 사정이 없는 한 취소사유가 된다.

10

정보공개에 대한 설명으로 옳지 않은 것은?

① 구 「학교폭력예방 및 대책에 관한 법률」에 따른 학교폭력대책자치위원회의 회의록은 공공기관의 정보공개에 관한 법률 소정의 '공개될 경우 업무의 공정한 수행에 현저한 지장을 초래한다고 인정할 만한 상당한 이유가 있는 정보'에 해당한다.
② 공공기관은 청구인이 사본 또는 복제물의 교부를 원하는 경우에는 이를 교부하여야하므로, 공개 대상 정보의 양이 너무 많아 정상적인 업무수행에 현저한 지장을 초래할 우려가 있는 경우에도 정보의 열람과 병행하여 제공할 수는 없다.
③ '2002학년도부터 2005학년도까지의 대학수학능력시험 원데이터'는 연구목적으로 그 정보의 공개를 청구하는 경우 공공기관의 정보공개에 관한 법률 소정의 비공개대상정보에 해당하지 않는다.
④ 「공공기관의 정보공개에 관한 법률」상 '공개하는 것이 공익 또는 개인의 권리구제를 위하여 필요하다고 인정되는 정보'에 해당하는지 여부는 비공개에 의하여 보호되는 개인의 사생활의 비밀 등 이익과 공개에 의하여 보호되는 국정운영의 투명성 확보 등의 공익 또는 개인의 권리구제 등 이익을 비교·교량하여 구체적 사안에 따라 신중히 판단하여야 한다.

11

「개인정보 보호법」에 대한 내용으로 옳지 않은 것은?

① 정보주체는 완전히 자동화된 시스템으로 개인정보를 처리하여 이루어지는 결정(「행정기본법」 제20조에 따른 행정청의 자동적 처분을 제외)이 자신의 권리 또는 의무에 중대한 영향을 미치는 경우에는 해당 개인정보처리자에 대하여 해당 결정을 거부할 수 있는 권리를 가진다.
② '공공기관이 법령에서 정하는 소관 업무의 수행을 위하여 불가피한 경우'에는 정보주체의 동의 없이도 개인정보를 수집·이용할 수 있으므로, 무효인 조례에 근거하여 인사검증과 관련된 자료 제출이나 인사검증회의를 공개하도록 하는 것은 「개인정보보호법」 제15조 제1항에 위반되지 않는다.
③ 개인정보처리자는 공중위생 등 공공의 안전과 안녕을 위하여 긴급히 필요한 경우에는 개인정보를 수집할 수 있으며 그 수집 목적의 범위에서 이용할 수 있다.
④ 개인정보처리자는 정보주체가 필요한 최소한의 정보 외의 개인정보 수집에 동의하지 아니한다는 이유로 정보주체에게 재화 또는 서비스의 제공을 거부하여서는 아니 된다.

12

행정대집행에 대한 설명으로 옳지 않은 것은?

① 정당한 사유 없이 공유재산에 시설물을 설치한 경우 행정청은 행정대집행의 방법으로 이 시설물을 철거할 수 있고, 이러한 행정대집행이 인정되는 경우에는 민사소송의 방법으로 시설물의 철거를 구하는 것은 허용되지 아니한다.
② 건물의 점유자가 철거의무자일 때에도 건물철거의무에 퇴거의무가 포함되어 있으므로 별도로 퇴거를 명하는 집행권원이 필요하지 않다.
③ 아무런 권원 없이 국유재산에 설치한 시설물에 대하여 행정청이 행정대집행을 실시하지 않는 경우에도, 그 국유재산에 대한 사용청구권을 가지고 있는 자가 국가를 대위하여 민사소송으로 그 시설물의 철거를 구할 수는 없다.
④ 공공사업에 필요한 토지와 건물을 사업시행자가 협의취득할 때 건물소유자가 매매대상 건물에 대한 철거의무를 부담하겠다는 취지의 약정을 하였다고 하더라도 이러한 철거의무는 「행정대집행법」에 의한 대집행의 대상이 되는 공법상의 의무가 아니다.

13

행정벌에 대한 설명으로 옳지 않은 것은?

① 지방자치단체가 고유의 자치사무를 처리하는 경우 당해 지방자치단체는 국가기관과는 별도의 독립한 공법인이므로 양벌규정에 따라 처벌대상이 되는 법인에 해당한다.
② 「개인정보 보호법」상 법인격 없는 공공기관은 양벌규정에 의하여 처벌될 수 없으며, 이 경우 행위자 역시 위 양벌규정으로 처벌될 수 없다.
③ 「질서위반행위규제법」에 따르면 고의 또는 과실이 없는 질서위반행위는 과태료를 부과하지 아니한다.
④ 질서위반행위에 대하여 과태료를 부과하는 근거 법령이 개정되어 행위 시의 법률에 의하면 과태료 부과대상이었지만 재판 시의 법률에 의하면 부과대상이 아니게 된 때에는 개정 법률의 부칙 등에서 재판 시의 법률을 적용하도록 명시하는 등 특별한 사정이 없는 한 위반행위 시의 법률을 적용하여야 하므로 과태료를 부과할 수 있다.

14

「국가배상법」상 영조물의 설치·관리의 하자로 인한 손해배상책임에 대한 설명으로 옳지 않은 것은?

① 국가 또는 지방자치단체에 의하여 특정 공공의 목적에 공여된 유체물 내지 물적 설비라도 국가 또는 지방자치단체가 사실상의 관리를 하고 있는 경우에는 '공공의 영조물'이라 볼 수 없다.
② 영조물이 그 용도에 따라 갖추어야 할 안전성을 갖추지 못한 상태에는 영조물이 공공의 목적에 이용됨에 있어 그 이용 상태 및 정도가 일정한 한도를 초과하여 제3자에게 사회통념상 수인할 것이 기대되는 한도를 넘는 피해를 입히는 경우까지 포함된다.
③ 영조물이 안전성을 갖추었는지 여부는 영조물의 설치자 또는 관리자가 그 영조물의 위험성에 비례하여 사회통념상 일반적으로 요구되는 정도의 방호조치의무를 다하였는지를 기준으로 판단하여야 하고, 그 설치자 또는 관리자의 재정적·인적·물적 제약 등도 고려하여야 한다.
④ 객관적으로 보아 영조물의 결함이 영조물의 설치·관리자의 관리행위가 미칠 수 없는 상황 아래에 있는 경우에는 영조물의 설치·관리의 하자를 인정할 수 없다.

15

「공익사업을 위한 토지 등의 취득 및 보상에 관한 법률」상 손실보상에 대한 설명으로 옳지 않은 것은?

① 영업을 하기 위해 투자한 비용이나 그 영업을 통해 얻을 것으로 기대되는 이익에 대한 손실은 영업손실보상의 대상이 된다고 할 수 없다.
② 사업시행자 스스로 공익사업의 원활한 시행을 위하여 생활대책을 수립·실시할 수 있도록 하는 내부규정을 두고 이에 따라 생활대책대상자 선정기준을 마련하여 생활대책을 수립·실시하는 경우, 생활대책대상자 선정기준에 해당하는 자기 자신을 생활대책대상자에서 제외하거나 선정을 거부한 사업시행자를 상대로 항고소송을 제기할 수 있다.
③ 공익사업으로 인하여 영업을 폐지하거나 휴업하는 자가 구 「공익사업을 위한 토지 등의 취득 및 보상에 관한 법률」에 규정된 재결절차를 거치지 않고도 바로 사업시행자를 상대로 영업손실보상을 청구할 수 있다.
④ 어떤 보상항목이 손실보상대상에 해당함에도 관할 토지수용위원회가 사실을 오인하거나 법리를 오해함으로써 손실보상대상에 해당하지 않는다고 잘못된 내용의 재결을 한 경우에는, 피보상자는 관할 토지수용위원회를 상대로 재결취소소송을 제기할 것이 아니라 사업시행자를 상대로 구 공익사업을 위한 토지 등의 취득 및 보상에 관한 법률 제85조 제2항에 따른 보상금증감소송을 제기하여야 한다.

16

행정심판 재결의 효력에 대한 설명으로 옳지 않은 것은?

① 행정심판 재결의 내용이 처분청의 처분을 스스로 취소하는 것일 때에는 그 재결의 형성력이 발생하여 당해 행정처분은 별도의 행정처분을 기다릴 것 없이 당연히 취소되어 소멸된다.
② 행정처분이나 행정심판 재결이 불복기간의 경과로 확정될 경우 그 확정력은 처분으로 법률상 이익을 침해받은 자가 당해 처분이나 재결의 효력을 더 이상 다툴 수 없다는 의미일 뿐 판결과 같은 기판력이 인정되는 것은 아니다.
③ 당사자의 신청을 받아들이지 않은 거부처분이 재결에서 취소된 경우에 행정청은 종전 거부처분 또는 재결 후에 발생한 새로운 사유를 내세워 다시 거부처분을 할 수 있다.
④ 교원소청심사위원회의 소청심사결정 중 임용기간이 만료된 교원에 대한 재임용거부처분을 취소하는 결정은 학교법인 등에 반드시 해당 교원을 재임용하여야 하는 의무를 부과하거나 혹은 그 교원이 바로 재임용되는 것과 같은 법적 효과가 인정된다.

17

재결취소소송에 대한 설명으로 옳지 않은 것은?

① 행정심판의 재결에 이유모순의 위법이 있다는 사유는 재결처분 자체에 고유한 하자로서 재결처분의 취소를 구하는 소송에서는 그 위법사유로서 주장할 수 있으나, 원처분의 취소를 구하는 소송에서는 그 취소를 구할 위법사유로서 주장할 수 없다.
② 징계혐의자에 대한 감봉 1월의 징계처분을 견책으로 변경한 소청결정 중 그를 견책에 처한 조치는 재량권의 남용 또는 일탈로서 위법하다는 사유는 소청결정 자체에 고유한 위법을 주장하는 것으로 볼 수 없어 소청결정의 취소사유가 될 수 없다.
③ 행정심판청구가 부적법하지 않음에도 각하한 재결은 심판청구인의 실체심리를 받을 권리를 박탈한 것으로서 원처분에 없는 고유한 하자가 있는 경우에 해당하고, 따라서 위 재결은 취소소송의 대상이 된다.
④ 재결취소소송의 경우 재결 자체에 고유한 위법이 있는지 여부를 심리할 것이고, 재결 자체에 고유한 위법이 없는 경우에는 원처분의 당부와는 상관없이 당해 재결취소소송은 이를 각하하여야 한다.

18
항고소송의 대상인 처분에 대한 설명으로 옳지 않은 것은?

① 상표권의 말소등록이 이루어져도 법령에 따라 회복등록이 가능하고 회복신청이 거부된 경우에는 그에 대한 항고소송이 가능하므로 상표권의 말소등록행위 자체는 항고소송의 대상이 될 수 없다.
② 어떠한 처분의 근거나 법적인 효과가 행정규칙에 규정되어 있다고 하더라도, 그 처분이 행정규칙의 내부적 구속력에 의하여 상대방에게 권리의 설정 또는 의무의 부담을 명하거나 기타 법적인 효과를 발생하게 하는 등으로 그 상대방의 권리·의무에 직접 영향을 미치는 행위라면, 이 경우에도 항고소송의 대상이 되는 행정처분에 해당한다.
③ 공정거래위원회가 「하도급거래 공정화에 관한 법률」 제26조(관계 행정기관의 장의 협조)에 따라 관계 행정기관의 장에게 한 원사업자 또는 수급사업자에 대한 입찰참가자격의 제한을 요청한 결정은 항고소송의 대상이 되는 처분에 해당하지 않으므로, 입찰참가자격제한 요청 결정이 있음을 알고 있는 사업자는 입찰참가자격제한처분에 대하여만 다툴 수 있다고 보아야 한다.
④ 산업단지개발계획상 산업단지 안의 토지소유자로서 산업단지개발계획에 적합한 시설을 설치하여 입주하려는 자는 산업단지지정권자 또는 그로부터 권한을 위임받은 기관에 대하여 산업단지개발계획의 변경을 요청할 수 있는 법규상 또는 조리상 신청권이 있고, 이러한 신청에 대한 거부행위는 항고소송의 대상이 되는 행정처분에 해당한다.

19
항고소송의 제소기간에 관한 설명으로 옳은 것은? (다툼이 있는 경우 판례에 의함)

① 특정인에 대한 행정처분을 주소불명 등의 이유로 송달할 수 없어 관보 등에 공고한 경우, 그 처분에 대한 취소소송의 제소기간의 기간에 있어서는 공고가 효력을 발생하는 날에 상대방이 그 행정처분이 있음을 알았다고 보아야 한다.
② 처분 당시에는 취소소송의 제기가 법제상 허용되지 않아 소송을 제기할 수 없다가 위헌결성으로 인하여 비로소 취소소송을 제기할 수 있게 된 경우에는 제소기간의 적용에 있어서는 객관적으로는 '위헌결정이 있은 날', 주관적으로는 '위헌결정이 있음을 안 날'을 기산점으로 하여야 한다.
③ 동일한 처분에 대하여 무효확인의 소를 제기하였다가 그 후 처분의 취소를 구하는 소를 추가적으로 병합한 경우, 추가로 병합된 취소청구의 소의 제소기간 준수 여부는 청구취지의 추가병합 신청이 있은 때를 기준으로 하여야 한다.
④ 부작위위법확인소송을 제기하는 경우, 행정심판을 거쳤더라도 부작위상태가 계속되고 있는 한 제소기간의 제한은 적용되지 않는다.

20
무효등 확인소송에 대한 설명으로 옳지 않은 것은?

① 행정처분의 당연무효를 선언하는 의미에서 그 취소를 구하는 행정소송을 제기하는 경우에는 무효등 확인소송과 달리 제소기간의 제한이 있는 것으로 본다.
② 행정처분의 근거 법률에 의하여 보호되는 직접적이고 구체적인 이익이 있는 경우에는 「행정소송법」상 '무효확인을 구할 법률상 이익'이 있다고 보아야 하고, 이와 별도로 무효확인소송의 보충성이 요구되는 것은 아니다.
③ 동일한 행정처분에 대하여 무효확인의 소를 제기하였다가 그 후 그 처분의 취소를 구하는 소를 추가적으로 병합한 경우, 주된 청구인 무효확인의 소가 적법한 제소기간 내에 제기되었더라도 추가로 병합된 취소청구의 소도 적법하게 제기된 것으로 볼 수는 없다.
④ 행정처분의 당연무효를 주장하여 그 무효확인을 구하는 행정소송에 있어서는 원고에게 그 행정처분이 무효인 사유를 주장·입증할 책임이 있다.

01

신뢰보호의 원칙에 대한 설명으로 옳은 것은?

① 주민등록번호와 주민등록증은 외부에 공시되어 대내외적으로 행정행위의 적법한 존재를 추단하는 중요한 근거가 되는 점에 비추어 볼 때 행정청이 원고들에게 공신력이 있는 주민등록번호와 이에 따른 주민등록증을 부여한 행위는 원고들에게 대한민국 국적을 취득하였다는 공적인 견해를 표명한 것이라고 보아야 한다.

② 시의 도시계획과장과 도시계획국장이 도시계획사업의 준공과 동시에 사업부지에 편입한 토지에 대한 완충녹지 지정을 해제함과 아울러 당초의 토지소유자들에게 환매하겠다는 약속을 했음에도 이를 믿고 토지를 협의매매한 토지소유자의 완충녹지지정해제신청을 거부한 것은 신뢰보호의 원칙을 위반하거나 재량권을 일탈·남용한 위법한 처분으로 볼 수 없다.

③ 국회에서 일정한 법률안을 심의하거나 의결한 적이 있는 이상 그것이 법률로 확정되지 아니한 단계에서도 국가가 이해관계자들에게 위 법률안에 관련된 사항을 약속하였다고 볼 수 있다.

④ 헌법재판소의 위헌결정은 행정청이 개인에 대하여 신뢰의 대상이 되는 공적인 견해를 표명한 것이라고 할 수 있으므로 그 결정에 관련한 개인의 행위에 대하여는 신뢰보호의 원칙이 적용된다.

02

건축신고에 대한 설명으로 옳지 않은 것은?

① 「건축법」상 수리를 요하지 않는 건축신고에 있어서는 원칙적으로 적법한 요건을 갖춰 신고하면 행정청의 수리 등 별도의 조치를 기다릴 필요 없이 건축행위를 할 수 있다고 보아야 한다.

② 「건축법」상 건축신고가 다른 법률에서 정한 인·허가 등의 의제효과를 수반하는 경우에는 일반적인 건축신고와는 달리 특별한 사정이 없는 한 수리를 요하는 신고에 해당한다.

③ 건축물의 건축을 위해서는 건축법상 건축허가절차에서 관련 인허가 의제 제도를 통해 건축법상 건축허가와 국토의 계획 및 이용에 관한 법률상 개발행위(건축물의 건축) 허가의 발급 여부가 동시에 심사·결정되어야 한다.

④ 인·허가의 근거 법령인 건축법령에서 절차간소화를 위하여 관련 인·허가를 의제 처리할 수 있는 근거 규정을 둔 경우, 주된 인·허가를 신청하려는 사업시행자는 반드시 관련 인·허가 의제 처리를 동시에 신청해야 한다.

03

법률유보에 대한 설명으로 옳지 않은 것은? (다툼이 있는 경우 판례에 의함)

① 헌법재판소는 국가유공자 단체의 대의원의 정수 및 선임방법 등은 정관으로 정하도록 규정하고 있는 국가유공자 등 단체 설립에 관한 법률 제11조는 법률유보 혹은 의회유보의 원칙이 지켜져야 할 영역이라고 할 수 없으므로 기본권을 침해하지 않는다고 보았다.
② 구 「토지초과이득세법」상의 기준시가는 국민의 납세의무의 성부(成否) 및 범위와 직접적인 관계를 가지고 있는 중요한 사항임에도 불구하고 해당 내용을 법률에 규정하지 않고 하위법령에 위임한 것은 헌법 제75조에 반한다고 판단한 바 있다.
③ 법외노조 통보는 적법하게 설립된 노동조합의 법적 지위를 박탈하는 중대한 침익적 처분으로서 원칙적으로 국민의 대표자인 입법자가 스스로 형식적 법률로써 규정하여야 할 사항이고, 행정입법으로 이를 규정하기 위하여는 반드시 법률의 명시적이고 구체적인 위임이 있어야 한다.
④ 국가공무원인 교원의 보수에 관한 구체적인 내용(보수 체계, 보수 내용, 지급 방법 등)은 반드시 법률의 형식으로만 정해야 하는 '기본적인 사항'이라고 보아야 하므로, 이를 행정부의 하위법령에 위임하는 것은 법률유보의 원칙 내지 의회유보의 원칙에 위배된다.

04

처분변경에 따른 당초처분(선행처분)과 변경처분(후행처분)의 관계에 대한 설명으로 옳지 않은 것은? (다툼이 있는 경우 판례에 의함)

① 선행처분의 주요부분이 후행처분에 의하여 실질적으로 변경되는 경우 선행처분은 특별한 사정이 없는 한 그 효력을 상실하므로 남아 있는 후행처분을 다툼의 대상으로 삼아야 한다.
② 선행처분의 내용 중 일부만을 소폭 변경하는 정도에 불과한 경우에는 선행처분은 후행처분에 의하여 변경되지 아니한 범위 내에서 존속하고, 후행처분은 선행처분의 내용 중 일부를 변경하는 범위 내에서 효력을 가진다.
③ 선행처분이 소폭 변경되어 존속하는 경우 선행처분에만 존재하는 취소사유를 이유로 후행처분의 취소를 청구할 수는 없다.
④ 영업정지처분을 당사자에게 유리하게 변경하는 처분을 한 경우 당초처분은 소멸하고 유리하게 변경된 변경처분만이 존재하는 것이므로 유리하게 변경된 내용의 행정제재가 위법하다 하여 그 취소를 구하는 경우 다툼의 대상은 변경처분이다.

05

다음 중 위임명령에 대한 설명으로 옳은 것은? (다툼이 있는 경우 판례에 의함)

① 위임입법의 구체성, 명확성의 요구 정도는 규율대상이 지극히 다양하거나 수시로 변화하는 성질의 것일 때에는 위임의 구체성, 명확성의 요건이 엄격하게 제한되어야 할 것이다.
② 국회입법의 전속사항이나 국회의 심의를 거쳐야 하는 사항으로 정해진 것은 오로지 법률로만 규율되어야 하고 법규명령으로서 정할 수 없다.
③ 벌칙규정을 법규명령에 위임하는 것도 가능하지만 법률에서 범죄 구성요건은 처벌대상인 행위가 어떠한 것인지 예측할 수 있을 정도로 구체적으로 정하고 형벌의 종류 및 그 상한과 폭을 명백히 규정하여야 한다.
④ 법률에서 위임받은 사항을 전혀 규정하지 아니 하고 그대로 재위임하는 것은 허용되지 않으므로 위임받은 사항에 관하여 대강을 정하고 그 중의 특정사항을 범위를 정하여 하위법령에 다시 위임하는 경우에도 재위임은 허용될 수 없다.

06

자동차 운전면허와 관련된 설명으로 옳은 것만을 모두 고른 것은? (다툼이 있는 경우 판례에 의함)

> ㄱ. 제2종 소형면허만으로 운전할 수 있는 이륜자동차를 음주운전 한 사유만 가지고서는 제1종 대형면허나 보통면허의 취소나 정지를 할 수 없다.
> ㄴ. 제1종 보통면허로 운전할 수 있는 차량(승용차)을 음주운전 한 경우에 이와 관련된 면허인 제1종 대형면허와 원동기장치자전거면허까지 취소할 수는 없다.
> ㄷ. 제1종 대형면허로 운전할 수 있는 차량(대형승합차)을 운전면허정지 기간 중에 운전한 경우, 이와 관련된 제1종 보통면허까지 취소할 수는 없다.
> ㄹ. 제1종 대형, 제1종 보통면허를 가지고 있는 甲이 제2종 소형면허만으로 운전할 수 있는 이륜 자동차를 절취하였다는 이유로 지방경찰청장이 甲의 제1종 대형, 제1종 보통면허를 모두 취소할 수는 없다.

① ㄱ, ㄴ, ㄷ
② ㄱ, ㄹ
③ ㄷ, ㄹ
④ ㄴ, ㄷ

07

공법상 계약에 대한 설명으로 옳은 것은? (다툼이 있는 경우 판례에 따름)

① 공법상 계약의 해지 및 그에 따른 환수통보에 있어서 행정청이 일방적인 의사표시로 자신과 상대방 사이의 법률관계를 종료시킨 경우, 이를 행정청이 우월한 지위에서 행하는 공권력의 행사로서 행정처분에 해당한다고 보아야 한다.
② 구『국가공무원법』상 계약직공무원에 대한 채용계약해지의 의사표시는 일정한 사유가 있을 때에 국가가 채용계약 관계의 한쪽 당사자로서 대등한 지위에서 행하는 의사표시에 해당하지만, 징계처분과 본질상 유사하므로『행정절차법』에 의하여 근거와 이유를 제시하여야 한다.
③ 국립의료원 부설 주차장에 관한 위탁관리용역운영계약과 관련하여 사용료의 미납을 이유로 가산금이 부과된 경우, 그러한 가산금 지급채무의 부존재를 주장하여 권리구제를 받으려면 민사소송을 통하여 다투어야 한다.
④ 구『국가공무원법』상 채용계약에 의해 채용된 계약직 공무원이 그 계약말료 이전에 채용계약해지의 불이익을 받은 후 그 계약기간이 만료된 경우, 그 계약해지의사표시에 대해 무효확인을 구하는 소송을 제기하기 위해서는 즉시확정의 이익이 있어야 한다.

08

법치행정의 원칙에 대한 설명으로 가장 적절하지 않은 것은? (다툼이 있는 경우 판례에 의함)

① 법률유보원칙에서 법률이란 형식적 의미의 법률을 의미하고, 법률상 위임에 따른 법규명령이나 조례의 경우는 포함되지 않는다.
② 법률유보원칙은 단순히 행정작용이 법률에 근거를 두기만 하면 충분한 것이 아니라, 국민의 기본권 실현과 관련된 영역에 있어서는 국민의 대표자인 입법자가 그 본질적 사항에 대해서 스스로 결정하여야 한다는 요구까지 내포하고 있다.
③ 법률우위의 원칙은 공법적 행위뿐만 아니라 사법적(私法的) 행위에도 적용된다.
④ 법률우위의 원칙은 행정행위와 같은 구체적인 규율은 물론 법규명령이나 조례와 같은 행정입법에도 적용된다.

09

『행정절차법』상 처분의 사전통지제도에 관한 판례의 입장으로 옳지 않은 것은?

① 신청에 대한 거부처분은 당사자의 권익을 제한하는 처분에 해당하지 아니하므로 처분의 사전통지의 대상이 되지 않는다.
② 행정청이『식품위생법』규정에 의하여 영업자지위승계신고를 수리하는 처분을 하는 경우 종전의 영업자는 그 처분에 대하여 직접 상대가 되는 자에 해당하므로 처분의 사전통지의 대상이 된다.
③『국가공무원법』상 공무원에 대하여 직위해제를 할 때에는 그 처분권자 또는 처분제청권자가 처분사유를 적은 설명서를 교부하도록 하고 있고, 처분사유 설명서를 받은 공무원은 그 처분에 불복하는 경우 소청심사청구가 가능한 바, 직위해제처분에는 처분의 사전통지에 관한『행정절차법』의 규정이 별도로 적용되지 않는다.
④『건축법』상의 공사중지명령에 대해 미리 사전통지를 하고 의견제출의 기회를 준다면 많은 액수의 손실보상금을 기대하여 공사를 강행할 우려가 있다는 사정은『행정절차법』이 규정하는 "당해 처분의 성질상 의견청취가 현저히 곤란하거나 명백히 불필요하다고 인정될 만한 상당한 이유가 있는 경우"로서 의무적 사전통지의 예외사유가 된다.

10

정보공개에 대한 설명으로 옳지 않은 것은?

① 정보공개거부처분의 취소를 구하는 행정소송에서 정보공개청구인이 정보공개거부처분을 받은 것 외에 추가로 법률상 이익이 있어야 하는 것도 아니며, 정보공개청구의 대상이 되는 정보가 이미 공개되어 있다는 사정만으로 소의 이익이 없는 것도 아니다.
②「공공기관의 정보공개에 관한 법률」에 따라 중앙행정기관은 전자적 형태로 보유·관리하는 정보 중 공개대상으로 분류된 정보를 국민의 정보공개 청구가 없더라도 정보통신망을 활용한 정보공개시스템 등을 통하여 공개하여야 한다.
③ 정보공개청구인이 공공기관의 비공개 결정 또는 부분 공개 결정에 대한 이의신청을 하여 공공기관으로부터 이의신청에 대한 결과를 통지받은 후 취소소송을 제기하는 경우, 그 제소기간은 비공개결정을 통지받은 날부터 기산한다.
④ 견책의 징계처분을 받은 자가 소속기관의 장에게 징계위원회에 참여한 징계위원의 성명과 직위에 대한 정보공개청구를 하였으나 해당 정보가 비공개 대상이라는 이유로 거부된 경우, 그 견책처분에 대한 취소소송의 기각판결이 확정되었더라도 정보공개거부처분의 취소를 구할 법률상 이익이 없어지지 않는다.

11

다음 중 「개인정보보호법」에 대한 설명으로 가장 적절하지 않은 것은? (다툼이 있는 경우 판례에 의함)

① 공중위생 등 공공의 안전과 안녕을 위하여 긴급히 필요한 경우는 개인정보처리자는 정보주체의 동의가 없더라도 개인정보를 수집 또는 이용할 수 있다.
② 개인정보처리자의 정당한 이익과 상당한 관련이 있고 합리적인 범위를 초과하는 경우라도 개인정보처리자의 정당한 이익을 달성하기 위하여 필요한 경우로서 명백하게 정보주체의 권리보다 우선하는 경우라면 개인정보처리자는 정보주체의 동의가 없더라도 개인정보를 수집 또는 이용할 수 있다.
③ 공공기관의 장은 일정한 기준에 해당하는 개인 정보파일의 운용으로 인하여 정보주체의 개인 정보 침해가 우려되는 경우에는 그 위험요인의 분석과 개선 사항 도출을 위한 평가를 하고 그 결과를 보호위원회에 제출하여야 한다.
④ 정보주체가 자신의 개인정보에 대한 열람을 공공 기관에 요구하고자 할 때에는 공공기관에 직접 열람을 요구할 수도 있고, 아니면 개인정보보호 위원회를 통하여 열람을 요구할 수도 있다.

12

판례의 입장으로 옳지 않은 것은?

① 「여객자동차 운수사업법」에 따르면, 여객자동차 운수사업자가 거짓이나 부정한 방법으로 지급받은 보조금에 대한 국토교통부장관 또는 시·도지사의 환수처분은 기속행위에 해당한다.
② 재량권의 일탈·남용에 관하여는 행정행위의 효력을 다투는 사람이 주장·증명책임을 부담한다.
③ 사업주가 당연가입자가 되는 고용보험 및 산업재해보상보험에서 보험료 납부의무 부존재확인은 항고소송인 무효등확인소송으로 다투어야 한다.
④ 지방자치단체의 장이 공유재산 및 물품관리법에 근거하여 기부채납 및 사용·수익허가 방식으로 민간투자사업을 추진하는 과정에서 사업시행자를 지정하기 위한 전 단계에서 공모 제안을 받아 일정한 심사를 거쳐 우선협상대상자를 선정하는 행위는 항고소송의 대상이 되는 행정처분에 해당한다.

13

다음 중 「질서위반행위규제법」에 대한 설명으로 옳지 않은 것은?

① 행정청의 과태료처분이나 법원의 과태료 재판이 확정된 후 법률이 변경되어 그 행위가 질서위반행위에 해당하지 아니하게 되거나 과태료가 변경되기 전의 법률보다 가볍게 된 때에는 변경된 법률에 특별한 규정이 없는 한 과태료의 징수 또는 집행을 면제한다.
② 하나의 행위가 2 이상의 질서위반행위에 해당하는 경우에는 각 질서위반행위에 대하여 정한 과태료 중 가장 중한 과태료를 부과한다.
③ 과태료는 행정청의 과태료 부과처분이나 법원의 과태료 재판이 확정된 후 5년간 징수하지 아니하거나 집행하지 아니하면 시효로 인하여 소멸한다.
④ 과태료 부과에 불복하는 당사자는 과태료 부과통지를 받은 날부터 60일 이내에 해당 행정청에 서면으로 이의제기를 할 수 있고, 이의제기가 있는 경우에는 행정청의 과태료 부과처분은 그 효력을 상실한다.

14

행정조사에 대한 설명으로 가장 적절하지 않은 것은? (다툼이 있는 경우 판례에 의함)

① 시료채취의 방법 등이 구 수질오염공정시험기준(국립환경과학원고시)에서 정한 절차에 위반되는 경우에도 곧바로 그에 기초하여 내려진 행정처분이 위법하다고 볼 수는 없다.
② 「국세기본법」이 정한 세무조사대상 선정사유가 없음에도 세무조사대상으로 선정하여 과세자료를 수집하고 그에 기하여 과세처분을 하는 것은 위법하다.
③ 부과처분을 위한 과세관청의 질문조사권이 행해지는 세무조사결정이 있는 경우 납세의무자는 세무공무원의 과세자료 수집을 위한 질문에 대답하고 검사를 수인하여야 할 법적 의무를 부담하게 된다는 점에서 세무조사결정은 항고 소송의 대상이 된다.
④ 행정기관은 행정조사를 통하여 알게 된 정보를 다른 법률에 따라 내부에서 이용하거나 다른 기관에 제공하는 경우에도 원래의 조사목적 이외의 용도로 이용하거나 타인에게 제공하여서는 아니 된다.

15

다음 중 공무원의 직무상 위법행위로 인한 손해 배상에 대한 설명으로 옳지 않은 것은? (다툼이 있는 경우 판례에 의함)

① 국가의 철도운행사업과 관련하여 발생한 사고에 대해 공무원의 직무상 과실을 원인으로 손해배상을 청구하는 경우에는 「국가배상법」이 아닌 일반 「민법」규정에 따라야 한다.
② 행정지도와 같은 비권력적 사실행위도 공무원의 직무행위의 범위에 속한다.
③ 항고소송에서 처분이 위법하다고 확인된 경우에도, 국가배상청구소송에서 바로 처분을 한 공무원의 과실이 인정되는 것은 아니다.
④ 공무원에게 경과실이 있는 경우 피해자에게 민사책임을 지지 않으므로, 만일 공무원이 피해자에게 배상했다면 피해자에게 반환을 청구할 수 있다.

16

다음 중 「행정기본법」상 처분에 대한 이의신청에 대한 설명으로 가장 적절하지 않은 것은?

① 대통령의 처분 또는 부작위에 이의가 있는 당사자는 처분을 받은 날부터 30일 이내에 해당 행정청에 이의 신청을 할 수 있다.
② 이의신청을 한 경우에도 그 이의신청과 관계없이 「행정심판법」에 따른 행정심판 또는 「행정소송법」에 따른 행정소송을 제기할 수 있다.
③ 과태료의 부과 및 징수에 관한 사항에 대하여는 「행정기본법」을 적용하지 않는다.
④ 다른 법률에서 이의신청과 이에 준하는 절차에 대하여 정하고 있는 경우에도 그 법률에서 규정 하지 아니한 사항에 관하여는 「행정기본법」이 정하는 바에 따른다.

17

항고소송과 당사자소송에 대한 설명으로 옳지 않은 것은? (다툼이 있는 경우 판례에 의함)

① 취소소송은 다른 법률에 특별한 규정이 없는 한 그 처분 등을 행한 국가 또는 공공단체를 피고로 한다.
② 광주광역시립합창단원으로서 위촉기간이 만료되는 자들의 재위촉 신청에 대하여 광주광역시 문화예술회관장이 실기와 근무성적에 대한 평정을 실시하여 재위촉을 하지 아니한 것을 항고소송의 대상이 되는 불합격처분이라고 할 수는 없다.
③ 「민주화운동관련자 명예회복 및 보상 등에 관한 법률」에 민주화운동관련자 명예회복 및 보상심의위원회의 결정은 국민의 권리의무에 직접 영향을 미치는 행정처분에 해당한다.
④ 공무원연금관리공단이 「공무원연금법령」의 개정사실과 퇴직연금 수급자가 퇴직연금 중 일부 금액의 지급정지대상자가 되었다는 사실을 통보한 경우, 위 통보는 단지 위와 같이 법령에서 정한 사유의 발생으로 퇴직연금 중 일부 금액의 지급이 정지된다는 점을 알려주는 관념의 통지에 불과하다.

18

다음 중 항고소송의 소의 이익에 대한 판례의 설명으로 가장 적절하지 <u>않은</u> 것은?

① 개발제한구역 안에서의 공장설립을 승인한 처분이 위법하다는 이유로 쟁송 취소되었다면 그 승인 처분에 기초한 공장건축허가처분이 잔존하는 경우에도, 인근 주민들에게는 공장건축허가처분의 취소를 구할 법률상 이익이 없다고 보아야 한다.
② 권리보호의 필요성 유무를 판단할 때에는 국민의 재판청구권을 보장한 헌법 제27조제1항의 취지와 행정처분으로 인한 권익침해를 효과적으로 구제 하려는 「행정소송법」의 목적 등에 비추어 행정 처분의 존재로 인하여 국민의 권익이 실제로 침해되고 있는 경우는 물론이고 권익침해의 구체적·현실적 위험이 있는 경우에도 이를 구제하는 소송이 허용되어야 한다는 요청을 고려하여야 한다.
③ 행정처분과 동일한 사유로 위법한 처분이 반복될 위험성이 있어 행정처분의 위법성 확인 내지 불분명한 법률문제에 대한 해명이 필요한 경우에는 취소를 구할 소의 이익을 인정할 수 있는데, 그 행정처분과 동일한 사유로 위법한 처분이 반복될 위험성이 있는 경우란 해당 사건의 동일한 소송당사자 사이에서 반복될 위험이 있는 경우만을 의미하는 것은 아니다.
④ 행정처분의 무효확인 또는 취소를 구하는 소가 제소 당시에는 소의 이익이 있어 적법하였더라도, 소송 계속 중 처분청이 다툼의 대상이 되는 행정 처분을 직권으로 취소하면 그 처분은 효력을 상실하여 더 이상 존재하지 않는 것이므로, 존재 하지 않는 그 처분을 대상으로 한 항고소송은 원칙적으로 소의 이익이 소멸하여 부적법하다.

19

행정소송 판결의 형성력과 기속력에 대한 설명으로 옳은 것은? (다툼이 있는 경우 판례에 의함)

① 구 「도시 및 주거환경정비법」상 주택재개발사업조합의 조합설립인가처분이 법원의 재판에 의하여 취소된 경우 그 조합설립인가처분은 소급하여 효력을 상실하지 않는다.
② 취소소송에서 처분 등을 취소하는 확정판결의 기속력은 주로 판결의 실효성 확보를 위하여 인정되는 효력으로서 판결의 주문 외에 그 전제가 되는 처분 등의 구체적 위법사유에 관한 이유 중의 판단에 대하여는 인정되지 않는다.
③ 징계처분의 취소를 구하는 소에서 징계사유가 될 수 없다고 판결한 사유와 동일한 사유를 내세워 행정청이 다시 징계처분을 한 것은 확정판결에 저촉되지 않는 행정처분을 한 것으로서 허용될 수 있다.
④ 행정처분을 취소한다는 확정판결이 있으면 그 취소판결의 형성력에 의하여 당해 행정처분의 취소나 취소통지 등의 별도의 절차를 요하지 아니하고 당연히 취소의 효과가 발생한다.

20

「행정소송법」상 간접강제를 할 수 있는 판결은? (다툼이 있으면 판례에 따름)

① 토지의 수용재결을 취소하는 판결
② 지방자치단체에 대하여 소속 공무원의 초과근무수당 지급을 명령하는 판결
③ 건축허가의 신청에 대한 행정청의 부작위가 위법함을 확인하는 판결
④ 재개발조합 설립인가 신청에 대한 거부처분이 무효임을 확인하는 판결

01

신뢰보호의 원칙에 대한 설명으로 옳지 않은 것은?

① 행정청의 공적 견해의 표명 후 그 견해표명 당시의 사정이 변경된 경우, 행정청이 공적 견해표명에 반하는 처분을 하는 경우에도 특별한 사정이 없는 한 신뢰보호의 원칙에 위반되지 않는다.
② 신뢰보호의 원칙에서 개인의 귀책사유라 함은 행정청의 견해표명의 하자가 상대방 등 관계자의 사실은폐나 기타 사위의 방법에 의한 신청행위 등 부정행위에 기인한 것이거나 그러한 부정행위가 없더라도 하자가 있음을 알았거나 중대한 과실로 알지 못한 경우 등을 의미한다.
③ 행정처분은 그 근거 법령이 개정된 경우에도 경과규정에서 달리 정함이 없는 한 처분 당시 시행되는 개정 법령과 거기에서 정한 기준에 의하는 것이 원칙이므로, 그러한 개정 법령의 적용과 관련하여서는 개정 전 법령의 존속에 대한 국민의 신뢰가 개정 법령의 적용에 관한 공익상의 요구보다 더 보호가치가 있다고 인정되는 경우에도 그러한 국민의 신뢰를 보호하기 위하여 그 적용이 제한될 수는 없다.
④ 한시적인 법인세액 감면제도를 시행하다가 새로운 조문을 신설하면서 법인세액 감면 대상이 되지 아니하는 업종으로 변경된 기업에 대하여 아무런 경과규정을 두지 아니하였더라도 신뢰보호의 원칙에 위반되지 않는다.

02

행정상 법률관계에 관한 설명으로 옳은 것은? (다툼이 있는 경우 판례에 의함)

① 행정상 법률관계에서는 사무관리의 법리가 적용되거나 유추적용될 수 없다.
② 취소소송에 당해 처분의 취소를 선결문제로 하는 부당이득반환청구가 병합된 경우 그 청구가 인용되려면 소송절차에서 당해 처분의 취소가 확정되어야 한다.
③ 지방자치단체의 보조금 지급결정에 부가된 부관상의 의무인 보조금반환의무의 불이행시에는 이에 대한 강제집행이 문제될 뿐 대등 당사자간의 공법상 의무이행을 청구하는 당사자소송의 대상은 아니다.
④ 『국유재산법』상 변상금 부과·징수권이 민사상 부당이득반환청구권과 법적 성질을 달리하는 별개의 권리인 이상 한국자산관리공사가 변상금 부과·징수권을 행사하였다 하더라도 이로써 민사상 부당이득반환청구권의 소멸시효가 중단된다고 할 수 없다.

03

행정소송의 피고에 대한 설명으로 옳지 않은 것은?

① 취소소송은 다른 법률에 특별한 규정이 없는 한 그 처분 등을 행한 행정청을 피고로 하지만, 처분등이 있은 뒤에 그 처분등에 관계되는 권한이 다른 행정청에 승계된 때에는 이를 승계한 행정청을 피고로 한다.
② 조례가 집행행위의 개입 없이도 그 자체로서 직접 국민의 구체적인 권리·의무나 법적 이익에 영향을 미치는 등의 법률상 효과를 발생하는 경우 무효확인소송의 피고는 지방자치단체의 집행기관으로서 조례로서의 효력을 발생시키는 공포권이 있는 지방자치단체의 장이다.
③ 「행정소송법」상 원고가 피고를 잘못 지정한 때에는 법원은 원고의 신청 또는 직권에 의하여 결정으로써 피고의 경정을 허가할 수 있다.
④ 행정처분을 할 적법한 권한 있는 상급행정청으로부터 내부위임을 받은 데 불과한 하급행정청이 권한 없이 행정처분을 한 경우 실제로 그 처분을 행한 하급행정청을 피고로 하여야 할 것이지 그 처분을 행할 적법한 권한 있는 상급행정청을 피고로 할 것은 아니다.

04

관할 행정청이 A 법률에 근거하여 甲에 대하여 부담금 부과처분을 하였으나, 그 이후에 A 법률의 부담금 부과 근거규정에 대해 헌법재판소의 위헌결정이 있었다. 대법원의 입장에 의할 때, 이와 관련한 법률관계에 관한 설명으로 옳지 않은 것은?

① 위헌결정의 소급효는 甲이 위헌결정 이전에 위 부과처분에 대하여 소송을 통한 불복절차가 진행 중인 경우에 한하여 인정된다.
② 위헌결정의 소급효가 미치는 경우, 甲에 대한 부과처분은 법률상 근거가 없이 행해진 것이 되지만 당연무효는 아니다.
③ 위헌결정 이후에 甲에 대하여 처분의 강제집행이 행해진 경우, 강제집행의 근거규정 자체에 대하여 따로 위헌결정이 내려진 경우가 아니더라도 그 강제집행은 허용되지 않는다.
④ 위헌결정 이전에 위 부과처분에 불가쟁력이 발생하여 더 이상 불복이 허용되지 않는 경우라도 관할행정청은 위헌결정 이후 甲에 대해 부담금 납부의무를 강제집행할 수 없다.

05

과태료에 관한 설명으로 옳지 않은 것은? (다툼이 있는 경우 판례에 의함)

① 과태료재판에서 법원은 행정청의 과태료 부과처분사유와 기본적 사실관계의 동일성이 인정되는 범위 내에서만 과태료를 부과할 수 있다.
② 행정청의 과태료 부과처분에 대하여 이의제기가 있으면 그 처분은 효력을 상실하고 법원에 의한 과태료재판절차로 이행하여야 하므로 그 과태료 부과처분은 행정청을 피고로 하는 행정소송의 대상이 되는 행정처분이라고 볼 수 없다.
③ 과태료는 형사벌과 달리 책임주의 원칙이 적용되지 아니하므로 고의 또는 과실이 없는 질서위반행위에 대해서도 과태료를 부과한다.
④ 법원이 과태료 재판을 함에 있어서는 관계 법령에서 규정하는 과태료 상한의 범위 내에서 그 동기, 위반의 정도, 결과 등 여러 인자를 고려하여 재량으로 그 액수를 정할 수 있다.

06

국가배상에 대한 설명으로 옳지 않은 것은?

① 「국가배상법」에 따른 손해배상의 소송은 배상심의회에 배상신청을 하지 아니하고도 제기할 수 있다.
② 헌법은 공무원의 직무상 불법행위로 인한 국가배상을 규정하고 있을 뿐만 아니라 영조물의 설치·관리의 하자로 인한 국가배상에 대해서도 규정하고 있다.
③ 지방자치단체장 간의 기관위임의 경우에는 사무귀속의 주체가 달라진다고 할 수 없으므로, 하위 지방자치단체장을 보조하는 하위 지방자치단체 소속 공무원이 위임사무 처리에 있어 고의 또는 과실로 타인에게 손해를 가하였다면 상위 지방자치단체는 그 사무귀속 주체로서 손해배상책임을 진다.
④ 공공시설물의 하자로 손해를 입은 외국인에게는 해당 국가와 상호 보증이 있을 때에만 「국가배상법」이 적용된다.

07

행정절차에 대한 설명으로 옳지 않은 것은?

① 「행정절차법」상 행정청은 처분을 할 때에 단순·반복적인 처분 또는 경미한 처분으로서 당사자가 그 이유를 명백히 알 수 있는 경우에도 처분 후 당사자가 요청하면 당사자에게 그 근거와 이유를 제시하여야 한다.
② 「전자문서법」의 규정에 비추어 보면, 전자우편은 물론 휴대전화 문자메시지도 전자문서에 해당한다고 할 것이므로, 행정청이 폐기물관리법령에서 정한 폐기물 조치명령을 전자문서로 하였다면 당사자의 동의가 없어도 처분의 효력이 발생한다.
③ 공무원 인사관계 법령에 의한 처분에 관한 사항 전부에 대하여 「행정절차법」의 적용이 배제되는 것이 아니라 성질상 행정절차를 거치기 곤란하거나 불필요하다고 인정되는 처분이나 행정절차에 준하는 절차를 거치도록 하고 있는 처분의 경우에만 「행정절차법」의 적용이 배제된다.
④ 군인사법령에 의하여 진급예정자명단에 포함된 자에 대하여 「행정절차법」상 의견제출의 기회를 부여하지 아니한 채 진급선발을 취소한 처분은 위법하다.

08

『공공기관의 정보공개에 관한 법률』상 정보공개에 대한 판례의 내용으로 옳은 것만을 모두 고른 것은? (다툼이 있는 경우 판례에 의함)

> ㄱ. 정보공개제도는 공공기관이 보유·관리하는 정보를 그 상태대로 공개하는 제도로서 공개를 구하는 정보를 공공기관이 보유·관리하고 있을 상당한 개연성이 있다는 점에 대하여 원칙적으로 공개청구자에게 증명책임이 있다.
> ㄴ. 아파트재건축주택조합의 조합원들에게 제공될 무상보상평수의 사업수익성을 검토한 자료는 비공개대상정보에 해당한다.
> ㄷ. 정보공개를 청구하는 자가 공공기관에 대해 정보의 사본 또는 출력물의 교부의 방법으로 공개방법을 선택하여 정보공개청구를 한 경우에 공개청구를 받은 공공기관은 공개할 정보의 성격에 따라 그 공개방법을 변경할 수 있다.
> ㄹ. 교도소 재소자가 자신의 징벌과 관련된 징벌위원회 회의록에 대한 정보공개를 청구한 경우, 회의록 중 재소자의 진술, 위원장 및 위원들과 재소자 사이의 문답 등 징벌절차 진행 부분은 비공개사유에 해당하지 아니한다.

① ㄱ, ㄴ
② ㄱ, ㄹ
③ ㄴ, ㄷ
④ ㄴ, ㄷ, ㄹ

09

행정소송에 대한 설명으로 옳지 않은 것은?

① 신청기간을 제한하는 특별한 규정이 있더라도 재신청이 신청기간을 도과하였는지는 본안에서 재신청에 대한 거부처분이 적법한가를 판단하는 단계에서 고려할 요소이지, 소송요건 심사단계에서 고려할 요소가 아니다.
② 구 군인연금법령상 국방부장관의 급여지급결정이 있기 전이라도 국가를 상대로 한 당사자소송으로 급여의 지급을 소구하는 것이 허용된다.
③ 부작위위법확인의 소에 있어 당사자가 행정청에 대하여 어떠한 행정행위를 하여 줄 것을 요구할 수 있는 법규상 또는 조리상 권리를 갖고 있지 아니한 경우에는 원고적격이 없거나 항고소송의 대상인 위법한 부작위가 있다고 볼 수 없어 그 부작위위법확인의 소는 부적법하다.
④ 국가가 국토이용계획과 관련한 지방자치단체의 장의 기관위임사무의 처리에 관하여 지방자치단체의 장을 상대로 취소소송을 제기하는 것은 허용되지 않는다.

10

행정처분에 대한 설명으로 옳지 않은 것은? (다툼이 있는 경우 판례에 의함)

① 구 「지방세징수법」상 지방세의 결손처분은 국세의 결손처분과 마찬가지로 더 이상 납세의무가 소멸하는 사유가 아니라 체납처분을 종료하는 의미만을 가지고, 결손처분의 취소는 국민의 권리와 의무에 영향을 미치는 행정처분이 아니다.
② 임용권자에 대한 감사원의 징계요구는 그 자체로서 대상 공무원의 권리·의무에 직접적인 변동을 초래하지는 않지만, 이 징계요구를 받은 임용권자의 인사권한 등 구체적 권리·의무에 대해서는 직접적인 법률적 변동을 일으킨다고 볼 수 있으므로 임용권자에 대해서는 항고소송의 대상은 처분성을 인정할 수 있다.
③ 행정청이 관련 법령에 근거하여 행한 공사중지명령의 상대방이 명령의 취소를 구한 소송에서 패소함으로써 그 명령이 적법한 것으로 이미 확정되었다면, 이후 이러한 공사중지명령의 상대방은 그 명령의 해제신청을 거부한 처분의 취소를 구하는 소송에서 그 명령의 적법성을 다툴 수 없다.
④ 토지대장은 토지에 대한 공법상의 규제, 개발부담금의 부과대상, 지방세의 과세대상, 공시지가의 산정, 손실보상가액의 산정 등 토지행정의 기초자료로서 공법상의 법률관계에 영향을 미치므로, 이러한 토지대장을 직권으로 말소한 행위는 국민의 권리관계에 영향을 미치는 것으로서 항고소송의 대상이 되는 행정처분에 해당한다.

11

행정의 실효성 확보수단에 대한 설명으로 옳지 않은 것은?

① 행정법상의 질서벌인 과태료의 부과처분과 형사처벌을 병과하는 것은 일사부재리의 원칙에 반하지 않는다는 것이 대법원의 입장이다.
② 퇴거의무는 대집행의 대상이 될 수 있는 대체적작위의무가 아니므로 행정청이 행정대집행의 방법으로 건물철거의무의 이행을 실현할 수 있는 경우에도 건물의 점유자들에 대한 퇴거를 구하는 소를 제기할 이익이 있다.
③ 직접강제는 행정대집행이나 이행강제금 부과의 방법으로는 행정상 의무 이행을 확보할 수 없거나 그 실현이 불가능한 경우에 실시하여야 한다.
④ 과세관청이 체납처분으로서 행하는 공매는 우월한 공권력의 행사로서 행정소송의 대상이 되는 공법상의 행정처분이며 공매에 의하여 재산을 매수한 자는 그 공매처분이 취소된 경우에 그 취소처분의 위법을 주장하여 행정소송을 제기할 법률상 이익이 있다.

12

행정입법에 대한 설명으로 옳지 않은 것은?

① 위임명령이 위임 내용을 구체화하는 단계를 벗어나 새로운 입법을 한 것으로 평가할 수 있다면 이는 위임의 한계를 일탈한 것으로서 허용되지 않는다.
② 교육부장관이 대학입시기본계획에서 내신성적 산정기준에 관한 시행지침을 마련하여 시·도교육감에게 통보한 경우, 이는 행정조직 내부에서 내신성적 평가에 관한 내부적 심사기준을 시달한 것에 불과하여, 내신성적 산정지침을 항고소송의 대상이 되는 행정처분으로 볼 수 없다.
③ 법규명령이 법률상 위임의 근거가 없어 무효였더라도 사후에 법 개정으로 위임의 근거가 부여되면 그때부터는 유효한 법규명령이 된다.
④ 개인택시운송사업면허발급여부는 행정청의 재량이므로, 행정청이 개인택시운송사업면허발급 여부를 심사함에 있어서 이미 설정된 면허기준의 해석상 당해 신청이 면허발급의 우선순위에 해당함이 명백함에도 면허거부처분을 하였더라도 특별한 사정이 없는 한 그 거부처분을 위법한 처분이라 할 수 없다.

13

행정행위의 부관에 대한 설명으로 옳은 것은?

① 행정처분에 붙은 부담인 부관이 제소기간 도과로 확정되어 이미 불가쟁력이 생긴 경우에는 그 부담의 이행으로서 하게 된 사법상 매매 등의 법률행위의 효력을 다툴 수 없다.
② 부담부 행정처분에 있어서 처분의 상대방이 부담을 이행하지 아니한 경우에는 행정청의 별다른 의사표시를 기다리지 아니하고 당연히 행정처분의 효력이 소멸한다.
③ 공유수면매립준공인가처분 중 매립지 일부에 대하여 한 국가 및 지방자치단체에의 귀속처분은 「공유수면매립법」 제14조의 효과 일부를 배제하는 부관을 붙인 것으로 볼 것이고 이를 독립하여 행정소송의 대상으로 삼을 수 없다.
④ 부담이 처분 당시 법령을 기준으로 적법하다면 처분 후 부담의 전제가 된 주된 행정처분의 근거 법령이 개정됨으로써 행정청이 더 이상 부관을 붙일 수 없게 되었다면 그러한 부담은 위법하여 그 효력이 소멸된다.

14

행정행위의 하자에 대한 설명으로 옳지 않은 것은?

① 수익적 행정처분의 취소 제한에 관한 법리는 처분청이 수익적 행정처분을 직권으로 취소하는 경우뿐만 아니라 행정심판 또는 행정소송에서 쟁송취소하는 경우에도 적용된다.
② 구 「학교보건법」상 학교환경위생정화구역에서의 금지행위 및 시설의 해제 여부에 관한 행정처분을 함에 있어 학교환경위생정화위원회 심의절차를 누락하였다면, 특별한 사정이 없는 한 이는 행정처분을 위법하게 하는 취소사유가 된다.
③ 행정청이 청문서 도달기간을 어겼더라도 당사자가 이에 대하여 이의 하지 아니한 채 스스로 청문일에 출석하여 방어의 기회를 충분히 가졌다면 청문서 도달기간을 준수하지 아니한 하자는 치유된다.
④ 토지등급결정내용의 개별통지가 있었다고 볼 수 없어 토지등급결정이 무효라면, 토지소유자가 그 결정 이전이나 이후에 토지등급결정내용을 알았다 하더라도 개별통지의 하자가 치유되는 것은 아니다.

15

이행강제금에 대한 설명으로 옳지 않은 것은?

① 「건축법」상 이행강제금은 시정명령의 불이행이라는 과거의 위반행위에 대한 제재가 아니라 시정명령에 따른 의무의 이행을 간접적으로 강제하는 행정상의 간접강제 수단에 해당한다.
② 행정청은 이행강제금을 부과받은 자가 납부기한까지 이행강제금을 내지 아니하면 국세강제징수의 예 또는 「지방행정제재·부과금의 징수 등에 관한 법률」에 따라 징수한다.
③ 처분의 근거법령에 의하면 「비송사건절차법」에 따라 이행강제금 부과처분에 불복하도록 규정하고 있었지만, 관할청이 이행강제금 부과처분을 하면서 재결청에 행정심판을 청구하거나 관할 행정법원에 행정소송을 할 수 있다고 잘못 안내한 경우라면 이행강제금 부과처분에 대해 행정법원에 항고소송을 제기할 수 있다.
④ 「건축법」상 이행강제금을 부과받은 사람이 이행강제금사건의 제1심결정 후 항고심결정이 있기 전에 사망한 경우, 항고심결정은 당연무효이고, 이미 사망한 사람의 이름으로 제기된 재항고는 보정할 수 없는 흠결이 있는 것으로서 부적법하다.

16

손실보상에 대한 설명으로 옳은 것은?

① 통일부장관이 2010. 5. 24. 발표한 북한에 대한 신규투자 불허 및 진행 중인 사업의 투자확대 금지 등을 내용으로 하는 대북조치가 헌법 제23조 제3항 소정의 재산권의 공용제한에 해당한다.
② 「하천법」 부칙과 이에 따른 특별조치법이 하천구역으로 편입된 토지에 대하여 손실보상청구권을 규정하였다고 하더라도 당해 법률규정이 아니라 관리청의 보상금지급결정에 의하여 비로소 손실보상청구권이 발생한다.
③ 「공익사업을 위한 토지 등의 취득 및 보상에 관한 법률」상 보상금의 증감에 관한 소송인 경우 그 소송을 제기하는 자가 토지소유자 또는 관계인일 때에는 지방토지수용위원회 또는 중앙토지수용위원회를 피고로 한다.
④ 수용재결에 불복하여 취소소송을 제기하는 때에는 이의신청을 거친 경우에도 수용재결을 한 중앙토지수용위원회 또는 지방토지수용위원회를 피고로 하여 수용재결의 취소를 구하여야 하지만, 이의신청에 대한 재결 자체에 고유한 위법이 있는 경우에는 그 이의재결을 한 중앙토지수용위원회를 피고로 하여 이의재결의 취소를 구할 수 있다.

17

처분등의 효력 유무 또는 존재 여부가 민사소송의 선결문제가 되어 당해 민사소송의 수소법원이 이를 심리·판단하는 경우에 준용되는 「행정소송법」상의 규정으로 옳지 않은 것은?

① 법원은 다른 행정청을 소송에 참가시킬 필요가 있다고 인정할 때에는 당사자 또는 당해 행정청의 신청 또는 직권에 의하여 결정으로써 그 행정청을 소송에 참가시킬 수 있다.
② 법원은 당사자의 신청이 있는 때에는 결정으로써 재결을 행한 행정청에 대하여 행정심판에 관한 기록의 제출을 명할 수 있다.
③ 법원은 필요하다고 인정할 때에는 직권으로 증거조사를 할 수 있고, 당사자가 주장하지 아니한 사실에 대하여도 판단할 수 있다.
④ 행정청의 재량에 속하는 처분이라도 재량권의 한계를 넘거나 그 남용이 있는 때에는 법원은 이를 취소할 수 있다.

18

과징금에 대한 설명으로 옳지 않은 것은?

① 「부동산 실권리자명의 등기에 관한 법률」 제5조에 의하여 부과된 과징금 채무는 대체적 급부가 가능한 의무이므로 그 과징금을 부과받은 자가 사망한 경우 그 상속인에게 포괄승계된다.
② 위법한 과징금 부과처분에 따라 과징금을 납부한 경우에는 과징금 부과처분취소소송과 함께 부당이득반환청구소송을 취소소송에 병합하여 제기할 수 있다.
③ 회사 분할 시 신설회사 또는 존속회사가 승계하는 것은 분할하는 회사의 권리와 의무이므로, 특별한 규정이 없는 한 신설회사에 대하여 분할하는 회사의 분할 전 법 위반행위를 이유로 과징금을 부과하는 것은 허용된다.
④ 재량권이 부여된 과징금 부과처분이 법정 한도액을 초과하여 위법할 경우 법원은 그 초과부분만을 취소할 수 없고 부과된 과징금 전부를 취소하여야 한다.

19

행정심판에 대한 설명으로 옳지 않은 것은?

① 행정심판청구가 부적법하지 않음에도 각하한 재결은 심판청구인의 실체심리를 받을 권리를 박탈한 것으로서 원처분에 없는 고유한 하자가 있는 경우에 해당한다.
② 선정대표자가 선정되면 다른 청구인들은 그 선정대표자를 통해서만 그 사건에 관한 행위를 할 수 있다.
③ 「행정심판법」상 임시처분은 집행정지로 목적을 달성할 수 있는 경우에는 허용되지 아니한다.
④ 처분의 상대방이 아닌 제3자가 심판청구를 한 경우 행정심판위원회는 재결서의 정본을 지체 없이 피청구인을 거쳐 처분의 상대방에게 송달하여야 한다.

20

행정행위의 하자에 관한 판례의 입장으로 옳지 않은 것은?

① 여러 개의 상병에 대한 요양불승인처분 취소소송에서 일부 상병만이 요양의 대상으로 인정되는 경우, 불승인처분 전부를 취소할 수 없다.
② 환경영향평가를 거쳐야 할 대상사업에 대하여 환경영향평가를 거치지 아니하였음에도 불구하고 승인 등 처분이 이루어진다면, 환경영향평가제도를 둔 입법취지를 달성할 수 없게 되는 결과를 초래할 뿐만 아니라 환경영향평가 대상지역 안의 주민들의 직접적이고 개별적인 이익을 근본적으로 침해하게 되므로, 이러한 행정처분의 하자는 객관적으로 중대하고 명백한 것이어서 무효사유에 해당한다.
③ 甲을 친일반민족행위자로 결정한 친일반민족행위진상규명위원회의 최종발표(선행처분)에 따라 지방보훈지청장이 『독립유공자 예우에 관한 법률』의 적용 대상자로 보상금 등의 예우를 받던 甲의 유가족 乙에 대하여 적용배제자 결정(후행처분)을 한 경우, 선행처분을 乙에게 고지하지 않았더라도 선행처분의 후행처분에 대한 구속력이 인정되므로 선행처분의 위법을 이유로 후행처분의 효력을 다툴 수 없다.
④ 경찰공무원에 대한 징계위원회의 심의과정에서 감경사유에 해당하는 공적 사항이 제시되지 아니한 경우에는 그 징계양정이 결과적으로 적정한지와 상관없이 이는 관계 법령이 정한 징계절차를 지키지 아니한 것으로서 위법하다.

01

행정법의 효력에 대한 설명으로 옳지 않은 것은? (다툼이 있는 경우 판례에 의함)

① 법령등을 공포한 날부터 일정 기간이 경과한 날부터 시행하는 경우 그 기간의 말일이 토요일 또는 공휴일인 때에는 그 말일로 기간이 만료한다.
② 「국회법」에 따라 하는 국회의장의 법률 공포는 관보(官報)에 게재함으로써 한다.
③ 「법령 등 공포에 관한 법률」에 따르면, 관보의 내용 해석 및 적용 시기 등에 대하여 종이관보와 전자관보는 동일한 효력을 가진다.
④ 법령등을 위반한 행위 후 법령등의 변경에 의하여 그 행위가 법령등을 위반한 행위에 해당하지 아니하거나 제재처분 기준이 가벼워진 경우로서 해당 법령등에 특별한 규정이 없는 경우에는 변경된 법령등을 적용한다.

02

공권과 공의무에 대한 설명으로 옳지 않은 것은? (다툼이 있는 경우 판례에 의함)

① 환경영향평가 대상지역 밖에 거주하는 주민에게는 헌법상의 환경권 또는 「환경정책기본법」에 근거하여 공유수면매립면허처분과 농지개량사업 시행인가처분의 무효확인을 구할 원고적격이 없다.
② 행정청이 처분을 하면서 부제소(不提訴)특약의 부관을 붙인 것은 당사자가 임의로 처분할 수 없는 공법상 권리관계를 대상으로 하여 사인의 국가에 대한 소권을 당사자의 합의로 포기하는 것으로 허용될 수 없다.
③ 상수원에서 급수를 받고 있는 지역주민들이 가지는 상수원의 오염을 막아 양질의 급수를 받을 이익은 상수원의 확보와 수질보호라는 공공의 이익이 달성됨에 따라 반사적으로 얻게 되는 이익에 불과하므로 지역주민들은 위상수원보호구역변경처분의 취소를 구할 법률상의 이익이 없다.
④ 환경영향평가에 관한 자연공원법령 및 환경영향평가법령들의 취지는 환경공익을 보호하려는 데 있으므로 환경영향평가 대상지역 안의 주민들이 수인한도를 넘는 환경침해를 받지 아니하고 쾌적한 환경에서 생활할 수 있는 개별적 이익까지 보호하는 데 있다고 볼 수는 없다.

03

행정입법에 대한 설명으로 옳지 않은 것은? (다툼이 있는 경우 판례에 의함)

① 소득금액조정 합계표 작성요령은 법률의 위임을 받은 것이기는 하나 법인세의 부과징수라는 행정적 편의를 도모하기 위한 절차적 규정으로서 단순히 행정규칙의 성질을 가지는 데 불과하여 과세관청이나 일반국민을 기속하는 것이 아니다.
② 법규명령이 구법에 위임의 근거가 없어 무효였더라도 사후에 법개정으로 위임의 근거가 부여되면 그 때부터는 유효한 법규명령이 된다.
③ 추상적인 법령의 제정 여부는 그 자체로서 국민의 구체적인 권리의무에 직접적 변동을 초래하는 것이 아니어서 부작위위법확인소송의 대상이 될 수 없다.
④ 법령의 위임이 없음에도 법령에 규정된 처분 요건에 해당하는 사항을 부령에서 변경하여 규정한 경우, 이러한 시행규칙에 위반하는 행정처분은 위법하다.

04

행정계획에 대한 설명으로 옳지 않은 것은? (다툼이 있는 경우 판례에 의함)

① 구 「도시계획법」상 관련 절차를 거쳐 정당하게 도시계획결정등의 처분을 하였더라도 이를 고시하지 아니하였다면 대외적으로 효력이 발생하지 않는다.
② 행정계획안이 국민의 기본권에 직접적으로 영향을 끼치고 법령의 뒷받침에 의하여 그대로 실시될 것이 틀림없을 것으로 예상되는 때에는 그것이 구속력 없는 행정계획안이라도 헌법소원의 대상이 될 수 있다.
③ 문화재보호구역 내 토지 소유자의 문화재보호구역 지정 해제신청에 대한 행정청의 거부행위는 항고소송의 대상이 되는 행정처분에 해당한다.
④ 도시계획의 수립에 있어서 구 「도시계획법」소정의 공청회를 열지 아니하고 구 「공공용지의 취득 및 손실보상에 관한 특례법」소정의 이주대책을 수립하지 아니하였다면 무효이므로, 이러한 위법을 선행처분인 도시계획결정이나 사업시행인가 단계에서 다투지 아니하였어도 그 쟁송기간이 도과한 후인 수용재결 단계에 있어서 위 도시계획수립행위의 위법을 들어 재결처분의 취소를 구할 수 있다.

05

행정의 실효성 확보수단에 대한 설명으로 옳지 않은 것은?

① 「행정기본법」에 따르면, 행정청은 이행강제금을 부과받은 자가 납부기한까지 이행강제금을 내지 아니하면 국세강제징수의 예 또는 「지방행정제재·부과금의 징수 등에 관한 법률」에 따라 징수한다.
② 「농지법」상 이행강제금의 부과처분에 불복하는 경우에는 비송사건절차법에 따른 재판절차가 적용되어야 하고, 행정소송법상 항고소송의 대상은 될 수 없다.
③ 구 「주택건설촉진법」의 규정을 위반하여 주택을 공급한 자에게 과태료를 부과하도록 규정하고 있으므로 주택을 공급한 자와 제3자 간에 체결한 주택공급계약의 사법적 효력까지 부인된다고 보아야 한다.
④ 수도조례 및 하수도사용조례에 기한 과태료의 부과 여부 및 그 당부는 최종적으로 「질서위반행위규제법」에 의한 절차에 의하여 판단되어야 하므로, 그 과태료 부과처분은 행정소송의 대상이 되는 행정처분이라고 할 수 없다.

06

행정행위에 대한 설명으로 옳지 않은 것은? (다툼이 있는 경우 판례에 의함)

① 구 「기부금품모집규제법」상의 기부금품모집허가는 사인의 기부금품부모집행위에 대한 효력을 완성시키는 인가의 성질을 갖는다.
② 재단법인의 임원취임을 인가할 것인지 여부는 주무관청의 권한에 속하는 사항으로서, 임원취임승인 신청에 대하여 주무관청은 이에 기속되어 이를 당연히 승인(인가)하여야 하는 것은 아니다.
③ 관할관청은 개인택시 운송사업의 양도·양수에 대한 인가를 한 후 그 양도·양수 이전에 있었던 양도인에 대한 운송사업면허 취소사유를 들어 양수인의 사업면허를 취소할 수 있다.
④ 「국가공무원법」에 의한 정년퇴직 발령은 정년퇴직 사실을 알리는 이른바 관념의 통지에 불과하다.

07

인허가의제에 대한 설명으로 옳지 않은 것은? (다툼이 있는 경우 판례에 의함)

① 인허가의제 제도는 관련 인허가 행정청의 권한을 제한하거나 박탈하는 효과를 가진다는 점에서 법률 또는 법률의 위임에 따른 법규명령의 근거가 있어야 한다.
② 인허가의제를 받으려면 주된 인허가를 신청할 때 관련 인허가에 필요한 서류를 함께 제출하여야 하나, 불가피한 사유로 함께 제출할 수 없는 경우에는 의제되는 인허가 행정청이 별도로 정하는 기한까지 제출할 수 있다.
③ 「국토의 계획 및 이용에 관한 법률」에 따른 개발행위허가가 의제되는 「건축법」상 건축허가의 신청이 국토의 계획 및 이용에 관한 법령이 정한 개발행위허가기준에 부합하지 아니하면 건축허가권자로서는 이를 거부할 수 있다.
④ 주택건설사업계획 승인처분에 따라 의제된 인허가의 위법을 다투고자 하는 이해관계인은 주택건설사업계획 승인처분의 취소를 구할 것이 아니라 의제된 인허가의 취소를 구하여야 한다.

08

재량행위에 대한 설명으로 옳지 않은 것은? (다툼이 있는 경우 판례에 의함)

① 「국가공무원법」상 복직명령은 기속행위이므로, 국가공무원이 휴직사유가 소멸하였음을 이유로 복직신청을 한 경우 임용권자는 지체 없이 복직명령을 하여야 한다.
② 구 「야생동·식물보호법」에 의한 용도변경승인은 특정인에게만 용도 외의 사용을 허용해주는 권리나 이익을 부여하는 이른바 수익적 행정행위로서 법령에 특별한 규정이 없는 한 재량행위이다.
③ 「출입국관리법」상 체류자격 변경허가의 허가권자는 신청인이 관계 법령에서 정한 요건을 충족한 이상 이를 허가하여야 하고, 신청인의 적격성, 체류 목적, 공익상의 영향 등을 참작하여 허가 여부를 결정할 수 있는 재량이 인정되는 것은 아니다.
④ 「가축분뇨의 관리 및 이용에 관한 법률」에 따른 가축분뇨처리방법 변경 불허가처분에 대한 사법심사는 법원이 허가권자의 재량권을 대신 행사하는 것이 아니라 허가권자의 공익판단에 관한 재량의 여지를 감안하여 원칙적으로 재량권의 일탈·남용이 있는지 여부만을 판단하여야 한다.

09

행정행위의 효력에 대한 설명으로 옳지 <u>않은</u> 것은? (다툼이 있는 경우 판례에 의함)

① 운전면허취소처분이 행정쟁송절차에 의하여 취소되었다면, 그 처분은 처분시에 소급하여 효력을 잃게 되는 것이고, 행정행위에 공정력의 효력이 인정된다고 하여 행정소송에 의하여 적법하게 취소된 운전면허취소처분이 단지 장래에 향하여서만 효력을 잃게 된다고 볼 수는 없다.
② 위법한 행정대집행이 완료되면 계고처분의 취소를 구할 소의 이익이 없어 취소될 수 없으므로, 처분의 위법임을 이유로 한 손해배상 청구를 할 수 없다.
③ 행정처분이 불복기간의 경과로 인하여 확정될 경우 그 확정력에는 판결에 있어서와 같은 기판력이 인정되는 것은 아니므로 법원이 이에 기속되어 모순되는 판단을 할 수 없게 되는 것은 아니다.
④ 행정행위의 불가변력은 당해 행정행위에 대하여 인정될 뿐, 동종의 행정행위라도 그 대상을 달리하면 이를 인정할 수 없다.

10

행정행위의 하자에 대한 설명으로 옳지 <u>않은</u> 것은? (다툼이 있는 경우 판례에 의함)

① 납세자가 아닌 제3자의 재산을 대상으로 한 압류처분은 그 처분의 내용이 법률상 실현될 수 없는 것이어서 당연무효이다.
② 적법한 권한 위임 없이 세관출장소장에 의하여 행하여진 관세부과처분은 그 하자가 중대하기는 하지만 객관적으로 명백하다고 할 수 없어 당연무효는 아니다.
③ 행정청이 청문서 도달기간을 다소 어겼다하더라도 영업자가 이에 대하여 이의하지 아니한 채 스스로 청문일에 출석하여 그 의견을 진술하고 변명하는 등 방어의 기회를 충분히 가졌다면 청문서 도달기간을 준수하지 아니한 하자는 치유되었다.
④ 형식상 하자로 인하여 무효인 행정처분이 있은 후 행정청이 관계 법령에서 정한 형식을 갖추어 다시 동일한 행정처분을 하였다면, 당해 행정처분은 종전처분과 동일성을 유지하되 종전처분의 내용을 일부 수정하거나 새로운 사항을 추가하는 것에 불과한 종전처분의 변경처분에 해당한다.

11

행정행위의 성립요건과 발효요건에 대한 설명으로 옳지 <u>않은</u> 것은? (다툼이 있는 경우 판례에 의함)

① 상대방 있는 행정처분이 상대방에게 고지되지 아니한 이상 상대방이 다른 경로를 통해 행정처분의 내용을 알게 되었더라도 행정처분의 효력은 발생하지 않는다.
② 어떠한 처분의 외부적 성립 여부는 행정청에 의해 행정의사가 공식적인 방법으로 외부에 표시되었는지를 기준으로 판단하여야 한다.
③ 송달이 불가능하여 공시송달을 한 경우, 행정처분의 상대방이 공고가 있었다는 사실을 현실적으로 알았는지 여부에 관계없이 공고가 효력을 발생하는 날에 행정처분이 있음을 알았다고 보아야 한다.
④ 교부에 의한 송달을 할 때 문서를 송달받을 자 또는 그 사무원등이 정당한 사유 없이 송달받기를 거부하는 경우에는 그 사실을 수령확인서에 적고, 문서를 송달할 장소에 놓아둘 수 있다.

12

행정조사에 대한 설명으로 옳지 <u>않은</u> 것은? (다툼이 있는 경우 판례에 의함)

① 「행정조사기본법」에 따르면 행정기관의 장은 법령 등에서 규정하고 있는 조사사항을 조사대상자로 하여금 스스로 신고하도록 하는 제도를 운영할 수 있다.
② 음주운전 여부에 대한 조사 과정에서 운전자 본인의 동의를 받지 아니하고 또한 법원의 영장도 없이 채혈조사를 한 결과를 근거로 한 운전면허 정지·취소처분은 특별한 사정이 없는 한 위법한 처분이다.
③ 마약류 불법거래 방지에 관한 특례법 제4조 제1항에 따른 조치의 일환으로 특정한 수출입물품을 개봉하여 검사하고 그 내용물의 점유를 취득한 행위는 수출입물품에 대한 적정한 통관 등을 목적으로 한 행정조사의 성격을 가지는 것으로서 압수·수색영장 없이 진행되었다 하더라도 특별한 사정이 없는 한 위법하다고 볼 수 없다.
④ 「행정조사기본법」에 따르면 조사대상자는 조사원에게 공정한 행정조사를 기대하기 어려운 사정이 있다고 판단되는 경우에는 행정기관의 장에게 당해 조사원의 교체를 신청할 수 있다.

13

「공공기관의 정보공개에 관한 법률」상 정보공개에 대한 설명으로 옳지 않은 것은? (다툼이 있는 경우 판례에 의함)

① 한국증권업협회는 증권회사 상호 간의 업무질서를 유지하고 유가증권의 공정한 매매거래 및 투자자보호를 위하여 구성된 회원조직으로, 「증권거래법」 또는 그 법에 의한 명령에 대하여 특별한 규정이 있는 것을 제외하고는 「민법」 중 사단법인에 관한 규정을 적용받으므로 구 「공공기관의 정보공개에 관한 법률 시행령」상의 '특별법에 의하여 설립된 특수법인'에 해당하지 않는다.
② 직무를 수행한 공무원의 성명·직위는 사생활의 비밀 또는 자유를 침해할 우려가 있다고 인정되는 정보라도 공개대상 정보이다.
③ '공무원 또는 공무원이었던 사람이 그 직무와 관련하여 보관하거나 가지고 있는 문서'는 국가기관이 보유·관리하는 공문서를 의미한다고 할 것이고, 이러한 공문서의 공개에 관하여는 공공기관의 정보공개에 관한 법률에서 정한 절차와 방법에 의하여야 할 것이다.
④ 공공기관이 공개청구의 대상이 된 정보를 청구인이 신청한 공개방법 이외의 방법으로 공개하기로 하는 결정을 하였더라도 정보를 공개하는 이상, 청구인은 이를 다툴 법률상 이익이 없다.

14

「질서위반행위규제법」상 행정질서벌에 대한 설명으로 옳지 않은 것은? (다툼이 있는 경우 판례에 의함)

① 질서위반행위란 대통령령으로 정하는 사법(私法)상·소송법상 의무를 위반하여 과태료를 부과하는 행위 등 법률상의 의무(조례상의 의무를 포함)를 위반하여 과태료를 부과하는 행위를 말한다.
② 신분에 의하여 성립하는 질서위반행위에 신분이 없는 자가 가담한 때에는 신분이 없는 자에 대하여도 질서위반행위가 성립한다.
③ 고의 또는 과실이 없는 질서위반행위는 과태료를 부과하지 아니한다.
④ 질서위반행위규제법은 대한민국 영역 밖에 있는 대한민국의 선박 또는 항공기 안에서 질서위반행위를 한 외국인에게 적용한다.

15

행정상 공표에 대한 설명으로 옳지 않은 것은? (다툼이 있는 경우 판례에 의함)

① 위반사실등의 공표는 관보, 공보 또는 인터넷 홈페이지 등을 통하여 한다.
② 병무청장이 병역의무 기피자의 인적사항 등을 인터넷 홈페이지에 게시하는 등의 방법으로 공개한 경우 병무청장의 공개결정은 항고소송의 대상이 되는 행정처분이다.
③ 행정청은 위반사실등의 공표를 하기 전에 당사자가 공표와 관련된 의무의 이행, 원상회복, 손해배상 등의 조치를 마친 경우에는 위반사실등의 공표를 해서는 아니 된다.
④ 「행정절차법」에 따르면 행정청은 공표된 내용이 사실과 다른 것으로 밝혀진 경우에도 당사자가 원하지 아니하면 정정한 내용을 공표하지 아니할 수 있다.

16

「국가배상법」상 국가배상에 대한 설명으로 옳지 않은 것은? (다툼이 있는 경우 판례에 의함)

① 「경찰관 직무집행법」 제5조의 규정 내용이 형식상 경찰관에게 재량에 의한 직무수행권한을 부여한 것처럼 되어 있는 이상 경찰관이 권한을 행사하여 필요한 조치를 하지 아니하는 것이 현저하게 불합리하다고 인정되는 경우에도 그러한 권한의 불행사를 곧바로 위법하다고 단정할 수 없다.
② 국가배상책임은 공무원에 의한 가해행위의 태양이 확정될 수 있으면 성립되고 구체적인 행위자가 반드시 특정될 것을 요하지 않는다.
③ 「국가배상법」 제2조 제1항 단서는 '전투·훈련'뿐만 아니라 경찰공무원의 사고현장 교통정리와 같은 '일반 직무집행'의 경우에도 적용된다.
④ 경찰공무원인 피해자가 구 「공무원연금법」에 따라 공무상 요양비를 지급받는 것은 구 「국가배상법」 제2조 제1항 단서에서 정한 '다른 법령의 규정'에 따라 보상을 지급받는 것에 해당하지 않는다.

17

손실보상에 대한 설명으로 옳은 것은? (다툼이 있는 경우 판례에 의함)

① 「산업입지 및 개발에 관한 법률」에서 민간기업에게 산업단지개발사업에 필요한 토지 등을 수용할 수 있도록 규정한 조항은 헌법 제23조 제3항에 위반된다.
② 손실보상청구권이 성립하기 위해서는 법률상의 보상규정이 요구되므로, 공익사업의 시행 후에 사업지 밖에서 발생한 간접손실에 대하여는 해당 법률에 보상규정이 있는 경우에 한하여 보상할 수 있다.
③ 헌법 제23조 제3항이 규정하는 정당한 보상이란 원칙적으로 피수용재산의 객관적 가치를 완전하게 보상하는 '완전보상'을 의미하고, 공익사업의 시행으로 인한 개발이익도 완전보상의 범위에 포함되는 피수용토지의 객관적 가치 내지 피수용자의 손실이라고는 볼 수 있다.
④ 헌법재판소는 법률조항이 공익사업의 시행으로 인하여 농업 등을 계속할 수 없게 되어 이주하는 농민 등에 대한 생활대책 수립의무를 규정하고 있지 않다는 것만으로 재산권을 침해한다고 볼 수 없다고 보았다.

18

「행정심판법」상 행정심판에 대한 설명으로 옳은 것은?

① 조정이 성립되면 재결의 기속력 규정이 준용될 뿐 행정심판위원회의 간접강제 규정까지 준용되는 것은 아니다.
② 감사원의 처분 또는 부작위에 대한 심판청구에 대하여는 중앙행정심판위원회에서 심리·재결한다.
③ 행정심판을 청구하려는 자는 행정심판청구서를 관할 행정심판위원회에 제출하거나, 피청구인에게 제출할 수 있다.
④ 피청구인의 경정결정이 있으면 심판청구는 피청구인이 경정된 때 제기된 것으로 본다.

19

항고소송의 당사자에 대한 설명으로 옳지 않은 것은? (다툼이 있는 경우 판례에 의함)

① 납세지 관할 세무서장을 상대로 종합소득세 부과처분과 개인지방소득세 부과처분의 취소를 함께 구한 경우, 개인지방소득세 부과처분의 취소를 구하는 부분은 피고적격이 없는 자를 상대로 한 것이거나 그 취소를 구할 소의 이익이 없어 부적법하다.
② 처분성이 인정되는 국민권익위원회의 조치요구를 받은 소방청장은 조치요구의 취소를 구하는 항고소송의 원고적격을 가진다.
③ 교원소청심사위원회의 결정에 대하여 당사자인 피청구인 국립학교의 장은 항고소송을 제기할 수 있다.
④ 사증발급 거부처분을 받은 외국인은 그 거부처분에 대해 취소소송을 제기할 원고적격이 없다.

20

「행정소송법」상 확정된 취소판결의 효력에 대한 설명으로 옳지 않은 것은? (다툼이 있는 경우 판례에 의함)

① 처분청이 취소소송의 대상인 처분에 대해 취소절차를 취하여 원고에게 취소통지를 한 때 취소의 효과가 발생한다.
② 영업허가취소처분을 취소하는 판결이 확정되었다면 그 영업허가취소처분 이후의 영업행위를 무허가영업이라고 볼 수는 없다.
③ 취소 확정판결의 기판력은 그 판결의 주문에만 미치고, 또한 소송물인 행정처분의 위법성 존부에 관한 판단 그 자체에만 미치는 것이므로 전소와 후소가 그 소송물을 달리하는 경우에는 전소 확정판결의 기판력이 후소에 미치지 아니한다.
④ 취소판결의 기속력에 위반하여 행한 처분청의 행위는 당연무효이고, 이는 아무런 재처분을 하지 아니한 때와 마찬가지이므로 간접강제 신청에 필요한 요건을 갖춘 것으로 보아야 한다.

01

행정법의 법원(法源)에 대한 설명으로 옳지 않은 것은? (다툼이 있는 경우 판례에 의함)

① 도시 및 주거환경정비법에 의한 주택재개발 정비사업조합의 정관은 해당 조합의 조직, 기관, 활동, 조합원의 권리의무관계 등 단체법적 법률관계를 규율하는 것으로서 공법인인 조합과 조합원에 대하여 구속력을 가지는 자치법규이다.
② 초·중·고등학교의 학교급식을 위해 지방자치단체에서 생산되는 우수 농산물을 사용하여 식재료를 만드는 자에게 식재료 구입비의 일부를 지원하는 지방자치단체의 조례안이 「1994년 관세 및 무역에 관한 일반 협정(GATT)」에 위반되어 무효이다.
③ 구 전기사업법 제16조는 공익사업인 전기사업의 합리적 운용과 사용자의 이익보호를 위하여, 계약자유의 원칙을 일부 제한하여 전기판매사업자와 전기사용자 간의 전기공급 계약의 조건을 당사자들이 개별적으로 협정하는 것을 금지하고 전기판매사업자가 작성한 기본공급약관에 따르도록 정하고 있는데, 이러한 기본공급약관은 일반적 구속력을 가지는 법규로서 효력이 있다.
④ '남북 사이의 화해와 불가침 및 교류협력에 관한 합의서'는 법적 구속력이 있는 것은 아니어서 이를 국가 간의 조약 또는 이에 준하는 것으로 볼 수 없고, 따라서 국내법과 동일한 효력이 인정되는 것도 아니다.

02

공법관계와 사법관계에 대한 내용으로 옳지 않은 것은? (다툼이 있는 경우 판례에 의함)

① 공유재산의 관리청이 행정재산의 사용·수익에 대한 허가는 순전히 사경제주체로서 행하는 사법상의 행위가 아니라 관리청이 공권력을 가진 우월적 지위에서 행하는 행정처분이다.
② 조달청이 국가종합전자조달시스템인 나라장터종합쇼핑몰에서 일부 제품이 계약 규격과 다르다는 이유로 거래정지조치를 하는 것은 항고소송의 대상이 되는 행정처분에 해당한다.
③ 입찰보증금의 국고귀속조치는 국가가 공권력을 행사하는 것이거나 공권력작용과 일체성을 가진 것이 아니라 할 것이므로 이에 관한 분쟁은 행정소송이 아닌 민사소송의 대상이 된다.
④ 국·공유 일반재산을 대부하는 행위와 국유 일반재산의 대부료 등이 납부기한까지 납부되지 아니한 경우 그 미납된 대부료에 대한 징수행위는 국가가 사경제주체로서 하는 활동으로 사법관계에 해당한다.

03

항고소송의 대상인 처분에 관한 설명으로 옳지 않은 것은? (다툼이 있는 경우 판례에 의함)

① 공정거래위원회의 '표준약관 사용권장행위'는 그 통지를 받은 해당 사업자 등에게 표준약관과 다른 약관을 사용할 경우 표준약관과 다르게 정한 주요내용을 고객이 알기 쉽게 표시하여야 할 의무를 부과하고, 그 불이행에 대해서는 과태료에 처하도록 되어 있으므로, 이는 사업자 등의 권리·의무에 직접 영향을 미치는 행정처분으로서 항고소송의 대상이 된다.
② 「총포·도검·화약류 등의 안전관리에 관한 법률」에 따른 총포·화약안전기술협회가 회비납부의무자에 대하여 한 회비납부통지는 항고소송의 대상이 되는 처분에 해당한다.
③ 근로복지공단이 사업주에 대하여 하는 개별 사업장의 사업종류 변경결정은 행정청이 행하는 구체적 사실에 관한 법집행으로서의 공권력의 행사인 처분에 해당한다.
④ 하도급법상 벌점 부과행위는 사업자인 원고의 권리·의무에 직접 영향을 미치는 행위라고 볼 수 있으므로, 항고소송의 대상이 되는 행정처분에 해당한다.

04

기속행위와 재량행위에 대한 판례의 입장으로 옳지 않은 것은? (다툼이 있는 경우 판례에 의함)

① 「여객자동차 운수사업법」에 의한 개인택시운송사업면허는 특정인에게 권리나 이익을 부여하는 행정행위로서 법령에 특별한 규정이 없는 한 재량행위이다.
② 난민 인정에 관한 신청은 재량행위에 해당하기에 법령이 정한 난민 요건에 해당하는지 심사하고 다른 무관한 사유만을 들어 거부할 수 있다.
③ 대기오염물질 총량관리사업장 설치의 허가 또는 변경허가는 총량관리대상 오염물질을 일정량을 초과하여 배출할 수 있는 특정한 권리를 설정하여 주는 행위로서 그 처분의 여부 및 내용의 결정은 행정청의 재량에 속한다.
④ 「국가공무원법」 복직명령은 기속행위이므로 휴직사유가 소멸하였음을 이유로 신청하는 경우 임용권자는 지체 없이 복직명령을 하여야 한다.

05

공법상 계약에 대한 설명으로 옳은 것은? (다툼이 있는 경우 판례에 따름)

① 과잉공급된 택시를 줄이기 위해 관할 행정청이 관내 택시회사들과 감차보상금의 지급을 전제로 자발적 감차합의를 하였고, 합의한 바대로 자발적인 감차 조치를 이행하지 않을 경우 직권감차명령을 할 수 있다는 내용의 합의를 하였다면, 그러한 합의의 위반을 이유로 관련 법령에 따라 행해진 직권감차 통보는 합의 자체의 구속력에서 비롯된 법률관계에서 공법상 계약에 근거한 의사표시로 보아야 한다.
② 행정청이 자신과 상대방 사이의 근로관계를 일방적인 의사표시로 종료시켰다면 그러한 의사표시는 행정청으로서 공권력을 행사하여 행하는 행정처분이라고 보아야 한다.
③ 구 「산업집적활성화 및 공장설립에 관한 법률」에 따른 산업단지입주계약의 해지통보는 단순히 대등한 당사자의 지위에서 형성된 공법상계약을 계약당사자의 지위에서 종료시키는 의사표시로 보아야 한다.
④ 공기업·준정부기관이 법령 또는 계약에 근거하여 선택적으로 입찰참가자격 제한 조치를 할 수 있는 경우, 계약상대방에 대한 입찰참가자격 제한 조치가 법령에 근거한 행정처분인지 아니면 계약에 근거한 권리행사인지는 원칙적으로 의사표시의 해석 문제이다.

06

다음 사례에 대한 설명으로 옳지 않은 것은? (다툼이 있는 경우 판례에 의함)

> 관할 행정청 A시장은 단란주점을 운영하는 甲이 청소년에게 술을 판매한 사실을 적발하고 『식품위생법』에 따른 영업허가취소처분을 하기에 앞서 식품위생법령의 청문 실시규정에 따라 청문을 실시하고자 한다.

① 행정청이 당사자에게 권익을 제한하는 처분을 할 때에는 원칙적으로 당사자에게 의견제출의 기회를 주어야 하나, A시장은 청문과는 별도로 甲에게 의견제출의 기회를 주지 않아도 된다.
② A시장은 청문이 시작되는 날부터 10일 전까지 甲에게 일정한 사항을 통지하여야 하는데, 그 통지사항에 의견제출 기한이 반드시 포함되어야 한다.
③ A시장이 甲에게 청문통지서를 발송하였으나 반송되었다는 이유로 청문을 실시하지 아니하고 영업취소처분을 하였다면, 그 처분은 위법하다.
④ 청문 주재자는 甲이 정당한 사유 없이 청문기일에 출석하지 아니한 경우에는 다시 의견진술 및 의견제출의 기회를 주지 아니하고 청문을 마칠 수 있다.

07

제3자효 행정행위에 관한 설명으로 옳지 않은 것은? (다툼이 있는 경우 판례에 의함)

① 제3자효 행정행위에 의하여 권리 또는 이익을 침해받은 제3자가 처분이 있음을 안 경우에는 안 날부터 90일 이내에 취소소송을 제기하여야 한다.
② 처분등을 취소하는 판결에 의하여 권리 또는 이익의 침해를 받은 제3자는 자기에게 책임 없는 사유로 소송에 참가하지 못함으로써 판결의 결과에 영향을 미칠 공격 또는 방어방법을 제출하지 못한 때에는 이를 이유로 확정된 종국판결에 대하여 재심의 청구를 할 수 있다.
③ 제3자에 의한 재심청구는 제3자가 항고소송의 확정판결이 있음을 안 날로부터 30일 이내, 판결이 확정된 날로부터 1년 이내에 제기하여야 한다.
④ 제3자효를 수반하는 행정행위에 대한 행정심판청구에 있어서 그 청구를 인용하는 내용의 재결로 인하여 비로소 권리이익을 침해받게 되는 자는 원처분주의에 따라 원처분에 대하여 다투어야 하고, 그 인용재결에 대하여는 취소소송을 제기할 수 없는 것이 원칙이다.

08

「행정소송법」상 당사자소송으로 다투어야 하는 경우를 모두 고른 것은? (다툼이 있는 경우 판례에 의함)

> ㄱ. 「민주화운동 관련자 명예회복 및 보상 등에 관한 법률」상 보상금의 지급을 신청한 사람이 심의위원회의 보상금 지급에 관한 결정을 다투는 경우
> ㄴ. 조세부과처분이 당연무효임을 전제로 하여 이미 납부한 세금의 반환을 청구하는 경우
> ㄷ. 석탄산업법령 및 '석탄가격안정지원금 지급요령'에 의한 석탄가격안정지원금의 지급을 구하는 소송
> ㄹ. 수신료를 징수할 권한이 있는지 여부를 다투는 이 사건 쟁송

① ㄱ, ㄹ
② ㄷ, ㄹ
③ ㄴ, ㄷ
④ ㄱ, ㄷ, ㄹ

09

다음 행정지도에 대한 설명 중 가장 옳은 것은? (다툼이 있는 경우 판례에 의함)

① 금융위원회위원장이 시중 은행을 상대로 투기지역·투기과열지구 내 초고가 아파트에 대한 주택구입용 주택담보대출을 일정 기간 금지한 조치는 행정지도로서의 한계를 넘어 규제적·구속적 성격을 강하게 갖는다고 할 수 없어 헌법소원의 대상이 되는 공권력의 행사에 해당한다고 볼 수 없다.
② 행정지도가 강제성을 띠지 않은 비권력적 작용으로서 행정지도의 한계를 일탈하지 아니하였다 하더라도, 그로 인하여 상대방에게 어떤 손해가 발생하였다면 행정기관은 그에 대한 손해배상 책임이 있다.
③ 재무부장관이 대통령의 지시에 따라 정해진 정부의 방침을 행정지도라는 방법으로 금융기관에 전달함에 있어 실제에 있어서는 통상의 행정지도의 방법과는 달리 사실상 지시하는 방법으로 행한 경우에 그것이 헌법상의 법치주의 원리, 시장경제의 원리에 반하게 된다.
④ 교육인적자원부장관의 대학총장들에 대한 이 사건 학칙시정요구는 대학총장의 임의적인 협력을 통하여 사실상의 효과를 발생시키는 행정지도의 일종으로 헌법소원의 대상이 되는 공권력의 행사라고 볼 수 없다.

10

사인의 공법행위에 관한 설명으로 옳지 않은 것은? (다툼이 있는 경우 판례에 의함)

① 인허가의제 효과를 수반하는 건축신고는 특별한 사정이 없는 한 수리를 요하는 신고로 보아야 한다.
② 법령등으로 정하는 바에 따라 행정청에 일정한 사항을 통지하여야 하는 신고는 법률에 신고의 수리가 필요하다고 명시되어 있는 경우에는 행정청이 수리 하여야 효력이 발생한다.
③ 공무원이 한 사직 의사표시는 그에 터잡은 의원면직처분이 있고 난 이후라도 철회나 취소할 수 있다.
④ 어업의 신고는 행정청의 수리에 의하여 비로소 그 효과가 발생하는 수리를 요하는 신고이다.

11

「공공기관의 정보공개에 관한 법률」(이하 '정보공개법'이라 한다)에 따른 정보공개에 관한 설명 중 옳지 않은 것은? (다툼이 있는 경우 판례에 의함)

① 국가 또는 지방자치단체로부터 보조금을 받는 사회복지법인과 사회복지사업을 하는 비영리법인은 정보공개의무가 있는 공공기관에 해당한다.
② 「형사소송법」상 형사재판확정기록이 아닌 불기소처분으로 종결된 기록에 관해서는 정보공개법에 따른 정보공개청구가 허용되고 그 거부나 제한 등에 대한 불복은 항고소송절차에 의한다.
③ 정보의 공개를 청구하는 자는 해당 정보를 보유하거나 관리하고 있는 공공기관에 정보공개 청구서를 제출하거나 말로써 정보의 공개를 청구할 수 있다.
④ 공개 청구된 정보가 공공기관이 보유·관리하지 아니하는 정보인 경우 수령이 가능한 방법으로 청구하도록 안내하고, 해당 청구를 종결 처리할 수 있다.

12

이행강제금에 관한 설명으로 옳지 않은 것은? (다툼이 있는 경우 판례에 의함)

① 「건축법」상 이행강제금은 시정명령의 불이행이라는 과거의 위반행위에 대한 제재이므로, 건축주가 장기간 시정명령을 이행하지 않았다면 그 기간 중에 시정명령의 이행 기회가 제공되지 않았다가 뒤늦게 이행 기회가 제공된 경우라 하더라도 이행 기회가 제공되지 않은 과거의 기간에 대한 이행강제금까지 한꺼번에 부과할 수 있다.
② 시정명령을 받은 의무자가 그 시정명령의 취지에 부합하는 의무를 이행하기 위한 정당한 방법으로 행정청에 신청 또는 신고를 하였으나 행정청이 위법하게 이를 거부 또는 반려함으로써 결국 그 처분이 취소되기에 이르렀다면, 특별한 사정이 없는 한 그 시정명령의 불이행을 이유로 이행강제금을 부과할 수 없다.
③ 「독점규제 및 공정거래에 관한 법률」의 해당 조항에 따른 이행강제금의 경우 이행강제금이 부과되기 전에 시정조치를 이행하거나 부작위 의무를 명하는 시정조치 불이행을 중단한 경우에는 과거의 시정조치 불이행 기간에 대하여 이행강제금을 부과할 수 있다.
④ 「개발제한구역법」에 따른 행정청의 시정명령 불이행에 대한 이행강제금의 부과·징수를 위한 계고는 시정명령을 불이행한 경우에 취할 수 있는 절차라 할 것이고, 따라서 이행강제금을 부과·징수할 때마다 그에 앞서 시정명령 절차를 다시 거칠 필요가 없다.

13

「행정소송법」상 행정소송에 대한 설명으로 옳은 것은? (다툼이 있는 경우 판례에 의함)

① 이주대책 수립에 따른 수분양권은 택지나 아파트 등을 분양받을 수 있는 공법상의 권리라고 할 것이므로 이주자가 사업시행자에 대한 이주 대책대상자 선정신청 및 이에 따른 확인·결정 등 절차를 밟지 아니하여 구체적인 수분양권을 아직 취득하지도 못한 상태에서도 곧바로 당사자소송으로 이주대책상의 수분양권의 확인을 구할 수 있다.
② 「도시 및 주거환경정비법」상의 주택재건축 정비사업조합이 수립한 관리처분 계획에 대하여 관할 행정청의 인가·고시가 있은 후에 제기하는 관리처분 계획에 대한 소송은 당사자소송의 대상이다.
③ 「공익사업을 위한 토지 등의 취득 및 보상에 관한 법률」상 환매권의 존부에 관한 확인을 구하는 소송 및 환매금액의 증감을 구하는 소송은 당사자소송이다.
④ 제재적 행정처분이 제재기간의 경과로 인하여 그 효과가 소멸되었지만, 제재적 행정처분을 받은 것을 가중사유로 삼아 장래의 제재적 행정처분을 하도록 정한 처분기준이 부령인 시행규칙에 규정된 경우에도 처분의 취소를 구할 이익이 있다.

14

인허가의제에 관한 설명으로 옳은 것은? (다툼이 있는 경우 판례에 의함)

① 민원인은 하나의 인허가만 신청하여야 하며, 인·허가가 의제되는 것은 민원인의 의무로서, 행정청의 편의를 위하는 것으로 민원인은 인허가를 신청하면서 반드시 관련 인허가 의제 처리를 신청할 의무가 있다.
② 건축행정청이 추후 별도로 국토의 계획 및 이용에 관한 법률상 개발행위(토지형질변경)허가를 받을 것을 명시적 조건으로 하거나 또는 묵시적인 전제로 하여 건축주에 대하여 「건축법」상 건축신고 수리처분을 한다면, 이는 가까운 장래에 '부지 확보' 요건을 갖출 것을 전제로 한 경우 그 건축신고 수리처분이 위법하다고 볼 수 있다.
③ A허가에 대해 B허가가 의제되는 것으로 규정된 경우, A불허가처분을 하면서 B불허가 사유를 들고 있으면 A불허가처분과 별개로 B불허가처분이 있다고 볼 수 없다.
④ A시장과 하천점용허가청 간에 협의가 된 사항에 대해서는 협의 성립시점에 하천점용허가를 받은 것으로 의제된다.

15

「국가배상법」에 대한 설명으로 옳은 것은? (다툼이 있는 경우 판례에 의함)

① 경찰공무원이 전투·훈련 등 직무집행과 관련하여 순직을 한 경우에는 전투·훈련 이에 준하는 직무집행에서만 적용이 되지만 일반 직무집행에 관하여는 국가나 지방자치단체의 배상책임이 제한되지 않는다.
② 직무집행과 관련하여 공상을 입은 군인 등이 먼저 「국가배상법」에 따라 손해배상금을 지급받은 다음, 구 국가유공자 등 예우 및 지원에 관한 법률이 정한 보상금 등 보훈급여금의 지급을 청구하는 경우, 국가배상법에 따라 손해배상을 받았다는 이유로 그 지급을 거부할 수 있다.
③ 국가배상법에 따른 손해배상의 소송은 배상심의회에 배상신청을 하지 아니하고는 제기할 수 없다.
④ 국가배상법 제2조 제1항 단서 규정에도 불구하고 전사하거나 순직한 군인·군무원·경찰공무원 또는 예비군대원의 유족은 자신의 정신적 고통에 대한 위자료를 청구할 수 있다.

16

공용수용 및 손실보상에 관한 설명으로 옳지 않은 것은? (다툼이 있는 경우 판례에 의함)

① 구 「도시계획법」상 도시계획사업의 시행자가 그 사업에 필요한 토지를 협의취득하는 행위는 공법상의 법률행위이므로 행정소송의 대상이 된다.
② 「공익사업을 위한 토지 등의 취득 및 보상에 관한 법률」상 잔여지 수용 청구권은 형성권적 성질을 가지므로, 잔여지 수용청구를 받아들이지 않은 재결에 대하여 토지소유자가 사업시행자를 피고로 하여 제기하는 소송은 보상금증액청구소송에 해당한다.
③ 사업시행자·토지소유자 또는 관계인은 재결에 대하여 불복할 때에는 재결서를 받은 날부터 90일 이내에, 이의 신청을 거쳤을 때에는 이의신청에 대한 재결서를 받은 날부터 60일 이내에 각각 행정소송을 제기할 수 있다.
④ 토지수용위원회의 수용재결이 있은 후에는 토지소유자 등과 사업시행자가 다시 협의하여 토지 등의 취득이나 사용 및 그에 대한 보상에 관하여 임의로 계약을 체결할 수 있다.

17

「행정소송법」에 따른 집행정지에 대한 설명으로 가장 옳지 않은 것은?

① 효력기간이 정해져 있는 제재적 행정처분이 효력이 발생한 이후에도 행정청은 특별한 사정이 없는 한 상대방에 대한 별도의 처분으로써 효력기간의 시기와 종기를 다시 정할 수 있고, 이는 당초의 제재적 행정처분이 유효함을 전제로 그 구체적인 집행시기만을 변경하는 후속 변경처분이다.
② '처분등이나 그 집행 또는 절차의 속행으로 인한 손해발생의 우려' 등 적극적 요건에 관한 주장·소명 책임은 원칙적으로 신청인 측에 있고, 이 요건을 결여하였다는 이유로 효력정지 신청을 기각한 결정에 대하여 행정처분 자체의 적법 여부를 가지고 불복사유로 삼을 수 있다.
③ 집행정지의 결정 또는 기각의 결정 및 집행정지취소결정이나 기각결정에 대하여는 즉시 항고할 수 있다. 이 경우 집행정지의 결정에 대한 즉시항고에는 결정의 집행을 정지하는 효력이 없다.
④ 집행정지결정을 한 후에라도 본안소송이 취하되어 소송이 계속하지 아니한 것으로 되면 집행정지결정은 당연히 그 효력이 소멸되는 것이고 별도의 취소조치를 필요로 하는 것이 아니다.

18

항고소송의 원고적격 및 소의 이익에 대한 판례의 입장으로 옳지 않은 것은?

① 공익근무요원 소집해제신청을 거부한 후 원고가 계속 공익근무요원으로 복무함에 따라 복무기간 만료를 이유로 소집해제처분을 한 경우, 거부처분의 취소를 구할 소의 이익이 없다.
② 근로자를 직위해제한 후 그 직위해제 사유와 동일한 사유를 이유로 징계처분을 하였다면 뒤에 이루어진 징계처분에 의하여 그 전에 있었던 직위해제 처분은 그 효력을 상실한다고 할 것이고, 이와 같이 직위해제 처분이 효력을 상실한 경우에는, 인사규정 등에 의하여 승진·승급에 제한이 가하여지는 등의 특별한 사정이 없는 한, 그 무효확인을 구할 이익은 없다.
③ 행정처분이 취소되면 그 처분은 취소로 인하여 그 효력이 상실되어 더 이상 존재하지 않는 것이고, 그 처분을 대상으로 한 취소소송의 경우 법률상 이익이 없다.
④ 원고가 취소소송을 통해 처분이 위법하다는 점에 대한 판결을 받아 국가배상청구소송에서 이를 원용할 수 있는 이익은 법률상 보호되는 이익에 해당한다.

19

「행정심판법」의 대한 설명으로 옳지 않은 것은?

① 대통령의 처분 또는 부작위에 대하여는 다른 법률에서 행정심판을 청구할 수 있도록 정한 경우 외에는 행정심판을 청구할 수 없다.
② 위원회는 처분 또는 부작위가 위법·부당하다고 상당히 의심되는 경우로서 처분 또는 부작위 때문에 당사자가 받을 우려가 있는 중대한 불이익이나 당사자에게 생길 급박한 위험을 막기 위하여 임시지위를 정하여야 할 필요가 있는 경우에는 직권으로 또는 당사자의 신청에 의하여 임시처분을 결정할 수 있다.
③ 위원회는 처분, 처분의 집행 또는 절차의 속행 때문에 중대한 손해가 생기는 것을 예방할 필요성이 긴급하다고 인정할 때에는 직권으로 또는 당사자의 신청에 의하여 처분의 효력, 처분의 집행 또는 절차의 속행의 전부 또는 일부의 정지를 결정할 수 있다.
④ 행정청이 처분을 하면서 『행정심판법』상 고지의무를 이행하지 않은 경우, 이는 절차적 하자로서 취소의 대상이 될 뿐 당연무효인 하자는 아니다.

20

행정입법에 대한 설명으로 옳지 않은 것은? (다툼이 있는 경우 판례에 의함)

① 감사원규칙은 헌법에 명시적인 규정은 없지만, 「행정기본법」은 법령에 해당하는 것으로 규정하고 있다.
② 고시가 상위법령과 결합하여 대외적 구속력을 갖고 국민의 기본권을 침해하는 법규명령으로 기능하는 경우 헌법소원의 대상이 된다.
③ 위임명령은 상위법령의 집행을 위해 필요한 사항을 규정한 것으로 법규명령에 해당하지만 법률의 수권 없이 제정할 수 있다.
④ 법률이 공법적 단체 등의 정관에 자치법적인 사항을 위임한 경우, 포괄적 위임입법 금지가 적용되지 않는다.

01

사인의 공법행위로서의 신고에 대한 설명으로 옳은 것은? (다툼이 있는 경우 판례에 의함)

① 악취방지법상의 악취배출시설 설치·운영신고는 수리를 요하지 않는 자기완결적 신고이므로 악취배출시설 설치·운영신고가 관련 법령에서 정한 형식적 요건을 갖춘 이상 행정청이 이를 수리하였는지 여부와 관계없이 그 신고가 행정청에 접수된 때에 효력이 발생한다.
② 수리를 요하는 신고의 경우, 수리행위에 신고필증의 교부가 필수적이므로 신고필증 교부의 거부는 「행정소송법」상 처분으로 볼 수 있다.
③ 관할관청이 양수인의 영업자 지위승계신고를 수리하면 양도인의 기존 영업수행권은 취소되고 양수인에게 새로운 영업수행권이 설정되는 '공중위생영업자 지위 변경'의 공법상 법률효과가 발생한다.
④ 행정청은 법령상 규정된 형식적 요건을 갖추지 못한 신고서가 제출된 경우에는 그 이유를 구체적으로 밝혀 해당 신고서를 되돌려 보내야 한다.

02

행정입법에 관한 설명 중 옳지 않은 것은? (다툼이 있는 경우 판례에 의함)

① 하위법규가 대법원규칙인 경우에도 수권법률에서 포괄위임입법금지의 원칙을 준수하여야 하나, 수권법률에서의 위임의 구체성·명확성의 정도는 다른 규율 영역에 비해 완화될 수 있다.
② 위임입법의 법리는 헌법의 근본원리인 권력분립주의와 의회주의 내지 법치주의에 바탕을 두는 것이기 때문에, 행정부에서 제정된 대통령령에서 규정한 내용이 정당한 것인지 여부와 위임의 적법성은 직접적인 관계가 없다.
③ 헌법 제75조에 근거한 포괄위임금지원칙은 누구라도 당해 법률로부터 하위법규에 규정 될 내용의 대강을 예측할 수 있어야 함을 의미하지만, 위임입법이 대법원규칙인 경우에는 수권법률에서 이 원칙을 준수하여야 하는 것은 아니다.
④ 하위 행정입법의 제정 없이 상위 법령의 규정만으로도 집행이 이루어질 수 있는 경우라면 하위 행정입법을 하여야 할 헌법적 작위의무는 인정되지 아니한다.

03

「국가배상법」 제5조에 따른 '영조물의 설치·관리의 하자'에 관한 설명 중 옳은 것은? (다툼이 있을 경우 판례에 의함)

① 헌법에서 공무원의 불법행위로 인한 손해배상과 영조물 설치·관리의 하자로 인한 손해배상에 대하여 규정하고 있다.
② 고등학생이 교사의 단속을 피해 담배를 피우기 위해 3층 건물 화장실 밖의 난간을 지나다가 실족사한 사안에서, 법원은 영조물의 이용에 있어서 통상적인 본래의 용도가 아닌 방법으로 사용한 결과 발생한 이례적인 사고에 대해서도 영조물의 설치·관리상의 하자가 인정될 수 있다고 판시하였다.
③ 지방자치단체가 관리하는 도로 지하에 매설되어 있는 상수도관의 균열로 인한 누수가 도로위까지 유출되어 노면 결빙이 손해를 발생시켰다면, 비록 손해의 방지에 필요한 주의를 해태하지 아니하였더라도 면책을 주장할 수 없으며, 도로의 안전성이 확보된 것은 아니므로 「국가배상법」 제5조에 따른 배상책임이 있다.
④ 적정전압보다 낮은 전압이 원인이 되어 가변차로에 설치된 두 개의 신호기에서 서로 모순되는 신호가 들어오는 고장이 발생하였고, 그 고장은 현재의 기술수준상 부득이한 것이라면 그로 인한 손해발생은 예견가능성이나 회피가능성이 없어 영조물의 하자를 인정할 수 없다는 것이 법원의 입장이다.

04

행정입법의 통제에 관한 설명으로 옳지 않은 것은? (다툼이 있는 경우 판례에 의함)

① 헌법 제107조 제2항이 규정한 명령·규칙에 대한 대법원의 최종심사권이란 구체적인 소송사건에서 명령·규칙의 위헌여부가 재판의 전제가 되었을 경우 법률의 경우와는 달리 헌법재판소에 제청할 것 없이 대법원이 최종적으로 심사할 수 있다는 의미이며, 명령·규칙 그 자체에 의하여 직접 기본권이 침해되었음을 이유로 하여 헌법소원심판을 청구하는 것은 위 헌법규정과는 아무런 상관이 없는 문제이다.

② 법령에 근거한 구체적인 집행행위가 재량행위인 경우에는 법령은 집행관청에게 기본권침해의 가능성만을 부여할 뿐 법령 스스로가 기본권의 침해행위를 규정하고 행정청이 이에 따르도록 구속하는 것이 아니고, 이때의 기본권의 침해는 집행기관의 의사에 따른 집행행위, 즉 재량권의 행사에 의하여 비로소 이루어지고 현실화되므로 이러한 경우에는 법령에 의한 기본권침해의 직접성이 인정될 여지가 없다.

③ 입법부작위의 형태 중 기본권보장을 위한 법 규정을 두고 있지만 불완전하게 규정하여 그 보충을 요하는 경우에는 그 불완전한 법규 자체를 대상으로 하여 그것이 헌법위반이라는 적극적인 헌법소원이 가능함은 별론으로 하고, 입법부작위로서 헌법소원의 대상으로 삼을 수는 없다.

④ 헌법 제107조제2항은 구체적 규범통제를 규정하고 있어 당사자는 구체적 사건의 심판을 위한 선결문제로서 행정입법의 위법성을 주장하여 법원에 대하여 당해 사건에 대한 적용 여부의 판단을 구할 수 있을 뿐만 아니라 행정입법 자체의 합법성의 심사를 목적으로 하는 독립한 신청을 제기할 수도 있다.

05

강학상 허가에 관한 설명 중 옳지 않은 것을 모두 고른 것은? (다툼이 있는 경우 판례에 의함)

> ㄱ. 구 「석탄수급조정에 관한 임시조치법」 소정의 석탄가공업에 관한 허가는 사업경영의 권리를 설정하는 형성적 행정행위이므로 기존에 허가를 받은 원고들이 신규허가로 인하여 영업상 이익이 감소될 수 있다는 이유로 기존의 업자에 대해 처분의 취소를 구할 법률상 이익이 있다.
> ㄴ. 건축허가권자는 중대한 공익상의 필요가 인정되지 않더라도 관계 법령에서 정하는 제한 사유이외의 사유를 들어 건축허가를 거부할 수 있다.
> ㄷ. 개발제한구역 내 건축물의 건축 등에 대한 예외적 허가는 처분의 상대방에게 수익적인 것으로 재량행위에 해당한다.
> ㄹ. 법규에 명문의 근거가 없음에도 환경보전이라는 중대한 공익상의 이유로 산림훼손허가를 거부하는 것은 법률유보의 원칙에 비추어 허용되지 않는다.

① ㄱ, ㄴ
② ㄱ, ㄴ, ㄹ
③ ㄴ, ㄹ
④ ㄴ, ㄷ, ㄹ

06

행정행위의 철회에 관한 설명으로 옳지 않은 것은? (다툼이 있는 경우 판례에 의함)

① 행정청이 종교단체에 대하여 기본재산전환인가를 함에 있어 인가조건을 부가하고 그 불이행시 인가를 취소할 수 있도록 한 경우, 그 인가조건의 의미는 철회권을 유보한 것이다.

② 행정청은 적법한 처분이 중대한 공익을 위하여 필요한 경우에는 그 처분의 전부 또는 일부를 장래를 향하여 철회할 수 있고, 철회하려는 경우에는 철회로 인하여 당사자가 입게 될 불이익을 철회로 달성되는 공익과 비교·형량하여야 한다.

③ 행정청이 「영유아보육법」상 어린이집에 대한 평가인증이 이루어진 이후에 새로이 발생한 사유를 들어 평가인증을 철회하는 처분을 하는 경우 평가인증의 효력을 과거로 소급하여 상실시키기 위해서는 특별한 사정이 없는 한 별도의 법적 근거가 필요하다.

④ 사립학교법인이 관할청의 허가를 받아 차입한 자금을 본래의 허가 용도가 아닌 다른 용도에 사용하여 관할청이 자금차입허가를 취소한 경우, 이는 행정행위의 취소이지 철회에 해당하지 않는다.

07

행정행위의 취소에 관한 설명으로 옳지 않은 것은? (다툼이 있는 경우 판례에 의함)

① 행정청은 당사자의 신뢰를 보호할 가치가 있는 등 정당한 사유가 있는 경우에는 위법 또는 부당한 처분의 전부나 일부를 장래를 향하여 취소할 수 있다.
② 병무청장이 재신체검사를 거쳐 종전의 현역병입영대상편입처분을 새로운 보충역편입처분으로 변경한 경우, 그 새로운 병역처분의 성립에 하자가 있어 이를 취소하더라도 종전의 병역처분의 효력이 다시 소급하여 되살아나지 않는다.
③ 점용료 부과처분에 취소사유에 해당하는 흠이 있는 경우 도로관리청이 당초 처분 자체를 취소하고 흠을 보완하여 새로운 부과처분을 하는 것은 일종의 흠의 치유로서 점용료 부과처분에 대한 취소소송이 제기된 이후에는 더 이상 허용될 수 없다.
④ 당사자에게 권리나 이익을 부여하는 처분이 위법한데 당사자가 그 처분의 위법성을 중대한 과실로 알지 못한 경우에 행정청은 처분의 취소로 인하여 당사자가 입게 될 불이익과 공익을 비교·형량하지 않고 처분을 취소할 수 있다.

08

기속행위와 재량행위에 대한 설명으로 옳은 것만을 모두 고르면? (다툼이 있는 경우 판례에 의함)

ㄱ. 「주택법」상 주택건설사업계획의 승인은 재량행위에 해당하므로, 처분권자는 주택건설사업계획이 법령이 정하는 제한사유에 배치되지 않는 경우에도 공익상 필요가 있으면 사업계획승인신청에 대하여 불허가 결정을 할 수 있다.
ㄴ. 「부동산 실권리자명의 등기에 관한 법률 시행령」 제3조의2 단서는 조세를 포탈하거나 법령에 의한 제한을 회피할 목적이 아닌 경우에 과징금의 100분의 50을 감경할 수 있다고 규정하고 있으므로 감경사유가 존재하더라도 과징금을 감경할 것인지 여부는 과징금 부과관청의 재량에 속한다.
ㄷ. 「부동산 실권리자명의 등기에 관한 법률」상 명의신탁자에 대한 과징금의 부과 여부는 행정청의 재량행위이므로, 행정청은 과징금 부과처분을 하지 않거나 과징금을 전액 감면할 수도 있다.
ㄹ. 「가축분뇨법」에 따른 처리방법 변경허가는 허가권자의 재량행위에 해당하므로, 허가권자는 변경허가 신청 내용이 가축분뇨법에서 정한 기준을 충족하는 경우에도 반드시 이를 허가하여야 하는 것은 아니고, 자연과 주변 환경에 미칠 수 있는 영향 등을 고려하여 허가 여부를 결정할 수 있다.

① ㄱ, ㄴ
② ㄴ, ㄷ
③ ㄱ, ㄴ, ㄹ
④ ㄱ, ㄷ, ㄹ

09

행정계획에 관한 설명으로 옳지 않은 것은? (다툼이 있을 경우 판례에 의함)

① 행정청이 행정계획을 입안·결정할 때 이익형량의 고려 대상에 마땅히 포함시켜야 할 사항을 누락한 경우 그 행정계획 결정은 이익형량에 하자가 있어 위법하게 될 수 있다.
② 산업단지개발계획상 산업단지 안의 토지 소유자로서 산업단지개발계획에 적합한 시설을 설치하여 입주하려는 자는 산업단지지정권자 또는 그로부터 권한을 위임받은 기관에 대하여 산업단지개발계획의 변경을 요청할 수 있는 법규상 조리상 신청권이 있다.
③ 비구속적 행정계획안이나 행정지침이라도 국민의 기본권에 직접적으로 영향을 끼치고, 향후 법령의 뒷받침에 의하여 그대로 실시될 것이 틀림없을 것으로 예상될 수 있을 때에는, 공권력의 행사로서 예외적으로 헌법소원의 대상이 될 수 있다.
④ 주민의 도시관리계획 입안 제안을 거부한 처분을 이익형량에 하자가 있어 위법하다고 판단하여 취소하는 판결이 확정된 경우에는 행정청에 그 입안 제안을 그대로 수용하는 내용의 도시관리계획을 수립할 의무가 있다고 볼 수는 없으나, 행정청이 다시 새로운 이익형량을 하여 적극적으로 도시관리계획을 수립하였더라도 이것이 계획재량의 한계를 일탈하였다면 취소판결의 기속력에 따른 재처분의무를 이행한 것으로 볼 수 없다.

10

공법상 계약에 관한 설명으로 옳지 않은 것은? (다툼이 있을 경우 판례에 의함)

① 행정청이 자신과 상대방 사이의 근로관계를 일방적인 의사표시로 종료시킨 경우, 이것은 공법상 계약관계의 일방 당사자로서 대등한 지위에서 행하는 의사표시로 보아야 한다.
② 「산업집적활성화 및 공장설립에 관한 법률」에 따른 산업단지관리공단의 입주변경계약의 취소는 항고소송의 대상이 되는 행정처분에 해당한다.
③ 공기업·준정부기관이 입찰을 거쳐 계약을 체결한 상대방에 대해 「공공기관의 운영에 관한 법률」에 따라 계약조건 위반을 이유로 입찰참가자격제한처분을 하기 위해서는 입찰공고와 계약서에 미리 계약조건과 그 계약조건을 위반할 경우 입찰참가자격 제한을 받을 수 있다는 사실을 모두 명시해야 한다.
④ 「행정기본법」은 공법상 계약을 "공법적 효과의 발생을 목적으로 하는 대등한 당사자 사이의 의사표시의 합치"라고 명시적으로 정의하고 있지는 않다.

11

공공기관의 정보공개에 관한 법률(이하 정보공개법)상 정보공개제도에 대한 설명으로 옳지 않은 것은? (다툼이 있는 경우 판례에 의함)

① 2015. 12. 28. 일본군위안부 피해자 합의와 관련하여 한일 외교장관 공동 발표문의 문안을 도출하기 위하여 진행한 협의 협상 과정에서 일본군과 관헌에 의한 위안부 '강제연행'의 존부 및 사실인정 문제에 대해 협의한 정보를 공개하지 않은 외교부장관의 처분은 적법하다.
② 정보공개제도는 공공기관이 보유·관리하는 정보를 그 상태대로 공개하는 제도이므로, 전자적 형태로 보유·관리하는 정보를 검색·편집하여야 하는 경우는 새로운 정보의 생산으로서 정보공개의 대상이 아니다.
③ 예산집행의 내용과 사업평가 결과 등 행정감시를 위하여 필요한 정보 등 공개를 목적으로 작성되고 이미 정보통신망 등을 통하여 공개된 정보는 해당 정보의 소재 안내의 방법으로 공개한다.
④ 「형사소송법」이 형사재판확정기록의 공개 여부나 공개 범위, 불복절차 등에 대하여 규정하고 있는 것은 「정보공개법」 제4조 제1항에서 정한 '정보의 공개에 관하여 다른 법률에 특별한 규정이 있는 경우'에 해당하므로 형사재판확정기록의 공개에 관하여는 「정보공개법」에 의한 공개청구가 허용되지 아니한다.

12

「행정대집행법」상 행정대집행에 관한 설명으로 옳지 않은 것은? (다툼이 있을 경우 판례에 의함)

① 병원과 음식점에서 불법으로 장례식장 영업을 하는 자에게 장례식장 사용중지를 명하고 대집행계고를 한 것은 대집행의 대상이 될 수 없는 비대체적 부작위의무에 대한 것으로 위법하다.
② 법률에 특별한 규정이 있는 경우에는 대집행 권한이 공법인에게 위탁될 수 있고, 이 경우 대집행 권한을 위탁받은 공법인은 지방자치단체 등의 기관으로서 「국가배상법」 제2조의 공무원에 해당하므로, 고의나 중과실이 있는 경우에 한하여 배상책임이 인정된다.
③ 행정청의 원상복구명령이 행정권한을 유월한 무권한 행위로서 무효라면, 후행처분인 계고처분의 효력에 당연히 영향을 미쳐 그 계고처분 역시 무효로 된다.
④ 법령을 위반하여 건축되거나 설치된 것으로서 철거의무 내지 원상회복의무가 있다고 하더라도 그 의무를 대집행하기 위한 계고처분을 하려면 다른 방법으로는 이행의 확보가 어렵고 불이행을 방치함이 심히 공익을 해하는 것으로 인정될 때에 한하여 허용되고, 이러한 요건의 주장·증명책임은 행정청에 있다.

13

행정소송에서의 집행정지에 관한 설명 중 옳은 것을 모두 고른 것은? (다툼이 있는 경우 판례에 의함)

ㄱ. 신청에 대한 거부처분의 효력이 정지되면 그 거부처분이 없었던 것과 같은 상태로 되돌아가고, 또한 신청에 따른 처분을 하여야 할 행정청의 의무가 생기는 것이므로, 거부처분도 효력정지를 구할 이익이 있다.

ㄴ. 제재처분에 대한 행정쟁송절차에서 집행정지결정이 이루어졌더라도 본안에서 해당 처분이 최종적으로 적법한 것으로 확정되어 집행정지결정이 실효되고 해당 처분을 다시 집행할 수 있게 되면, 처분청으로서는 당초 집행정지결정이 없었던 경우와 동등한 수준으로 해당 처분이 집행되도록 필요한 조치를 취하여야 한다.

ㄷ. 효력기간이 정해져 있는 제재적 행정처분에 대한 취소소송에서 법원이 본안소송의 판결 선고 시까지 집행을 정지하는 결정을 한 경우, 해당 처분에서 정해둔 효력기간의 시기와 종기가 집행정지기간 중에 모두 경과하면, 경과와 동시에 해당 처분은 실효된다.

ㄹ. 사업자가 집행정지를 신청하면서 재산상의 손해 또는 기업이미지 및 신용 훼손을 주장하는 경우 그 손해가 「행정소송법」 제23조 제2항에서 정하고 있는 '회복하기 어려운 손해'에 해당한다고 하기 위해서는 그 경제적 손실이나 기업 이미지 및 신용의 훼손으로 인하여 사업자의 자금 사정이나 경영 전반에 미치는 파급효과가 매우 중대하여 사업 자체를 계속할 수 없거나 중대한 경영상의 위기를 맞게 될 것으로 보이는 등의 사정이 존재하여야 한다.

① ㄱ, ㄴ, ㄹ ② ㄴ, ㄹ
③ ㄴ, ㄷ, ㄹ ④ ㄷ, ㄹ

14

손실보상에 관한 설명으로 옳은 것은? (다툼이 있는 경우 판례에 의함)

① 「공익사업을 위한 토지 등의 취득 및 보상에 관한 법률」에 따라 수용된 토지의 소유자가 수용대상이 된 토지의 범위가 공익사업의 목적을 넘어 과도하다고 생각하는 경우에는 보상금증액청구소송을 통해 그 권리를 구제받을 수 있다.

② 소유 토지가 관할 지방자치단체의 도로확장사업에 편입되어 수용되었으나 보상액에 이의가 있어 보상금 증액소송을 제기하고자 하는 경우, 보상금의 내용을 담고 있는 수용재결에 대한 취소소송을 통해 그 권리를 구제받을 수 있다.

③ 잔여지 수용청구를 받아들이지 않은 토지수용위원회의 재결에 대하여 불복하는 경우에는 관할 토지수용위원회를 피고로 하여 보상금증액청구소송을 제기하여야 한다.

④ 헌법 제23조 제3항을 보상근거규정이 아닌 입법자에 대한 구속규정으로 보고 공용침해조항과 손실보상조항을 불가분조항으로 보는 입장에 따르면, 공용침해의 근거 법률에 보상규정이 없는 경우 해당 법률을 위헌무효로 보아 공용침해처분에 대한 취소소송을 제기함으로써 권리구제를 받을 수 있다.

15

처분기준의 설정·공표와 관련하여 옳지 않은 것은? (다툼이 있는 경우 판례에 의함)

① 폐기물처리업 허가와 관련된 법령들이 사업계획 적정 여부에 대하여 재량의 여지를 남겨 둔 경우, 행정청은 공·사익을 비교형량을 통해 법률상 부여된 재량을 적절히 행사해야 하므로 사업계획 적정여부 통보를 위하여 필요한 기준을 정하는 것도 역시 행정청의 재량에 속한다.

② 처분기준을 공표하는 것이 해당 처분의 성질당 현저히 곤란하거나 공공의 안전 또는 복리를 현저히 해치는 것으로 인정될 만한 상당한 이유가 있는 경우에는 처분기준을 공표하지 않을 수 있다.

③ 행정청은 최대한 구체적으로 처분기준을 설정·공표하여야 하지만, 처분의 근거가 되는 법령에 처분기준이 구체적으로 규정되어 있는 때에는 이를 다시 설정·공표할 의무는 없다.

④ 행정청은 침익적 처분을 할 때에는 제반사정을 고려하여 재량을 적절히 행사해야 하므로, 「행정절차법」은 침익적 처분에 대해서는 구체적으로 처분기준을 정하여 공포할 행정청의 의무를 규정하지 않고 있다.

16

「행정기본법」상 처분의 재심사제도에 대한 설명으로 옳지 않은 것은?

① 당사자는 처분(제재처분 및 행정상 강제는 제외)이 행정심판, 행정소송 및 그 밖의 쟁송을 통하여 다툴 수 없게 된 경우라도 처분의 근거가 된 사실관계 또는 법률관계가 추후에 당사자에게 유리하게 바뀐 경우 또는 당사자에게 유리한 결정을 가져다주었을 새로운 증거가 있는 경우에는 해당 처분을 한 행정청에 처분을 취소·철회하거나 변경하여 줄 것을 신청할 수 있다.
② 처분의 재심사 신청은 해당 처분의 절차, 행정심판, 행정소송 및 그 밖의 쟁송에서 당사자가 과실 없이 처분의 재심사 사유를 주장하지 못한 경우에만 할 수 있다.
③ 처분의 재심사 신청은 당사자가 재심사 신청 사유를 안 날부터 60일 이내에 하여야 한다. 다만, 처분이 있은 날부터 5년이 지나면 신청할 수 없다.
④ 처분의 재심사 결과 중 처분을 유지하는 결과에 대해서는 행정심판, 행정소송 및 그 밖의 쟁송수단을 통하여 불복할 수 없다.

17

「행정심판법」상 간접강제에 대한 설명으로 옳은 것과 옳지 않은 것을 바르게 나열한 것은?

ㄱ. 행정심판위원회는 피청구인이 재결에 따른 재처분의무를 이행하지 않으면 청구인의 신청 또는 직권에 의한 결정으로 상당한 기간을 정하고 피청구인이 그 기간 내에 이행하지 아니하는 경우에는 그 지연기간에 따라 일정한 배상을 하도록 명하거나 즉시배상을 할 것을 명할 수 있다.

ㄴ. 행정심판위원회는 사정의 변경이 있는 경우에는 당사자의 신청에 의하여 간접강제결정의 내용을 변경할 수 있으며, 변경결정을 하기 전에 신청 상대방의 의견을 들어야 한다.

ㄷ. 행정심판위원회의 간접강제결정의 효력은 피청구인인 행정청이 소속된 국가·지방자치단체 또는 공공단체에까지 미친다.

ㄹ. 청구인은 행정심판위원회의 간접강제결정에 불복하는 경우 그 결정에 대하여 행정소송을 제기할 수 없다.

ㅁ. 간접강제의 결정서 정본은 「민사집행법」에 따른 강제집행에 관하여는 소송 제기와 상관없이 집행권원과 같은 효력을 가진다.

	ㄱ	ㄴ	ㄷ	ㄹ	ㅁ
①	○	○	○	○	○
②	○	×	×	×	×
③	×	○	○	○	○
④	×	○	○	×	○

18

판결의 효력에 관한 설명으로 옳은 것은? (다툼이 있는 경우 판례에 의함)

① 정보공개청구소송에서 당초 행정청이 처분사유로 제시한 「공공기관의 정보공개에 관한 법률」 제9조 제1항 제5호의 '시험·연구·개발의 사유'를 같은 조 같은 항 제7호의 '경영상 비밀'로 처분사유를 변경하려 하였으나 허용되지 않아 행정청이 패소한 경우, 해당 행정청은 변경하려는 새로운 이유로 재차 정보공개청구를 거부하는 처분을 할 수 있다.
② 건축불허가처분 취소판결이 확정된 후 관계법령이 개정된 경우, 관할 행정청이 개정된 관계법령에 따른 거부사유를 들어 재차 거부처분을 한다면 이는 기속력에 저촉되어 무효이다.
③ 처분의 취소를 구하는 소송에서 기각판결이 확정된 후에는 피고 행정청은 스스로 당해 처분을 철회할 수 없다.
④ 판결의 이행을 확보하기 위한 간정강제는 그 의무이행기한이 결과할 경우 배상금이 발생하며, 원칙적으로 이후 재처분의 이행이 있더라도 미이행기간 만큼의 배상금의 추심이 이루어진다.

19

부작위위법확인소송에 관한 설명으로 옳지 않은 것은? (다툼이 있는 경우 판례에 의함)

① 행정청에 대하여 어떠한 행정처분을 하여 줄 것을 요청할 수 있는 법규상 또는 조리상의 권리를 갖고 있지 아니한 자가 제기한 부작위위법확인의 소는 부적법하다.
② 형사사건에서 무죄가 선고되어 확정되었음에도 검사가 피압수자의 압수물 환부신청에 대하여 아무런 결정이나 통지도 하지 아니하고 있다면 그와 같은 부작위는 부작위위법확인소송의 대상이 된다.
③ 당사자의 신청에 대한 행정청의 거부처분이 있는 경우에는 행정청이 당사자의 신청에 대하여 상당한 기간 내에 일정한 처분을 하여야 할 법률상 응답의무를 이행하지 아니함으로써 야기된 부작위라는 위법상태를 제거하기 위하여 제기하는 부작위위법확인소송은 허용되지 아니한다.
④ 부작위위법확인의 소는 부작위상태가 계속되는 한 그 위법의 확인을 구할 이익이 있다고 보아야 하므로 원칙적으로 제소기간의 제한을 받지 않지만, 행정심판 등 전심절차를 거친 후 제기한 부작위위법확인의 소는 제소기간의 제한을 받는다.

20

행정소송에 관한 설명으로 옳지 않은 것은? (다툼이 있는 경우에 판례에 의함)

① 행정소송법은 공법상 당사자소송을 민사소송으로 변경할 수 있는지에 관하여 명문의 규정을 두고 있지 않지만, 공법상 당사자소송에 대하여도 청구의 기초가 바뀌지 아니하는 한도 안에서 민사소송으로 소 변경이 가능하다고 해석하는 것이 타당하다.

② 원고가 당사자소송으로 제기하여야 할 것을 고의 또는 중대한 과실 없이 항고소송으로 잘못 제기한 경우, 당사자소송으로 제기되었더라도 어차피 부적법하게 되는 경우가 아닌 이상 법원으로서는 원고가 당사자소송으로 소변경을 하도록 하여 심리·판단하여야 한다.

③ 공무원연금법령상 퇴직수당 등의 급여를 받으려고 하는 자는 우선 공무원연금관리공단에 급여지급을 신청하여 공단의 급여지급결정을 받아야 하므로, 공단의 급여지급결정 없이 바로 당사자소송으로 급여의 지급을 구하는 것은 허용되지 아니한다.

④ 법령의 개정에 따른 국방부장관의 퇴역연금액 감액조치에 대하여 이의가 있는 퇴역연금수급권자는 항고소송을 제기하는 방법으로 감액조치의 효력을 다툴 것이지, 직접 국가를 상대로 정당한 퇴역연금액과 결정, 통지된 퇴역연금액과의 차액의 지급을 구하는 공법상 당사자소송을 제기하는 방법으로 다툴 수는 없다.

01

강학상 특허에 관한 설명 중 옳지 않은 것은? (다툼이 있는 경우 판례에 의함)

① 「여객자동차 운수사업법」에 따른 개인택시운송사업 면허는 특정인에게 권리나 이익을 부여하는 재량행위에 해당하는바, 행정청이 면허 발급 여부를 심사함에 있어 이미 설정된 면허기준의 해석상 당해 신청이 면허발급의 우선순위에 해당함에도 불구하고 이를 제외시켜 면허거부처분을 하였다면 특별한 사정이 없는 한 그 거부처분은 재량권을 남용한 위법한 처분에 해당한다.
② 「하천법」상 하천수 사용권은 특허에 의한 공물사용권의 일종으로서, 양도가 가능하고 이에 대한 「민사집행법」상의 집행 역시 가능한 독립된 재산적 가치가 있는 구체적인 권리라고 보아야 한다.
③ 「국유재산법」상 일반재산을 대부하는 행위는 일반재산의 특정 부분을 유형적·고정적으로 특정한 목적을 위하여 사용하는 특별사용을 의미하므로, 이러한 일반재산을 대부하는 행위는 특정인에게 일정한 내용의 공물사용권을 설정하는 설권행위에 해당한다.
④ 「출입국관리법」상 체류자격 변경허가는 신청인에게 당초의 체류자격과 다른 체류자격에 해당하는 활동을 할 수 있는 권한을 부여하는 일종의 설권적 처분의 성격을 가지므로, 허가권자는 신청인의 적격성, 체류 목적, 공익상의 영향 등을 참작하여 허가 여부를 결정할 수 있는 재량을 가진다.

02

하자 있는 행정행위의 효력에 관한 설명 중 옳은 것은? (다툼이 있는 경우 판례에 의함)

① 구 폐기물처리시설 설치촉진 및 주변지역 지원 등에 관한 법령상 입지선정위원회는 일정 수 이상의 주민대표 등을 참여시키도록 하고 있음에도 불구하고 이에 위배하여 군수와 주민대표가 선정·추천한 전문가를 포함시키지 않은 채 입지선정위원회를 임의로 구성하여 의결한 경우 이에 따른 폐기물처리시설 입지결정처분의 하자는 무효사유에 해당한다.
② 재외국민이 다른 나라의 여권을 소지하고 대한민국에 입국하였다 하더라도 당초에 대한민국의 국민이었던 점이 인정되는 이상 다른 나라의 여권을 소지한 사실 자체만으로는 그 나라의 국적을 취득하였다거나 대한민국의 국적을 상실한 것으로 추정·의제되는 것이 아니므로, 다른 나라의 여권을 소지하고 대한민국에 입국한 자에 대한 「출입국관리법」상 강제퇴거명령은 그 하자가 중대하고 명백하여 당연무효이다.
③ 원고의 이 사건 군사기밀 누설행위가 일반사면령에 의하여 사면되었는데도 이를 이유로 이 사건 징계처분을 한 것은 그 흠이 중대하고 명백하여 당연무효라 할 것이고, 징계처분을 받은 원고가 그 하자의 존재를 알면서도 형사상의 소추를 면하기 위하여 이를 용인하였다면 무효인 이 사건 징계처분은 그 흠이 치유되었다 보아야 한다.
④ 도시관리계획 결정·고시와 그 도면에 특정 토지가 도시관리계획에 포함되지 않았음이 명백한데도 도시관리계획을 집행하기 위한 후속 계획이나 처분에 해당 토지가 도시관리계획에 포함된 것처럼 표시된 경우 그 계획이나 처분은 위법하나 그 하자가 당연무효는 아니다.

03

행정법상 신고에 관한 설명 중 옳지 <u>않은</u> 것은? (다툼이 있는 경우 판례에 의함)

① 임시도로 개설 목적으로 법령에 규정되어 있는 요건을 갖추어 산지일시사용신고를 한 경우, 신고서 또는 첨부서류에 흠이 있거나 거짓 또는 그 밖의 부정한 방법으로 신고를 한 것이 아닌 한, 행정청은 그 신고를 수리하여야 하고, 법령에서 정한사유 이외의 다른 사유를 들어 신고 수리를 거부할 수 없다.

② 허가를 받거나 신고를 한 건축물의 공사를 착수하려는 건축주가 법령으로 정하는 바에 따라 공사계획의 신고(착공신고)를 하였는데 행정청이 이를 반려한 경우, 건축주는 이 반려를 항고소송으로 다툴 수 있다.

③ 법률에 의해 다른 법률상 허가가 의제되는 「건축법」상 건축신고에서, 행정청은 그 신고가 다른 법령이 정하는 허가기준을 갖추지 못한 경우에 이를 이유로 수리를 거부할 수 있다.

④ 수리를 필요로 하는 신고에서 신고서 위조 등의 사유가 있어 신고행위 자체가 효력이 없는데도 불구하고 행정청이 신고를 수리한 경우, 그 수리행위 자체에 중대·명백한 하자가 있는지에 따라 단순 위법에 그치거나 당연무효가 될 수 있다.

04

인허가의제에 대한 설명으로 옳은 것은? (다툼이 있는 경우 판례에 의함)

> ㄱ. 도시·군계획시설 실시계획인가가 의제되는 건축허가가 있는 경우, 인근 주민은 해당 실시계획인가의 위법을 이유로 실시계획인가에 대해 취소소송을 제기할 수 있다.
> ㄴ. 건축허가에 토지형질변경허가가 의제되는 경우, 행정청이 토지형질변경요건을 충족하지 못하였다는 이유로 건축불허가처분을 하는 경우, 건축허가 신청인은 건축불허가처분에 대해 취소소송을 제기할 수도 있고, 토지형질변경 불허가 처분에 대해 취소소송을 제기할 수도 있다.
> ㄷ. 의제된 인허가는 통상적인 인허가와 동일한 효력을 가지므로 그 효력을 제거하기 위한 수단으로 의제된 인허가의 직권취소가 허용될 수 있다.
> ㄹ. 『택지개발촉진법』에 따라 택지개발사업 실시계획승인에 『도로법』에 의한 도로공사시행허가 및 도로점용허가가 의제되는 경우, 해당 택지개발사업 시행의 일환으로 도로에 전력관을 매설하였다면 사업시행 완료 후 이를 계속 유지·관리하기 위해 도로를 점용하는 것에 대한 도로점용허가도 해당 실시계획승인에 의해 의제된다.

① ㄱ, ㄴ
② ㄱ, ㄷ
③ ㄴ, ㄷ
④ ㄱ, ㄹ

05

집행정지제도에 관한 설명 중 옳은 것은? (다툼이 있는 경우 판례에 의함)

① 행정처분의 효력정지나 집행정지를 구하는 신청사건에서 행정처분 자체의 적법 여부는 궁극적으로 본안재판에서 심리를 거쳐 판단할 성질의 것이므로, 집행정지사건 자체에 의하여도 신청인의 본안청구가 이유 없음이 명백하지 않아야 한다는 것은 집행정지의 요건에 포함되지 않는다.
② 집행정지결정은 본안판결이 있을 때까지 해당 처분의 집행을 잠정적으로 정지하는 것이므로, 항고소송을 제기한 원고가 본안소송에서 패소확정판결을 받았다면 집행정지결정의 효력이 소급하여 소멸한다.
③ 「행정소송법」에서 규정하고 있는 집행정지 결정의 취소사유는 특별한 사정이 없는 한 집행정지 결정이 확정된 이후에 발생한 사유로 제한된다.
④ 집행정지결정 당시 본안소송이 법원에 제기되어 적법하게 계속중이었다면 집행정지결정 이후에 본안소송이 취하되어 소송이 계속하지 아니하게 되더라도 집행정지결정은 별도의 취소조치가 없는 한 당연히 그 효력이 소멸하는 것은 아니다.

06

행정지도에 관한 설명 중 옳은 것을 모두 고른 것은? (다툼이 있는 경우 판례에 의함)

> ㄱ. 행정지도를 하는 자는 그 상대방에게 그 행정지도의 취지 및 내용과 신분을 밝혀야 한다.
> ㄴ. 행정지도가 말로 이루어지는 경우 상대방이 행정지도의 취지 및 내용을 적은 서면의 교부를 요구하면 그 행정지도를 하는 자는 반드시 이를 교부하여야 한다.
> ㄷ. 행정기관은 행정지도의 상대방이 행정지도에 따르지 아니하였다는 것을 이유로 불이익한 조치를 할 경우에는 그 목적 달성에 필요한 최소한도에 그쳐야 한다.
> ㄹ. 금융위원회위원장이 시중 은행을 상대로 투기지역·투기과열지구 내 초고가 아파트에 대한 주택구입용 주택담보대출을 일정 기간 금지한 조치는 규제적·구속적 성격을 갖는 행정지도로서 헌법소원의 대상이 되는 공권력 행사에 해당된다.

① ㄱ, ㄴ, ㄷ
② ㄴ, ㄷ, ㄹ
③ ㄱ, ㄹ
④ ㄱ, ㄷ, ㄹ

07

행정입법에 관한 설명 중 옳지 않은 것은? (다툼이 있는 경우 판례에 의함)

① 입법부작위의 형태 중 기본권보장을 위한 법 규정을 두고 있지만 불완전하게 규정하여 그 보충을 요하는 경우에는 입법부작위로서 헌법소원의 대상으로 삼을 수 있다.
② 어떠한 고시가 일반적·추상적 성격을 가질 때에는 법규명령 또는 행정규칙에 해당할 것이지만, 다른 집행행위의 매개 없이 그 자체로서 직접 국민의 구체적인 권리의무나 법률관계를 규율하는 성격을 가질 때에는 행정처분에 해당한다.
③ 의료기관의 명칭표시판에 진료과목을 함께 표시하는 경우 글자 크기를 제한하고 있는 구 「의료법 시행규칙」 제31조는 그 자체로서 국민의 구체적인 권리의무나 법률관계에 직접적인 변동을 초래하지 아니하므로 항고소송의 대상이 되는 처분이라고 볼 수 없다.
④ 조례가 집행행위의 개입 없이도 그 자체로서 직접 국민의 구체적인 권리의무나 법적 이익에 영향을 미치는 등의 법률상 효과를 발생하는 경우 그 조례는 항고소송의 대상이 되는 처분에 해당한다.

08

행정소송의 제기에 관한 설명으로 옳은 것은? (다툼이 있는 경우 판례에 의함)

① 당사자의 신청을 받아들이지 않은 거부처분이 행정심판의 재결에서 취소된 경우, 제3자는 재결에 따른 후속처분을 기다릴 필요 없이 재결취소소송을 통해 그 인용재결의 취소를 구할 법률상 이익이 있다.
② 처분청의 처분에 대한 행정심판위원회의 형성재결(수익적처분의 취소재결)에 대해서는 그 재결 외에 그에 따른 별도의 처분이 있지 않기 때문에 재결 자체를 쟁송의 대상으로 할 수 있다.
③ 재개발조합설립인가처분에 하자가 없다면 기본행위인 조합설립동의에 하자가 있다고 하더라도 따로 그 기본행위의 하자를 다투는 것은 별론으로 하고 기본행위의 무효를 내세워 바로 그에 대한 행정청의 인가처분의 취소 또는 무효확인을 구할 법률상의 이익은 없다.
④ 「도시 및 주거환경정비법」상 주택재건축정비사업조합이 수립한 관리처분계획에 대하여 관할 행정청의 인가·고시가 있은 이후라도, 그 조합을 상대로 관리처분계획안에 대한 조합 총회결의의 효력을 다투려면 당사자소송을 제기하여야 한다.

09

당사자소송에 관한 설명 중 옳은 것은? (다툼이 있는 경우 판례에 의함)

① 납세의무 존부의 확인을 구하는 경우에는 과세관청을 피고로 하여 당사자소송을 제기하여야 한다.
② 당사자소송으로서 법률관계 무효확인소송을 제기하는 경우에는 확인의 이익이 요구된다.
③ 당사자소송에 대하여는 행정소송법 제23조 제2항의 집행정지에 관한 규정이 준용되지 아니하며, 「민사집행법」상 가처분에 관한 규정도 준용되지 않는다.
④ 당사자소송은 국가·공공단체 등 권리주체를 피고로 하는 소송으로, 사인을 피고로 하는 당사자소송은 허용되지 않는다.

10

항고소송에 있어 법원의 위법성 판단에 관한 설명으로 옳은 것(○)과 옳지 않은 것(×)을 올바르게 조합한 것은? (다툼이 있는 경우 판례에 의함)

> ㄱ. 「행정절차법」 제26조가 정한 불복에 관한 고지절차 규정에 따른 고지의무를 이행하지 아니하고 처분을 하였다고 하더라도, 그러한 사정만으로 그 처분이 위법하다고 할 수는 없다.
> ㄴ. 여러 처분사유에 관하여 하나의 제재처분을 하였을 때 그 처분사유 중 일부가 인정되지 않는다면 나머지 처분사유들만으로 처분의 정당성이 인정되는 경우라도 그 처분을 위법하다고 보아야 한다.
> ㄷ. 교원소청심사위원회가 한 결정의 취소를 구하는 소송에서 그 결정의 적부는 결정이 이루어진 시점을 기준으로 판단하여야 하는 것이므로, 소청심사 단계에서 이미 주장된 사유만을 행정소송의 판단대상으로 심사하여 하며, 소청심사 단계에서 주장하지 아니한 사유에 대해서는 법원은 심리·판단할 수 없다.
> ㄹ. 행정법규 위반에 대한 제재처분은 반드시 현실적인 행위자가 아니라도 법령상 책임자로 규정된 자에게 부과될 수 있으나, 특별한 사정이 없는 한 고의나 과실이 없는 위반자에게 부과된 제재처분은 위법하다.

① ㄱ(×), ㄴ(×), ㄷ(○), ㄹ(○)
② ㄱ(×), ㄴ(○), ㄷ(×), ㄹ(○)
③ ㄱ(○), ㄴ(×), ㄷ(×), ㄹ(×)
④ ㄱ(○), ㄴ(×), ㄷ(○), ㄹ(×)

11

항고소송의 피고적격에 관한 설명 중 옳은 것은? (다툼이 있는 경우 판례에 의함)

① 처분이 있은 뒤에 그 처분에 관계되는 권한이 다른 행정청에 승계된 때에는 이를 승계한 행정청을 피고로 하며, 처분을 한 행정청이 없게 된 때에는 그 처분에 관한 사무가 귀속되는 상급 행정청을 피고로 한다.
② 인천광역시장으로부터 폐쇄명령권한의 사무처리에 관한 내부위임을 받은 인천광역시 북구청장이 인천광역시장 명의로 폐쇄명령통지를 하였다면, 폐쇄명령처분에 대한 취소소송은 인천광역시 북구청장을 피고로 하여야 한다.
③ 에스에이치공사가 사업시행자인 서울특별시장으로부터 이주대책 수립권한을 포함한 택지개발사업에 따른 권한을 위임 또는 위탁받은 경우, 에스에이치공사 명의로 이루어진 이주대책에 관한 처분에 대한 취소소송은 에스에이치공사를 피고로 하여야 한다.
④ 농림축산식품부장관으로부터 농지보전부담금 수납업무의 대행을 위탁받은 한국농어촌공사가 '농림축산식품부장관의 대행자' 지위임을 명시하여 부담금납부통지를 하였다면, 농지보전부담금 부과처분에 대한 취소소송은 한국농어촌공사를 피고로 하여야 한다.

12

국가배상에 관한 설명 중 옳지 않은 것은? (다툼이 있는 경우 판례에 의함)

① 지방자치단체의 장이 기관위임된 국가행정사무를 처리하는 경우 그에 소요되는 경비의 실질적·궁극적 부담자는 국가이며 당해 지방자치단체는 국가로부터 내부적으로 교부된 금원으로 그 사무에 필요한 경비를 대외적으로 지출하는 자에 그치므로, 그 지방자치단체는 「국가배상법」 제6조 제1항 소정의 비용부담자에 해당하지 않아 손해를 배상할 책임이 없다.
② 일반적으로 공무원이 관계법규를 알지 못하였다거나 필요한 지식을 갖추지 못하여 법규의 해석을 그르쳐 어떤 행정처분을 하였다면 법해석기관이 아닌 집행 공무원으로서의 행위라도 과실이 인정될 수 있다.
③ 경찰관이 교통법규 등을 위반하고 도주하는 차량을 순찰차로 추적하는 직무를 집행하는 중에 그 도주차량의 주행에 의하여 제3자가 손해를 입었다고 하더라도 특별한 사정이 없는 한 그 추적행위를 위법하다고 할 수는 없다.
④ 국가배상을 받을 권리는 일반적으로 양도하거나 압류의 대상이 될 수 있으나, 생명·신체의 침해로 인한 경우에 한하여서는 양도하거나 압류되지 못한다.

13

공항 인근에 거주 중인 甲은 공항에서 발생하는 소음 등으로 인해 국가배상을 청구하고자 한다. 이에 관한 설명 중 옳지 않은 것은? (다툼이 있을 경우 판례에 의함)

① 영조물 설치·관리상의 하자에는 영조물을 구성하는 물적 시설 그 자체에 있는 물리적·외형적 흠결이나 불비뿐만 아니라, 이용에 있어 그 이용상태 및 정도가 일정한 한도를 초과하여 제3자에게 사회통념상 수인할 것이 기대되는 한도를 넘는 피해를 입히는 경우까지 포함된다.
② 만약 甲이 공항이 있는 곳으로 이주하여 들어가서 거주하고 있는 경우와 같이 위험의 존재를 인식하거나 그로 인한 피해를 용인하며 접근한 것에 해당되는 상황이라면, 공항의 소음으로 인해 직접적으로 신체에 관련된 피해가 발생하였다고 하더라도 배상책임을 인정할 수 없다.
③ 항공기가 토지의 상공을 통과하여 비행하는 등으로 토지의 사용·수익에 방해가 되어 손해배상책임이 인정되면, 소유자는 항공기의 비행 등으로 토지를 더 이상 본래의 용법대로 사용할 수 없게 됨으로 인하여 발생하게 된 재산적 손해와 공중 부분의 사용료 상당 손해의 배상을 청구할 수 있다.
④ 만약 甲이 공항이 있는 곳으로 이주하여 들어가서 거주하고 있는 경우라 하더라도 실제로 입은 피해 정도가 위험에 접근할 당시에 인식하고 있었던 위험의 정도를 초과하는 것이거나 위험에 접근한 후에 그 위험이 특별히 증대하였다면 배상책임은 인정된다.

14

손실보상금의 결정에 관한 설명 중 옳지 않은 것은? (다툼이 있는 경우 판례에 의함)

① 손실보상금에 관한 당사자 간의 합의가 성립한 경우, 이 보상합의는 공공기관이 사경제주체로서 행하는 사법상 계약의 설질을 가지는 것으로서 당사자 간의 합의로 「공익사업을 위한 토지 등의 취득 및 보상에 관한 법률」(이하 '토지보상법')이 정하는 기준에 의하지 않고 손실보상금을 정할 수 있다.
② 보상합의 내용이 토지보상법에 따른 보상금보다 부족하다면 특별한 사정이 없는 한 토지보상법상 기준에 따른 손실보상금 청구를 추가로 할 수 있다.
③ 토지소유자가 사업시행자로부터 토지보상법상 잔여지의 가격감소로 인한 손실보상을 받기 위해서는 재결절차를 거친 다음 재결에 대해 불복하여 권리구제를 받을 수 있으나, 재결절차를 거치지 않고 바로 바로 사업시행자를 상대로 손실보상을 청구할 수는 없다.
④ 토지보상법상 자연지 수용청구권은 손실보상의 일환으로 토지소유자에게 부여되는 권리로서 그 요건을 구비한 때에는 잔여지를 수용하는 토지수용위원회의 재결이 없더라도 그 청구에 의하여 수용의 효과가 발생하는 형성권적 성질을 가진다.

15

다음 사례에 관한 설명 중 옳지 않은 것은? (다툼이 있는 경우 판례에 의함)

> A사립대학교 교수로 재직하고 있는 甲은 학교법인 乙로부터 품위유지의무 위반으로 해임처분을 받았다. 이에 대해 甲은 교원소청심사위원회(이하 '위원회')에 해임처분취소를 구하는 심사를 청구하였다.

① 甲에 대한 乙의 해임처분은 행정처분에 해당하지 않으며 해임처분에 대한 甲의 소청심사청구에 대하여 위원회가 한 기각 결정이 행정처분이 되므로, 甲이 위원회의 결정에 대해 취소소송을 제기할 경우 피고는 위원회가 된다.
② 甲이 위원회의 결정에 대해 법원에 소를 제기하여 위원회의 기각 결정을 취소하는 판결이 확정된다면, 乙은 이 판결의 취지에 따라 재징계를 하여야 할 의무를 부담한다.
③ 甲의 소청심사청구에 대하여 위원회가 징계사유 자체가 인정되지 않는다는 이유로 징계양정의 당부에 대해서는 판단하지 않은 채 해임처분을 취소하는 결정을 한 경우, 그에 대하여 乙이 제기한 행정소송 절차에서 심리한 결과 징계사유 중 일부 사유는 인정된다고 판단이 되면 법원은 위원회의 결정을 취소하여야 한다.
④ A대학교가 국립대학교인 경우, 甲에 대한 해임처분은 그 자체 행정처분의 법적 성격을 가지므로 그에 대해 소청심사를 청구하고 위원회의 결정이 있은 후 그에 불복하는 항고소송이 제기되더라도 그 심판대상은 원칙적으로 원처분인 해임처분이며, 위원회의 결정에 고유한 위법이 있다면 그러한 경우에 한하여 甲은 위원회를 피고로 하여 그 결정에 대해 항고소송을 제기할 수 있다.

16

국가배상책임에 관한 설명 중 옳은 것(○)과 옳지 않은 것(×)을 올바르게 조합한 것은? (다툼이 있는 경우 판례에 의함)

ㄱ. 보행자 신호기가 고장 난 횡단보도 상에서 교통사고가 발생한 사안에서, 적색등의 전구가 단선되어 있었던 위 보행자 신호기는 그 용도에 따라 통상 갖추어야 할 안전성을 갖추지 못한 관리상의 하자가 있어 국가배상책임이 인정된다고 보아야 한다.
ㄴ. 군인·군무원 등에 관한 「국가배상법」 제2조 제1항 단서 규정은, 다른 법령에 보상제도가 규정되어 있고 그 법령에 규정된 요건에 해당되어 위 단서 규정에 열거된 사람에게 보상을 받을 수 있는 권리가 발생한 이상, 실제로 그 권리를 행사하였는지 또는 그 권리를 행사하고 있는지 여부에 관계없이 적용된다.
ㄷ. 공법인이 국가로부터 위탁받은 공행정사무를 집행하는 과정에서 공법인의 임직원이나 피용인이 고의 또는 과실로 법령을 위반하여 타인에게 손해를 입힌 경우, 공법인의 임직원이나 피용인은 「국가배상법」 제2조에서 정한 공무원에 해당하므로 고의 또는 중과실이 있는 경우에만 배상책임을 부담한다.
ㄹ. 교차로의 진행방향 신호기의 정지신호가 단선으로 소등되어 있는 상태에서 그대로 진행하다가 다른 방향의 진행신호에 따라 교차로에 진입한 차량과 충돌한 경우, 신호기의 적색신호가 소등된 기능상 결함이 있었다는 사정만으로 신호기의 설치 또는 관리상의 하자를 인정할 수 없다.

① ㄱ(○), ㄴ(○), ㄷ(○), ㄹ(○)
② ㄱ(○), ㄴ(○), ㄷ(×), ㄹ(○)
③ ㄱ(○), ㄴ(×), ㄷ(○), ㄹ(×)
④ ㄱ(×), ㄴ(○), ㄷ(○), ㄹ(○)

17

다음 사례에 관한 설명 중 옳은 것은? (다툼이 있는 경우 판례에 의함)

> 甲은 乙과 석유판매업 중 일반판매소를 양도하는 계약(이하 '영업양도계약')을 체결하였다. 甲은 관할 행정청에 지위승계를 내용으로 하는 변경신고를 하였다.

① 甲과 乙의 영업양도계약이 무효인 경우, 지위승계신고의 수리처분에 중대·명백한 하자가 없는 한 영업양도의 법률적 효력이 발생한다.
② 관할 행정청이 지위승계신고를 수리하는 경우, 甲은 수리처분의 상대방이 아니므로 甲에게 「행정절차법」상 사전통지를 하여야 할 의무가 없다.
③ 甲과 乙이 영업양도계약을 체결하고 지위승계신고를 하기 전에 甲이 관할 행정청으로부터 석유판매업허가의 취소처분을 받은 경우 乙은 이 허가취소처분에 대한 위법을 다툴 수 있는 법률상 이익이 인정된다.
④ 영업양도계약이 무효라고 주장하는 甲은 영업양도계약의 무효를 민사쟁송으로 구해야 하고 곧바로 수리처분의 무효확인을 구할 법률상 이익이 없다.

18

도시 및 주거환경정비법 상 행정처분에 대한 판례의 입장으로 옳은 것은?

① 주택재개발조합설립추진위원회 구성승인처분은 단지 조합의 설립을 위한 주체인 주택재개발조합설립추진위원회의 구성행위를 보충하여 그 효력을 부여하는 처분으로 볼 수는 없다.
② 주택재건축조합설립인가처분은 주택재건축조합설립행위를 보충하여 그 법률상 효력을 완성시키는 보충행위에 해당한다.
③ 주택재건축조합의 정관변경에 대한 시장·군수등의 인가는 그 대상이 되는 기본행위를 보충하여 법률상 효력을 완성시키는 행위로서 시장·군수등이 변경된 정관을 인가하면 정관변경의 효력이 총회의 의결이 있었던 때로 소급하여 발생한다.
④ 토지 등 소유자들이 도시환경정비사업을 위한 조합을 따로 설립하지 아니하고 직접 그 사업을 시행하고자 하는 경우, 사업시행계획인가처분은 일종의 설권적 처분의 성격을 가지므로 토지 등 소유자들이 작성한 사업시행계획은 독립된 행정처분이 아니다.

19

항고소송의 제소기간에 관한 설명 중 옳지 않은 것을 모두 고른 것은? (다툼이 있는 경우 판례에 의함)

ㄱ. 고시 또는 공고에 의하여 행정처분을 하는 경우에는 고시 또는 공고가 있은 날에 그 행정처분이 있음을 알았던 것으로 보아 제소기간을 기산한다.
ㄴ. 행정처분에 대해 해당 행정청에 이의신청을 하였다가 이의신청을 기각하는 결과를 통지 받은 후 취소소송을 제기하는 경우, 원행정처분이 있음을 안 날부터 90일 이내에 제기하여야 한다.
ㄷ. 甲이 '재심신체검사 무변동처분 통보서'를 송달받기 전, 자신의 의무기록에 관한 정보공개를 청구하여 위 처분을 하는 내용의 통보서를 비롯한 일체의 서류를 교부받은 날부터 제소기간을 기산하여 90일이 지난 후 취소소송을 제기했다면 이는 제소기간을 준수하지 못한 부적법한 소송이다.
ㄹ. 변경명령재결에 따른 변경처분이 있는 경우, 취소소송의 대상은 변경된 내용의 당초 처분이며 제소기간은 당초 처분서를 송달받은 날부터 90일 이내이다.

① ㄱ, ㄴ, ㄷ
② ㄴ, ㄷ
③ ㄴ, ㄷ, ㄹ
④ ㄷ, ㄹ

20

「행정절차법」의 적용범위에 관한 설명 중 옳지 않은 것은? (다툼이 있는 경우 판례에 의함)

① 국가에 대한 행정처분에는 사전 통지, 의견청취, 이유 제시와 관련한 「행정절차법」의 규정이 적용된다.
② 행정처분에 처분의 이유를 제시하도록 한 「행정절차법」이 과세처분에 직접 적용되지는 않지만, 그 기본 원리가 본질적으로 달라져서는 안 되는 것이고 이를 완화하여 적용할 이유도 없다.
③ 「영유아보육법」 및 같은 법 시행규칙의 위임에 따라 보건복지부장관이 정한 '보육사업안내'에 어린이집 평가인증취소의 절차에 관한 사항을 일부 정한 경우, 평가인증취소에 「행정절차법」 적용이 배제된다.
④ 「행정절차법 시행령」이 「행정절차법」의 적용이 제외되는 경우로 규정한 '학교·연수원 등에서 교육·훈련의 목적을 달성하기 위하여 학생·연수생들을 대상으로 하는 사항'에는 육군3사관학교 생도에 대한 퇴학처분과 같이 신분을 박탈하는 징계처분은 포함되지 않는다.

MEMO
언제나 열정~! 열정~! 열정~!

MEMO
언제나 열정~! 열정~! 열정~!

MEMO

언제나 열정~! 열정~! 열정~!

언제나 열정~! 열정~! 열정~!

한수성
임팩트
행정법
총론
동형모의고사

....

초판발행 2024년 01월 24일
개정1판 2025년 02월 17일

편저자 한수성
발행인 양승윤
발행처 ㈜용감한컴퍼니
등록번호 제2016-000098호
전화 070-4603-1578
팩스 070-4850-8623
이메일 book@bravecompany.io
ISBN 979-11-6743-564-4
정가 20,000원

이 책은 ㈜용감한컴퍼니가 저작권자와의 계약에 따라 발행한 것이므로
본사의 허락 없이는 어떠한 형태나 수단으로도 이 책의 내용을 이용하지 못합니다.
잘못된 책은 구입처에서 교환해 드립니다.

"열정! 열정! 열정!"

점수로 직결되는
기출 중심의 핵심 논점 학습

한수성 임팩트행정법

모두공 · 공단기 · 한수성 임팩트행정법
www.modoogong.com | www.gong.conects.com | cafe.naver.com/impacthan

한수성 임팩트행정법 단기간 성적폭발
2024 실제 합격생 리뷰

april08 (지방직 합격)

행정법 바보가 100점 맞고 최합했습니다.

선생님의 교재들은 딱 필요한 것만 정리되어 있어서 그것만 봐도 충분히 고득점이 가능했던 거 같습니다. 결과는 100점이였고 믿기지가 않더라구요. 정말 진솔하고 진중하시지만 또 재미도 있으시고 열정적인 한수성 선생님 덕분에 제가 힘든 수험생활을 버티고 수석으로 최합까지 가능했다고 말씀드리고 싶습니다. 한수성 선생님 최고! 그리고 물심양면으로 도와주신 실장님도 최고!!

뿌* (국가직 합격)

수성쌤이 시키는대로 하니 국가직 최종합격, 지방직 필기합격!

수성쌤을 믿고 조바심 내지 않고! 시키는 대로! 고득점을 할 수 있던 키포인트였던 것 같습니다.
모두공에서 제공된 서아비벌모의고사 또한 매번 풀고 수성쌤의 해설강의도 매번 들었습니다. 행정법은 언제나 수성쌤입니다. 얼른 탑승하세요!

아리아 (국가직 합격)

국가직 최종합격!

진짜 요번 국가직은 행정법이 절 합격시켰다고 해도 과언이 아니었어요.
진짜 매일매일 일간행정법 올려주시는 연구실장님 그리고 퀄리티 짱짱한 강의 제공해주시는 수성쌤 너무 감사드립니다.

직르콕 (지방직 합격)

수성쌤과 함께 단기합격!

저는 2022년 10월부터 시작한 초시생입니다. 수성쌤과 함께 공부하고 단기합격의 꿈을 이뤄냈습니다. (행정법 95점) 얇은 입문용 강의 책자부터 기본서 강의, 기본서에 수록된 판례를 다시 자세히 짚어주는 판례특강(핵심), 그리고 기출강의까지 수성쌤의 커리큘럼을 쭉 따라왔습니다. 덕분에 실전에서 제가 훨훨 날 수 있었던 것 같습니다. 수성쌤, 연구실장님, 그리고 카페에서 함께 힘내주셨던 수험생분들 모두 고맙습니다!

이제 임팩트행정법 수험생이
공무원 될 시간이 얼마남지 않았습니다!

열정! 열정! **열정!**

한수성
임팩트 행정법 총론
동형모의고사

한수성 편저

| 정답 및 해설 |

2025 개정판

공무원·소방
시험 완벽 대비

열정!
열정!
열정!

12회

공무원 시험 완벽 대비

- 7·9급 공무원 시험 대비!
  최신출제경향 및 개정법령, 판례 모두 반영

- 다양한 문제, 빠짐없는 지문 구성과
  디테일한 해설로 빈틈없는 학습 가능

- 실제 시험과 가장 유사한 모의고사로
  실전 완벽 대비 및 핵심 개념 최종 점검

용감한북스

한수성
임팩트 행정법 총론

한수성 편저

동형모의고사

| 정답 및 해설 |

2025 개정판

공무원·소방
시험 완벽 대비

열정!
열정!
열정!

공무원 시험 완벽 대비

- 7·9급 공무원 시험 대비!
  최신출제경향 및 개정법령, 판례 모두 반영

- 다양한 문제, 빠짐없는 지문 구성과
  디테일한 해설로 빈틈없는 학습 가능

- 실제 시험과 가장 유사한 모의고사로
  실전 완벽 대비 및 핵심 개념 최종 점검

12회

PREFACE
이 책의 머리말

1. 단계별 고강도 하드 트레이닝 모의고사(총 12회분)

❶ 1단계(1회 – 5회)

1회부터 5회(총 6회 분량)까지는 전통적으로 중요하게 다뤄진 빈출지문 들을 활용하여 철저히 기본을 물어보는 평이한 난도의 모의고사입니다. 최근 24년 국가직 9급의 난도를 기준으로 출제하였습니다.

❷ 2단계(6회 – 10회)

이전 5회분과 난도에 큰 차이는 없으나, 최근 24년에 출제된 각종 공무원 9급 및 7급 행정법 문제를 바탕으로 변형하여 출제하였습니다. 이를 통해 최근 실시된 문제들의 경향과 관심사, 그리고 대략적인 난도를 파악할 수 있어 현실을 정확하게 직시하고 분석할 수 있도록 하였습니다.

❸ 3단계(11회 – 12회)

마지막 2회분은 고강도 하드 트레이닝을 위한 모의고사입니다. 변호사시험 등에서 출제된 문제를 반영하였으며, 출제될 만한 최신법령 및 23·24년 최신판례까지 철저히 반영하여 출제하였으므로 여기까지 잘 정리하고 훈련하신 분들은 시험장에서는 발목에 차고 있던 모래주머니를 비로소 빼고 달리는 것 마냥 모든 문제가 쉽게 느껴지실 겁니다. 최근 24년과 23년에 실시된 국가직이나 지방직 행정법은 모두 평이하게 출제되었으나, 지난 21년과 22년에 시행된 것들을 확인해 보시면 최근과 현격한 차이가 있다는 것을 알 수 있습니다. 공시는 매년 변덕스러운 모습으로 수험생을 괴롭혀왔습니다. 2회분 정도만이라도 이러한 상황에 대비해볼 필요가 있습니다.

2. 빠짐없는 지문 구성

모든 지문들을 꼼꼼히 분석하여 최대한 빠짐없이 정리할 수 있도록 지문을 구성했습니다. 물론 대부분 기출 변형 문제이다 보니 빈출된 것들은 해당 모의고사에서도 반복 출제됩니다. 빈출되지 않은 것들 중 그래도 중요하다고 판단되는 것들은 최대한 다시 선별하여 어떻게든 한 번씩은 풀어보고 확인해볼 수 있도록 문제를 만들었습니다.

3. 최신 개정법령 및 24년 상반기 최신판례까지 반영

개정 법령 중 출제될 만한 것들을 선별하였으며 판례는 24년 6월 판례공보까지를 반영하여 출제하였습니다.

4. 모의고사를 통한 훈련 방법

❶ 시간 내 문제풀기

문제를 풀어가는 연습하는 과정에서는 반드시 시간을 재고 문제를 풀어주시고, 20문제를 기준으로 최소한 15분 내에 OMR마킹까지 마칠 수 있도록 연습해주셔야 합니다. 일단은 시간 내에 문제를 다 풀 수 있는 것이 가장 중요합니다.

❷ 시간관리 > 점수

모의고사 점수보다는 시간관리에 더 중점을 두세요. 어차피 내용정리는 문제를 다 풀고 난 이후 해설과정에서 하면 됩니다. 모의고사는 실전연습이라는 것을 기억해주세요! 어차피 틀린 문제를 잘 정리해서 실제 시험장에서 득점하는 것이 우리 목표입니다.

❸ 기본서 및 기출문제집 회독

다 풀어보고 해설하는 복습하는 과정에서는 반드시 지금까지 보던 기출과 기본서 및 진도별 기출문제집을 계속 보셔야 한다는 것을 강조드리고 싶습니다. 모의고사는 지금까지 보고 계시던 기본서 및 기출문제집을 더욱 확실하게 정리할 수 있도록 도와주는 용도이기 때문입니다.

5. 끝으로

동형모의고사에서 나온 것들이 그대로 시험에서 출제되어 여러분들이 웃을 수 있기를 간절히 기원합니다. 여기까지 따라오셨으니 충분히 합격을 위한 자격을 갖추셨다고 확신합니다. 그러니 두려워하지 말고 시험장까지 당당하게 걸어갑시다. 열정~! 열정~! 열정~!

편저자 한수성

CONTENTS
이 책의 목차

정답 및 해설 1회 ········· 06

정답 및 해설 2회 ········· 14

정답 및 해설 3회 ········· 21

정답 및 해설 4회 ········· 28

정답 및 해설 5회 ········· 35

정답 및 해설 6회 ········· 42

정답 및 해설 7회 ········· 49

정답 및 해설 8회 ········· 56

정답 및 해설 9회 ········· 63

정답 및 해설 10회 ········· 69

정답 및 해설 11회 ········· 76

정답 및 해설 12회 ········· 84

임팩트행정법 동형모의고사

정답 및 해설

한수성 임팩트행정법 동형모의고사

제 1 회 정답 및 해설

모두공 www.modoogong.com
모두소 www.modoofire.com
공단기 www.gong.conects.com

정답 확인

01	02	03	04	05
②	③	③	④	②
06	07	08	09	10
②	③	③	③	④
11	12	13	14	15
③	②	④	③	①
16	17	18	19	20
①	③	②	④	②

01 정답 ②

① (○) 조약의 효력 > 조례의 효력

> **관련 판례**
> 특정지방자치단체의 조례안이 내국민대우원칙을 규정한 '1994년 관세 및 무역에 관한 일반협정'(General Agreement on Tariffs and Trade 1994)에 위반되어 그 효력이 없다고 한 사례(대법원 2005.9.9. 선고 2004추10).

② (×) 질서위반행위규제법 제5조

> **질서위반행위규제법**
> 제5조(다른 법률과의 관계) 과태료의 부과·징수, 재판 및 집행 등의 절차에 관한 다른 법률의 규정 중 이 법의 규정에 저촉되는 것은 이 법(=질서위반행위규제법)으로 정하는 바에 따른다.

③ (○) 지방자치단체 사이의 불문법상 해상경계가 성립하기 위해서는 관계 지방자치단체·주민들 사이에 해상경계에 관한 일정한 관행이 존재하고, 그 해상경계에 관한 관행이 장기간 반복되어야 하며, 그 해상경계에 관한 관행을 법규범이라고 인식하는 관계 지방자치단체·주민들의 법적 확신이 있어야 한다. **국가기본에 표시된 해상경계선은 그 자체로 불문법상 해상경계선으로 인정되는 것은 아니나, 관할 행정청이 국가기본도에 표시된 해상경계선을 기준으로 하여 과거부터 현재에 이르기까지 반복적으로 처분을 내리고, 지방자치단체가 허가, 면허 및 단속 등의 업무를 지속적으로 수행하여 왔다면** 국가기본도상의 해상경계선은 **여전히 지방자치단체 관할 경계에 관하여 불문법으로서 그 기준이 될 수 있다**(헌법재판소 2021. 2. 25. 선고 2015헌라7).

④ (○) '1994년 관세 및 무역에 관한 일반협정(General Agreement on Tariffs and Trade, GATT 1994) 제6조의 이행에 관한 **협정**'은 **국가와 국가 사이의 권리·의무관계를 설정하는 국제협정**으로, 그 내용 및 성질에 비추어 이와 관련한 법적 분쟁은 위 **WTO 분쟁해결기구에서 해결하는 것이 원칙이고, 사인(私人)에 대하여는 위 협정의 직접 효력이 미치지 아니한다고 보아야 할 것이므로, 위 협정에 따른 회원국 정부의 반덤핑부과처분이 WTO 협정위반이라는 이유만으로 사인이 직접 국내 법원에 회원국 정부를 상대로 그 처분의 취소를 구하는 소를 제기하거나 위 협정위반을 처분의 독립된 취소사유로 주장할 수는 없다**(대법원 2009.1.30. 선고 2008두17936).

02 정답 ③

① (○) 납세자가 구 자유무역협정의 이행을 위한 관세법의 특례에 관한 법률 제10조에 따라 수입신고 시 또는 그 사후에 협정관세 적용을 신청하여 **세관장이 형식적 심사만으로 수리한 것을 두고 그에 대해 과세하지 않겠다는 공적인 견해 표명이 있었다고 볼 수 없다**(대법원 2019. 2. 14. 선고 2017두63726).

② (○) 위법 영역에서의 평등은 인정될 수 없기 때문에 위법한 선례에 대해서는 자기구속의 원칙이 적용될 수 없다.

> **관련 판례**
> 행정청이 조합설립추진위원회의 설립승인 심사에서 위법한 행정처분을 한 선례가 있다고 하여 그러한 기준을 따라야 할 의무가 없는 점 등에 비추어, 평등의 원칙이나 신뢰보호의 원칙 또는 자기구속의 원칙 등에 위배되고 재량권을 일탈·남용하여 자의적으로 조합설립추진위원회 승인처분을 한 것으로 볼 수 없다고 한 사례(대법원 2009. 6. 25. 선고 2008두13132).

③ (×) 수입 녹용 중 전지 3대를 절단부위로부터 5cm까지의 부분을 절단하여 측정한 **회분함량이 기준치를 0.5% 초과하였다는 이유로 수입 녹용 전부에 대하여 전량 폐기 또는 반송처리를 지시한 처분**이 재량권을 일탈·남용한 경우에 해당하지 않는다고 한 사례(대법원 2006.4.14. 선고, 2004두3854).

④ (○) 정구장 시설 설치 도시계획결정 ≠ 갑에 대한 도시계획사업의 시행자 지정 취지

> **관련 판례**
> 당초 정구장 시설을 설치한다는 도시계획결정을 하였다가 정구장 대신 청소년 수련시설을 설치한다는 도시계획 변경결정 및 지적승인을 한 경우, 당초의 도시계획결정만으로는 도시계획사업의 시행자 지정을 받게 된다는 공적인 견해를 표명하였다고 할 수 없다는 이유로 그 후의 도시계획 변경결정 및 지적승인이 도시계획사업의 시행자로 지정받을 것을 예상하고 정구장 설계 비용 등을 지출한 자의 신뢰이익을 침해한 것으로 볼 수 없다고 한 사례

03 정답 ③

① (○) 사후부관 내지 부관의 사후변경

> 제17조(부관) ③ 행정청은 부관을 붙일 수 있는 처분이 다음 각 호의 어느 하나에 해당하는 경우에는 그 처분을 한 후에도 부관을 새로 붙이거나 종전의 부관을 변경할 수 있다.
> 1. 법률에 근거가 있는 경우
> 2. 당사자의 **동의**가 있는 경우
> 3. **사정**이 변경되어 부관을 새로 붙이거나 종전의 부관을 변경하지 아니하면 해당 처분의 목적을 달성할 수 없다고 인정되는 경우

② (○) 행정청이 수익적 행정처분을 하면서 부가한 **부담의 위법 여부는 처분 당시 법령을 기준으로 판단하여야 하고, 부담이 처분 당시 법령을 기준으로 적법하다면** 처분 후 부담의 전제가 된 주된 행정처분의 근거 법령이 개정됨으로써 행정청이 더 이상 부관을 붙일 수 없게 되었다 하더라도 곧바로 위법하게 되거나 그 효력이 소멸하게 되는 것은 아니다(대법원 2009. 2. 12. 선고 2005다65500).

③ (×) 판례는 위법한 부담(예: 위법한 기부채납 부담)과 그 부담의 이행으로 한 사법상 법률행위(예: 기부채납의 이행으로 한 증여)를 별개의 독립된 행위로 본다(독립설).

> **관련 판례**
> 행정처분에 붙은 부담인 부관이 제소기간의 도과로 확정되어 이미 불가쟁력이 생겼다면 그 하자가 중대하고 명백하여 당연 무효로 보아야 할 경우 외에는 누구나 그 효력을 부인할 수 없을 것이지만, **부담의 이행으로서 하게 된 사법상 매매 등의 법률행위**는 부담을 붙인 행정처분과는 어디까지나 별개의 법률행위이므로 그 부담의 불가쟁력의 문제와는 **별도로** 법률행위가 사회질서 위반이나 강행규정에 위반되는지 여부 등을 따져보아 그 법률행위의 유효 여부를 판단하여야 한다(대법원 2009.6.25. 선고 2006다18174).

④ (○) 기속행위에는 법률상 명문의 근거가 있어야 부관을 붙일 수 있다.

> **행정기본법**
> 제17조(부관) ① 행정청은 처분에 재량이 있는 경우에는 부관(조건, 기한, 부담, 철회권의 유보 등을 말한다. 이하 이 조에서 같다)을 붙일 수 있다.
> ② 행정청은 처분에 재량이 없는 경우에는 **법률에 근거가 있는 경우에** 부관을 붙일 수 있다.

04 정답 ④

① (○) **공공기관이 보유·관리하고 있는 개인정보의 공개에 관하여는 구 정보공개법 제9조 제1항 제6호가 「개인정보 보호법」에 우선하여 적용**된다(대법원 2021. 11. 11. 선고 2015두53770).

② (○) 공공기관의 정보공개에 관한 법률 제6조 제1항은 "모든 국민은 정보의 공개를 청구할 권리를 가진다."고 규정하고 있는데, 여기에서 말하는 국민에는 자연인은 물론 법인, 권리능력 없는 사단·재단도 포함되고, 법인, 권리능력 없는 사단·재단 등의 경우에는 설립목적을 불문하며, 한편 **정보공개청구권은 법률상 보호되는 구체적인 권리이므로 청구인이 공공기관에 대하여 정보공개를 청구하였다가 거부처분을 받은 것 자체가 법률상 이익의 침해에 해당**한다(대법원 2003.12.12. 선고 2003두8050).

③ (○) 공개를 구하는 정보를 공공기관이 보유·관리하고 있을 상당한 개연성이 있다는 점에 대한 증명책임의 소재(=공개청구자) 및 그 정보를 더 이상 보유·관리하고 있지 아니하다는 점에 대한 증명책임의 소재(=공공기관)(대법원 2004.12.9. 선고 2003두12707).

④ (×) 공공기관이 공개를 구하는 정보를 보유·관리하고 있지 아니한 경우, 정보공개거부처분의 취소를 구할 법률상의 이익이 없다(대법원 2006.1.13. 선고 2003두9459).

05 정답 ③

① (×) 행정기본법에는 공법상 계약에 관한 규정이 있으나, 행정절차법에는 그러한 규정이 없다.

> **행정기본법**
> 제27조(공법상 계약의 체결) ① 행정청은 법령등을 위반하지 아니하는 범위에서 행정목적을 달성하기 위하여 필요한 경우에는 공법상 법률관계에 관한 계약(이하 "공법상 계약"이라 한다)을 체결할 수 있다. 이 경우 계약의 목적 및 내용을 명확하게 적은 계약서를 작성하여야 한다.
> ② 행정청은 공법상 계약의 상대방을 선정하고 계약 내용을 정할 때 공법상 계약의 공공성과 제3자의 이해관계를 고려하여야 한다.

② (×) 중소기업 정보화지원사업에 대한 지원금출연협약의 해지 및 환수통보 = 당사자 소송의 대상

> **관련 판례**
> 중소기업 정보화지원사업에 따른 지원금 출연을 위하여 중소기업청장이 체결하는 협약은 공법상 대등한 당사자 사이의 의사표시의 합치로 성립하는 공법상 계약에 해당하는 점 등 고려하면 협약의 해지 및 그에 따른 환수통보는 공법상 계약에 따라 행정청이 대등한 당사자의 지위에서 하는 의사표시로 보아야 하고, 이를 행정청이 우월한 지위에서 행하는 공권력의 행사로서 행정처분에 해당한다고 볼 수는 없다(대법원 2015.8.27. 선고 2015두41449).

③ (○) 산업단지입주계약 해지통보 = 행정처분(항고소송의 대상)

> **관련 판례**
> 피고의 지위, 입주계약해지의 절차, 그 해지통보에 수반되는 법적 의무 및 그 의무를 불이행한 경우의 형사적 내지 행정적 제재 등을 종합적으로 고려하면, 구 「산업집적활성화 및 공장설립에 관한 법률」에 따른 산업단지입주계약의 해지통보는 단순히 대등한 당사자의 지위에서 형성된 공법상계약을 계약당사자의 지위에서 종료시키는 의사표시에 불과하다고 볼 것이 아니라 행정청인 관리권자로부터 관리업무를 위탁받은 피고가 우월적 지위에서 원고에게 일정한 법률상 효과를 발생하게 하는 것으로서 항고소송의 대상이 되는 행정처분에 해당한다고 보아야 할 것이다(대법원 2017. 6. 15. 선고 2014두46843).

④ (×) 계약직공무원에 대한 채용계약해지의 의사표시의 유효 여부를 판단함에 있어서 이를 일반직 공무원에 대한 징계처분과 같이 보아 행정처분과 같이 행정절차법에 의하여 근거와 이유를 제시하여야 하는 것은 아니다(대법원 2002.11.26. 선고 2002두5948).

06 정답 ②

① (O) 절차집중설

> **관련 판례**
> 인허가 의제 규정의 입법 취지를 고려하면, 주택건설사업계획 승인권자가 구 주택법 제17조 제3항에 따라 도시·군관리계획 결정권자와 협의를 거쳐 관계 주택건설사업계획을 승인하면 같은 조 제1항 제5호에 따라 도시·군관리계획결정이 이루어진 것으로 의제되고, 이러한 협의 절차와 별도로 국토의 계획 및 이용에 관한 법률 제28조 등에서 정한 도시·군관리계획 입안을 위한 주민 의견청취 절차를 거칠 필요는 없다(대법원 2018. 11. 29. 선고 2016두38792).

② (X), ③ (O) 실체집중 부정 → 의제되는 인허가의 실체적 요건도 갖추어야 한다. 따라서 주된 인허가를 관할하는 관청은 의제되는 인허가의 요건을 충족여부를 심사하여 이를 갖추지 못한 경우라면 주된 인허가를 거부할 수 있다.

> **관련 판례**
> 건축물의 건축이 국토계획법상 개발행위에 해당할 경우 그에 대한 건축허가를 하는 허가권자는 건축허가에 배치·저촉되는 관계 법령상 제한 사유의 하나로 국토계획법령의 개발행위허가기준을 확인하여야 하므로, 국토계획법상 건축물의 건축에 관한 개발행위허가가 의제되는 건축허가신청이 국토계획법령이 정한 개발행위허가기준에 부합하지 아니하면 허가권자로서는 이를 거부할 수 있다고 보아야 하고, 이는 건축법 제16조 제3항에 의하여 개발행위허가의 변경이 의제되는 건축허가사항의 변경허가에서도 마찬가지라고 할 것이다(대법원 2016. 8. 24. 선고 2016두35762).

④ (O) 의제된 인허가는 통상적인 인허가와 동일한 효력을 가지므로, 적어도 '부분 인허가 의제'가 허용되는 경우에는 그 효력을 제거하기 위한 법적 수단으로 의제된 인허가의 취소나 철회가 허용될 수 있고, 이러한 직권 취소·철회가 가능한 이상 그 의제된 인허가에 대한 쟁송취소 역시 허용된다. 따라서 주택건설사업계획 승인처분에 따라 의제된 인허가가 위법함을 다투고자 하는 이해관계인은, 주택건설사업계획 승인처분의 취소를 구할 것이 아니라 의제된 인허가의 취소를 구하여야 하며, 의제된 인허가는 주택건설사업계획 승인처분과 별도로 항고소송의 대상이 되는 처분에 해당한다(대법원 2018. 11. 29. 선고 2016두38792).

07 정답 ③

① (O) 임시처분은 제30조 제2항에 따른 집행정지로 목적을 달성할 수 있는 경우에는 허용되지 아니한다(행정심판법 제31조 제3항).

② (O) 위원회는 심판청구의 대상이 되는 처분보다 청구인에게 불리한 재결을 하지 못한다(불이익변경금지의 원칙, 동법 제47조 제2항).

③ (X) 재처분 의무는 당사자의 신청을 인용하는 처분에 대한 취소재결(혹은 무효확인재결)이 아니라, 거부하는 처분에 대한 취소재결(혹은 무효확인재결)이 있을 때 발생한다(행정심판법 제49조 제2항 참조).

> **행정심판법**
> 제49조(재결의 기속력 등) ② 재결에 의하여 취소되거나 무효 또는 부존재로 확인되는 처분이 당사자의 신청을 거부하는 것을 내용으로 하는 경우에는 그 처분을 한 행정청은 재결의 취지에 따라 다시 이전의 신청에 대한 처분을 하여야 한다.
> ③ 당사자의 신청을 거부하거나 부작위로 방치한 처분의 이행을 명하는 재결이 있으면 행정청은 지체 없이 이전의 신청에 대하여 재결의 취지에 따라 처분을 하여야 한다.
> ④ 신청에 따른 처분이 절차의 위법 또는 부당을 이유로 재결로써 취소된 경우에는 제2항을 준용한다.

④ (O) 간접강제 결정의 효력은 피청구인인 행정청이 소속된 국가·지방자치단체 또는 공공단체에 미치며, 결정서 정본은 행정소송제기와 관계없이 「민사집행법」에 따른 강제집행에 관하여는 집행권원과 같은 효력을 가진다. 이 경우 집행문은 위원장의 명에 따라 위원회가 소속된 행정청 소속 공무원이 부여한다(행정심판법 제50조의2 제5항).

08 정답 ③

① (O) 일반적으로 공무원이 직무를 집행함에 있어서 관계법규를 알지 못하거나 필요한 지식을 갖추지 못하여 법규의 해석을 그르쳐 잘못된 행정처분을 하였다면 그가 법률전문가가 아닌 행정직 공무원이라고 하여도 과실이 인정된다(대법원 1995.10.13. 선고 95다32747).

② (O) 국가배상법이 정한 손해배상청구의 요건인 '공무원의 직무'에는 국가나 지방자치단체의 권력적 작용뿐만 아니라 비권력적 작용도 포함되지만, 단순한 사경제의 주체로서 하는 작용은 포함되지 아니한다(대판 1999. 11. 26. 선고 98다47245).

③ (X) 가해공무원을 특정할 필요가 없다. → 집단에 의한 폭행시 불법행위자를 특정할 수 없어도 국가배상은 성립(대판 1995.11.10. 선고 95다23897).

④ (O) 공무원의 불법행위로 손해를 입은 피해자의 국가배상청구권의 소멸시효 기간이 지났으나 국가가 소멸시효 완성을 주장하는 것이 신의성실의 원칙에 반하는 권리남용으로 허용될 수 없어 배상책임을 이행한 경우에는, 소멸시효 완성 주장이 권리남용에 해당하게 된 원인행위와 관련하여 공무원이 원인이 되는 행위를 적극적으로 주도하였다는 등의 특별한 사정이 없는 한, 국가가 공무원에게 구상권을 행사하는 것은 신의칙상 허용되지 않는다(대법원 2016.6.10. 선고 2015다217843).

09 정답 ③

① (O) 행정행위의 성립요건으로서의 '표시'에 대한 설명으로 옳은 지문이다.

> **관련 판례**
> 일반적으로 행정처분이 주체·내용·절차와 형식이라는 내부적 성립요건과 외부에 대한 표시라는 외부적 성립요건을 모두 갖춘 경우에는 행정처분이 존재한다고 할 수 있다. 행정처분의 외부적 성립은 행정의 사가 외부에 표시되어 행정청이 자유롭게 취소·철회할 수 없는 구속을 받게 되는 시점을 확정하는 의미를 가지므로, 어떠한 처분의 외부적 성립 여부는 행정청에 의해 행정의사가 공식적인 방법으로 외부에 표시되었는지를 기준으로 판단하여야 한다(대법원 2017. 7. 11. 선고 2016두35120).

② (O) 기본행위에 하자가 있으면 기본행위를 다투어야 하고 인가에 대해 소를 구할 이익이 없다.

> 관련 판례
>
> 구 도시 및 주거환경정비법(2013. 12. 24. 법률 제12116호로 개정되기 전의 것)에 기초하여 주택재개발정비사업조합이 수립한 사업시행계획은 관할 행정청의 인가·고시가 이루어지면 이해관계인들에게 구속력이 발생하는 독립된 행정처분에 해당하고, 관할 행정청의 사업시행계획 인가처분은 사업시행계획의 법률상 효력을 완성시키는 보충행위에 해당한다. 따라서 기본행위인 사업시행계획에는 하자가 없는데 보충행위인 인가처분에 고유한 하자가 있다면 그 인가처분의 무효확인이나 취소를 구하여야 할 것이지만, 인가처분에는 고유한 하자가 없는데 사업시행계획에 하자가 있다면 사업시행계획의 무효확인이나 취소를 구하여야 할 것이지 사업시행계획의 무효를 주장하면서 곧바로 그에 대한 인가처분의 무효확인이나 취소를 구하여서는 아니 된다(대법원 2021. 2. 10. 선고 2020두48031).

③ (×) 구 도시 및 주거환경정비법상 **재개발조합설립 인가신청**에 대하여 행정청의 조합설립인가처분이 있은 이후에 **조합설립결의에 하자가 있음을 이유로 재개발조합 설립의 효력을 부정하기 위해서는 항고소송으로 조합설립인가처분의 효력을 다투어야** 하고, 특별한 사정이 없는 한 이와는 별도로 **민사소송으로** 행정청으로부터 조합설립인가처분을 하는 데 필요한 요건 중의 하나에 불과한 **조합설립결의에 대하여 무효확인을 구할 확인의 이익은 없다**고 보아야 한다(대법원 2009. 9. 24.자 2009마168,169).

④ (○) 행정청이 식품위생법령에 따라 영업자에게 **행정제재처분**을 한 후 그 처분을 영업자에게 유리하게 변경하는 처분을 한 경우, 변경처분에 의하여 당초 처분은 소멸하는 것이 아니고 당초부터 유리하게 변경된 내용의 처분으로 존재하는 것이므로, 변경처분에 의하여 유리하게 변경된 내용의 행정제재가 위법하다 하여 그 취소를 구하는 경우 그 **취소소송의 대상은 변경된 내용의 당초 처분**이지 변경처분은 아니고, 제소기간의 준수 여부도 변경처분이 아닌 **변경된 내용의 당초 처분을 기준으로 판단하여야** 한다(대법원 2007.04.27. 선고 2004두9302).

10 정답 ④

① (×) **도시기본계획**은 도시의 장기적 개발방향과 미래상을 제시하는 도시계획 입안의 지침이 되는 장기적·종합적인 개발계획으로서 **행정청에 대한 직접적인 구속력은 없다**(대법원 2007.4.12. 선고 2005두1893).

② (×) 이미 고시된 실시계획에 포함된 상세계획으로 관리되는 토지 위의 건물의 용도를 상세계획 승인권자의 변경승인 없이 임의로 판매시설에서 상세계획에 반하는 일반목욕장으로 변경한 사안에서, 그 영업신고를 수리하지 않고 영업소를 폐쇄한 처분은 **적법하다**(대법원 2008.3.27. 선고 2006두3742).

③ (×) 행정주체가 구체적인 행정계획을 입안·결정할 때 가지는 형성의 자유의 한계에 관한 법리가 주민의 입안 제안 또는 변경신청을 받아들여 도시관리계획결정을 하거나 **도시계획시설을 변경할 것인지를 결정할 때에도 동일하게 적용되어야** 한다(대법원 2012.1.12. 선고 2010두5806).

④ (○) 장래 일정한 기간 내에 관계 법령이 규정하는 시설 등을 갖추어 일정한 행정처분을 구하는 신청을 할 수 있는 법률상 지위에 있는 자의 **국토이용계획변경신청을 거부하는 것이 실질적으로 당해 행정처분 자체를 거부하는 결과가 되는 경우에는 예외적으로 그 신청인에게 국토이용계획변경을 신청할 권리가 인정된다**고 봄이 상당하므로, 이러한 신청에 대한 거부행위는 항고소송의 대상이 되는 행정처분에 해당한다(대법원 2003.9.23. 선고 2001두10936).

11 정답 ③

① (○) **대집행의 실행이 완료된 경우**에는 행위가 위법한 것이라는 이유로 손해배상이나 원상회복 등을 청구하는 것은 별론으로 하고 **처분의 취소를 구할 법률상 이익은 없다**(대법원 1993.6.8. 선고 93누6164).

② (○) 과세관청이 체납처분으로서 행하는 **공매**는 우월한 공권력의 행사로서 **행정소송의 대상이 되는 공법상의 행정처분이며 공매에 의하여 재산을 매수한 자는 그 공매처분이 취소된 경우에 그 취소처분의 위법을 주장하여 행정소송을 제기할 법률상 이익이 있다**(대법원 1984.9.25. 선고 84누201).

③ (×) 공매통지는 행정처분 X

> 관련 판례
>
> 1) 체납자 등에 대한 **공매통지**는 국가의 강제력에 의하여 진행되는 공매에서 체납자 등의 권리 내지 재산상의 이익을 보호하기 위하여 법률로 규정한 절차적 요건이라고 보아야 하며, 공매처분을 하면서 체납자 등에게 공매통지를 하지 않았거나 공매통지를 하였더라도 그것이 적법하지 아니한 경우에는 절차상의 흠이 있어 그 공매처분은 위법하다(대법원 2008.11.20. 선고 2007두18154 전원합의체 판결).
> 2) 체납자 등에 대한 **공매통지**는 국가의 강제력에 의하여 진행되는 공매절차에서 체납자 등의 권리 내지 재산상 이익을 보호하기 위하여 법률로 규정한 절차적 요건에 해당하지만, 그 통지를 하지 아니한 채 공매처분을 하였다 하여도 그 공매처분이 당연무효로 되는 것은 아니다(대법원 2012.7.26. 선고 2010다50625).

④ (○) **전통적으로 행정대집행은 대체적 작위의무에 대한 강제집행수단으로, 이행강제금은 부작위의무나 비대체적 작위의무에 대한 강제집행수단으로 이해되어 왔으나**, 이는 이행강제금제도의 본질에서 오는 제약은 아니며, **이행강제금은 대체적 작위의무의 위반에 대하여도 부과될 수 있다**. 행정청은 개별사건에 있어서 위반내용, 위반자의 시정의지 등을 감안하여 대집행과 이행강제금을 선택적으로 활용할 수 있으며, 이처럼 그 합리적인 재량에 의해 선택하여 활용하는 이상 중첩적인 제재에 해당한다고 볼 수 없다(헌법재판소 2004.2.26. 2001헌바80,84,102,103, 2002헌바26(병합)).

12 정답 ②

① (○) **행정강제**는 행정상 강제집행을 원칙으로 하며, 법치국가적 요청인 예측가능성과 법적 안정성에 반하고, **기본권 침해의 소지가 큰 권력작용인 행정상 즉시강제는 어디까지나 예외적인 강제수단**이라고 할 것이다. 이러한 행정상 즉시강제는 엄격한 실정법상의 근거를 필요로 할 뿐만 아니라, 그 발동에 있어서는 법규의 범위 안에서도 다시 행정상의 장해가 목전에 급박하고, 다른 수단으로는 행정목적을 달성할 수 없는 경우이어야 하며, 이러한 경우에도 그 행사는 필요 최소한도에 그쳐야 함을 내용으로 하는 조리상의 한계에 기속된다(헌재 2002.10.31. 2000헌가12).

② (×) 강제집행은 의무불이행을 전제로 하는 반면, 즉시강제는 급박한 경우 의무부과 및 의무불이행을 전제로 하지 않는다는 점에서 차이가 있

다. 출입국관리법상의 외국인 등록의무를 위반한 사람에 대한 강제퇴거는 강제집행 중 '직접강제'에 해당한다.

③ (ㅇ) 영장주의가 행정상 즉시강제에도 적용되는지에 관하여는 논란이 있으나, **행정상 즉시강제**는 상대방의 임의이행을 기다릴 시간적 여유가 없을 때 하명 없이 바로 실력을 행사하는 것으로서, 그 본질상 급박성을 요건으로 하고 있어 법관의 영장을 기다려서는 그 목적을 달성할 수 없다고 할 것이므로, **원칙적으로 영장주의가 적용되지 않는다고** 보아야 할 것이다. 불법게임물에 대하여 관계당사자에게 수거·폐기를 명하고 그 불이행을 기다려 직접강제 등 행정상의 강제집행으로 나아가는 원칙적인 방법으로는 목적달성이 곤란하다고 할 수 있으므로, 이 사건 법률조항의 설정은 위와 같은 급박한 상황에 대처하기 위한 것으로서 그 불가피성과 정당성이 인정되므로 **불법게임물의 수거·폐기에 관한 행정상 즉시강제를 허용**함으로써 게임제공업주 등이 입게 되는 불이익보다는 이를 허용함으로써 보호되는 공익이 더 크다고 볼 수 있으므로, 법익의 균형성의 원칙에 위배되는 것도 아니다(헌재 2002.10.31. 2000헌가12).

④ (ㅇ) 행정강제는 행정상 강제집행을 원칙으로 하며, 법치국가적 요청인 예측가능성과 법적 안정성에 반하고, **기본권 침해의 소지가 큰 권력작용인 행정상 즉시강제는 어디까지나 예외적인 강제수단**이라고 할 것이다. 이러한 행정상 즉시강제는 엄격한 실정법상의 근거를 필요로 할 뿐만 아니라, 그 발동에 있어서는 법규의 범위 안에서도 다시 행정상의 장해가 목전에 급박하고, **다른 수단으로는 행정목적을 달성할 수 없는 경우이어야 하며, 이러한 경우에도 그 행사는 필요 최소한도에 그쳐야 함**을 내용으로 하는 조리상의 한계에 기속된다(헌재 2002.10.31. 2000헌가12).

> **관련 판례**
>
> [1] 행정소송법 제20조 제1항이 정한 제소기간의 기산점인 '처분 등이 있음을 안 날'이란 통지, 공고 기타의 방법에 의하여 당해 처분 등이 있었다는 사실을 현실적으로 안 날을 의미한다. 상대방이 있는 행정처분의 경우에는 특별한 규정이 없는 한 의사표시의 일반적 법리에 따라 행정처분이 상대방에게 고지되어야 효력을 발생하게 되므로, 행정처분이 상대방에게 고지되어 상대방이 이러한 사실을 인식함으로써 행정처분이 있다는 사실을 현실적으로 알았을 때 행정소송법 제20조 제1항이 정한 제소기간이 진행한다고 보아야 한다.
>
> [2] 지방보훈청장이 허혈성심장질환이 있는 甲에게 재심 서면판정 신체검사를 실시한 다음 종전과 동일하게 전(공상군경 7급 국가유공자로 판정하는 '고엽제후유증전환 재심신체검사 무변동처분' 통보서를 송달하자 甲이 위 처분의 취소를 구한 사안에서, 위 처분이 甲에게 고지되어 처분이 있다는 사실을 현실적으로 알았을 때 행정소송법 제20조 제1항에서 정한 제소기간이 진행한다고 보아야 함에도, 甲이 통보서를 송달받기 전에 자신의 의무기록에 관한 정보공개를 청구하여 위 처분을 하는 내용의 통보서를 비롯한 일체의 서류를 교부받은 날부터 제소기간을 기산하여 위 소는 90일이 지난 후 제기한 것으로서 부적법하다고 본 원심판결에 법리를 오해한 위법이 있다고 한 사례(대법원 2014. 9. 25. 선고 2014두8254).

④ (ㅇ) **고시에 의한 행정처분에 이해관계를 갖는 자는 고시가 있었다는 사실을 현실적으로 알았는지 여부에 관계없이 고시가 효력을 발생한 날에 행정처분이 있음을 알았다고 보아야** 하고, 고시·공고 등 행정기관이 일정한 사항을 일반에 알리기 위한 공고문서의 경우에는 그 문서에 특별한 규정이 있는 경우를 제외하고는 그 고시 또는 공고가 있은 후 5일이 경과한 날부터 효력을 발생한다(사무관리규정 제7조 제3호, 제8조 제2항 단서)(대법원 2013.3.14. 선고 2010두2623).

13 정답 ④

① (×) 이미 제소기간이 지남으로써 불가쟁력이 발생하여 불복청구를 할 수 없었던 경우라면 그 이후에 행정청이 행정심판청구를 할 수 있다고 잘못 알렸더라도 그 때문에 처분 상대방이 적법한 제소기간 내에 취소소송을 제기할 수 있는 기회를 상실하게 된 것은 아니므로 이러한 경우에 잘못된 안내에 따라 청구된 행정심판 재결서 정본을 송달받은 날부터 다시 취소소송의 제소기간이 기산되는 것은 아니다(대법원 2012. 9. 27. 선고 2011두27247).

② (×) **행정처분이 있음을 안 날부터 90일을 넘겨 행정심판을 청구**하였다가 부적법하다는 이유로 각하재결을 받은 후 재결서를 송달받은 날부터 90일 내에 원래의 처분에 대하여 **취소소송을 제기한 경우, 취소소송의 제소기간을 준수한 것으로 볼 수 없다**(대법원 2011.11.24. 선고 2011두18786).

③ (×) **상대방 있는 행정처분**은 특별한 규정이 없는 한 의사표시에 관한 일반법리에 따라 상대방에게 고지되어야 효력이 발생하고, **상대방 있는 행정처분이 상대방에게 고지되지 아니한 경우에는 상대방이 다른 경로를 통해 행정처분의 내용을 알게 되었다고 하더라도 행정처분의 효력이 발생한다고 볼 수 없다**(대법원 2019. 8. 9. 선고 2019두38656).

14 정답 ③

① (ㅇ) 부작위법확인소송의 대상이 될 수 있는 것은 구체적 권리·의무에 관한 분쟁이어야 하고 추상적인 법령에 관하여 제정의 여부 등은 그 자체로서 국민의 구체적인 권리·의무에 직접적 변동을 초래하는 것이 아니어서 그 소송의 대상이 될 수 없다(대판 1992.5.8. 선고 91누11261).

② (ㅇ) 헌법 제38조, 제59조에서 채택하고 있는 **조세법률주의의 원칙**은 **과세요건과 징수절차 등 조세권행사의 요건과 절차는 국민의 대표기관인 국회가 제정한 법률로써 규정하여야 한다는 것이나, 과세요건과 징수절차에 관한 사항을 명령·규칙 등 하위법령에 위임하여 규정하게 할 수 없는 것은 아니고**, 이러한 사항을 하위법령에 위임하여 규정하게 하는 경우 구체적·개별적 위임만이 허용되며 포괄적·백지적 위임은 허용되지 아니하고(과세요건법정주의), 이러한 법률 또는 그 위임에 따른 명령·규칙의 규정은 일의적이고 명확하여야 한다(과세요건 명확주의)는 것이다(대법원 1994. 9. 30.자 94부18).

③ (×) 도시 및 주거환경정비법 제28조 제4항 본문이 **사업시행인가 신청시의 동의요건을 조합의 정관에 포괄적으로 위임하고 있다고 하더라도 헌법 제75조가 정하는 포괄위임입법금지의 원칙이 적용되지 아니하므로 이에 위배된다고 할 수 없다**(대법원 2007.10.12. 선고 2006두14476).

④ (ㅇ) 법률의 시행령이나 시행규칙은 법률에 의한 위임이 없으면 개인의 권리·의무에 관한 내용을 변경·보충하거나 법률이 규정하지 아니한 새로운 내용을 정할 수는 없지만, 법률의 시행령이나 시행규칙의 내

용이 모법의 입법 취지와 관련 조항 전체를 유기적·체계적으로 살펴보아 **모법의 해석상 가능한 것을 명시한 것에 지나지 아니하거나 모법 조항의 취지에 근거하여 이를 구체화하기 위한 것인 때에는 모법의 규율 범위를 벗어난 것으로 볼 수 없으므로, 모법에 이에 관하여 직접 위임하는 규정을 두지 아니하였다고 하더라도 이를 무효라고 볼 수는 없다**(대법원 2014.8.20. 선고 2012두19526).

ㄹ (×) 면허받은 장의자동차운송사업구역에 위반하였음을 이유로 한 행정청의 과징금부과처분에 의하여 동종업자의 영업이 보호되는 결과는 사업구역제도의 반사적 이익에 불과하기 때문에 그 과징금부과처분을 취소한 재결에 대하여 처분의 상대방 아닌 제3자는 그 취소를 구할 법률상 이익이 없다고 한 사례(대법원 1992. 12. 8. 선고 91누13700).

15 정답 ①

ㄱ (○) 사증발급 거부처분을 다투는 외국인은, 아직 대한민국에 입국하지 않은 상태에서 대한민국에 입국하게 해달라고 주장하는 것으로, 대한민국과의 실질적 관련성 내지 대한민국에서 법적으로 보호가치 있는 이해관계를 형성한 경우는 아니어서, 해당 처분의 취소를 구할 법률상 이익을 인정하여야 할 법정책적 필요성도 크지 않다. 반면, 국적법상 **귀화불허가처분**이나 출입국관리법상 **체류자격변경 불허가처분, 강제퇴거명령 등을 다투는 외국인**은 대한민국에 적법하게 입국하여 상당한 기간을 체류한 사람이므로, 이미 대한민국과의 실질적 관련성 내지 대한민국에서 법적으로 보호가치 있는 이해관계를 형성한 경우이어서, **해당 처분의 취소를 구할 법률상 이익이 인정된다**고 보아야 한다.(대법원 2018. 5. 15. 선고 2014두42506).

ㄴ (○) 갑이 국민권익위원회에 부패방지 및 국민권익위원회의 설치와 운영에 관한 법률에 따른 신고와 신분보장조치를 요구하였고, 국민권익위원회가 을 시·도선거관리위원회 위원장에게 '갑에 대한 중징계요구를 취소하고 향후 신고로 인한 신분상 불이익처분 및 근무조건상의 차별을 하지 말 것을 요구'하는 내용의 조치요구를 한 사안에서, **국가기관인 시·도선거관리위원회 위원장**에게 위 조치요구의 취소를 구하는 **소를 제기할 당사자능력, 원고적격 및 법률상 이익이 인정된다**(대법원 2013.7.25.선고 2011두1214).

ㄷ (×) 건설교통부장관은 지방자치단체의 장이 기관위임사무인 국토이용계획 사무를 처리함에 있어 자신과 의견이 다를 경우 행정협의조정위원회에 협의·조정 신청을 하여 그 협의·조정 결정에 따라 의견불일치를 해소할 수 있고, 법원에 의한 판결을 받지 않고서도 행정권한의 위임 및 위탁에 관한 규정이나 구 지방자치법에서 정하고 있는 지도·감독을 통하여 직접 지방자치단체의 장의 사무처리에 대하여 시정명령을 발하고 그 사무처리를 취소 또는 정지할 수 있으며, 지방자치단체의 장에게 기간을 정하여 직무이행명령을 하고 지방자치단체의 장이 이를 이행하지 아니할 때에는 직접 필요한 조치를 할 수도 있으므로, **국가가 국토이용계획과 관련한 지방자치단체의 장의 기관위임사무의 처리에 관하여 지방자치단체의 장을 상대로 취소소송을 제기하는 것은 허용되지 않는다**(대법원 2007. 9. 20. 선고2005두6935).

> **관련 판례**
> 지방법무사회가 법무사의 사무원 채용승인 신청을 거부하거나 채용승인을 얻어 채용 중인 사람에 대한 채용승인을 취소하면, 상대방인 법무사로서도 그 사람을 사무원으로 채용할 수 없게 되는 불이익을 입게 될 뿐만 아니라, 그 사람도 법무사 사무원으로 채용되어 근무할 수 없게 되는 불이익을 입게 된다. 법무사규칙 제37조 제4항이 이의신청 절차를 규정한 것은 채용승인을 신청한 법무사뿐만 아니라 사무원이 되려는 사람의 이익도 보호하려는 취지로 볼 수 있다. 따라서 지방법무사회의 사무원 채용승인 거부처분 또는 채용승인 취소처분에 대해서는 처분 상대방인 법무사뿐만 아니라 그 때문에 사무원이 될 수 없게 된 사람도 이를 다툴 원고적격이 인정되어야 한다(대법원 2020. 4. 9. 선고 2015다34444).

16 정답 ①

① (×) **과세처분이 당연무효라고 볼 수 없는 한 과세처분에 취소할 수 있는 위법사유가 있다 하더라도 그 과세처분은 행정행위의 공정력 또는 집행력에 의하여 그것이 적법하게 취소되기 전까지는 유효**하다 할 것이므로, **민사소송절차에서 그 과세처분의 효력을 부인할 수 없다**(대법원 1999. 8. 20. 선고 99다20179).

② (○) 집합건물 중 일부 구분건물의 소유자인 피고인이 관할 소방서장으로부터 소방시설 불량사항에 관한 시정보완명령을 받고도 따르지 아니하였다는 내용으로 기소된 사안에서, **담당 소방공무원이 행정처분인 위 명령을 구술로 고지한 것은 행정절차법 제24조를 위반한 것으로 하자가 중대하고 명백하여 당연 무효이고, 무효인 명령에 따른 의무위반이 생기지 아니하는 이상 피고인에게 명령 위반을 이유로 소방시설 설치유지 및 안전관리에 관한 법률 제48조의2 제1호에 따른 행정형벌을 부과할 수 없는데도**, 이와 달리 위 명령이 유효함을 전제로 유죄를 인정한 원심판결에는 행정처분의 무효와 행정형벌의 부과에 관한 법리오해의 위법이 있다고 한 사례(대법원 2011. 11. 10. 선고 2011도11109).

③ (○) 소하천정비법 제14조 제5항, 제17조 제5호에 의하여 행정청으로부터 **시정명령을 받은 사람이 이를 위반한** 경우, 그로 인하여 같은 법 제27조 제4호에 정한 **처벌을 하기 위해서는 그 시정명령이 적법해야 한다**. 따라서 **시정명령이 당연무효가 아니더라도 위법하다고 인정되는 한** 같은 법 제27조 제4호의 **위반죄가 성립될 수 없고**, 시정명령이 절차적 하자로 인하여 위법한 경우에도 마찬가지이다(대법원 2020. 5. 14. 선고 2020도2564).

④ (○) 어떠한 행정처분이 후에 항고소송에서 취소되었다고 할지라도 그 기판력에 의하여 당해 행정처분이 곧바로 공무원의 고의 또는 과실로 인한 것으로서 불법행위를 구성한다고 단정할 수는 없는 것이다(대법원 2003. 11.27. 선고 2001다33789·33796·33802·33819).

17 정답 ③

① (×) 재결의 기속력은 재결의 주문 및 그 전제가 된 요건사실의 인정과 판단, 즉 **처분 등의 구체적 위법사유에 관한 판단에만 미친다**고 할 것이고, 종전 처분이 재결에 의하여 취소되었다 하더라도 **종전 처분시와는 다른 사유를 들어서 처분을 하는 것은 기속력에 저촉되지 않는다**(대법원 2005.12.9. 선고 2003두7705).

② (×), ③ (○) 직접처분은 의무이행심판에서 처분이행명령 재결의 경우에만 가능하고, 취소심판에서는 인정되지 않는다.

> **행정심판법**
>
> **제50조(위원회의 직접 처분)** ① 위원회는 피청구인이 제49조 제3항(편저자 주: 처분명령재결에 따른 재처분의무)에도 불구하고 처분을 하지 아니하는 경우에는 당사자가 신청하면 기간을 정하여 서면으로 시정을 명하고 그 기간에 이행하지 아니하면 직접 처분을 할 수 있다. 다만, 그 처분의 성질이나 그 밖의 불가피한 사유로 위원회가 직접 처분을 할 수 없는 경우에는 그러하지 아니하다.
> ② 위원회는 제1항 본문에 따라 직접 처분을 하였을 때에는 그 사실을 해당 행정청에 통보하여야 하며, 그 통보를 받은 행정청은 위원회가 한 처분을 자기가 한 처분으로 보아 관계법령에 따라 관리·감독 등 필요한 조치를 하여야 한다.

④ (×) 재결의 기속력이 미치는 주관적 범위는 **피청구인인 행정청뿐만 아니라 그 밖의 모든 관계행정청**이다.

18 정답 ②

① (○) 우편물 통관검사절차에서 이루어지는 **우편물의 개봉, 시료채취, 성분분석 등의 검사**는 수출입물품에 대한 적정한 통관 등을 목적으로 한 **행정조사의 성격**을 가지는 것으로서 수사기관의 강제처분이라고 할 수 없으므로, **압수·수색영장 없이** 우편물의 개봉, 시료채취, 성분분석 등 검사가 진행되었다 하더라도 특별한 사정이 없는 한 **위법하다고 볼 수 없다**(대법원 2013.9.26. 선고 2013도7718).

행정기관의 행정조사	영장주의 적용 ×
수사기관의 강제처분	영장주의 적용 ○

② (×) 세무조사가 과세자료의 수집 또는 신고내용의 정확성 검증이라는 본연의 목적이 아니라 부정한 목적을 위하여 행하여진 것이라면 이는 세무조사에 중대한 위법사유가 있는 경우에 해당하고 이러한 세무조사에 의하여 수집된 과세자료를 기초로 한 과세처분 역시 위법하다(대법원 2016. 12. 15. 선고 2016두47659).

③ (○) 수출입물품 통관검사절차에서 이루어지는 물품의 개봉, 시료채취, 성분분석 등의 검사는 수출입물품에 대한 적정한 통관 등을 목적으로 조사를 하는 것으로서 이를 수사기관의 강제처분이라고 할 수 없으므로, 세관공무원은 압수·수색영장 없이 이러한 검사를 진행할 수 있다. 세관공무원이 통관검사를 위하여 직무상 소지하거나 보관하는 물품을 수사기관에 임의로 제출한 경우에는 비록 소유자의 동의를 받지 않았더라도 수사기관이 강제로 점유를 취득하지 않은 이상 해당 물품을 압수하였다고 할 수 없다. 그러나 마약류 불법거래 방지에 관한 특례법 제4조 제1항에 따른 조치의 일환으로 특정한 수출입물품을 개봉하여 검사하고 그 내용물의 점유를 취득한 행위는 위에서 본 수출입물품에 대한 적정한 통관 등을 목적으로 조사를 하는 경우와는 달리, **범죄수사인 압수 또는 수색에 해당하여 사전 또는 사후에 영장을 받아야** 한다(대법원 2017. 7. 18. 선고 2014도8719).

④ (○) 음주운전 여부에 관한 조사방법 중 **혈액 채취**(이하 '채혈'이라고 한다)는 상대방의 신체에 대한 직접적인 침해를 수반하는 방법으로서, 이에 관하여 도로교통법은 호흡조사와 달리 운전자에게 조사에 응할 의무를 부과하는 규정을 두지 아니할 뿐만 아니라, 측정에 앞서 운전자의 동의를 받도록 규정하고 있으므로(제44조 제3항), **운전자의 동의 없이 임의로 채혈조사를 하는 것은 허용되지 아니한다**. 따라서 음주운전 여부에 대한 조사 과정에서 운전자 본인의 동의를 받지 아니하고 또한 법원의 영장도 없이 채혈조사를 한 결과를 근거로 한 운전면허 정지· 취소 처분은 도로교통법 제44조 제3항을 위반한 것으로서 특별한 사정이 없는 한 위법한 처분으로 볼 수밖에 없다(대법원 2016. 12. 27. 선고 2014두46850).

19 정답 ④

① (○) **행정규칙인 부령이나 고시가 법령의 수권에 의하여 법령을 보충하는 사항을 정하는 경우**에는 그 근거 법령규정과 결합하여 대외적으로 **구속력이 있는 법규명령**으로서의 성질과 효력을 가진다(대법원 2007. 5. 10. 선고 2005도591).

② (○) **행정규칙의 내용이 상위법령이나 법의 일반원칙에 반하는 것이라면** 법치국가원리에서 파생되는 법질서의 통일성과 모순금지 원칙에 따라 **그것은 법질서상 당연무효이고, 행정내부적 효력도 인정될 수 없다**. 이러한 경우 법원은 해당 행정규칙이 법질서상 부존재하는 것으로 취급하여 행정기관이 한 조치의 당부를 상위법령의 규정과 입법 목적 등에 따라서 판단하여야 한다(대법원 2020. 5. 28. 선고 2017두66541).

③ (○) 어떠한 **고시**가 일반적·추상적 성격을 가질 때에는 **법규명령 또는 행정규칙**에 해당할 것이지만, 다른 집행행위의 매개 없이 그 자체로 직접 국민의 구체적인 권리·의무나 법률관계를 규율하는 성격을 가질 때에는 **행정처분**에 해당한다(대법원 2006.9.22. 선고 2005두2506).

④ (×) **법규명령의 위임근거가 되는 법률에 대하여 위헌결정이 선고되면 그 위임에 근거하여 제정된 법규명령도 원칙적으로 효력을 상실한다**(대법원 2001.6.12. 선고, 2000다18547).

20 정답 ②

① (○) 행정처분의 무효 확인 또는 취소를 구하는 소가 제소 당시에는 소의 이익이 있어 적법하였는데, **소송계속 중 해당 행정처분이 기간의 경과 등으로 그 효과가 소멸한 때에 처분이 취소되어도 원상회복이 불가능하다고 보이는 경우라도, 무효 확인 또는 취소로써 회복할 수 있는 다른 권리나 이익이 남아 있거나 또는 그 행정처분과 동일한 사유로 위법한 처분이 반복될 위험성이 있어 행정처분의 위법성 확인 내지 불분명한 법률문제에 대한 해명이 필요한 경우**에는 행정의 적법성 확보와 그에 대한 사법통제, 국민의 권리구제 확대 등의 측면에서 예외적으로 그 처분의 취소를 구할 소의 이익을 인정할 수 있다. 여기에서 '그 행정처분과 동일한 사유로 위법한 처분이 반복될 위험성이 있는 경우'란 불분명한 법률문제에 대한 해명이 필요한 상황에 대한 대표적인 예시일 뿐이며, 반드시 '해당 사건의 동일한 소송 당사자 사이에서'반복될 위험이 있는 경우만을 의미하는 것은 아니다(대법원 2020. 12. 24. 선고 2020두30450).

② (×) 항고소송에서 행정처분의 위법 여부는 **행정처분이 있을 때의 법령과 사실 상태**를 기준으로 판단하여야 한다. 이는 처분 후에 생긴 법령의 개폐나 사실 상태의 변동에 영향을 받지 않는다는 뜻이지, **처분 당시 존재하였던 자료나 행정청에 제출되었던 자료만으로 위법 여부를 판단한다는 의미는 아니다**. 따라서 법원은 행정처분 당시 행정청이 알고 있었던 **자료뿐만 아니라 사실심 변론종결 당시까지 제출된 모든 자료를 종합하여** 처분 당시 존재하였던 객관적 사실을 확정하고 그 사실에 기초하여 처분의 위법 여부를 판단할 수 있다(대법원 2018. 6. 28.

선고 2015두58195).
③ (○) 행정처분의 근거 법률에 의하여 보호되는 직접적이고 구체적인 이익이 있는 경우에는 행정소송법 제35조에 규정된 '무효확인을 구할 법률상 이익'이 있다고 보아야 하고, **이와 별도로 무효확인소송의 보충성이 요구되는 것은 아니므로 행정처분의 무효를 전제로 한 이행소송 등과 같은 직접적인 구제수단이 있는지 여부를 따질 필요가 없다**고 해석함이 상당하다(대법원 2008.3.20. 선고 2007두6342 전원합의체 판결).
④ (○) **소제기의 전후를 통하여 판결시까지 행정청이 그 신청에 대하여 적극 또는 소극의 처분을 함으로써 부작위상태가 해소된 때에는 소의 이익을 상실하게 되어 당해 소는 각하를 면할 수가 없는 것이다**(대법원 1990.9.25. 선고 89누4758). → 따라서 소송 계속 중 신청에 대한 거부처분이 행해진 경우에는 부작위법확인의 소를 거부처분취소소송으로 소변경하여야 할 것이다.

한수성 임팩트행정법 동형모의고사

제 2 회 정답 및 해설

모두공 www.modoogong.com
모두소 www.modoofire.com
공단기 www.gong.conects.com

정답 확인

01	02	03	04	05
③	④	④	②	③
06	07	08	09	10
②	④	④	③	③
11	12	13	14	15
④	③	③	②	③
16	17	18	19	20
③	②	③	③	②

01 정답 ③

① (○) 처분청이 착오로 행정서사업 허가처분을 한 후 20년이 다 되어서야 취소사유를 알고 행정서 사업 허가를 취소한 경우, 그 허가취소처분은 실권의 법리에 저촉되지 않는다(대법원 1988. 4. 27. 선고 87누915).

> **관련 판례**
> 실권 또는 실효의 법리는 법의 일반원리인 신의성실의 원칙에 바탕을 둔 파생원칙인 것이므로 공법관계 가운데 관리관계는 물론이고 권력관계에도 적용되어야 함을 배제할 수는 없다 하겠으나 그것은 본래 권리행사의 기회가 있음에도 불구하고 권리자가 장기간에 걸쳐 그의 권리를 행사하지 아니하였기 때문에 의무자인 상대방은 이미 그의 권리를 행사하지 아니할 것으로 믿을만한 정당한 사유가 있게 되거나 행사하지 아니할 것으로 추인케 할 경우에 새삼스럽게 그 권리를 행사하는 것이 신의성실의 원칙에 반하는 결과가 될 때 그 권리행사를 허용하지 않는 것을 의미하는 것이므로 이 사건에 관하여 보면 원고가 허가 받은 때로부터 20년이 다되어 피고가 그 허가를 취소한 것이기는 하나 피고가 취소사유를 알고서도 그렇게 장기간 취소권을 행사하지 않은 것이 아니고 1985.9.중순에 비로소 위에서 본 취소사유를 알고 그에 관한 법적 처리방안에 관하여 다각도로 연구검토가 행해졌고 그러한 사정은 원고도 알고 있었음이 기록상 명백하여 이로써 본다면 상대방인 원고에게 취소권을 행사하지 않을 것이란 신뢰를 심어준 것으로 여겨지지 않으니 피고의 처분이 실권의 법리에 저촉된 것이라고 볼 수 있는 것도 아니다(대법원 1988. 4. 27. 선고 87누915).

② (○) 귀책사유라 함은 행정청의 견해표명의 하자가 상대방 등 관계자의 사실은폐나 기타 사위의 방법에 의한 신청행위 등 부정행위에 기인한 것이거나 그러한 부정행위가 없다고 하더라도 하자가 있음을 알았거나 중대한 과실로 알지 못한 경우 등을 의미한다고 해석함이 상당하고, **귀책사유의 유무는 상대방과 그로부터 신청행위를 위임받은 수임인 등 관계자 모두를 기준으로 판단하여야** 한다(대법원 2002.11.8. 선고 2001두1512). → 건축주와 그로부터 건축설계를 위임받은 건축사가 상세계획지침에 의한 건축한계선의 제한이 있다는 사실을 간과한 채 건축설계를 하고 이를 토대로 건축물의 신축 및 증축허가를 받은 경우, 그 신축 및 증축허가가 정당하다고 신뢰한 데에 귀책사유가 있다고 한 사례

③ (×) 행정청은 공익 또는 제3자의 이익을 현저히 해칠 우려가 있는 경우를 제외하고는 행정에 대한 국민의 정당하고 합리적인 신뢰를 보호하여야 한다(행정기본법 제12조 제1항).

④ (○) 실제의 공원구역과 다르게 경계측량 및 표지를 설치한 십수년 후 착오를 발견하여 지형도를 수정한 조치가 신뢰보호의 원칙에 위배되거나 행정의 자기구속의 법리에 반하는 것이라 할 수 없다. 경계측량 및 표지의 설치 등은 이미 확정된 경계를 인식·파악하는 사실행위에 불과하여, 이로 인하여 건설부장관이 행한 공원지정처분이나 그 경계에 변동을 가져온다고 할 수 없기 때문이다(대법원 1992.10.13. 선고 92누2325).

02 정답 ④

① (○) 인가란 **제3자의 법률적 행위를 보충**하여 그의 **법률상의 효과를 완성시키는 행위**(=보충적 효력 완성행위)를 말한다.

② (○) 그 기본행위가 적법·유효하고 **보충행위인 인가처분 자체에만 하자**가 있다면 **그 인가처분의 무효나 취소를 주장할 수 있다**고 할 것이다(대법원 2001. 12. 11. 선고 2001두7541).

③ (○) 기본행위(재단법인의 정관변경 결의)에 하자가 있음에도 관할 관청의 인가가 있더라도 기본행위(재단법인의 정관변경 결의)가 유효한 것으로 될 수는 없다. 즉, 인가로 기본행위의 하자를 치유할 수는 없다.

④ (×) **재단법인의 임원취임**이 사법인인 재단법인의 정관에 근거한다 할지라도 이에 대한 행정청의 승인(인가)행위는 법인에 대한 주무관청의 감독권에 연유하는 이상 그 인가행위 또는 인가거부행위는 공법상의 행정처분으로서, **그 임원취임을 인가 또는 거부할 것인지 여부는 주무관청의 권한에 속하는 사항이라고 할 것이고, 재단법인의 임원취임승인 신청에 대하여 주무관청이 이에 기속되어 이를 당연히 승인(인가)하여야 하는 것은 아니다**(대법원 2000. 1. 28. 선고 98두16996).

03 정답 ④

① (○) 개인택시운송사업면허는 특정인에게 권리나 이익을 부여하는 행정행위로서 법령에 특별한 규정이 없는 한 재량행위이다(대법원 2005.4.28. 선고 2004두8910).

② (○) 공유수면점용허가 등과 같은 재량적 행정행위에 있어서는 법령의 근거가 없더라도 거기에 부관을 붙일 것인가의 여부는 오직 당해 행정

청의 재량에 속한다(대법원 1990.9.25. 선고 89누5355).
③ (○) 국토의계획및이용에관한법률에 의하여 지정된 도시지역 안에서 토지의 형질변경행위를 수반하는 건축허가의 법적 성질(=재량행위)(대법원 2005. 7. 14. 선고 2004두6181).
④ (×) 귀화신청인이 구 국적법 제5조 각호에서 정한 귀화요건을 갖추지 못한 경우, **법무부장관이 귀화 허부에 관한 재량권을 행사할 여지없이 귀화불허처분**을 하여야 한다(대법원 2018. 12. 13. 선고 2016두31616).

> **비교 – 귀화허가 자체는 재량행위**
>
> 귀화허가의 근거 규정의 형식과 문언, 귀화허가의 내용과 특성 등을 고려해 보면, 법무부장관은 귀화신청인이 귀화 요건을 갖추었다 하더라도 귀화를 허가할 것인지 여부에 관하여 재량권을 갖고 있다고 봄이 상당하다(대법원 2010.7.15. 선고 2009두19069).

04 정답 ②

ㄱ. (○) 법치주의의 원리에 비추어 볼 때 위와 같은 부작위의무로부터 그 의무를 위반함으로써 생긴 결과를 시정하기 위한 작위의무를 당연히 끌어낼 수는 없으며, 또 위 **금지규정(특히 허가를 유보한 상대적 금지규정)으로부터 작위의무, 즉 위반결과의 시정을 명하는 권한이 당연히 추론되는 것도 아니다**(대법원 1996.6.28. 선고 96누4374).

ㄴ. (×) 양벌규정에 의한 영업주의 처벌은 금지위반행위자인 종업원의 처벌에 종속하는 것이 아니라 독립하여 그 자신의 종업원에 대한 선임감독상의 과실로 인하여 처벌되는 것이므로 **종업원의 범죄성립이나 처벌이 영업주 처벌의 전제조건이 될 필요는 없다**(대법원 2006.2.24. 선고 2005도7673).

ㄷ. (○)

건축법상의 이행강제금 (=행정처분 ○)	현행 건축법(제80조)상의 이행강제금의 경우에는 비송사건절차법에 따른 별도의 구제절차규정이 삭제되어 더 이상 별도의 불복수단이 존재하지 않는다. 따라서 이는 행정쟁송 절차에 따라 불복할 수 있는 행정처분이라고 보아야 한다.
농지법상의 이행강제금 (=행정처분 ×)	농지법(제62조 제7항)상의 이행강제금부과처분에 대한 구제수단으로 비송사건절차법상의 과태료 재판이라는 별도의 구제수단이 규정되어 있으므로 행정쟁송의 대상이 될 수 없다. 즉 행정처분이 아니다.

ㄹ. (×) **과징금부과처분**은 제재적 행정처분으로서 여객자동차 운수사업에 관한 질서를 확립하고 여객의 원활한 운송과 여객자동차 운수사업의 종합적인 발달을 도모하여 공공복리를 증진한다는 행정목적의 달성을 위하여 행정법규 위반이라는 객관적 사실에 착안하여 가하는 제재이므로 반드시 현실적인 행위자가 아니라도 법령상 책임자로 규정된 자에게 부과되고 **원칙적으로 위반자의 고의·과실을 요하지 아니**하나, 위반자의 의무 해태를 탓할 수 없는 정당한 사유가 있는 등의 특별한 사정이 있는 경우에는 이를 부과할 수 없다고 보아야 한다(대법원 2014. 10. 15. 선고 2013두5005).

05 정답 ③

① (○) 직권취소를 할 수 있다는 사정만으로 이해관계인에게 처분청에 대하여 그 취소를 요구할 신청권이 부여된 것으로 볼 수는 없다(대법원 2006.6.30. 선고 2004두701).

② (○) 행정처분을 한 처분청은 그 처분의 성립에 하자가 있는 경우 이를 취소할 별도의 법적 근거가 없다고 하더라도 직권으로 이를 취소할 수 있다(대법원 2002.5.28. 선고 2001두9653).

③ (×) 행정행위의 취소라 함은 일단 유효하게 성립한 행정처분이 위법 또는 부당함을 이유로 소급하여 그 효력을 소멸시키는 별도의 행정처분을 말하고, **행정청은 종전 처분과 양립할 수 없는 처분을 함으로써 묵시적으로 종전 처분을 취소할 수도 있으나**, 행정행위 중 당사자의 신청에 의하여 인·허가 또는 면허 등 이익을 주거나 그 신청을 거부하는 처분을 하는 것을 내용으로 하는 이른바 신청에 의한 처분의 경우에는 신청에 대하여 일단 거부처분이 행해지면 그 거부처분이 적법한 절차에 의하여 취소되지 않는 한, 사유를 추가하여 거부처분을 반복하는 것은 존재하지도 않는 신청에 대한 거부처분으로서 당연무효이다(대법원 1999. 12. 28. 선고 98두1895).

④ (○) 쟁송취소와 직권취소는 별개이므로 취소소송이 이미 진행 중인 경우에도 별개의 행위로서 직권취소가 가능하다는 것이 판례의 입장이다.

> **관련 판례**
>
> 행정청이 당초의 분뇨 등 관련영업 허가신청 반려처분의 취소를 구하는 소의 계속 중, 사정변경을 이유로 위 반려처분을 직권취소함과 동시에 위 신청을 재반려하는 내용의 재처분을 한 경우, 당초의 반려처분의 취소를 구하는 소는 더 이상 소의 이익이 없게 되었다(대법원 2006. 9. 28. 선고 2004두5317).

06 정답 ②

① (○) 공개청구 대상이 되는 정보가 이미 다른 사람에게 공개되어 널리 알려져 있다거나 인터넷 등을 통하여 공개되어 인터넷검색 등을 통하여 쉽게 알 수 있는 경우라도 소의 이익이 없거나 비공개결정이 정당화될 수 없다(대법원 2010.12.23. 선고 2008두13392).

② (×) 교육공무원법 제13조, 제14조의 위임에 따라 제정된 교육공무원승진규정은 정보공개에 관한 사항에 관하여 구체적인 법률의 위임에 따라 제정된 명령이라고 할 수 없고, 따라서 교육공무원승진규정 제26조에서 근무성적평정의 결과를 공개하지 아니한다고 규정하고 있다고 하더라도 위 교육공무원승진규정은 공공기관의 정보공개에 관한 법률 제9조 제1항 제1호에서 말하는 **법률**이 위임한 명령에 해당하지 아니하므로 위 규정을 근거로 정보공개청구를 거부하는 것은 잘못이다(대법원 2006. 10. 26. 선고 2006두11910).

③ (○) 정보공개법 제9조 제1항 제5호에서의 '감사·감독·검사·시험·규제·입찰계약·기술개발·인사관리·의사결정과정 또는 내부검토 과정에 있는 사항'은 비공개대상정보를 예시적으로 열거한 것이라고 할 것이므로, 의사결정과정에 제공된 회의관련자료나 의사결정과정이 기록된 회의록 등은 의사가 결정되거나 의사가 집행된 경우에는 더 이상 의사결정과정에 있는 사항 그 자체라고는 할 수 없으나, 의사결정과정에 있는 사항에 준하는 사항으로서 비공개대상정보에 포함될 수 있다(대법원 2015. 2. 26. 선고 2014두43356).

④ (○) 정보공개청구의 목적에 특별한 제한이 있다고 할 수 없으므로, 피고의 주장과 같이 원고가 이 사건 **정보공개를 청구한 목적이 이 사건**

손해배상소송에 제출할 증거자료를 획득하기 위한 것이었고 위 소송이 이미 종결되었다고 하더라도, 원고가 오로지 피고를 괴롭힐 목적으로 정보공개를 구하고 있다는 등의 특별한 사정이 없는 한, 위와 같은 사정만으로는 원고가 이 사건 소송을 계속하고 있는 것이 권리남용에 해당한다고 볼 수 없다(대법원 2004. 9. 23. 선고 2003두1370).

07 정답 ④

① (×) 신분에 의하여 과태료를 감경 또는 가중하거나 과태료를 부과하지 아니하는 때에는 그 신분의 효과는 신분이 없는 자에게는 미치지 아니한다(동법 제12조 제3항).

② (×) 고의 또는 과실이 없는 질서위반행위는 과태료를 부과하지 아니한다(동법 제7조).

③ (×) 행정청의 과태료부과에 불복하는 당사자는 제17조 제1항에 따른 **과태료부과 통지를 받은 날부터 60일 이내에 해당 행정청에 서면으로 이의제기를 할 수 있다**(동법 제20조 제1항). 제1항에 따른 **이의제기가 있는 경우에는 행정청의 과태료 부과처분은 그 효력을 상실한다**(동조 제2항).

④ (○) 행정질서벌인 과태료는 형벌이 아니므로 행정질서벌에는 **죄형법정주의 및 형법총칙이 적용되지 않는다**(헌법재판소 1998. 5. 28. 선고 96헌바83).

08 정답 ④

① (×) 공익사업을 위한 토지 등의 취득 및 보상에 관한 법률은 사인(사기업)도 토지를 수용 또는 사용할 수 있는 공익사업시행자가 될 수 있음을 분명히 하고 있다(동법 제4조). 이는 헌법에 위반되지 않는다는 것이 헌법재판소의 태도이다(헌재 2009.9.24. 2007헌바114 참조).

② (×) 헌법 제23조 제3항에서 규정한 '**정당한 보상**'이란 원칙적으로 피수용재산의 객관적인 재산가치를 완전하게 보상하여야 한다는 완전보상을 뜻하는 것이지만, 공익사업의 시행으로 인한 개발이익은 완전보상의 범위에 포함되는 피수용토지의 객관적 가치 내지 피수용자의 손실이라고는 볼 수 없다(헌법재판소 1991.2.11. 90헌바17.18).

③ (×) 공유수면 매립면허의 고시가 있다고 하여 반드시 그 사업이 시행되고 그로 인하여 손실이 발생한다고 할 수 없으므로, **매립면허 고시 이후 매립공사가 실행되어 관행어업권자에게 실질적이고 현실적인 피해가 발생한 경우에만 공유수면매립법에서 정하는 손실보상청구권이 발생하였다고 할 것이다**(대법원 2010. 12. 9. 선고 2007두6571).

④ (○) 사업인정고시는 수용재결절차로 나아가 강제적인 방식으로 토지소유자나 관계인의 권리를 취득·보상하기 위한 절차적 요건에 지나지 않고 영업손실보상의 요건이 아니다. 토지보상법령도 반드시 사업인정이나 수용이 전제되어야 영업손실 보상의무가 발생한다고 규정하고 있지 않다. 따라서 피고가 시행하는 사업이 토지보상법상 공익사업에 해당하고 **원고들의 영업이 해당 공익사업으로 폐업하거나 휴업하게 된 것이어서 토지보상법령에서 정한 영업손실 보상대상에 해당하면, 사업인정고시가 없더라도 피고는 원고들에게 영업손실을 보상할 의무가 있다**(대법원 2021. 11. 11. 선고 2018다204022).

09 정답 ③

① (○) **당사자소송에 대하여는 행정소송법 제23조 제2항의 집행정지에 관한 규정이 준용되지 아니하므로**(행정소송법 제44조 제1항 참조), 이를 본안으로 하는 가처분에 대하여는 행정소송법 제8조 제2항에 따라 **민사집행법상 가처분에 관한 규정이 준용되어야 한다**(대법원 2015.08.21. 자2015무26).

② (○) 지방자치단체가 보조금 지급결정을 하면서 일정 기한 내에 보조금을 반환하도록 하는 교부조건을 부가한 사안에서, 보조사업자의 지방자치단체에 대한 보조금 반환의무는 행정처분인 위 보조금 지급결정에 부가된 부관상 의무이고, 이러한 부관상 의무는 보조사업자가 지방자치단체에 부담하는 공법상 의무이므로, **보조사업자에 대한 지방자치단체의 보조금반환청구**는 공법상 권리관계의 일방 당사자를 상대로 하여 공법상 의무이행을 구하는 청구로서 행정소송법 제3조 제2호에 규정한 당사자소송의 대상이라고 한 사례.

③ (×) 국토의 계획 및 이용에 관한 법률 제130조 제3항에서 정한 **토지의 소유자·점유자 또는 관리인**(이하 '소유자 등'이라 한다)이 사업시행자의 일시 사용에 대하여 정당한 사유 없이 동의를 거부하는 경우, 사업시행자는 해당 토지의 소유자 등을 상대로 동의의 의사표시를 구하는 소를 제기할 수 있다. 이와 같은 **토지의 일시 사용에 대한 동의의 의사표시를 할 의무는** '국토의 계획 및 이용에 관한 법률'에서 특별히 인정한 공법상의 의무이므로, 그 의무의 존부를 다투는 소송은 '공법상의 법률관계에 관한 소송으로서 그 법률관계의 한쪽 당사자를 피고로 하는 소송', 즉 행정소송법 제3조 제2호에서 규정한 당사자소송이라고 보아야 한다(대법원 2019. 9. 9. 선고 2016다262550).

④ (○) **조세부과처분이 무효임을 전제로 하여 이미 납부한 세금의 반환을 청구하는 것은 민사상의 부당이득반환청구로서 민사소송절차에 따라야 한다**(대법원 1991. 2. 6.자 90프2).

10 정답 ③

① (○) 국토해양부장관이 하천공사를 대행하더라도 이는 국토해양부장관이 하천관리에 관한 일부 권한을 일시적으로 행사하는 것으로 볼 수 있을 뿐 하천관리청이 국토해양부장관으로 변경되는 것은 아니므로, **국토해양부장관이 하천공사를 대행하던 중 지방하천의 관리상 하자로 인하여 손해가 발생하였다면 하천관리청이 속한 지방자치단체는** 국가와 함께 **국가배상법 제5조 제1항에 따라 지방하천의 관리자로서 손해배상책임을 부담한다**(대법원 2014. 6. 26. 선고 2011다85413).

② (○) [1] 국가나 지방자치단체가 공익사업을 시행하는 과정에서 해당 사업부지 인근 주민들은 의견제출을 통한 행정절차 참여 등 법령에서 정하는 절차적 권리를 행사하여 환경권이나 재산권 등 사적 이익을 보호할 기회를 가질 수 있다. 그러나 **법령에서 주민들의 행정절차 참여에 관하여 정하는 것은** 어디까지나 주민들에게 자신의 의사와 이익을 반영할 기회를 보장하고 행정의 공정성, 투명성과 신뢰성을 확보하며 국민의 권익을 보호하기 위한 것일 뿐, 행정절차에 참여할 권리 그 자체가 사적 권리로서의 성질을 가지는 것은 아니다. 이와 같이 행정절차는 그 자체가 독립적으로 의미를 가지는 것이라기보다는 행정의 공정성과 적정성을 보장하는 공법적 수단으로서의 의미가 크므로, 관련 **행정처분의 성립이나 무효·취소 여부 등을 따지지 않은 채 주민들이 일시적으로 행정절차에 참여할 권리를 침해받았다는 사정만으로 곧바로 국가나 지방자치단체가 주민들에게 정신적 손해에 대한 배상의**

무를 부담한다고 단정할 수 없다(대법원 2021. 7. 29. 선고 2015다221668).

[2] 이와 같은 행정절차상 권리의 성격이나 내용 등에 비추어 볼 때, **국가나 지방자치단체가 행정절차를 진행하는 과정에서 주민들의 의견제출 등 절차적 권리를 보장하지 않은 위법이 있다고 하더라도 그 후 이를 시정하여 절차를 다시 진행한 경우**, 종국적으로 행정처분 단계까지 이르지 않거나 처분을 직권으로 취소하거나 철회한 경우, 행정소송을 통하여 처분이 취소되거나 처분의 무효를 확인하는 판결이 확정된 경우 등에는 주민들이 절차적 권리의 행사를 통하여 환경권이나 재산권 등 사적 이익을 보호하려던 목적이 실질적으로 달성된 것이므로 **특별한 사정이 없는 한 절차적 권리 침해로 인한 정신적 고통에 대한 배상은 인정되지 않는다**. 다만 이러한 조치로도 주민들의 절차적 권리 침해로 인한 정신적 고통이 여전히 남아 있다고 볼 특별한 사정이 있는 경우에 국가나 지방자치단체는 그 정신적 고통으로 인한 손해를 배상할 책임이 있다. 이때 **특별한 사정이 있다는 사실에 대한 주장·증명책임은 이를 청구하는 주민들에게 있고**, 특별한 사정이 있는지는 주민들에게 행정절차 참여권을 보장하는 취지, 행정절차 참여권이 침해된 경위와 정도, 해당 행정절차 대상사업의 시행경과 등을 종합적으로 고려해서 판단해야 한다(대법원 2021. 7. 29. 선고 2015다221668).

③ (×) [1] 국가배상법 제5조 제1항에 정하여진 '영조물의 설치 또는 관리의 하자'라 함은 공공의 목적에 공여된 영조물이 그 용도에 따라 갖추어야 할 안전성을 갖추지 못한 상태에 있음을 말하고, 안전성을 갖추지 못한 상태, 즉 타인에게 위해를 끼칠 위험성이 있는 상태라 함은 당해 영조물을 구성하는 물적 시설 그 자체에 있는 물리적·외형적 흠결이나 불비로 인하여 그 이용자에게 위해를 끼칠 위험성이 있는 경우뿐만 아니라, 그 영조물이 공공의 목적에 이용됨에 있어 그 이용상태 및 정도가 일정한 한도를 초과하여 제3자에게 사회통념상 수인할 것이 기대되는 한도를 넘는 피해를 입히는 경우까지 포함된다고 보아야 한다(대법원 2005. 1. 27. 선고 2003다49566).

[2] **김포공항에서 발생하는 소음 등으로 인근 주민들이 입은 피해는 사회통념상 수인한도를 넘는 것으로서 김포공항의 설치·관리에 하자가 있다고 본 사례**(대법원 2005. 1. 27. 선고 2003다49566).

④ (○) 보행자 신호기가 고장난 횡단보도 상에서 교통사고가 발생한 사안에서, 적색등의 전구가 단선되어 있었던 위 보행자 신호기는 그 용도에 따라 통상 갖추어야 할 안전성을 갖추지 못한 관리상의 하자가 있어 지방자치단체의 배상책임이 인정된다고 한 사례(대법원 2007. 10. 26. 선고 2005다51235).

11 정답 ④

① (○) 재결의 효력 = 기판력(×) ∵ 기판력은 확정판결의 효력
: 행정심판의 재결은 피청구인인 행정청을 기속하는 효력을 가지므로 재결청이 취소심판의 청구가 이유 있다고 인정하여 처분청에 처분을 취소할 것을 명하면 처분청으로서는 재결의 취지에 따라 처분을 취소하여야 하지만, 나아가 재결에 판결에서와 같은 기판력이 인정되는 것은 아니어서 재결이 확정된 경우에도 처분의 기초가 된 사실관계나 법률적 판단이 확정되고 당사자들이나 법원이 이에 기속되어 모순되는 주장이나 판단을 할 수 없게 되는 것은 아니다(대법원 2015.11.27. 선고 2013다6759).

② (○) **거부처분 인용재결의 기속력과 재처분의무**: 당사자의 신청을 거부하는 처분을 취소하는 재결이 있는 경우에는 행정청은 그 재결의 취지에 따라 이전의 신청에 대한 처분을 하여야 하는 것이므로 행정청이 그 재결의 취지에 따른 처분을 하지 아니하고 그 처분과는 양립할 수 없는 다른 처분을 하는 것은 위법한 것이라 할 것이고 이 경우 그 재결의 신청인은 위법한 다른 처분의 취소를 소구할 이익이 있다(대법원 1988. 12. 13. 선고 88누7880).

③ (○) **재결의 기속력은 재결의 주문 및 그 전제가 된 요건사실의 인정과 판단, 즉 처분 등의 구체적 위법사유에 관한 판단에만 미친다**고 할 것이고, 종전 처분이 재결에 의하여 취소되었다 하더라도 종전 처분시와는 다른 사유를 들어서 처분을 하는 것은 기속력에 저촉되지 않는다(대법원 2005.12.9. 선고 2003두7705).

④ (×) 당사자의 신청을 받아들이지 않은 거부처분이 재결에서 취소된 경우에 행정청은 종전 거부처분 또는 **재결 후에 발생한 새로운 사유를 내세워 다시 거부처분을 할 수 있다**. 그 재결의 취지에 따라 이전의 신청에 대하여 다시 어떠한 처분을 하여야 할지는 처분을 할 때의 법령과 사실을 기준으로 판단하여야 하기 때문이다. 또한 행정청이 재결에 따라 이전의 신청을 받아들이는 후속처분을 하였더라도 후속처분이 위법한 경우에는 재결에 대한 취소소송을 제기하지 않고도 곧바로 후속처분에 대한 항고소송을 제기하여 다툴 수 있다(대법원 2017. 10. 31. 선고 2015두45045).

12 정답 ③

① (○), ③ (×) 집행정지결정의 효력은 결정 주문에서 정한 기간까지 존속하다가 그 기간이 만료되면 장래에 향하여 소멸한다. 집행정지결정은 처분의 집행으로 회복하기 어려운 손해를 예방하기 위하여 긴급한 필요가 있고 달리 공공복리에 중대한 영향을 미치지 않을 것을 요건으로 하여 본안판결이 있을 때까지 해당 처분의 집행을 잠정적으로 정지함으로써 위와 같은 손해를 예방하는 데 취지가 있으므로, **항고소송을 제기한 원고가 본안소송에서 패소확정판결을 받았더라도 집행정지결정의 효력이 소급하여 소멸하지 않는다**(대법원 2020. 9. 3. 선고 2020두34070).

② (○) 제재처분에 대한 행정쟁송절차에서 처분에 대해 집행정지결정이 이루어졌더라도 본안에서 해당 처분이 최종적으로 적법한 것으로 확정되어 집행정지결정이 실효되고 제재처분을 다시 집행할 수 있게 되면, **처분청으로서는 당초 집행정지결정이 없었던 경우와 동등한 수준으로 해당 제재처분이 집행되도록 필요한 조치를 취하여야 한다**. 집행정지는 행정쟁송절차에서 실효적 권리구제를 확보하기 위한 잠정적 조치일 뿐이므로, 본안 확정판결로 해당 제재처분이 적법하다는 점이 확인되었다면 제재처분의 상대방이 잠정적 집행정지를 통해 집행정지가 이루어지지 않은 경우와 비교하여 제재를 덜 받게 되는 결과가 초래되도록 해서는 안 된다(대법원 2020. 9. 3. 선고 2020두34070).

④ (○) **처분상대방이 집행정지결정을 받지 못했으나 본안소송에서 해당 제재처분이 위법하다는 것이 확인되어 취소하는 판결이 확정되면, 처분청은 그 제재처분으로 처분상대방에게 초래된 불이익한 결과를 제거하기 위하여 필요한 조치를 취하여야** 한다(대법원 2020. 9. 3. 선고 2020두34070).

13 정답 ③

① (○) 도로법 제25조 제3항이 **도로구역을 결정하거나 변경할 경우 이를 고시에 의하도록** 하면서, 그 도면을 일반인이 열람할 수 있도록 한 점 등을 종합하여 보면, 도로구역을 변경한 이 사건 처분은 **행정절차법 제21조 제1항의 사전통지나 제22조 제3항의 의견청취의 대상이 되는 처분은 아니**라고 할 것이다(대법원 2008. 6.12. 선고 2007두1767).
② (○) 구 군인사법상 **보직해임처분**은 구 행정절차법 제3조 제2항 제9호, 같은 법 시행령 제2조 제3호에 의하여 당해 행정작용의 성질상 행정절차를 거치기 곤란하거나 불필요하다고 인정되는 사항 또는 행정절차에 준하는 절차를 거친 사항에 해당하므로, 처분의 근거와 이유 제시 등에 관한 **구 행정절차법의 규정이 별도로 적용되지 아니한다고 봄이 상당하다**(대법원 2014. 10. 15. 선고 2012두5756).
③ (×) 신청에 대한 **거부처분**을 여기에서 말하는 '당사자의 권익을 제한하는 처분'에 해당한다고 할 수 없는 것이어서 처분의 **사전통지대상이 된다고 할 수 없다**(대법원 2003.11.28. 선고 2003두674).
④ (○) 행정청이 구 식품위생법 규정에 의하여 **영업자지위승계신고를 수리하는 처분**은 종전의 영업자의 권익을 제한하는 처분이라 할 것이고 따라서 종전의 영업자는 그 처분에 대하여 직접 그 상대가 되는 자에 해당한다고 봄이 상당하므로, 행정청으로서는 위 신고를 수리하는 처분을 함에 있어서 행정절차법 규정 소정의 당사자에 해당하는 **종전의 영업자에 대하여 위 규정 소정의 행정절차를 실시하고 처분을 하여야 한다**(대법원 2003.2.14. 선고 2001두7015).

14 정답 ②

① (○) 하천법 제50조에 의한 '**하천수 사용권**'은 토지보상법 제76조 제1항이 손실보상의 대상으로 규정하고 있는 '물의 사용에 관한 권리'에 해당한다(대법원 2018. 12. 27. 선고 2014두11601).
② (×) 1) 토지수용법 제75조의2 제2항의 규정은 그 제1항에 의하여 **이의재결에 대하여 불복하는 행정소송을** 제기하는 경우, **이것이 보상금의 증감에 관한 소송**인 때에는 이의재결에서 정한 보상금이 증액 변경될 것을 전제로 하여 기업자를 상대로 보상금의 지급을 구하는 **공법상의 당사자소송**을 규정한 것으로 볼 것이다(대법원 1991. 11. 26. 선고 91누285).
  2) 잔여지 수용청구권은 손실보상의 일환으로 토지소유자에게 부여되는 권리로서 그 요건을 구비한 때에는 잔여지를 수용하는 **토지수용위원회의 재결이 없더라도** 그 청구에 의하여 수용의 효과가 발생하는 형성권적 성질을 가지므로, **잔여지 수용청구를 받아들이지 않은 토지수용위원회의 재결에 대하여 토지소유자가 불복하여 제기하는 소송**은 위 법 제85조 제2항에 규정되어 있는 '보상금의 증감에 관한 소송'에 해당하여 **사업시행자를 피고**로 하여야 한다(대법원 2010. 8. 19. 선고 2008두822).
③ (○) 개발제한구역의 지정으로 인한 개발가능성의 소멸과 그에 따른 지가의 하락이나 지가상승률의 상대적 감소는 토지소유자가 감수해야 하는 사회적 제약의 범주에 속하는 것으로 보아야 한다(헌법재판소 1998. 12.24. 89헌마214).
④ (○) **수용재결에 불복하여 취소소송을 제기하는 때에는 이의신청을 거친 경우에도 수용재결을 한 중앙토지수용위원회 또는 지방토지수용위원회를 피고로 하여 수용재결의 취소를 구하여야** 하고, 다만 이의신청에 대한 재결 자체에 고유한 위법이 있음을 이유로 하는 경우에는 그 이의재결을 한 중앙토지수용위원회를 피고로 하여 이의재결의 취소를 구할 수 있다고 보아야 한다(대법원 2010. 1. 28. 선고 2008두1504).

15 정답 ③

① (×) 취소심판 인용재결= 취소재결, 변경재결, 변경명령재결
② (×) 새로운 사유로 다시 거부하는 것은 재결의 기속력에 저촉되지 않는다.
③ (○) 재결청이 **직접 처분**을 하기 위하여는 **처분의 이행을 명하는 재결**이 있었음에도 당해 행정청이 아무런 처분을 하지 아니하였어야 하므로, 당해 행정청이 어떠한 처분을 하였다면 그 처분이 재결의 내용에 따르지 아니하였다고 하더라도 재결청이 직접 처분을 할 수는 없다(대법원 2002.7.23. 선고 2000두9151).
④ (×) 기속력이 미치는 주관적 범위는 피청구인인 행정청뿐만 아니라 그 밖의 모든 관계행정청이다(동법 제49조 제1항). 또한 간접강제 결정의 효력은 피청구인인 행정청이 소속된 국가 · 지방자치단체 또는 공공단체에 미친다(동법 제50조의2 제5항).

16 정답 ③

① (○) 행정에 관한 기간의 계산에 관하여는 이 법 또는 다른 법령등에 특별한 규정이 있는 경우를 제외하고는 「**민법**」을 준용한다(행정기본법 제6조 제1항).
② (○) 행정기본법 제7조(법령등 시행일의 기간 계산) 법령등(훈령 · 예규 · 고시 · 지침 등을 포함한다. 이하 이 조에서 같다)의 시행일을 정하거나 계산할 때에는 다음 각 호의 기준에 따른다.
  1. 법령등을 공포한 날부터 시행하는 경우에는 공포한 날을 시행일로 한다.
  2. **법령등을 공포한 날부터 일정 기간이 경과한 날부터 시행**하는 경우 **법령등을 공포한 날을 첫날에 산입하지 아니한다.**
  3. 법령등을 공포한 날부터 일정 기간이 경과한 날부터 시행하는 경우 그 기간의 말일이 토요일 또는 공휴일인 때에는 그 말일로 기간이 만료한다.
③ (×) 행정처분의 취소를 구하는 **취소소송에 당해 처분의 취소를 선결문제로 하는 부당이득반환청구가 병합**된 경우, 그 청구가 인용되려면 소송절차에서 당해 처분이 취소되면 충분하고 당해 처분의 취소가 확정되어야 하는 것은 아니다(대법원 2009.4.9. 선고 2008두23153).
④ (○) 예산회계법 제98조에서 법령의 규정에 의한 납입고지를 시효중단 사유로 규정하고 있는바, 이러한 **납입고지에 의한 시효중단의 효력은 그 납입고지에 의한 부과처분이 취소되더라도 상실되지 않는다**(대법원 2000.9.8. 선고 98두19933).

17 정답 ②

① (○) 폐기물관리법 관계 법령의 규정에 의하면 폐기물처리업의 허가를 받기 위하여는 먼저 사업계획서를 제출하여 허가권자로부터 사업계획

에 대한 적정통보를 받아야 하고, 그 적정통보를 받은 자만이 일정기간 내에 시설, 장비, 기술능력, 자본금을 갖추어 허가신청을 할 수 있으므로, 결국 **부적정통보**는 허가신청 자체를 제한하는 등 개인의 권리 내지 법률상의 이익을 개별적이고 구체적으로 규제하고 있어 **행정처분에 해당**한다(대법원 1998. 4. 28. 선고 97누21086).

② (×) 공정거래위원회가 부당한 공동행위를 행한 사업자로서 구 독점규제 및 공정거래에 관한 법률 제22조의2에서 정한 자진신고자나 조사협조자에 대하여 **과징금 부과처분**(이하 '선행처분'이라 한다)을 한 뒤, 독점규제 및 공정거래에 관한 법률 시행령 제35조 제3항에 따라 다시 자진신고자 등에 대한 사건을 분리하여 **자진신고 등을 이유로 한 과징금 감면처분**(이하 '후행처분'이라 한다)을 하였다면, 후행처분은 자진신고 감면까지 포함하여 처분 상대방이 실제로 **납부하여야 할 최종적인 과징금액을 결정하는 종국적 처분**이고, 선행처분은 이러한 종국적 처분을 예정하고 있는 일종의 잠정적 처분으로서 후행처분이 있을 경우 선행처분은 후행처분에 흡수되어 소멸한다. 따라서 위와 같은 경우에 **선행처분의 취소를 구하는 소는 이미 효력을 잃은 처분의 취소를 구하는 것으로 부적법**하다(대법원 2015. 2. 12. 선고 2013두987).

③ (○) 자동차운송사업 양도양수인가신청에 대하여 행정청이 내인가를 한 후 그 본인가신청이 있음에도 **내인가를 취소**함으로써 다시 본인가에 대하여 따로이 인가여부의 처분을 한다는 사정이 보이지 않는 경우 위 내인가취소를 **인가신청거부처분으로 보아야** 한다(대법원 1991. 6. 28. 선고 90누4402).

④ (○) 원자로 및 관계 시설의 부지사전승인처분은 그 자체로서 건설부지를 확정하고 사전공사를 허용하는 법률효과를 지닌 독립한 **행정처분**이기는 하지만, 건설허가 전에 신청자의 편의를 위하여 미리 그 건설허가의 일부 요건을 심사하여 행하는 **사전적 부분 건설허가처분의 성격**을 갖고 있는 것이어서 나중에 건설허가처분이 있게 되면 그 건설허가처분에 흡수되어 독립된 존재가치를 상실함으로써 그 건설허가처분만이 쟁송의 대상이 되는 것이므로, 부지사전승인처분의 취소를 구하는 소는 소의 이익을 잃게 되고, 따라서 부지사전승인처분의 위법성은 나중에 내려진 건설허가처분의 취소를 구하는 소송에서 이를 다투면 된다(대법원 1998. 9. 4. 선고, 97누19588).

18 정답 ③

① (○) 행정처분을 한 처분청은 처분의 성립에 하자가 있는 경우 별도의 법적 근거가 없더라도 직권으로 이를 취소할 수 있다고 봄이 원칙이므로, 국민연금법이 정한 수급요건을 갖추지 못하였음에도 연금 지급결정이 이루어진 경우에는 이미 지급된 급여 부분에 대한 환수처분과 별도로 지급결정을 취소할 수 있다. 이 경우에도 이미 부여된 국민의 기득권을 침해하는 것이므로 취소권의 행사는 지급결정을 취소할 공익상의 필요보다 상대방이 받게 될 불이익 등이 막대한 경우에는 재량권의 한계를 일탈한 것으로서 위법하다고 보아야 한다. 다만 이처럼 **연금 지급결정을 취소하는 처분과 그 처분에 기초하여 잘못 지급된 급여액에 해당하는 금액을 환수하는 처분이 적법한지를 판단하는 경우 비교·교량할 각 사정이 동일하다고는 할 수 없으므로, 연금 지급결정을 취소하는 처분이 적법하다고 하여 환수처분도 반드시 적법하다고 판단하여야 하는 것은 아니다**(대법원 2017. 3. 30. 선고 2015두43971).

② (○) 세무조사가 과세자료의 수집 또는 신고내용의 정확성 검증이라는 본연의 목적이 아니라 부정한 목적을 위하여 행하여진 것이라면 이는 **세무조사에 중대한 위법사유가 있는 경우에 해당하고 이러한 세무조사에 의하여 수집된 과세자료를 기초로 한 과세처분 역시 위법**하다(대법원 2016. 12. 15. 선고 2016두47659).

③ (×) 국세기본법 및 국세기본법 시행령이 과세전적부심사를 거치지 않고 곧바로 과세처분을 할 수 있거나 과세전적부심사에 대한 결정이 있기 전이라도 과세처분을 할 수 있는 예외사유로 정하고 있다는 등의 **특별한 사정이 없는 한, 과세예고 통지 후 과세전적부심사 청구나 그에 대한 결정이 있기도 전에 과세처분을 하는 것은 원칙적으로** 과세전적부심사 이후에 이루어져야 하는 과세처분을 그보다 앞서 함으로써 과세전적부심사 제도 자체를 형해화시킬 뿐만 아니라 과세전적부심사 결정과 과세처분 사이의 관계 및 불복절차를 불분명하게 할 우려가 있으므로, 그와 같은 과세처분은 납세자의 절차적 권리를 침해하는 것으로서 **절차상 하자가 중대하고도 명백하여 무효**이다(대법원 2016. 12. 27. 선고 2016두49228). → 과세 전 적부 심사 제도 = 사전구제절차

④ (○) 비록 건축주 등이 장기간 시정명령을 이행하지 아니하였더라도, 그 기간 중에는 시정명령의 이행 기회가 제공되지 아니하였다가 뒤늦게 시정명령의 이행 기회가 제공된 경우라면, 시정명령의 이행 기회 제공을 전제로 한 1회분의 이행강제금만을 부과할 수 있고, **시정명령의 이행 기회가 제공되지 아니한 과거의 기간에 대한 이행강제금까지 한꺼번에 부과할 수는 없다**. 그리고 이를 위반하여 이루어진 이행강제금 부과처분은 과거의 위반행위에 대한 제재가 아니라 행정상의 간접강제 수단이라는 이행강제금의 본질에 반하여 구 건축법 제80조 제1항, 제4항 등 법규의 중요한 부분을 위반한 것으로서, 그러한 **하자는 중대할 뿐만 아니라 객관적으로도 명백**하다(대법원 2016. 7. 14. 선고 2015두46598).

19 정답 ③

① (×) 일반적인 건축신고는 자기완결적 신고에 해당하지만, 이에 대한 수리 거부행위는 항고소송의 대상이 되는 처분에 해당한다는 것이 판례의 태도이다.

> **관련 판례**
> 건축신고 반려행위가 이루어진 단계에서 당사자로 하여금 반려행위의 적법성을 다투어 그 법적 불안을 해소한 다음 건축행위에 나아가도록 함으로써 장차 있을지도 모르는 위험에서 미리 벗어날 수 있도록 길을 열어 주고, 위법한 건축물의 양산과 그 철거를 둘러싼 분쟁을 조기에 근본적으로 해결할 수 있게 하는 것이 법치행정의 원리에 부합한다. 그러므로 건축신고 반려행위는 항고소송의 대상이 된다고 보는 것이 옳다(대법원 2010. 11. 18. 선고 2008두167 전원합의체 판결).

② (×) [1] **인·허가의제 효과를 수반하는 건축신고**는 일반적인 건축신고와는 달리, 특별한 사정이 없는 한 **행정청이 그 실체적 요건에 관한 심사를 한 후 수리하여야 하는 이른바 '수리를 요하는 신고'로 보는 것이 옳다**.
[2] 국토의 계획 및 이용에 관한 법률상의 개발행위허가로 의제되는 건축신고가 개발행위허가의 기준을 갖추지 못한 경우, 행정청이 수리를 거부할 수 있다(대법원 2011. 1. 20. 선고 2010두14954 전원합의체 판결).

③ (○) 행정절차법은 자기완결적 신고를 규정하고 있으며, 이는 형식적 요건을 갖춘 적법한 신고이어야 한다. 만약 형식적 요건을 결여한 신고를 하게되면 자기완결적 신고라도 신고로서의 효력이 발생하지 않는다.

> 제40조(신고) ① 법령등에서 행정청에 일정한 사항을 통지함으로써 의무가 끝나는 신고를 규정하고 있는 경우 신고를 관장하는 행정청은 신고에 필요한 구비서류, 접수기관, 그 밖에 법령등에 따른 신고에 필요한 사항을 게시(인터넷 등을 통한 게시를 포함한다)하거나 이에 대한 편람을 갖추어 두고 누구나 열람할 수 있도록 하여야 한다.
> ② 제1항에 따른 신고가 다음 각 호의 요건을 갖춘 경우에는 신고서가 접수기관에 도달된 때에 신고 의무가 이행된 것으로 본다.
> 1. 신고서의 기재사항에 흠이 없을 것
> 2. 필요한 구비서류가 첨부되어 있을 것
> 3. 그 밖에 법령등에 규정된 형식상의 요건에 적합할 것

④ (×) 두 가지 이상의 법령이 적용되는 경우라면, 타법상의 허가요건까지도 갖추어야 한다.

> **관련 판례**
> 식품위생법과 건축법은 그 입법 목적, 규정사항, 적용범위 등을 서로 달리하고 있어 식품접객업에 관하여 식품위생법이 건축법에 우선하여 배타적으로 적용되는 관계에 있다고는 해석되지 않는다. 그러므로 식품위생법에 따른 식품접객업(일반음식점영업)의 영업신고의 요건을 갖춘 자라고 하더라도, 그 영업신고를 한 당해 건축물이 건축법 소정의 허가를 받지 아니한 무허가 건물이라면 적법한 신고를 할 수 없다(대법원 2009.04.23. 선고 2008도6829).

20 정답 ②

① (×), ② (○) 위 산업단지입주계약 해지통보는 행정처분으로 항고소송의 대상이 되며, 행정처분에 관한 행정절차법이 적용된다.

> **관련 판례**
> 피고의 지위, 입주계약해지의 절차, 그 해지통보에 수반되는 법적 의무 및 그 의무를 불이행한 경우의 형사적 내지 행정적 제재 등을 종합적으로 고려하면, 구 「산업집적활성화 및 공장설립에 관한 법률」에 따른 산업단지입주계약의 해지통보는 단순히 대등한 당사자의 지위에서 형성된 공법상계약을 계약당사자의 지위에서 종료시키는 의사표시에 불과하다고 볼 것이 아니라 행정청인 관리권자로부터 관리업무를 위탁받은 피고가 우월적 지위에서 원고에게 일정한 법률상 효과를 발생하게 하는 것으로서 항고소송의 대상이 되는 행정처분에 해당한다고 보아야 할 것이다(대법원 2017. 6. 15. 선고 2014두46843).

③ (×) 변상금 부과처분에 대한 **취소소송이 진행 중이라도 그 부과권자**로서는 위법한 처분을 스스로 취소하고 그 하자를 보완하여 다시 적법한 부과처분을 할 수도 있는 것이어서 그 권리행사에 법률상의 장애사유가 있는 경우에 해당한다고 할 수 없으므로, 그 처분에 대한 취소소송이 진행되는 동안에도 그 부과권의 소멸시효가 진행된다(대법원 2006.2.10. 선고 2003두5686).

④ (×) 건축법에 의하여 부과된 과태료처분의 당부는 최종적으로 비송사건절차법에 의한 절차에 의하여만 판단되어야 한다고 보아야 하므로, 그 과태료처분은 행정소송의 대상이 되는 행정처분이라고 볼 수 없다(대법원 1995.7.28. 선고 95누2623).

제 3 회 정답 및 해설

한수성 임팩트행정법 동형모의고사

모두공 www.modoogong.com
모두소 www.modoofire.com
공단기 www.gong.conects.com

정답 확인

01	02	03	04	05
④	③	②	④	①
06	07	08	09	10
③	④	④	②	②
11	12	13	14	15
②	②	②	③	①
16	17	18	19	20
④	②	②	②	②

01 정답 ④

① (×) 국세기본법 제18조 제3항에 규정된 **비과세관행이 성립**하려면, 1) **상당한 기간에 걸쳐 과세를 하지 아니한 객관적 사실이 존재할 뿐**만 아니라, 2) **과세관청 자신이 그 사항에 관하여 과세할 수 있음을 '알면서도'** 어떤 특별한 사정 때문에 과세하지 않는다는 의사가 있어야 하며, 위와 같은 공적 견해나 의사는 명시적 또는 묵시적으로 표시되어야 하며, 묵시적 표시가 있다고 하기 위하여는 **단순한 과세누락과는 달리 과세관청이 상당기간의 불과세 상태에 대하여 과세하지 않겠다는 의사표시를 한 것으로 볼 수 있는 사정**이 있어야 한다(대법원 2016.10.13. 선고 2016두43077).

② (×) 폐기물처리업 사업계획에 대한 적정통보 ≠ 국토이용계획변경신청 승인 취지

> **관련 판례**
> 폐기물처리업 사업계획에 대하여 적정통보를 한 것만으로 그 사업부지 토지에 대한 국토이용계획변경신청을 승인하여 주겠다는 취지의 공적인 견해표명을 한 것으로 볼 수 없다고 한 사례(대법원 2005.4.28. 선고 2004두8828).

③ (×) **병무청 담당부서의 담당공무원에게 공적 견해의 표명을 구하는 정식의 서면질의** 등을 하지 아니한 채 총무과 민원팀장에 불과한 공무원이 민원봉사차원에서 상담에 응하여 안 내한 것을 신뢰한 경우, **신뢰보호 원칙이 적용되지 아니한다**고 한 사례이다(대법원 2003.12.26. 선고 2003두1875).

④ (○) 공익(자연환경을 위해 토석채취 불허가) > 사익(신뢰이익) = 신뢰보호 X

> **관련 판례**
> 한려해상국립공원지구 인근의 자연녹지지역에서의 **토석채취허가**가 법적으로 가능할 것이라는 행정청의 언동을 신뢰한 개인이 많은 비용과 노력을 투자하였다가 불허가처분으로 상당한 불이익을 입게 된 경우, 위 불허가처분에 의하여 행정청이 달성하려는 주변의 환경·풍치·미관 등의 공익이 그로 인하여 개인이 입게 되는 불이익을 정당화할 만큼 강하다는 이유로 불허가처분이 재량권의 남용 또는 신뢰보호의 원칙에 반하여 위법하다고 할 수 없다고 한 사례(대법원 1998. 11. 13. 선고 98두7343).

02 정답 ③

① (○) 법령 등의 공포 = 관보에 게재

> **법령 등 공포에 관한 법률**
> 제11조(공포 및 공고의 절차) ① 헌법개정·법률·조약·대통령령·총리령 및 부령의 **공포**와 헌법개정안·예산 및 예산 외 국고부담계약의 공고는 **관보(官報)에 게재함으로써** 한다.

② (○) 공포일 = 발행된 날

> 제12조(공포일·공고일) 제11조의 법령 등의 공포일 또는 공고일은 해당 법령 등을 게재한 관보 또는 신문이 **발행된 날**로 한다.

③ (×) 대통령령, 총리령 및 부령은 특별한 규정이 없으면 공포한 날부터 20일이 경과함으로써 효력을 발생한다(동법 제13조).

④ (○) 국회의장의 법률 공포 = 서울특별시에서 발행되는 둘 이상의 일간신문에 게재

> **법령 등 공포에 관한 법률**
> 제11조(공포 및 공고의 절차) ②「국회법」제98조제3항 전단에 따라 하는 국회의장의 법률 공포는 서울특별시에서 발행되는 둘 이상의 일간신문에 게재함으로써 한다.

03 정답 ②

① (○) 행정 각부의 장이 정하는 고시가 비록 법령에 근거를 둔 것이라고 하더라도 그 규정 내용이 **법령의 위임 범위를 벗어난 것일 경우**에는 법규명령으로서의 대외적 구속력을 인정할 여지는 없다(대법원 1999. 11. 26. 선고 97누13474).

② (×) 소득금액조정 합계표 작성요령은 법률의 위임을 받은 것이기는 하나 **법인세의 부과징수라는 행정적 편의를 도모하기 위한 절차적 규정으로서 단순히 행정규칙의 성질을 가지는 데 불과하여 과세관청이나 일반국민을 기속하는 것이 아니다**(대법원 2003. 9. 5. 선고 2001두

403).

③ (○) 보건복지부 고시인 약제급여·비급여목록 및 급여상한금액표(보건복지부 고시 제2002-46호로 개정된 것)는 다른 집행행위의 매개 없이 그 자체로서 국민건강보험가입자, 국민건강보험공단, 요양기관 등의 법률관계를 직접 규율하는 성격을 가지므로 항고소송의 대상이 되는 행정처분에 해당한다고 한 사례(대법원 2006. 9. 22. 선고 2005두2506).

④ (○) **주택건설촉진법 제7조 제2항의 위임에 터잡아 행정처분의 기준을 정한 주택건설촉진법 시행령 제10조의3 제1항 [별표 1]이 법규명령에 해당**한다(대판 1997.12.26. 선고 97누15418).

04 정답 ④

① (○) 기부채납받은 공원시설의 사용·수익허가에서 그 **허가기간은 행정행위의 본질적 요소에 해당**한다고 볼 것이어서, **부관인 허가기간에 위법사유가 있다면 이로써 공원시설의 사용·수익허가 전부가 위법하게 된다**(대법원 2001. 6. 15. 선고 99두509).

② (○) 행정청이 수익적 행정처분을 하면서 부가한 부담의 위법 여부는 처분 당시 법령을 기준으로 판단하여야 하고, 부담이 처분 당시 법령을 기준으로 적법하다면 처분 후 부담의 전제가 된 주된 행정처분의 근거 법령이 개정됨으로써 행정청이 더 이상 부관을 붙일 수 없게 되었다 하더라도 곧바로 위법하게 되거나 그 효력이 소멸하게 되는 것은 아니다(대법원 2009. 2. 12. 선고 2005다65500).

③ (○) 행정처분과 부관 사이에 실제적 관련성이 있다고 볼 수 없는 경우 공무원이 위와 같은 공법상의 제한을 회피할 목적으로 행정처분의 상대방과 사이에 사법상 계약을 체결하는 형식을 취하였다면 이는 법치행정의 원리에 반하는 것으로서 위법하다(대법원 2009.12.10. 선고 2007다63966).

④ (×) 부담을 제외한 나머지 부관(ex. 기한 등)은 독립 쟁송 가능성이 부정된다.

> **관련 판례**
>
> 기부채납받은 행정재산에 대한 사용·수익허가 중 사용·수익허가의 기간에 대하여 독립하여 행정소송을 제기할 수 없다(대법원 2001.6.15. 선고 99두509).

05 정답 ①

① (×), ④ (○) 행정기본법 제27조 제2항

> **행정기본법**
>
> **제27조(공법상 계약의 체결)** ① 행정청은 법령등을 위반하지 아니하는 범위에서 행정목적을 달성하기 위하여 필요한 경우에는 **공법상 법률관계에 관한 계약**(이하 "공법상 계약"이라 한다)을 체결할 수 있다. 이 경우 계약의 목적 및 내용을 명확하게 적은 **계약서를 작성하여야** 한다.
> ② 행정청은 공법상 계약의 상대방을 선정하고 계약 내용을 정할 때 공법상 계약의 공공성과 제3자의 이해관계를 고려하여야 한다.

② (○) 공법상 계약이란 공법적 효과의 발생을 목적으로 하여 대등한 당사자 사이의 의사표시의 합치로 성립하는 공법행위를 말한다. **공법상 계약의 한쪽 당사자가 다른 당사자를 상대로 효력을 다투거나 이행을 청구하는 소송은 공법상의 법률관계에 관한 분쟁이므로 분쟁의 실질이 공법상 권리·의무의 존부·범위에 관한 다툼이 아니라 손해배상액의 구체적인 산정방법·금액에 국한되는 등의 특별한 사정이 없는 한 공법상 당사자소송으로 제기하여야** 한다(대법원 2021. 2. 4. 선고 2019다277133).

③ (○) 계약직공무원에 대한 채용계약해지의 의사표시의 유효 여부를 판단함에 있어서 이를 일반직 공무원에 대한 징계처분과 같이 보아 행정처분과 같이 행정절차법에 의하여 근거와 이유를 제시하여야 하는 것은 아니다(대법원 2002.11.26. 선고 2002두5948).

06 정답 ③

① (○) 지위승계신고는 수리를 요하는 신고이다. 따라서 수리는 법적효과를 갖는 행정처분이다.

> **관련 판례**
>
> 식품위생법 제25조 제3항에 의한 영업양도에 따른 지위승계신고를 수리하는 허가관청의 행위는 영업허가자의 변경이라는 법률효과를 발생시키는 행위(편저자 주: 수리는 공법적효과를 발생시키는 행정처분)라고 할 것이다(대법원 1995.2.24. 선고 94누9146).

② (○) 자체완성적 신고의 수리 시 심사 범위 = 형식적 요건 구비 여부에 한정 → 따라서 실체적 사유를 들어 수리거부 불가

> **관련 판례**
>
> 원격평생교육을 불특정 다수인에게 학습비를 받고 실시하는 경우에는 이를 신고하여야 하나, 행정청으로서는 신고서 기재사항에 흠결이 없고 정해진 서류가 구비된 때에는 이를 수리하여야 하고, 이러한 형식적 요건을 모두 갖추었음에도 신고대상이 된 교육이나 학습이 공익적 기준에 적합하지 않는다는 등 실체적 사유를 들어 신고 수리를 거부할 수는 없다(대법원 2011.7.28. 선고 2005두11784).

③ (×) 인·허가의제 효과를 수반하는 건축신고 = 수리를 요하는 신고

> **관련 판례**
>
> 인·허가의제 효과를 수반하는 건축신고는 일반적인 건축신고와는 달리, 특별한 사정이 없는 한 행정청이 그 실체적 요건에 관한 심사를 한 후 수리하여야 하는 이른바 '수리를 요하는 신고'로 보는 것이 옳다(대법원 2011.1.20. 선고 2010두14954 전원합의체 판결).

④ (○) 채석허가수허가자변경신고수리처분취소소송에서 사업의 양도행위가 무효라고 주장하는 양도자가 양도·양수행위의 무효를 구함이 없이 사업양도·양수에 따른 허가관청의 지위승계 신고수리처분의 무효확인을 구할 법률상 이익이 있다(대법원 2005.12.23. 선고 2005두3554).

07 정답 ④

① (○) 국가공무원법상의 직위해제 = 행정절차법 적용 배제 사항

> **관련 판례**
> 국가공무원법상 직위해제처분은 구 행정절차법 제3조 제2항 제9호, 구 행정절차법 시행령 제2조 제3호에 의하여 당해 행정작용의 성질상 행정절차를 거치기 곤란하거나 불필요하다고 인정되는 사항 또는 행정절차에 준하는 절차를 거친 사항에 해당하므로, 처분의 사전통지 및 의견청취 등에 관한 행정절차법의 규정이 별도로 적용되지 않는다(대법원 2014. 5. 16. 선고 2012두26180).

② (○) 이유제시는 상대방이 충분히 알 수 있을 정도면 된다.

> **관련 판례**
> 처분 당시 당사자가 어떠한 근거와 이유로 처분이 이루어진 것인지를 충분히 알 수 있어서 그에 불복하여 행정구제절차로 나아가는 데 별다른 지장이 없었던 것으로 인정되는 경우에는 처분서에 처분의 근거와 이유가 구체적으로 명시되어 있지 않았다고 하더라도 이를 처분을 취소하여야 할 절차상 하자로 볼 수 없다(대법원 2019. 12. 13. 선고 2018두41907).

③ (○) 하자의 치유를 부정한 사례(행정청이 아무것도 하지 않은 경우)

> **관련 판례**
> 세액산출근거가 기재되지 아니한 납세고지서에 의한 부과처분은 강행법규에 위반하여 취소대상이 된다 할 것이므로 이와 같은 하자는 납세의무자가 전심절차에서 이를 주장하지 아니하였거나, 그 후 부과된 세금을 자진납부하였다거나, 또는 조세채권의 소멸시효기간이 만료되었다 하여 치유되는 것이라고는 할 수 없다(대법원 1985.4.9. 선고 84누431 판결).

④ (×) 청문 주재자는 당사자등의 전부 또는 일부가 **정당한 사유 없이 청문기일에 출석하지 아니하거나** 제31조제3항에 따른 의견서를 제출하지 아니한 경우에는 **이들에게 다시 의견진술 및 증거제출의 기회를 주지 아니하고 청문을 마칠 수 있다**(행정절차법 제35조 제2항).

08 정답 ④

① (○) 정보의 공개 및 우송 등에 드는 비용은 실비(實費)의 범위에서 **청구인이 부담한다**(동법 제17조 제1항).

② (○) 공공기관의 보유·관리하고 있지 않은 정보 또는 정보공개 청구로 보기 어려운 경우 등에는 민원으로 처리할 수 있다.

> **공공기관의 정보공개에 관한 법률**
> 제11조(정보공개 여부의 결정) 공공기관은 정보공개 청구가 다음 각 호의 어느 하나에 해당하는 경우로서 「민원 처리에 관한 법률」에 따른 민원으로 처리할 수 있는 경우에는 **민원으로 처리할 수 있다.**
> 1. 공개 청구된 정보가 공공기관이 보유·관리하지 아니하는 정보인 경우
> 2. 공개 청구의 내용이 진정·질의 등으로 이 법에 따른 정보공개 청구로 보기 어려운 경우

③ (○) **정보공개청구권은 법률상 보호되는 구체적인 권리**이므로 청구인이 공공기관에 대하여 **정보공개를 청구하였다가 거부처분을 받은 것 자체가 법률상 이익의 침해에 해당한다**(대법원 2003.12.12. 선고 2003두8050).

④ (×) 제7조(정보의 사전적 공개 등) ① 공공기관은 다음 각 호의 어느 하나에 해당하는 정보에 대해서는 **공개의 구체적 범위, 주기, 시기 및 방법 등을 미리 정하여 정보통신망 등을 통하여 알리고, 이에 따라 정기적으로 공개하여야** 한다. 다만, 제9조 제1항 각 호의 어느 하나에 해당하는 정보(편저자 주: 비공개대상정보)에 대해서는 그러하지 아니하다.
1. **국민생활에 매우 큰 영향을 미치는 정책에 관한 정보**
2. 국가의 시책으로 시행하는 공사(工事) 등 대규모 예산이 투입되는 사업에 관한 정보
3. 예산집행의 내용과 사업평가 결과 등 행정감시를 위하여 필요한 정보
4. 그 밖에 공공기관의 장이 정하는 정보

09 정답 ②

① (×) 이행강제금은 대체적 작위의무 불이행에도 부과될 수 있고, 이러한 경우 행정청은 대집행과 이행강제금을 선택적으로 활용할 수 있다.

> **관련 판례**
> 전통적으로 행정대집행은 대체적 작위의무에 대한 강제집행수단으로, 이행강제금은 부작위의무나 비대체적 작위의무에 대한 강제집행수단으로 이해되어 왔으나, 이는 이행강제금제도의 본질에서 오는 제약은 아니며, **이행강제금은 대체적 작위의무의 위반에 대하여도 부과될 수 있다.** 행정청은 개별사건에 있어서 위반내용, 위반자의 시정의지 등을 감안하여 대집행과 이행강제금을 선택적으로 활용할 수 있으며, 이처럼 그 합리적인 재량에 의해 선택하여 활용하는 이상 중첩적인 제재에 해당한다고 볼 수 없다(헌법재판소 2004.2.26. 2001헌바80·84·102·103, 2002헌바26(병합)).

② (○) **이행강제금 납부의무는 상속인 기타의 사람에게 승계될 수 없는 일신전속적인 성질의 것이므로 이미 사망한 사람에게 이행강제금을 부과하는 내용의 처분이나 결정은 당연무효**이고, 이행강제금을 부과받은 사람의 이의에 의하여 비송사건절차법에 의한 재판절차가 개시된 후에 그 이의한 사람이 사망한 때에는 사건 자체가 목적을 잃고 절차가 종료한다(대법원 2006.12.8. 자 2006마470).

③ (×) 이행강제금은 과거 의무불이행에 대한 제재가 아니라, 미래 의무이행을 확보하기 위한 수단이다. 따라서 뒤늦게라도 의무를 이행했다면 더 이상 이행강제금을 부과할 수 없다.

> **관련 판례**
> 장기미등기자가 이행강제금 부과 전에 등기신청의무를 이행하였다면 이행강제금의 부과로써 이행을 확보하고자 하는 목적은 이미 실현된 것이므로 부동산실명법 제6조 제2항에 규정된 기간이 지나서 등기신청의무를 이행한 경우라 하더라도 이행강제금을 부과할 수 없다(대법원 2016.6.23. 선고 2015두36454).

④ (×) 형사처벌과 별도로 시정명령 위반에 대하여 이행강제금을 부과하는 건축법 제83조 제1항이 이중처벌에 해당하지 않는다(대법원 2005.8.19. 자 2005마30).

10 정답 ②

① (○) 사정판결을 하기 위해서는 반드시 피고행정청의 주장(신청)이 있어야 하는지가 문제된다. 이에 대해 판례는 **당사자의 명백한 주장이 없는 경우에도 직권으로 사정판결을 할 수 있다**(대법원 1992.2.14. 선고, 90누9032)는 입장이다.

② (×) **사정판결은 오로지 항고소송 중 '취소소송'에서만 인정된다.** 반면

사정재결은 취소심판과 의무이행심판에서 인정된다.

> **관련 판례**
> 당연무효의 행정처분을 소송목적물로 하는 행정소송에서는 존치시킬 효력이 있는 행정행위가 없기 때문에 행정소송법 제28조 소정의 사정판결을 할 수 없다(대법원 1996.3.22. 선고 95누5509).

③ (○), ④ (○) 사정판결에 대한 의의 및 행정소송법 규정으로 옳은 지문이다.

> **행정소송법**
> 제28조(사정판결) ① 원고의 청구가 이유 있다고 인정하는 경우에도 처분 등을 취소하는 것이 현저히 공공복리에 적합하지 아니하다고 인정하는 때에는 법원은 원고의 청구를 기각할 수 있다. 이 경우 법원은 그 판결의 주문에서 그 처분 등이 위법함을 명시하여야 한다.
> ② 법원이 제1항의 규정에 의한 판결을 함에 있어서는 미리 원고가 그로 인하여 입게 될 손해의 정도와 배상방법 그 밖의 사정을 조사하여야 한다.
> ③ 원고는 피고인 행정청이 속하는 국가 또는 공공단체를 상대로 손해배상, 제해시설의 설치 그 밖에 적당한 구제방법의 청구를 당해 취소소송 등이 계속된 법원에 병합하여 제기할 수 있다.

11 정답 ②

① (○) 질서위반행위 법정주의

> **질서위반행위규제법**
> 제6조(질서위반행위 법정주의) 법률에 따르지 아니하고는 어떤 행위도 질서위반행위로 과태료를 부과하지 아니한다.

② (×) 통고처분을 했으면 범칙금 납부기간까지는 형사절차를 진행할 수 없다.

> **관련 판례**
> 경찰서장이 범칙행위에 대하여 통고처분을 한 이상, 범칙자의 위와 같은 절차적 지위를 보장하기 위하여 통고처분에서 정한 범칙금 납부기간까지는 원칙적으로 경찰서장은 즉결심판을 청구할 수 없고, 검사도 동일한 범칙행위에 대하여 공소를 제기할 수 없다고 보아야 한다(대법원 2020. 4. 29. 선고 2017도13409).

③ (○) 이의제기로 행정청의 과태료 부과처분의 효력이 상실된다.

> **질서위반행위규제법**
> 제20조(이의제기) ① 행정청의 과태료부과에 불복하는 당사자는 제17조 제1항에 따른 과태료부과 통지를 받은 날부터 60일 이내에 해당 행정청에 서면으로 이의제기를 할 수 있다.
> ② 제1항에 따른 이의제기가 있는 경우에는 행정청의 과태료 부과처분은 그 효력을 상실한다.

④ (○) 가담한 신분 없는 자도 질서위반행위가 성립한다(성립은 함께! 감면·가중은 각각!)

> **질서위반행위규제법**
> 제12조(다수인의 질서위반행위 가담) ② 신분에 의하여 성립하는 질서위반행위에 신분이 없는 자가 가담한 때에는 신분이 없는 자에 대하여도 질서위반행위가 성립한다.
> ③ 신분에 의하여 과태료를 감경 또는 가중하거나 과태료를 부과하지 아니하는 때에는 그 신분의 효과는 신분이 없는 자에게는 미치지 아니한다.

12 정답 ②

① (○) 퇴거 및 명도 의무(= 점유이전의무)는 비대체적 작위의무이다. 따라서 대집행의 대상이 되지 않는다.

> **관련 판례**
> 도시공원시설인 매점의 관리청이 그 공동점유자 중의 1인에 대하여 소정의 기간 내에 위 매점으로부터 퇴거하고 이에 부수하여 그 판매 시설물 및 상품을 반출하지 아니할 때에는 이를 대집행하겠다는 내용의 계고처분은 그 주된 목적이 매점의 원형을 보존하기 위하여 점유자가 설치한 불법 시설물을 철거하고자 하는 것이 아니라, 매점에 대한 점유자의 점유를 배제하고 그 점유이전을 받는 데 있다고 할 것인데, 이러한 의무는 그것을 강제적으로 실현함에 있어 직접적인 실력행사가 필요한 것이지 대체적 작위의무에 해당하는 것은 아니어서 직접강제의 방법에 의하는 것은 별론으로 하고 행정대집행법에 의한 대집행의 대상이 되는 것은 아니다(대법원 1998.10.23. 선고 97누157).

② (×) 건물 점유자가 철거의무자 일 때 **행정청**은 철거의무불이행에 대해 **대집행**을 할 수 있고, 이 과정에서 **부수적으로 강제퇴거조치**를 할 수 있다. 이때 강제퇴거에 대해 별도의 **집행권원(법원의 판결문)도 필요하지 않다**. 결국 행정청이 스스로 강제퇴거를 명할 수 있기 때문에, 이에 대해 민사소송으로 건물퇴거를 구하는 것은 부적법하다.

> **관련 판례**
> 1. 행정청이 행정대집행의 방법으로 건물철거의무의 이행을 실현할 수 있는 경우에는 건물철거 대집행 과정에서 부수적으로 그 건물의 점유자들에 대한 퇴거 조치를 할 수 있는 것이고, 그 점유자들이 적법한 행정대집행을 위력을 행사하여 방해하는 경우 형법상 공무집행방해죄가 성립한다(대법원 2011. 4. 28. 선고 2007도7514).
> 2. 건물의 점유자가 철거의무자일 때에는 건물철거의무에 퇴거의무도 포함되어 있는 것이어서 별도로 퇴거를 명하는 집행권원이 필요하지 않다(대법원 2017.4.28. 선고 2016다213916).

③ (○) 대집행에 요한 비용을 징수하였을 때에는 그 징수금은 사무비의 소속에 따라 국고 또는 지방자치단체의 수입으로 한다(행정대집행법 제6조 제3항).

④ (○) 대집행의 각 절차는 모두 행정처분이므로, 행정심판을 제기할 수 있다.

> **관련 판례**
> 계고처분은 그 처분 자체만으로써는 행정적 법률효과를 발생하는 것은 아니나, 대집행영장을 발부하고 대집행을 하는데 전제가 되는 것이므로 행정처분이라 할 수 있다(대판 1962.10.18. 62누117).

13 정답 ②

① (○) 지방자치단체장이 설치하여 관할 지방경찰청장에게 관리권한이 위임된 교통신호기의 고장으로 인하여 교통사고가 발생한 경우, **지방자치단체(제2조 또는 제5조)**뿐만 아니라 교통신호기를 관리하는 지방경찰청장 산하 경찰관들에 대한 봉급을 부담하는 국가도 국가배상법 제6조 제1항에 의한 배상책임을 부담한다(대법원 1999.6.25. 선고 99다11120).

② (×) 공무원이 고의 또는 과실로 그에게 부과된 직무상 의무를 위반하였을 경우라고 하더라도 국가는 그러한 직무상의 의무 위반과 피해자가 입은 손해 사이에 상당인과관계가 인정되는 범위 내에서만 배상책

임을 지는 것이고, 이 경우 **상당인과관계가 인정되기 위하여는 공무원에게 부과된 직무상 의무의 내용이 단순히 공공 일반의 이익을 위한 것이거나 행정기관 내부의 질서를 규율하기 위한 것이 아니고 전적으로 또는 부수적으로 사회구성원 개인의 안전과 이익을 보호하기 위하여 설정된 것이어야** 한다(대법원 2010.9.9. 선고 2008다77795).

③ (ㅇ) 사실상의 관리를 하는 경우에도 공공의 영조물에 포함된다.

> **관련 판례**
> 국가배상법 제5조 제1항 소정의 "공공의 영조물"이라 함은 국가 또는 지방자치단체에 의하여 특정 공공의 목적에 공여된 유체물 내지 물적 설비를 지칭하며, 특정 공공의 목적에 공여된 물이라 함은 일반공중의 자유로운 사용에 직접적으로 제공되는 공공용물에 한하지 아니하고, 행정주체 자신의 사용에 제공되는 공용물도 포함하며 국가 또는 지방자치단체가 소유권, 임차권 그밖의 권한에 기하여 관리하고 있는 경우뿐만 아니라 사실상의 관리를 하고 있는 경우도 포함한다(대법원 1995. 1. 24. 선고 94다45302).

④ (ㅇ) 공무원 개인도 고의 또는 중과실이 있는 경우에는 불법행위로 인한 손해배상책임을 진다고 할 것이지만, 공무원에게 경과실뿐인 경우에는 공무원 개인은 손해배상책임을 부담하지 아니한다(대법원 1996.2.15. 선고 95다38677 전원합의체 판결).

14 정답 ③

① (ㅇ) '처분이 있음을 안 날'이라 함은 당해 처분이 있었다는 사실을 **현실적으로 안 날**을 의미하고, 추상적으로 알 수 있었던 날을 의미하는 것은 아니라 할 것이며, 다만 처분을 기재한 서류가 당사자의 주소에 송달되는 등으로 **사회통념상 처분이 있음을 당사자가 알 수 있는 상태에 놓여진 때에는 반증이 없는 한 그 처분이 있음을 알았다고 추정할 수는 있다**(대법원 1995.11.24. 선고 95누11535).

② (ㅇ) 부작위에 대한 의무이행심판은 심판청구기간 규정의 적용을 받지 않는다. 다만 사정재결은 인정된다. 사정재결은 취소심판과 의무이행심판에서 인정된다.

의무이행심판의 특징

1. 청구기간(행정심판법 제27조 제7항)

거부처분 O	① 처분이 있음을 알게 된 날부터 90일 이내에 제기 ② 처분이 있었던 날부터 180일 이내에 제기
부작위 X	부작위의 경우에는 청구기간의 제한이 없음.

2. 집행정지에 관한 규정 적용 (×): 거부처분은 집행정지의 대상이 될 수 없고, 부작위의 경우 집행정지의 대상인 처분이 없다.
3. 사정재결(농법 제44조 제3항) (ㅇ)

③ (×) 재심판 청구 금지: 심판청구에 대한 재결이 있으면 **그 재결 및 같은 처분 또는 부작위에 대하여 다시 행정심판을 청구할 수 없다**(행정소송법 제51조).

④ (ㅇ) 재결이 확정되어도 기판력(확정판결의 효력)이 인정되지는 않는다.

> **관련 판례**
> 재결에 판결에서와 같은 기판력이 인정되는 것은 아니어서 재결이 확정된 경우에도 처분의 기초가 된 사실관계나 법률적 판단이 확정되고 당사자들이나 법원이 이에 기속되어 모순되는 주장이나 판단을 할 수 없게 되는 것은 아니다(대법원 2015.11.27. 선고 2013다6759).

15 정답 ①

① (×) 제재적 행정처분이 그 처분에서 정한 제재기간의 경과로 인하여 그 효과가 소멸되었으나, 부령인 시행규칙 또는 지방자치단체의 규칙의 형식으로 정한 처분기준에서 **제재적 행정처분을 받은 것을 가중사유나 전제요건으로 삼아 장래의 제재적 행정처분을 하도록** 정하고 있는 경우, 선행처분인 제재적 행정처분을 받은 상대방이 그 처분에서 정한 제재기간이 경과하였다 하더라도 **그 처분의 취소를 구할 법률상 이익이 있다**(대법원 2006.06.22. 선고 2003두1684 전원합의체 판결).

② (ㅇ) **지방의회 의원에 대한 제명의결처분 취소소송 계속 중 그 의원의 임기가 만료된 경우** 소의 이익이 소멸하지 않는다. 따라서 원고가 이 사건 제명의결 취소소송 계속 중 임기가 만료되어 제명의결의 취소로 지방의회 의원으로서의 지위를 회복할 수는 없다 할지라도, 그 취소로 인하여 최소한 제명의결시부터 임기만료일까지의 기간에 대해 월정수당의 지급을 구할 수 있는 등 여전히 그 제명의결의 취소를 구할 법률상 이익은 남아 있다고 보아야 한다(대법원 2009.1.30. 선고 2007두13487).

③ (ㅇ) 파면처분 취소소송 계속 중 금고 이상의 형을 선고받아 당연퇴직된 경우에도 취소판결로 인해 회복되는 법률상 이익이 있다면, **위 파면처분의 취소를 구할 이익이 있다**.

> **관련 판례**
> 파면처분취소소송의 사실심변론종결전에 동원고가 허위공문서등작성죄로 징역 8월에 2년간 집행유예의 형을 선고받아 확정되었다면 원고는 지방공무원법 제61조의 규정에 따라 위 판결이 확정된 날 당연퇴직되어 그 공무원의 신분을 상실하고, 당연퇴직이나 파면이 퇴직급여에 관한 불이익의 점에 있어 동일하다 하더라도 최소한도 이 사건 파면처분이 있은 때부터 위 법규정에 의한 당연퇴직일자까지의 기간에 있어서는 파면처분의 취소를 구하여 그로 인해 박탈당한 이익의 회복을 구할 소의 이익이 있다 할 것이다(대법원 1985.6.25. 선고 85누39).

④ (ㅇ) **공익근무요원 소집해제신청을 거부한 후에 원고가 계속하여 공익근무요원으로 복무함에 따라 복무기간 만료를 이유로 소집해제처분을 한 경우**, 원고가 입게 되는 권리와 이익의 침해는 소집해제처분으로 해소되었으므로 위 거부처분의 취소를 구할 소의 이익이 없다고 한 사례(대법원 2005.5.13. 선고 2004두4369).

16 정답 ④

① (ㅇ) 기속력은 항고소송에 모두 적용되고, 간접강제규정은 취소소송과 부작위위법확인소송에 적용된다.

② (ㅇ) **행정행위를 하여 줄 것을 요구할 수 있는 법규상 또는 조리상의 권리를 가지고 있지 아니한 경우에는 원고적격이 없거나 항고소송의 대상인 위법한 부작위가 있다고 볼 수 없어 그 부작위위법확인의 소는 부적법하다**

③ (ㅇ) 취소소송에 관한 행정심판전치주의 규정과 제소기간 제한에 관한 규정은 부작위위법확인소송에도 준용된다.

④ (×) 부작위란 행정청이 법규상 또는 조리상 의무가 있음에도 이를 이행하지 않는 경우를 말한다. 이때 재량행위의 경우에도 행정청은 재량권을 적법하게 행사하여 신청인에게 응답해야할 의무는 존재하기 때문에, 재량행위의 경우에도 신청에 대하여 어떠한 처분을 하여야 할 법률상 의무는 존재한다.

17 정답 ③

① (○) 예외적 허가는 재량행위에 속한다.

> **관련 판례**
> 개발제한구역 내에서는 구역 지정의 목적상 건축물의 건축이나 그 용도변경은 원칙적으로 금지되고, 다만 구체적인 경우에 위와 같은 구역 지정의 목적에 위배되지 아니할 경우 예외적으로 허가되어, 건축물의 용도변경에 대한 예외적인 허가는 그 상대방에게 수익적인 것에 틀림이 없으므로, 이는 그 법률적 성질이 재량행위 내지 자유재량행위에 속하는 것이라고 할 것이고, 따라서 그 위법 여부에 대한 심사는 재량권 일탈·남용의 유무를 그 대상으로 한다(대법원 2001.2.9. 선고 98두17593).

② (○) 구 농지법상 농지처분의무통지는 단순한 관념의 통지에 불과하다고 볼 수는 없고, 상대방인 농지소유자의 의무에 직접 관계되는 독립한 행정처분으로서 항고소송의 대상이 된다(대법원 2003.11.14. 선고 2001두8742).

③ (×) 공무원연금법 제47조, 같은 법 시행령 제40조 제1항에 의하여 공무원연금관리공단의 지급정지처분 여부에 관계없이 그 사유가 발생한 때로부터 당연히 퇴직연금의 지급이 정지되는 것이므로, 퇴직연금의 환수결정은 당사자에게 의무를 과하는 처분이기는 하나, 관련 법령에 따라 당연히 환수금액이 정하여지는 것이므로, 퇴직연금의 환수결정에 앞서 당사자에게 의견진술의 기회를 주지 아니하여도 행정절차법 제22조 제3항이나 신의칙에 어긋나지 아니한다(대법원 2000.11.28. 선고 99두5443).

④ (○) 수익적 행정처분에 있어서는 법령에 특별한 근거규정이 없다고 하더라도 그 부관으로서 부담을 붙일 수 있고, 그와 같은 **부담은 행정청이 행정처분을 하면서 일방적으로 부가할 수도 있지만 부담을 부가하기 이전에 상대방과 협의하여 부담의 내용을 협약의 형식으로 미리 정한 다음 행정처분을 하면서 이를 부가할 수도 있다**(대법원 2009.2.12. 선고 2005다65500).

18 정답 ②

① (○) 도시 및 주거환경정비법상 행정주체인 주택재건축정비사업조합을 상대로 관리처분계획안에 대한 조합 총회결의의 효력 등을 다투는 소송은 행정처분에 이르는 절차적 요건의 존부나 효력 유무에 관한 소송으로서 그 소송결과에 따라 행정처분의 위법 여부에 직접 영향을 미치는 공법상 법률관계에 관한 것이므로, 이는 **행정소송법상의 당사자소송에 해당한다**(대법원 2009. 9. 17. 선고 2007다2428 전원합의체 판결).

② (×) **국가를 당사자로 하는 계약에 관한 법률에 따라 국가가 당사자가 되는 이른바 공공계약**은 사경제 주체로서 상대방과 대등한 위치에서 체결하는 **사법상 계약**으로서 본질적인 내용은 사인 간의 계약과 다를 바가 없으므로, 그에 관한 법령에 특별한 정함이 있는 경우를 제외하고는 **사적 자치와 계약자유의 원칙 등 사법의 원리가 그대로 적용**된다(대법원 2020. 5. 14. 선고 2018다298409).

③ (○) 구 국유재산법 제51조 제1항, 제4항, 제5항에 의한 변상금 부과·징수권은 민사상 부당이득반환청구권과 법적 성질을 달리하므로, **국가는 무단점유자를 상대로 변상금 부과·징수권의 행사와 별도로 국유재산의 소유자로서 민사상 부당이득반환청구의 소를 제기할 수 있다**(대법원 2014.7.16. 선고 2011다76402 전원합의체 판결).

④ (○) A. 지방소방공무원의 보수에 관한 법률관계(= 공법관계), B. 지방소방공무원의 초과근무수당의 지급을 구하는 소송(= 당사자 소송)

> **관련 판례**
> 지방자치단체와 그 소속 경력직 공무원인 지방소방공무원 사이의 관계, 즉 **지방소방공무원의 근무관계**는 사법상의 근로계약관계가 아닌 **공법상의 근무관계**에 해당하고, 그 근무관계의 주요한 내용 중 하나인 **지방소방공무원의 보수에 관한 법률관계는 공법상의 법률관계**라고 보아야 한다. 나아가 **지방소방공무원이 자신이 소속된 지방자치단체를 상대로 초과근무수당의 지급을 구하는 청구에 관한 소송은 행정소송법 제3조 제2호에 규정된 당사자소송의 절차에 따라야 한다**(대법원 2013. 3. 28. 선고 2012다102629).

19 정답 ②

① (○) "행정지도"란 행정기관이 그 소관 사무의 범위에서 일정한 행정목적을 실현하기 위하여 특정인에게 일정한 행위를 하거나 하지 아니하도록 지도, 권고, 조언 등을 하는 행정작용을 말한다(행정절차법 제2조 제3호).

② (×) 세무당국이 소외 회사에 대하여 원고와의 주류거래를 일정기간 중지하여 줄 것을 요청한 행위는 권고 내지 협조를 요청하는 권고적 성격의 행위로서 소외 회사나 원고의 법률상의 지위에 직접적인 법률상의 변동을 가져오는 행정처분이라고 볼 수 없는 것이므로 항고소송의 대상이 될 수 없다(대법원 1980.10.27. 선고 80누395).

③ (○) **교육인적자원부장관의 대학총장들에 대한 이 사건 학칙시정요구**는 대학총장의 임의적인 협력을 통하여 사실상의 효과를 발생시키는 **행정지도의 일종**이지만, 그에 따르지 않을 경우 일정한 불이익조치를 예정하고 있어 사실상 상대방에게 그에 따를 의무를 부과하는 것과 다를 바 없으므로 단순한 행정지도로서의 한계를 넘어 규제적·구속적 성격을 상당히 강하게 갖는 것으로서 **헌법소원의 대상이 되는 공권력의 행사라고 볼 수 있다**(헌법재판소 2003.6.26. 2002헌마337, 2003헌마7·8(병합)).

④ (○) 행정지도가 강제성을 띠지 않은 비권력적 작용으로서 **행정지도의 한계를 일탈하지 아니하였다면, 그로 인하여 상대방에게 어떤 손해가 발생하였다 하더라도 행정기관은 그에 대한 손해배상책임이 없다**(대법원 2008. 9.25. 선고 2006다18228).

20 정답 ②

① (○) **당사자소송**: 행정청의 처분 등을 원인으로 하는 법률관계에 관한 소송 그 밖에 공법상의 법률관계에 관한 소송으로서 그 법률관계의 한쪽 당사자를 피고로 하는 소송

② (×) 1) 가집행이란 종국판결 전의 강제집행을 말한다(민사집행법 24조·56조 2호). 가령 수용보상금을 청구하면서 판결이 인용되기 전에 미리 강제집행을 하는 것이다. 행정소송법 제8조 제2항에 의하면 행정소송에도 민사소송법의 규정이 일반적으로 준용되므로 **법원으로서는 공법상 당사자소송에서 재산권의 청구를 인용하는 판결을 하는 경우 가집행선고를 할 수 있다**(대법원 2000.11.28. 선고 99두3416).

2) 다만 행정소송법은 국가를 상대로 하는 당사자소송의 경우에는 가집행선고를 할 수 없다(행정소송법 제43조)고 규정하고 있었으나, 이

규정은 **헌법재판소로부터 위헌으로 결정되었다**(2020헌가12).
③ (○) 당사자소송의 피고는 국가·공공단체 그 밖의 권리주체를 피고로 한다(행정소송법 제39조).
④ (○) 당사자소송에서도 소 종류의 변경에 관한 행정소송법 제21조 규정을 준용한다. 따라서 당사자소송을 항고소송으로 변경하는 것도 가능하다.

제 4 회 한수성 임팩트행정법 동형모의고사 정답 및 해설

정답 확인

01	02	03	04	05
③	②	①	④	②
06	07	08	09	10
④	③	③	④	②
11	12	13	14	15
②	③	②	④	①
16	17	18	19	20
④	④	②	③	④

01 정답 ③

① (○) 일반적으로 사인의 공법행위는 이에 기한 **행정처분을 통해 법적 효과가 완성되기 이전까지는 이것을 철회·보정할 수 있음이 원칙**이다.

> **행정절차법**
> 제17조(처분의 신청) ⑧ 신청인은 처분이 있기 전에는 그 신청의 내용을 보완·변경하거나 취하(取下)할 수 있다. 다만, 다른 법령등에 특별한 규정이 있거나 그 신청의 성질상 보완·변경하거나 취하할 수 없는 경우에는 그러하지 아니하다.

② (○) 납골당설치 신고는 이른바 '**수리를 요하는 신고**'라 할 것이므로, 납골당설치 신고가 구 장사법 관련 규정의 모든 요건에 맞는 신고라 하더라도 신고인은 곧바로 납골당을 설치할 수는 없고, 이에 대한 행정청의 수리처분이 있어야만 신고한 대로 납골당을 설치할 수 있다. 한편 **수리란 신고를 유효한 것으로 판단하고 법령에 의하여 처리할 의사로 이를 수령하는 수동적 행위이므로 수리행위에 신고필증 교부 등 행위가 꼭 필요한 것은 아니다**(대법원 2011.9.8. 선고 2009두6766).

③ (×) 식품위생법 제25조 제3항에 의한 영업양도에 따른 **지위승계신고를 수리하는 허가관청의 행위**는 단순히 양도·양수인 사이에 이미 발생한 사법상의 사업양도의 법률효과에 의하여 양수인이 그 영업을 승계하였다는 사실의 신고를 접수하는 행위에 그치는 것이 아니라, **영업허가자의 변경이라는 법률효과를 발생시키는 행위**라고 할 것이다.(대법원 1995.2.24. 선고 94누9146).

④ (○) 대법원은 **사인의 공법행위에는 비진의 의사표시를 무효로 규정한 민법 제107조 제1항 단서규정이 적용되지 않는다고** 판시하고 있다(97누13962, 93누10057).

02 정답 ②

ㄱ. (×) **한국마사회가 조교사 또는 기수의 면허를 부여하거나 취소하는 것**은 국가 기타 행정기관으로부터 위탁받은 행정권한의 행사가 아니라 **일반 사법상의 법률관계에서 이루어지는 단체 내부에서의 징계 내지 제재처분**이다. 행정소송의 대상이 되는 행정처분이란 행정청 또는 그 소속기관이나 법령에 의하여 행정권한의 위임 또는 위탁을 받은 공공단체 등이 국민의 권리·의무에 관계되는 사항에 관하여 직접 효력을 미치는 공권력의 발동으로서 하는 공법상의 행위를 말하며, 그것이 상대방의 권리를 제한하는 행위라 하더라도 행정청 또는 그 소속기관이나 권한을 위임받은 공공단체 등의 행위가 아닌 한 **이를 행정처분이라고 할 수 없다**(대법원 2008.1.31. 선고 2005두8269).

ㄴ. (○) 대학교원의 임용권자가 **임용기간이 만료된 조교수에 대하여 재임용을 거부하는 취지로 한 임용기간만료의 통지가 행정소송의 대상이 되는 처분에 해당**한다(대법원 2004.4.22. 선고 2000두7735 전원합의체 판결).

ㄷ. (×) **당연퇴직의 통보**는 법률상 당연히 발생하는 퇴직사유를 공적으로 확인하여 알려 주는 사실의 통보에 불과한 것이지 그 통보자체가 징계파면이나 직권면직과 같이 공무원의 신분을 상실시키는 새로운 형성적 행위는 아니므로 **항고소송의 대상이 되는 독립한 행정처분이 될 수는 없다**(대법원 1985. 7. 23. 선고 84누374).

ㄹ. (×) **어업권면허에 선행하는 우선순위결정은** 강학상 확약에 불과하고 **행정처분은 아니므로, 우선순위결정에 공정력이나 불가쟁력과 같은 효력은 인정되지 아니 한다**(대법원 1995.1.20. 선고 94누6529).

ㅁ. (○) 검사에 대한 경고조치 관련 규정을 위 법리에 비추어 살펴보면, **검찰총장이** 사무검사 및 사건평정을 기초로 대검찰청 자체감사규정 제23조 제3항, 검찰공무원의 범죄 및 비위 처리지침 제4조 제2항 제2호 등에 근거하여 **검사에 대하여 하는 '경고조치'**는 일정한 서식에 따라 검사에게 개별 통지를 하고 이의신청을 할 수 있으며, 검사가 검찰총장의 경고를 받으면 1년 이상 감찰관리 대상자로 선정되어 특별관리를 받을 수 있고, 경고를 받은 사실이 인사자료로 활용되어 복무평정, 직무성과금 지급, 승진·전보인사에서도 불이익을 받게 될 가능성이 높아지며, 향후 다른 징계사유로 징계처분을 받게 될 경우에 징계양정에서 불이익을 받게 될 가능성이 높아지므로, 검사의 권리 의무에 영향을 미치는 행위로서 **항고소송의 대상이 되는 처분**이라고 보아야 한다(대법원 2021. 2. 10. 선고 2020두47564).

03 정답 ①

① (×) 청구인의 공개청구에 대해 1) **공개 거부결정**이 있거나 2) **일부 거부결정**(일부만 공개, 공개는 하되 청구인이 선택한 방법과는 다른 방법으로 공개) 또는 3) **공개청구 후 20일이 경과하도록 공개결정이 없는** 때에는 이의신청, 행정심판, 행정소송을 통한 권리 구제가 가능하다.

② (○) '진행 중인 재판에 관련된 정보'에 해당한다는 사유로 정보공개를 거부하기 위하여는 반드시 그 정보가 진행 중인 재판의 소송기록 자체에 포함된 내용일 필요는 없다. 그러나 재판에 관련된 일체의 정보가 그에 해당하는 것은 아니고 진행 중인 재판의 심리 또는 재판결과에 구체적으로 영향을 미칠 위험이 있는 정보에 한정된다고 보는 것이 타당하다(대법원 2011.11.24. 선고 2009두19021).

③ (○) 법원이 행정기관의 **정보공개거부처분**의 위법 여부를 심리한 결과 공개를 거부한 정보에 **비공개사유에 해당하는 부분과 그렇지 않은 부분이 혼합**되어 있고, 공개청구의 취지에 어긋나지 않는 범위 안에서 **두 부분을 분리할 수 있는 경우, 공개가 가능한 정보에 한하여 일부취소를 명할 수 있다**(대법원 2009.12.10. 선고 2009두12785).

④ (○) 정보공개를 요구받은 공공기관이 구 공공기관의 정보공개에 관한 법률 제9조 제1항 중 몇 호에서 정한 비공개사유에 해당하는지를 주장·증명하지 아니한 채 개괄적인 사유만을 들어 공개를 거부할 수 없다(대법원 2018. 4. 12. 선고 2014두5477).

> **공공기관의 정보공개에 관한 법률**
>
> 제13조(정보공개 여부 결정의 통지) ⑤ 공공기관은 제11조에 따라 정보의 비공개 결정을 한 경우에는 그 사실을 청구인에게 지체 없이 문서로 통지하여야 한다. 이 경우 **제9조제1항 각 호 중 어느 규정에 해당하는 비공개 대상 정보인지를 포함한 비공개 이유와 불복(不服)의 방법 및 절차를 구체적으로 밝혀야** 한다.

04 정답 ④

① (×) 철회 신청권은 원칙적으로 인정되지 않는다. 즉, 행정청이 직권으로 철회하는 것이다.

> **행정기본법**
>
> 제19조(적법한 처분의 철회) ① 행정청은 **적법한** 처분이 다음 각 호의 어느 하나에 해당하는 경우에는 그 처분의 전부 또는 일부를 **장래를 향하여 철회할 수 있다**.
> 1. 법률에서 정한 철회 사유에 해당하게 된 경우
> 2. 법령등의 변경이나 사정변경으로 처분을 더 이상 존속시킬 필요가 없게 된 경우
> 3. 중대한 공익을 위하여 필요한 경우

② (×) 처분에 재량이 있는 경우에는 자동적 처분이 불가하다.

> **행정기본법**
>
> 제20조(**자동적 처분**) 행정청은 **법률**로 정하는 바에 따라 완전히 자동화된 시스템(인공지능 기술을 적용한 시스템을 포함한다)으로 **처분을 할 수 있다. 다만, 처분에 재량이 있는 경우는 그러하지 아니하다.**

③ (×) 법 위반행위에 대한 제재는 위반행위 당시의 법령에 따른다(행위시법주의). 처분 당시의 법령에 따르는 것은 신청을 전제로 하는 처분이다.

> **행정기본법**
>
> 제14조(법 적용의 기준) ③ 법령등을 위반한 행위의 성립과 이에 대한 제재처분은 법령등에 특별한 규정이 있는 경우를 제외하고는 **법령등을 위반한 행위 당시의 법령등에 따른다. 다만, 법령등을 위반한 행위 후 법령등의 변경에 의하여 그 행위가 법령등을 위반한 행위에 해당하지 아니하거나 제재처분 기준이 가벼워진 경우로서 해당 법령등에 특별한 규정이 없는 경우에는 변경된 법령등을 적용한다.**

④ (○) 소급효 금지의 원칙

> **행정기본법**
>
> 제14조(법 적용의 기준) ① 새로운 법령등은 법령등에 특별한 규정이 있는 경우를 제외하고는 그 법령등의 효력 발생 전에 완성되거나 종결된 사실관계 또는 법률관계에 대해서는 적용되지 아니한다.

05 정답 ②

① (○) 도시계획법 제12조 소정의 **도시계획결정이 고시되면** 도시계획구역안의 토지나 건물 소유자의 토지형질변경, 건축물의 신축, 개축 또는 증축 등 권리행사가 일정한 제한을 받게 되는바 이런 점에서 볼 때 고시된 도시계획결정은 특정 개인의 권리 내지 법률상의 이익을 개별적이고 구체적으로 규제하는 효과를 가져오게 하는 **행정청의 처분**이라 할 것이고, 이는 행정소송의 대상이 되는 것이라 할 것이다(대법원 1982. 3. 9. 선고 80누105).

② (×) 국토해양부, 환경부, 문화체육관광부, 농림수산부, 식품부가 합동으로 2009.6.8. 발 표한 '**4대강 살리기 마스터플랜**'등은 4대강 정비사업과 주변 지역의 관련 사업을 체계 적으로 추진하기 위하여 수립한 종합계획이자 4대강 살리기 사업'의 기본방향을 제시하는 계획으로서, 행정기관 내부에서 사업의 기본방향을 제시하는 것일 뿐, **국민의 권리·의무에 직접 영향을 미치는 것이 아니어서 행정처분에 해당하지 않는다**(대법원 2011.4.21. 자 2010무111 전원합의체 결정).

③ (○) 행정주체가 행정계획을 입안·결정함에 있어서 **이익형량을 전혀 행하지 아니하거나 이익형량의 고려 대상에 마땅히 포함시켜야 할 사항을 누락한 경우 또는 이익형량을 하였으나 정당성과 객관성이 결여된 경우 행정계획결정은 형량에 하자가 있어 위법**하게 된다(대법원 2007.4.12. 선고, 2005두1893).

④ (○) 산업단지개발계획상 산업단지 안의 **토지 소유자**로서 산업단지개발계획에 적합한 시설을 설치하여 입주하려는 자는 산업단지지정권자 또는 그로부터 권한을 위임받은 기관에 대하여 **산업단지개발계획의 변경을 요청할 수 있는 법규상 또는 조리상 신청권이 있고**, 이러한 신청에 대한 거부행위는 항고소송의 대상이 되는 행정처분에 해당한다고 보아야 한다(대법원 2017. 8. 29. 선고 2016두44186).

06 정답 ④

① (×) 행정청이 구 관광진흥법 또는 구 체육시설법의 규정에 의하여 유원시설업자 또는 체육시설업자 지위승계신고를 수리하는 처분은 종전 유원시설업자 또는 체육시설업자의 권익을 제한하는 처분이고, 종전 유원시설업자 또는 체육시설업자는 그 처분에 대하여 직접 그 상대가 되는 자에 해당한다고 보는 것이 타당하므로, **행정청이 그 신고를 수리하는 처분을 할 때에는** 행정절차법 규정에서 정한 당사자에 해당하는 종전 유원시설업자 또는 체육시설업자에 대하여 위 규정에서 정한 **행정절차를 실시하고 처분을 하여야** 한다(대법원 2012.12.13. 선고 2011두29144).

② (×) **행정예고기간**은 예고 내용의 성격 등을 고려하여 정하되, 특별한 사정이 없으면 **20일 이상**으로 한다(행정절차법 제46조 제3항).

③ (×) 신청인의 행정청에 대한 신청의 의사표시는 명시적이고 확정적인 것이어야 한다고 할 것이므로 신청인이 신청에 앞서 행정청의 허가

업무 담당자에게 신청서의 내용에 대한 검토를 요청한 것만으로는 다른 특별한 사정이 없는 한 **명시적이고 확정적인 신청의 의사표시가 있었다고 하기 어렵다고 할 것이다**(대법원 2004.10.15. 선고 2003두13243).

④ (○) 행정절차법 제3조 제2항 제9호, 행정절차법 시행령 제2조 제2호 등 관련 규정들의 내용을 행정의 공정성, 투명성, 신뢰성을 확보하고 처분상대방의 권익보호를 목적으로 하는 행정절차법의 입법 목적에 비추어 보면, 행정절차법의 적용이 제외되는 '**외국인의 출입국에 관한 사항**'이란 해당 행정작용의 성질상 행정절차를 거치기 곤란하거나 거칠 필요가 없다고 인정되는 사항이나 행정절차에 준하는 절차를 거친 사항으로서 행정절차법 시행령으로 정하는 사항만을 가리킨다. '**외국인의 출입국에 관한 사항**'이라고 하여 행정절차를 거칠 필요가 당연히 **부정되는 것은 아니다**(대법원 2003.11.28. 선고 2003두674).

07 정답 ③

① (×) 감액처분에 의해 변경된 내용의 당초처분이 소송의 대상이며, 제소기간도 당초처분을 기준으로 한다. 이때 당초처분이 행정심판을 거친 경우에 해당하므로 **재결서 정본을 송달받은 날부터 90일 이내에 취소소송을 제기해야 한다**.

> **관련 판례**
> 과세표준과 세액을 감액하는 경정처분은 당초 부과처분과 별개 독립의 과세처분이 아니라 그 실질은 당초 부과처분의 변경이고, 그에 의하여 세액의 일부 취소라는 납세자에게 유리한 효과를 가져오는 처분이므로 그 감액경정처분으로도 아직 취소되지 아니하고 남아 있는 부분이 위법하다 하여 다투는 경우, 항고소송 대상은 당초의 부과처분 중 경정처분에 의하여 취소되지 않고 남은 부분이고, 경정처분이 항고소송의 대상이 되는 것은 아니며, 이 경우 적법한 전심절차를 거쳤는지 여부, 제소기간의 준수 여부도 당초 처분을 기준으로 판단하여야 한다.(대법원 2007.10.26. 선고 2005두3585).

② (×) 행정소송법상 소 종류의 변경의 경우, 피고경정 조문이 준용되어, 새로운 소에 대한 제소기간의 준수 여부는 처음 소를 제기한 때를 기준으로 한다. 즉 변경된 소는 **처음 소를 제기한 때 제기된 것으로 본다**.

③ (○) 부작위법확인소송은 원칙적으로 제소기간 제한 없이 소송을 제기할 수 있지만, 만약 **행정심판(의무이행심판)을 거친 경우에는 재결서 정본을 송달받은 날부터 90일 이내에 행정소송을 제기해야** 한다.

④ (×) 행정심판의 청구가 있은 날로부터 **60일이 지나도 재결이 없는 때**에 재결을 거치지 않고 행정소송을 제기할 수 있다.

08 정답 ③

① (○) 국가배상책임이 인정되기 위한 공무원의 법령위반에는 엄격하게 형식적 의미의 법령의 명시적 규정에 위반하는 경우만을 의미하는 것은 아니고, 행정법의 기본원리 등 불문법 위반을 포함한다. 따라서 '법령에 위반하여'란 널리 그 행위가 객관적인 정당성을 결여하고 있는 경우를 포함한다고 할 수 있다.

> **관련 판례**
> 공무원의 부작위로 인한 국가배상책임을 인정하기 위하여는 공무원의 작위로 인한 국가배상책임을 인정하는 경우와 마찬가지로 '공무원이 그 직무를 집행함에 당하여 고의 또는 과실로 법령에 위반하여 타인에게 손해를 가한 때'라고 하는 국가배상법 제2조 제1항의 요건이 충족되어야 할 것인바, 여기서 '법령에 위반하여'라고 하는 것이 엄격하게 형식적 의미의 법령에 명시적으로 공무원의 작위의무가 규정되어 있는데도 이를 위반하는 경우만을 의미하는 것은 아니고, 국민의 생명, 신체, 재산 등에 대하여 절박하고 중대한 위험상태가 발생하였거나 발생할 우려가 있어서 국민의 생명, 신체, 재산 등을 보호하는 것을 본래적 사명으로 하는 국가가 초법규적, 일차적으로 그 위험 배제에 나서지 아니하면 국민의 생명, 신체, 재산 등을 보호할 수 없는 경우에는 형식적 의미의 법령에 근거가 없더라도 국가나 관련 공무원에 대하여 그러한 위험을 배제할 작위의무를 인정할 수 있을 것이나, 그와 같은 절박하고 중대한 위험상태가 발생하였거나 발생할 우려가 있는 경우가 아닌 한, 원칙적으로 공무원이 관련 법령대로만 직무를 수행하였다면 그와 같은 공무원의 부작위를 가지고 '고의 또는 과실로 법령에 위반'하였다고 할 수는 없을 것이다(대법원 2001.4.24. 선고 2000다57856).

② (○) 甲이 경주보훈지청에 국가유공자에 대한 주택구입대부제도에 관하여 전화로 문의하고 대부신청서까지 제출하였으나, 담당 **공무원에게서 지급보증서제도에 관한 안내를 받지 못하여 대부제도 이용을 포기하고 시중은행에서 대출을 받아 주택을 구입함으로써 결과적으로 더 많은 이자를 부담하게 되었다**고 주장하며 국가를 상대로 정신적 손해의 배상을 구한 사안에서, 담당 공무원이 甲에게 주택구입대부제도에 관한 전화상 문의에 응답하거나 대부신청서의 제출에 따른 대부금지급신청안내문을 통지하면서 지급보증서제도에 관하여 알려주지 아니한 조치가 객관적 정당성을 결여하여 현저하게 불합리한 것으로서 고의 또는 과실로 법령을 위반하였다고 볼 수 없음에도, 담당 공무원에게 지급보증서제도를 안내하거나 설명할 의무가 있음을 전제로 그 위반에 대한 **국가배상책임을 인정한 원심판결에 법리오해의 위법이 있다**고 한 사례(대법원 2012.7.26. 선고 2010다95666).

③ (×) 국가배상책임은 공무원의 직무집행이 법령에 위반한 것임을 요건으로 하는 것으로서, **공무원의 직무집행이 법령이 정한 요건과 절차에 따라 이루어진 것이라면 특별한 사정이 없는 한 이는 법령에 적합한 것이고 그 과정에서 개인의 권리가 침해되는 일이 생긴다고 하여 그 법령 적합성이 곧바로 부정되는 것은 아니라고 할 것이다**(대법원 1997. 7. 25. 선고 94다2480).

④ (○) [1] **공직선거법이 위와 같이 후보자가 되고자 하는 자와 그 소속 정당에게 전과기록을 조회할 권리를 부여하고 수사기관에 회보의무를 부과한 것은 단순히 유권자의 알권리 보호 등 공공 일반의 이익만을 위한 것이 아니라, 그와 함께 후보자가 되고자 하는 자가 자신의 피선거권 유무를 정확하게 확인할 수 있게 하고, 정당이 후보자가 되고자 하는 자의 범죄경력을 파악함으로써 부적격자를 공천함으로 인하여 생길 수 있는 정당의 신뢰도 하락을 방지할 수 있게 하는 등 개별적인 이익도 보호하기 위한 것이다.**

[2] 공무원 甲이 내부전산망을 통해 乙에 대한 범죄경력자료를 조회하여 공직선거 및 선거부정방지법 위반죄로 실형을 선고받는 등 실효된 4건의 금고형 이상의 전과가 있음을 확인하고도 乙의 공직선거 후보자용 범죄경력조회 회보서에 이를 기재하지 않은 사안에서, 甲의 중과실을 인정하여 국가배상책임 외에 공무원 개인의 배상책임까지 인정한 원심판단을 수긍한 사례(대법원 2011. 9. 8. 선고 2011다34521).

09 정답 ④

① (×) 무효확인소송에는 취소소송에 대한 행정심판전치주의 규정이 준용되지 않기 때문에, 필요적 전치주의에 해당하는 처분에 대해 무효확인소송을 제기하는 경우에도 무효확인심판을 거쳐야 하는 것은 아니다.

② (×) 행정소송법 제38조 제1항이 무효확인 판결에 관하여 취소판결에 관한 규정을 준용함에 있어서 같은 법 제30조 제2항을 준용한다고 규정하면서도 같은 법 제34조(편저자 주: 간접강제는 이를 준용한다는 규정을 두지 않고 있으므로, 행정처분에 대하여 무효확인 판결이 내려진 경우에는 그 행정처분이 거부처분인 경우에도 행정청에 판결의 취지에 따른 재처분의무가 인정될 뿐 그에 대하여 간접강제까지 허용되는 것은 아니라고 할 것이다(대법원 1998.12.24. 자 98무37).

③ (×) 동일한 행정처분에 대하여 무효확인의 소를 제기하였다가 그 후 그 처분의 취소를 구하는 소를 추가적으로 병합한 경우, 주된 청구인 무효확인의 소가 적법한 제소기간 내에 제기되었다면 추가로 병합된 취소청구의 소도 적법하게 제기된 것으로 볼 수 있다(대법원 2005.12.23. 선고 2005두3554).

④ (○) 갑이 압류처분에 대해 무효확인소송을 제기하였다가 취소소송으로 소의 종류를 변경하는 경우, 제소기간의 준수 여부는 처음에 소를 제기한 때를 기준으로 한다(행정소송법 제21조 제4항, 동법 제14조 제4항). → 처음 무효등확인소송이 제기된 때를 기준으로 제소기간 준수여부를 판단한다.

10 정답 ②

ㄱ. (가) 구 도시 및 주거환경정비법상 토지 등 소유자들이 조합을 따로 설립하지 않고 직접 시행하는 도시환경정비사업에서 사업시행 인가처분 = 특허

ㄴ. (나) 사립학교법인 임원에 대한 취임 승인 = 인가

ㄷ. (가) 「국적법」에 따른 귀화허가 = 특허

ㄹ. (가) 개발촉진지구 안에서 시행되는 지역개발사업에 관한 지정권자의 실시계획승인처분 = 특허

> **관련 판례**
> 지구개발사업에 관한 지정권자의 실시계획승인처분은 단순히 시행자가 작성한 실시계획에 대한 법률상의 효력을 완성시키는 보충행위에 불과한 것이 아니라 법령상의 요건을 갖춘 경우 법이 규정하고 있는 지구개발사업을 시행할 수 있는 지위를 시행자에게 부여하는 일종의 설권적 처분으로서의 성격을 가진 독립된 행정처분으로 보아야 한다(대법원 2014. 9. 26. 선고 2012두5602).

ㅁ. (나) 재단법인 정관변경허가 = 인가

11 정답 ②

① (○) 도로교통법 제118조에서 규정하는 경찰서장의 통고처분은 행정소송의 대상이 되는 행정처분이 아니므로 그 처분의 취소를 구하는 소송은 부적법하다고 할 것이다. 도로교통법상의 통고처분을 받은 자가 그 처분에 대하여 이의가 있는 경우에는 통고처분에 따른 범칙금의 납부를 이행하지 아니함으로써 경찰서장의 즉결심판청구에 의하여 법원의 심판을 받을 수 있게 될 뿐이다(대판 1995.6.29. 95누4674).

② (×) 지방자치단체 소속 공무원이 지정항만순찰 등의 업무(=편저자 주: 국가사무)를 위해 관할관청의 승인 없이 개조한 승합차를 운행함으로써 구 자동차관리법을 위반한 사안에서, 지방자치법, 구 항만법, 구 항만법 시행령 등에 비추어 위 항만순찰 등의 업무가 지방자치단체의 장이 국가로부터 위임받은 기관위임사무에 해당하여, 해당 지방자치단체가 구 자동차관리법 제83조의 양벌규정에 따른 처벌대상이 될 수 없다(대법원 2009.6.11. 선고 2008도6530).

> **비교 판례**
> 지방자치단체 소속 공무원이 지방자치단체 고유의 자치사무를 수행하던 중 도로법 규정에 의한 위반행위를 한 경우에는 지방자치단체는 도로법 제86조의 양벌규정에 따라 처벌대상이 되는 법인에 해당한다(대법원 2005.11.10. 선고 2004도2657).

③ (○) 구 독점규제및공정거래에관한법률 제24조의2에 의한 부당내부거래에 대한 과징금은 그 취지와 기능, 부과의 주체와 절차 등을 종합할 때 부당내부거래 억지라는 행정목적을 실현하기 위하여 그 위반행위에 대하여 제재를 가하는 행정상의 제재금으로서의 기본적 성격에 부당이득환수적 요소도 부가되어 있는 것이라 할 것이고, 이를 두고 헌법 제13조 제1항에서 금지하는 국가형벌권 행사로서의 '처벌'에 해당한다고는 할 수 없으므로, 공정거래법에서 형사처벌과 아울러 과징금의 병과를 예정하고 있더라도 이중처벌금지원칙에 위반된다고 볼 수 없으며, 이 과징금 부과처분에 대하여 공정력과 집행력을 인정한다고 하여 이를 확정판결 전의 형벌집행과 같은 것으로 보아 무죄추정의 원칙에 위반된다고도 할 수 없다(헌법재판소 2003. 7. 24. 선고 2001헌가25).

④ (○) 세법상 가산세는 과세권의 행사 및 조세채권의 실현을 용이하게 하기 위하여 납세자가 정당한 이유 없이 법에 규정된 신고, 납세 등 각종 의무를 위반한 경우에 개별세법이 정하는 바에 따라 부과되는 행정상의 제재로서 납세자의 고의, 과실은 고려되지 않는 반면, 이와 같은 제재는 납세의무자가 그 의무를 알지 못한 것이 무리가 아니었다고 할 수 있어서 그를 정당시할 수 있는 사정이 있거나 그 의무의 이행을 당사자에게 기대하는 것이 무리라고 하는 사정이 있을 때 등 그 의무해태를 탓할 수 없는 정당한 사유가 있는 경우에는 이를 과할 수 없다(대법원 2005. 1. 27. 선고 2003두13632).

12 정답 ③

① (○) 일반적으로 법률이 헌법에 위반된다는 사정이 헌법재판소의 위헌결정이 있기 전에는 객관적으로 명백한 것이라고 할 수는 없으므로 헌법재판소의 위헌결정 전에 행정처분의 근거되는 당해 법률이 헌법에 위반된다는 사유는 특별한 사정이 없는 한 그 행정처분의 취소소송의 전제가 될 수 있을 뿐 당연무효사유는 아니라고 봄이 상당하다(대법원 1994.10.28. 선고 92누9463).

② (○) 위헌인 법률에 근거한 행정처분이 당연무효인지의 여부는 위헌결정의 소급효와는 별개의 문제로서, 위헌결정의 소급효가 인정된다고 하여 위헌인 법률에 근거한 행정처분이 당연무효가 된다고는 할 수 없고, 오히려 이미 취소소송의 제기기간을 경과하여 확정력이 발생한 행정처분에는 위헌결정의 소급효가 미치지 않는다고 보아야 한다(대법원 1994.10.28. 선고 92누9463).

③ (×) 법령 규정의 문언만으로는 처분 요건의 의미가 분명하지 아니하여 그 해석에 다툼의 여지가 있었더라도 해당 법령 규정의 위헌 여부 및 그 범위, 법령이 정한 처분 요건의 구체적 의미 등에 관하여 법원이나

헌법재판소의 분명한 판단이 있고, 행정청이 그러한 판단 내용에 따라 법령 규정을 해석·적용하는 데에 아무런 법률상 장애가 없는데도 합리적 근거 없이 사법적 판단과 어긋나게 행정처분을 하였다면 그 하자는 객관적으로 명백하다고 봄이 타당하다(대법원 2017. 12. 28. 선고 2017두30122).

④ (○) 어떤 법률관계나 사실관계에 대하여는 그 법률의 규정을 적용할 수 없다는 법리가 명백히 밝혀져 그 해석에 다툼의 여지가 없음에도 불구하고 행정청이 위 규정을 적용하여 처분을 한 때에는 그 하자가 중대하고 명백하다고 할 것이다(=편저자 주: 당연 무효). 그러나 그 법률관계나 사실관계에 대하여 그 법률의 규정을 적용할 수 없다는 법리가 명백히 밝혀지지 아니하여 그 해석에 다툼의 여지가 있는 때에는 행정관청이 이를 잘못 해석하여 행정처분을 하였더라도 이는 그 처분요건사실을 오인한 것에 불과하여 그 하자가 명백하다고 할 수 없다(=편저자 주: 취소사유)(대법원 2014. 5. 16, 2011두27094).

13 정답 ②

① (○) 행정심판법에는 의무이행심판제도를 두고 있으나, 행정소송법에는 의무이행소송제도를 두고 있지 않다.

② (×) 행정심판법에만 오고지에 관한 규정을 두고 있으며, 행정소송법에는 이러한 규정이 없으며, 행정심판법의 오고지 규정을 준용하지도 않는다.

> **관련 판례**
> 행정청이 법정 심판청구기간보다 긴 기간으로 잘못 알린 경우에 그 잘못 알린 기간 내에 심판청구가 있으면 그 심판청구는 법정 심판청구기간 내에 제기된 것으로 본다는 취지의 행정심판법 제18조 제5항의 규정은 행정심판 제기에 관하여 적용되는 규정이지, 행정소송 제기에도 당연히 적용되는 규정이라고 할 수는 없다(대법원 2001. 5. 8. 선고 2000두6916).

> **관련 판례**
> 행정심판법 제18조 제6항에 의하면 행정청이 심판청구기간을 알리지 아니한 때에는 같은 조 제3항의 기간, 즉 처분이 있은 날로부터 180일 이내에 심판청구를 할 수 있다고 규정되어 있지만, 이러한 규정은 행정심판 제기에 관하여 적용되는 규정이지, 행정소송의 제기에도 당연히 유추적용되는 규정이라고 할 수는 없다(대법원 2008. 6. 12. 선고 2007두16875).

③ (○) 행정심판법에는 간접강제와 더불어, 의무이행심판에서 이행명령재결에 따른 재처분을 이행하지 않을 때 직접처분이 가능함을 규정하고 있으나, 행정소송법에는 간접강제만 있고 직접처분은 규정하고 있지 않다.

④ (○) 당사자의 신청을 거부하거나 부작위로 방치한 처분의 이행을 명하는 재결이 있으면 행정청은 지체 없이 이전의 신청에 대하여 재결의 취지에 따라 처분을 하여야 한다(행정심판법 제49조 제3항).

14 정답 ④

① (○) 개발제한구역 안에서의 공장설립을 승인한 처분이 위법하다는 이유로 쟁송 취소되었으나 그 승인 처분에 기초한 공장건축허가처분이 잔존하는 경우, 인근 주민들에게 공장건축허가처분의 취소를 구할 법률상 이익이 있다(대법원 2018. 7. 12. 선고 2015두3485).

② (○) 과세관청이 직권으로 상대방에 대한 소득처분을 경정하면서 일부 항목에 대한 증액과 다른 항목에 대한 감액을 동시에 한 결과 전체로서 소득처분금액이 감소된 경우에는 그에 따른 소득금액변동통지가 납세자인 당해 법인에 불이익을 미치는 처분이 아니므로 당해 법인은 그 소득금액변동통지의 취소를 구할 이익이 없다(대법원 2012.4.13. 선고 2009두5510).

③ (○) 파면처분취소소송의 사실심변론종결전에 동원고가 허위공문서등작성 죄로 징역 8월에 2년간 집행유예의 형을 선고받아 확정되었다면 원고는 지방공무원법 제61조의 규정에 따라 위 판결이 확정된 날 당연퇴직되어 그 공무원의 신문을 상실하고, 당연퇴직이나 파면이 퇴직급여에 관한 불이익의 점에 있어 동일하다 하더라도 최소한도 이 사건 파면처분이 있은 때부터 위 법규정에 의한 당연퇴직일자까지의 기간에 있어서는 파면처분의 취소를 구하여 그로 인해 박탈당한 이익의 회복을 구할 소의 이익이 있다 할 것이다(대법원 1985. 6. 25. 선고 85누39).

④ (×) 인가·허가 등 수익적 행정처분을 신청한 여러 사람이 서로 경원관계에 있어서 한 사람에 대한 허가 등 처분이 다른 사람에 대한 불허가 등으로 귀결될 수밖에 없을 때 허가 등 처분을 받지 못한 사람은 신청에 대한 거부처분의 직접 상대방으로서 원칙적으로 자신에 대한 거부처분의 취소를 구할 원고적격이 있고, 취소판결이 확정되는 경우 판결의 직접적인 효과로 경원자에 대한 허가 등 처분이 취소되거나 효력이 소멸되는 것은 아니더라도 행정청은 취소판결의 기속력에 따라 판결에서 확인된 위법사유를 배제한 상태에서 취소판결의 원고와 경원자의 각 신청에 관하여 처분요건의 구비 여부와 우열을 다시 심사하여야 할 의무가 있으며, 재심사 결과 경원자에 대한 수익적 처분이 직권취소되고 취소판결의 원고에게 수익적 처분이 이루어질 가능성을 완전히 배제할 수는 없으므로, 특별한 사정이 없는 한 경원관계에서 허가 등 처분을 받지 못한 사람은 자신에 대한 거부처분의 취소를 구할 소의 이익이 있다(대법원 2015. 10. 29. 선고 2013두27517).

15 정답 ①

① (×) 현재 진행중인 사실관계에 작용케 하는 부진정소급입법은 원칙적으로 허용되지만 소급효를 요구하는 공익상의 사유와 신뢰보호의 요청 사이의 교량과정에서 신뢰보호의 관점이 입법자의 형성권에 제한을 가하게 된다(헌법재판소 1998. 11. 26. 선고 97헌바58).

② (○) 재건축조합에서 일단 내부 규범이 정립되면 조합원들은 특별한 사정이 없는 한 그것이 존속하리라는 신뢰를 가지게 되므로, 내부 규범 변경을 통해 달성하려는 이익이 종전 내부 규범의 존속을 신뢰한 조합원들의 이익보다 우월해야 한다(대법원 2020. 6. 25. 선고 2018두34732).

③ (○) 신뢰보호의 원칙은 행정청이 공적인 견해를 표명할 당시의 사정이 그대로 유지됨을 전제로 적용되는 것이 원칙이므로, 사후에 그와 같은 사정이 변경된 경우에는 그 공적 견해가 더 이상 개인에게 신뢰의 대상이 된다고 보기 어려운 만큼, 특별한 사정이 없는 한 행정청이 그 견해표명에 반하는 처분을 하더라도 신뢰보호의 원칙에 위반된다고 할 수 없다(대법원 2020. 6. 25. 선고 2018두34732).

④ (○) 관할관청이 위법한 직업능력개발훈련과정 인정제한처분을 하여 사업주로 하여금 제때 훈련과정 인정신청을 할 수 없도록 하였음에도,

인정제한처분에 대한 취소판결 확정 후 사업주가 인정제한 기간 내에 실제로 실시하였던 훈련에 관하여 비용지원신청을 한 경우에, 관할관청은 단지 해당 훈련과정에 관하여 사전에 훈련과정 인정을 받지 않았다는 이유만을 들어 훈련비용 지원을 거부할 수는 없음이 원칙이다. 이러한 **거부행위는** 위법한 훈련과정 인정제한처분을 함으로써 사업주로 하여금 제때 훈련과정 인정신청을 할 수 없게 한 **장애사유를 만든 행정청이 사업주에 대하여 사전에 훈련과정 인정신청을 하지 않았음을 탓하는 것과 다름없으므로 신의성실의 원칙에 반하여 허용될 수 없다**(대법원 2019. 1. 31. 선고 2016두52019).

16 정답 ④

① (○) 취소 확정판결의 기속력은 판결의 주문 및 전제가 되는 처분 등의 구체적 위법사유에 관한 판단에도 미치나, 종전 처분이 판결에 의하여 취소되었더라도 **종전 처분과 다른 사유를 들어서 새로이 처분을 하는 것은 기속력에 저촉되지 않는다**(대법원 2016. 3. 24. 선고 2015두48235).

② (○) 재처분은 확정판결에서 적시된 위법사유를 보완하여 새로이 하는 처분을 뜻할 뿐, 반드시 확정판결로 취소된 당해 처분에서 반려하였던 종전의 신청을 인용하는 처분을 뜻하는 것은 아니고, 한편 **행정처분의 적법 여부는 그 행정처분이 행하여진 때의 법령과 사실을 기준으로 하여 판단하는 것이므로, 거부처분 후에 법령이 개정ㆍ시행된 경우에는 개정된 법령 및 허가기준을 새로운 사유로 들어 다시 이전의 신청에 대한 거부처분을 할 수 있으며, 그러한 처분도 행정소송법 제30조 제2항에 규정된 재처분에 해당된다**(대법원 2002. 12. 11.자 2002무22).

③ (○) **절차상 또는 형식상 하자로 인하여 무효인 행정처분이 있은 후 행정청이 관계 법령에서 정한 절차 또는 형식을 갖추어 다시 동일한 행정처분을 하였다면 당해 행정처분은 종전의 무효인 행정처분과 관계없이 새로운 행정처분이라고 보아야** 한다(대법원 2014. 3. 13. 선고 2012두1006).

④ (×) 기속력에 위반하는 처분, 즉 **취소판결에 저촉되는 행정청의 행위는 그 위법이 중대하고 명백하여 무효**이다(대법원 1989.9.12. 89누985).

17 정답 ④

① (○) 판례는 구 국가배상법 (67. 3. 3. 법률 제1899호) 제3조의 배상액 기준은 배상심의회 배상액 결정의 기준이 될 뿐 배상 범위를 법적으로 제한하는 규정이 아니므로 법원을 기속하지 않는다고 보았다.

> **관련 판례**
> 구 국가배상법(67.3.3 법률 제1899호) 제3조 제1항, 제3항은 배상심의회의 배상금지급에 관한 하나의 기준을 정한 것뿐으로서 그 규정들을 재판에 있어서의 배상액인정에 관한 상한을 정한 것이 아니다(대법원 1970. 2. 10. 선고 69다1729).

② (○) 건축주가 건축공사를 완료한 다음 그 준공신고서에 당해 공사감리자의 서명을 받아 이를 제출하면 행정관청이 직접 준공검사를 실시하여 합격 여부를 결정하거나 건축사가 대행한 준공에 관한 조사 및 검사에 터잡아 준공검사필증을 교부하도록 규정하고 있어 행정청의 준공검사의무가 법령상 일의적으로 결정되어 있으므로, **준공검사업무를 담당하는 공무원이 준공검사를 현저히 지연시켰고 그러한 지연이 직무에 충실한 보통 일반의 공무원을 표준으로 할 때 객관적 정당성을 상실하였다고 인정될 정도에 이른 경우에는 국가배상법 제2조에서 말하는 위법의 요건을 충족하였다**고 봄이 상당하고, 이 때 객관적 정당성을 상실하였는지 여부는 지연처리의 원인 및 이유 외에 건축주의 피침해이익의 내용, 당해 건축물의 종류 및 공사 내용 등 제반 사정을 종합적으로 고려하여 판단하여야 한다(대법원 1999. 3. 23. 선고 98다30285).

③ (○) 국가배상법 제2조 제1항 단서 규정은 다른 법령에 보상제도가 규정되어 있고, 그 법령에 규정된 상이등급 또는 장애등급 등의 요건에 해당되어 그 권리가 발생한 이상, 실제로 그 권리를 행사하였는지 또는 그 권리를 행사하고 있는지 여부에 관계없이 적용된다고 보아야 하고, 그 각 법률에 의한 보상금청구권이 시효로 소멸되었다 하여 적용되지 않는다고 할 수는 없다(대법원 2002. 5. 10. 선고 2000다39735).

④ (×) 공무원 개인은 고의 또는 중대한 과실이 있는 경우에만 책임을 지므로, 피해자는 이 경우에만 선택적 청구가 가능하고, 공무원 개인이 경과실에 불과한 경우에는 피해자는 국가나 지방자치단체에만 배상을 청구할 수 있고, 공무원 개인에게는 배상을 청구할 수 없다.

18 정답 ②

ㄱ. (○) **도시계획구역 내 토지 등을 소유하고 있는 주민으로서는 입안권자에게 도시계획입안을 요구할 수 있는 법규상 또는 조리상의 신청권이 있다 할 것이고, 이러한 신청에 대한 거부행위는 항고소송의 대상이 되는 행정처분에 해당한다**(대법원 2004.4.28. 선고 2003두1806).

ㄴ. (×) 구 경찰공무원법 제11조 제2항, 제13조 제1항, 제2항, 경찰공무원승진임용규정 제36조 제1항, 제2항에 의하면, 경정 이하 계급에의 승진에 있어서는 승진심사와 함께 승진시험을 병행할 수 있고, 승진시험에 합격한 자는 시험승진후보자명부에 등재하여 그 등재순위에 따라 승진하도록 되어 있으며, 같은 규정 제36조 제3항에 의하면 시험승진후보자명부에 등재된 자가 **승진임용되기 전에 감봉 이상의 징계처분을 받은 경우에는 임용권자 또는 임용제청권자가 위 징계처분을 받은 자를 시험승진후보자명부에서 삭제하도록 되어 있는바, 이처럼 시험승진후보자명부에 등재되어 있던 자가 그 명부에서 삭제됨으로써 승진임용의 대상에서 제외되었다 하더라도, 그와 같은 시험승진후보자명부에서의 삭제행위는 결국 그 명부에 등재된 자에 대한 승진 여부를 결정하기 위한 행정청 내부의 준비과정에 불과하고, 그 자체가 어떠한 권리나 의무를 설정하거나 법률상 이익에 직접적인 변동을 초래하는 별도의 행정처분이 된다고 할 수 없다**(대법원 1997.11.14. 선고 97누7325).

ㄷ. (○) **공정거래위원회의 '표준약관 사용권장행위'는** 그 통지를 받은 해당 사업자 등에게 표준약관과 다른 약관을 사용할 경우 표준약관과 다르게 정한 주요내용을 고객이 알기 쉽게 표시하여야 할 의무를 부과하고, 그 불이행에 대해서는 과태료에 처하도록 되어 있으므로, 이는 사업자 등의 권리ㆍ의무에 직접 영향을 미치는 **행정처분으로서 항고소송의 대상**이 된다(대법원 2010.10.14. 선고 2008두23184).

ㄹ. (×) **법인세과세표준결정은** 조세부과처분에 앞선 결정으로서 그로 인하여 바로 과세처분의 효력이 발생하는 것이 아니고 또 후일에 이에 의한 법인세부과처분이 있을 때에 그 부과처분을 다툴 수 있는 방법이 없는 것도 아니어서 **과세관청의 위 결정을 바로 항고소송의 대상이 되**

는 행정처분이라고 볼 수는 없다(대법원 1986.1.21. 선고 82누236).

19 정답 ③

① (○) 합의제 행정청 명의로 한 행정처분에 대한 취소소송의 피고는 원칙적으로 합의제 행정청 그 자체이다.
② (○) 행정소송법 제14조에 의한 피고경정은 사실심 변론종결에 이르기까지 허용되는 것으로 해석하여야 할 것이고, 굳이 제1심 단계에서만 허용되는 것으로 해석할 근거는 없다(대법원 2006.2.23. 자 2005부4).
③ (×) 법원은 취소소송을 당해 처분 등에 관계되는 사무가 귀속하는 국가 또는 공공단체에 대한 당사자소송 또는 취소소송 외의 항고소송으로 변경하는 것이 상당하다고 인정할 때에는 청구의 기초에 변경이 없는 한 사실심의 변론종결시까지 원고의 신청에 의하여 결정으로써 소의 변경을 허가할 수 있다(행정소송법 제21조 제1항).
④ (○) 원고가 피고를 잘못 지정한 때에는 법원은 원고의 신청에 의하여 결정으로써 피고의 경정을 허가할 수 있다(행정소송법 제14조 제1항).

20 정답 ④

① (○) 행정규칙인 부령이나 고시가 법령의 수권에 의하여 법령을 보충하는 사항을 정하는 경우에는 그 근거 법령규정과 결합하여 대외적으로 구속력이 있는 법규명령으로서의 성질과 효력을 가진다(대법원 2007. 5. 10. 선고 2005도591).
② (○) 행정규칙이란 상급행정기관이 하급행정기관에 대하여 법률의 수권 없이 권한의 범위 내에서 정립하는 일반적·추상적인 규정으로서 법규의 성질을 가지지 않는 것을 말한다. 이는 하급 행정기관을 구속하며, 행정규칙을 제정한 행정기관에 대하여는 대내적 법적 구속력을 갖지 않는다.
③ (○) 헌법재판소는 국립대학의 대학입학고사 주요요강이 행정처분에는 해당하지 않지만, 예외적으로 헌법소원의 대상이 된다고 하였다.

> **관련 판례**
> 1. 국립대학인 서울대학교(=편저자 주: 영조물 법인으로 행정주체에 해당)의 "94학년도 대학입학고사 주요요강"은 사실상의 준비행위 내지 사전안내로서 행정쟁송의 대상이 될 수 있는 행정처분이나 공권력의 행사는 될 수 없지만
> 2. 그 내용이 국민의 기본권에 직접 영향을 끼치는 내용이고 앞으로 법령의 뒷받침에 의하여 그대로 실시될 것이 틀림없을 것으로 예상되어 그로 인하여 직접적으로 기본권 침해를 받게 되는 사람에게는 사실상의 규범작용으로 인한 위험성이 이미 현실적으로 발생하였다고 보아야 할 것이므로 이는 헌법소원의 대상이 되는 헌법재판소법 제68조 제1항 소정의 공권력의 행사에 해당된다고 할 것이므로 1994년도부터 강행된다면 충분한 경과조치의 미비로 위헌적인 공권력의 행사가 된다(헌법재판소 1992.10.1. 92헌마68·76).

④ (×) 구 여객자동차 운수사업법 시행규칙 제31조 제2항 제1호, 제2호, 제6호는 구 여객자동차 운수사업법 제11조 제4항의 위임에 따라 시외버스운송사업의 사업계획변경에 관한 절차, 인가기준 등을 구체적으로 규정한 것으로서, 대외적인 구속력이 있는 법규명령이라고 할 것이고, 그것을 행정청 내부의 사무처리준칙을 규정한 행정규칙에 불과하다고 할 수는 없다(대법원 2006.6.27. 선고 2003두4355).

한수성 임팩트행정법 동형모의고사

제 5 회 정답 및 해설

정답 확인

01	02	03	04	05
②	③	①	②	③
06	07	08	09	10
②	①	③	④	④
11	12	13	14	15
①	③	③	②	②
16	17	18	19	20
③	③	④	④	③

01 정답 ②

① (○) 행정기본법 제8조(법치행정의 원칙) 행정작용은 법률에 위반되어서는 아니 되며, 국민의 권리를 제한하거나 의무를 부과하는 경우와 그 밖에 국민생활에 중요한 영향을 미치는 경우에는 법률에 근거하여야 한다.

② (×) 제10조(**비례의 원칙**) 행정작용은 다음 각 호의 원칙에 따라야 한다.
  1. 행정목적을 달성하는 데 유효하고 적절할 것
  2. 행정목적을 달성하는 데 필요한 최소한도에 그칠 것
  3. **행정작용으로 인한 국민의 이익 침해가 그 행정작용이 의도하는 공익보다 크지 아니할 것**

③ (○) 제12조(신뢰보호의 원칙) ① 행정청은 공익 또는 제3자의 이익을 현저히 해칠 우려가 있는 경우를 제외하고는 행정에 대한 국민의 정당하고 합리적인 신뢰를 보호하여야 한다.

④ (○) **고속국도 관리청이 고속도로 부지와 접도구역에 송유관 매설을 허가하면서 상대방과 체결한 협약에 따라 송유관 시설을 이전하게 될 경우 그 비용을 상대방에게 부담하도록** 하였고, 그 후 도로법 시행규칙이 개정되어 접도구역에는 관리청의 허가 없이도 송유관을 매설할 수 있게 된 사안에서, 위 협약이 효력을 상실하지 않을 뿐만 아니라 위 협약에 포함된 부관이 부당결부금지의 원칙에도 반하지 않는다(대법원 2009.2.12. 선고 2005다65500).

02 정답 ③

① (○) 조례의 제정권자인 지방의회는 선거를 통해서 그 지역적인 민주적 정당성을 지니고 있는 주민의 대표기관이고 헌법이 지방자치단체에 포괄적인 자치권을 보장하고 있는 취지로 볼 때, 조례에 대한 법률의 위임은 법규명령에 대한 법률의 위임과 같이 반드시 구체적으로 범위를 정하여야 할 필요가 없으며 포괄적인 것으로 족하다(헌법재판소 1995.4.20. 92헌마264·279).

② (○) 일반적으로 법률의 위임에 의하여 효력을 갖는 법규명령의 경우, **구법에 위임의 근거가 없어 무효였더라도 사후에 법개정으로 위임의 근거가 부여되면 그 때부터는 유효한 법규명령**이 된다. 구법의 위임에 의한 유효한 법규명령이 법개정으로 위임의 근거가 없어지게 되면 그 때부터 무효인 법규명령이 된다(대법원 1995.6.30. 선고 93추83).

③ (×) 헌법 제95조는 "국무총리 또는 행정각부의 장은 소관사무에 관하여 법률이나 대통령령의 위임 또는 직권으로 총리령 또는 부령을 발할 수 있다"라고 규정함으로써 총리령·부령의 발령근거와 조건 및 한계를 정하고 있다. 헌법 제95조에는 동 제75조와 같이 "구체적으로 범위를 정하여"라는 문구가 없지만 역시 마찬가지로 위임의 구체성과 명확성을 요구한다(헌법재판소 1997.12.24. 95헌마390).

④ (○) 입법자가 규율의 형식도 선택할 수도 있다 할 것이므로, 헌법이 인정하고 있는 위임입법의 형식은 예시적인 것으로 보아야 할 것이고, 그것은 법률이 행정규칙에 위임하더라도 그 행정규칙은 위임된 사항만을 규율할 수 있으므로, 국회입법의 원칙과 상치되지도 않는다(헌법재판소 2004.10.28. 99헌바91).

03 정답 ①

① (×) 국토이용관리법 제21조의3 제1항 소정의 허가(**토지거래허가**)가 규제지역 내의 모든 국민에게 전반적으로 토지거래의 자유를 금지하고 일정한 요건을 갖춘 경우에만 금지를 해제하여 계약체결의 자유를 회복시켜 주는 성질의 것이라고 보는 것은 위 법의 입법취지를 넘어선 지나친 해석이라고 할 것이고(편저자 주: 허가가 아니라는 취지), 규제지역 내에서도 토지거래의 자유가 인정되나 다만 위 허가를 허가 전의 유동적 무효 상태에 있는 법률행위의 효력을 완성시켜 주는 인가적 성질을 띤 것이라고 보는 것이 타당하다(대법원 1991. 12. 24. 선고 90다12243).

② (○) 기부금품모집규제법상의 기부금품모집허가는 공익목적을 위하여 일반적·상대적으로 제한된 기본권적 자유를 다시 회복시켜주는 강학상의 허가에 해당하는 만큼, 기부금품 모집행위가 같은 법 제4조 제2항의 각 호의 사업에 해당하는 경우에는 특별한 사정이 없는 한 그 모집행위를 허가하여야 하는 것으로 풀이하여야 한다(대법원 1999. 7. 23. 선고 99두3690).

③ (○) **토지의 형질변경행위를 수반하는 건축허가는 결국 재량행위에 속**한다(대법원 2005.7.14. 선고 2004두6181).

④ (○) **건설업면허증 및 건설업면허수첩의 재교부**는 그 면허증 등의 분실, 헐어 못쓰게 된 때, 건설업의 면허이전 등 면허증 및 면허수첩 그 자체의 관리상의 문제로 인하여 종전의 면허증 및 면허수첩과 동일한 내용의 면허증 및 면허수첩을 새로이 또는 교체하여 발급하여 주는 것으로

서, 이는 건설업의 면허를 받았다고 하는 특정사실에 대하여 형식적으로 그것을 증명하고 공적인 증거력을 부여하는 행정행위(강학상의 공증행위)이므로, 그로 인하여 면허의 내용 등에는 아무런 영향이 없이 종전의 면허의 효력이 그대로 지속하고, 면허증 및 면허수첩의 재교부에 의하여 재교부 전의 면허는 실효되고 새로운 면허가 부여된 것이라고 볼 수 없다(대법원 1994.10.25. 선고 93누21231).

다고 하더라도 사업승인 단계에서 그 사전결정에 기속되지 않고 다시 사익과 공익을 비교형량하여 그 승인 여부를 결정할 수 있다(대법원 1999. 5. 25. 선고 99두1052).

④ (○) 기속행위에 붙은 부관은 법률에 근거가 없는 한 무효이다(대법원 1988.4.27. 선고 87누1106).

04 정답 ②

① (○) **한의사(한의사 면허업자)**가 약사에게 한약조제권을 인정해 주는 한약조제시험 합격처분의 효력에 대하여 다툴 **원고적격이 부정된다**(97누4289). 허가를 통해서 누리는 기존업자의 이익은 반사적 이익에 불과하기 때문이다.

② (×) **면허받은 장의자동차운송사업구역에 위반하였음을 이유로 한 행정청의 과징금부과처분에 의하여 동종업자의 영업이 보호되는 결과는 사업구역제도의 반사적 이익에 불과하기 때문에** 그 과징금부과처분을 취소한 재결에 대하여 처분의 상대방 아닌 제3자는 그 취소를 구할 법률상 이익이 없다고 한 사례(대법원 1992. 12. 8. 선고 91누13700).

③ (○) **부제소특약**에 관한 부분은 당사자가 임의로 처분할 수 없는 공법상의 권리관계를 대상으로 하여 **사인의 국가에 대한 공권인 소권을 당사자의 합의로 포기하는 것으로서 허용될 수 없다**(대법원 1998.8.21. 선고 98두8919).

④ (○) **제재사유의 승계**: 석유판매업자의 지위를 승계한 자에 대하여 종전의 석유판매업자가 유사석유제품을 판매하는 위법행위를 하였다는 이유로 사업정지 등 제재처분을 취할 수 있다(대법원 2003.10.23. 선고 2003두8005).

05 정답 ③

① (○) 주택건설촉진법 제33조에 의한 **주택건설사업계획의 승인**은 상대방에게 권리나 이익을 부여하는 효과를 수반하는 이른바 수익적 행정처분으로서 법령에 행정처분의 요건에 관하여 일의적으로 규정되어 있지 아니한 이상 행정청의 **재량행위**에 속한다 할 것이고, 이러한 승인을 받으려는 주택건설사업계획이 관계 법령이 정하는 제한에 배치되는 경우는 물론이고 그러한 제한사유가 없는 경우에도 공익상 필요가 있으면 처분권자는 그 승인신청에 대하여 불허가 결정을 할 수 있다(대법원 2005. 4. 15. 선고 2004두10883).

② (○) 건축행정청은 건축허가신청이 건축법 등 관계 법령에서 정하는 어떠한 제한에 해당되지 않는 이상 같은 법령에서 정하는 **건축허가를 하여야** 하고, **중대한 공익상의 필요가 없음에도 요건을 갖춘 자에 대한 허가를 관계 법령에서 정하는 제한사유 이외의 사유를 들어 거부할 수는 없다**(대법원 2018. 6. 28. 선고 2015두47737).

③ (×) 구 주택건설촉진법(1999. 2. 8. 법률 제5914호로 삭제) 제33조 제1항의 규정에 의한 **주택건설사업계획의 승인**은 상대방에게 권리나 이익을 부여하는 효과를 수반하는 이른바 수익적 행정처분으로서 행정처분의 요건에 관하여 일의적으로 규정되어 있지 아니한 이상 **행정청의 재량행위에 속하고, 그 전 단계인 같은 법 제32조의4 제1항의 규정에 의한 주택건설사업계획의 사전결정이 있다 하여 달리 볼 것은 아니다.** 따라서 피고가 이 사건 주택건설사업에 대한 사전결정을 하였

06 정답 ②

① (○) **행정청이 침해적 행정처분을 하면서 당사자에게 위와 같은 사전통지를 하거나 의견제출의 기회를 주지 않았다면**, 사전통지를 하지 않거나 의견제출의 기회를 주지 않아도 되는 예외적인 경우에 해당하지 않는 한, **그 처분은 위법하여 취소를 면할 수 없다**(대법원 2013. 1. 16. 선고 2011두30687).

> **관련 판례**
>
> 이 사건 처분은 대통령기록물 관리에 관한 법률에서 5년 임기의 별정직 공무원으로 규정한 대통령기록관장으로 임용된 원고를 직권면직한 처분으로서, 이 사건 처분이 구 행정절차법 제21조 제4항 제3호, 제22조 제4항에 따라 원고에게 사전통지를 하지 않거나 의견제출의 기회를 주지 아니하여도 되는 예외적인 경우에 해당한다고 할 수 없다는 이유로, 원고에게 사전통지를 하지 않고 의견제출의 기회를 주지 아니한 이 사건 처분은 구 행정절차법 제21조 제1항, 제22조 제3항을 위반한 절차상 하자가 있어 위법하다고 판단하였다(대법원 2013. 1. 16. 선고 2011두30687).

② (×) (1) **사전환경성검토협의를 거쳐야 할 대상사업에 대하여 사전환경성검토협의를 거치지 아니하였음에도 승인 등 처분이 이루어진다면** 환경파괴를 미연에 방지하고 쾌적한 환경을 유지·조성하기 위하여 사전환경성검토협의 제도를 둔 입법 목적을 달성할 수 없게 되는 결과를 초래할 뿐만 아니라 사전환경성검토협의 대상지역 안의 주민들의 직접적이고 개별적인 이익을 근본적으로 침해하게 되므로, **이러한 행정처분의 하자는 법규의 중요한 부분을 위반한 중대한 것이라고 하지 않을 수 없다.**

(2) 행정청이 사전환경성검토협의를 거쳐야 할 대상사업에 관하여 **법의 해석을 잘못한 나머지 세부용도지역이 지정되지 않은 개발사업 부지에 대하여 사전환경성검토협의를 할지 여부를 결정하는 절차를 생략한 채 승인 등의 처분**을 한 사안에서, 그 하자가 **객관적으로 명백하다고 할 수 없다고 한 사례**(대법원 2009.9.24. 선고 2009두2825).

③ (○) 집합건물 중 일부 구분건물의 소유자인 피고인이 관할 소방서장으로부터 소방시설 불량사항에 관한 시정보완명령을 받고도 따르지 아니하였다는 내용으로 기소된 사안에서, **담당 소방공무원이 행정처분인 위 명령을 구술로 고지한 것은 행정절차법 제24조를 위반한 것으로 하자가 중대하고 명백하여 당연 무효이고**, 무효인 명령에 따른 의무위반이 생기지 아니하는 이상 피고인에게 명령 위반을 이유로 소방시설 설치유지 및 안전관리에 관한 법률 제48조의2 제1호에 따른 행정형벌을 부과할 수 없다(대법원 2011. 11. 10. 선고 2011도11109).

④ (○) 묘지공원과 화장장의 후보지를 선정하는 과정에서 **추모공원건립추진협의회가 후보지 주민들의 의견을 청취하기 위하여 그 명의로 개최한 공청회는 행정절차법에서 정한 절차를 준수하여야 하는 것은 아니다**(대법원 2007.4.12. 선고 2005두1893).

07 정답 ①

① (×) 정상적인 업무수행에 현저한 지장을 초래하거나 그 정보의 성질이 훼손될 우려가 없으면 그 정보를 전자적 형태로 변환하여 공개할 수 있다.

> 제15조(정보의 전자적 공개) ① 공공기관은 **전자적 형태로 보유·관리하는 정보**에 대하여 청구인이 전자적 형태로 공개하여 줄 것을 요청하는 경우에는 그 정보의 성질상 현저히 곤란한 경우를 제외하고는 청구인의 요청에 **따라야** 한다.
> ② 공공기관은 **전자적 형태로 보유·관리하지 아니하는 정보**에 대하여 청구인이 전자적 형태로 공개하여 줄 것을 요청한 경우에는 정상적인 업무수행에 현저한 지장을 초래하거나 그 정보의 성질이 훼손될 우려가 없으면 그 정보를 전자적 형태로 **변환하여 공개할 수 있다**.

② (○) 반복 청구의 경우, 공공기관은 해당 청구를 종결 처리할 수 있다.

> 제11조의2(반복 청구 등의 처리) ① 공공기관은 제11조에도 불구하고 제10조제1항 및 제2항에 따른 정보공개 청구가 다음 각 호의 어느 하나에 해당하는 경우에는 정보공개 청구 대상 정보의 성격, 종전 청구와의 내용적 유사성·관련성, 종전 청구와 동일한 답변을 할 수밖에 없는 사정 등을 종합적으로 고려하여 해당 청구를 종결 처리할 수 있다. 이 경우 종결 처리 사실을 청구인에게 알려야 한다.
> 1. 정보공개를 청구하여 정보공개 여부에 대한 결정의 통지를 받은 자가 정당한 사유 없이 해당 정보의 공개를 다시 청구하는 경우
> 2. 정보공개 청구가 제11조제5항에 따라 민원으로 처리되었으나 다시 같은 청구를 하는 경우

③ (○) **전자적 형태로 보유·관리되는 정보의 경우, 그 정보가 청구인이 구하는 대로는 되어 있지 않다고 하더라도, 공개청구를 받은 공공기관이 공개청구 대상정보의 기초자료를 전자적 형태로 보유·관리하고 있고**, 당해 기관에서 통상 사용되는 컴퓨터 하드웨어 및 소프트웨어와 기술적 전문지식을 사용하여 그 기초자료를 검색하여 청구인이 구하는 대로 편집할 수 있으며, 그러한 작업이 당해 기관의 컴퓨터 시스템 운용에 별다른 지장을 초래하지 않는다면, 그 공공기관이 공개청구 대**상정보를 보유·관리하고 있는 것으로 볼 수 있고, 이러한 경우에 기초자료를 검색·편집하는 것은 새로운 정보의 생산 또는 가공에 해당한다고 할 수 없다**(대법원 2013. 9. 13. 선고 2011두9942).

④ (○) 공공기관이 **공개청구의 대상이 된 정보를 공개는 하되**, 청구인이 **신청한 공개방법 이외의 방법으로 공개하기로 하는 결정**을 하였다면, 이는 정보공개청구 중 **정보공개방법에 관한 부분에 대하여 일부 거부처분**을 한 것이고, 청구인은 그에 대하여 **항고소송으로 다툴 수 있다**(대법원 2016.11.10. 선고 2016두44674).

08 정답 ③

① (○) 피수용자 등이 기업자에 대하여 부담하는 수용대상 토지의 인도의무에 관한 구 토지수용법 제63조, 제64조, 제77조 규정에서의 '인도'에는 명도도 포함되는 것으로 보아야 하고, 이러한 명도의무는 그것을 강제적으로 실현하면서 직접적인 실력행사가 필요한 것이지 대체적 작위의무라고 볼 수 없으므로 특별한 사정이 없는 한 행정대집행법에 의한 대집행의 대상이 될 수 있는 것이 아니다(대법원 2005.8.19. 선고 2004다2809).

② (○) 행정대집행법상의 건물철거의무는 제1차 철거명령 및 계고처분으로서 발생하였고 **제2차, 제3차의 계고처분은 새로운 철거의무를 부과한 것이 아니고, 다만 대집행기한의 연기통지에 불과하므로 행정처분이 아니다.** 위법한 건물의 공유자 1인에 대한 계고처분은 다른 공유자에 대하여는 그 효력이 없다(대법원 1994.10.28. 선고 94누5144).

③ (×) 법치주의의 원리에 비추어 볼 때 위와 같은 **부작위의무로부터 그 의무를 위반함으로써 생긴 결과를 시정하기 위한 작위의무를 당연히 끌어낼 수는 없으며, 또 위 금지규정(특히 허가를 유보한 상대적 금지규정)으로부터 작위의무, 즉 위반결과의 시정을 명하는 권한이 당연히 추론되는 것도 아니다**(대법원 1996.6.28. 선고 96누4374).

④ (○) 대한주택공사가 구 대한주택공사법 및 구 대한주택공사법 시행령에 의하여 대집행권한을 위탁받아 공무인 대집행을 실시하기 위하여 지출한 비용은 행정대집행법 절차에 따라 국세징수법의 예에 의하여 징수할 수 있음에도 민사소송절차에 의한 소송은 부적법하다(대법원 2011.9.8. 선고 2010다48240).

09 정답 ④

① (○) **행정행위를 한 처분청은 그 행위에 하자가 있는 경우에 별도의 법적 근거가 없더라도 스스로 이를 취소할 수 있는 것이며**, 다만 그 행위가 국민에게 권리나 이익을 부여하는 이른바 **수익적 행정행위인 때**에는 그 행위를 취소하여야 할 공익상 필요와 그 취소로 인하여 당사자가 입을 기득권과 신뢰보호 및 법률생활 안정의 침해등 불이익을 **비교교량한 후 공익상 필요가 당사자의 기득권침해등 불이익을 정당화할 수 있을 만큼 강한 경우에 한하여 취소할 수 있다**(대법원 1986. 2. 25. 선고 85누664).

② (○) 직권취소를 할 수 있다는 사정만으로 이해관계인에게 처분청에 대하여 그 취소(=직권취소)를 요구할 신청권이 부여된 것으로 볼 수는 없다(대법원 2006.6.30. 선고 2004두701).

③ (○) **영유아보육법 제30조 제5항 제3호에 따른 평가인증의 취소**는 평가인증 당시에 존재하였던 하자가 아니라 **그 이후에 새로이 발생한 사유로 평가인증의 효력을 소멸시키는 경우에 해당하므로, 법적 성격은 평가인증의 '철회'에 해당한다**(대판 2018. 6. 28. 2015두58195).

④ (×) 지방자치단체장이 공장시설을 신축하는 회사에 대하여 사업승인 내지 건축허가 당시 부가하였던 조건을 이행할 때까지 신축공사를 중지하라는 명령을 한 경우, 위 회사에게는 중지명령의 원인사유가 해소되었음을 이유로 당해 공사중지명령의 해제를 요구할 수 있는 권리가 조리상 인정된다(대법원 2007.5.11. 선고 2007두1811).

10 정답 ④

① (○) 국가배상법 제5조의 영조물은 국가나 지방자치단체가 사실상 관리하는 유체물도 포함된다. 따라서 사실상 관리하고 있는 경우에도 A 지방자치단체의 배상책임이 인정될 수 있다.

> **국가배상법**
> 제5조 제1항 소정의 "공공의 영조물"이라 함은 국가 또는 지방자치단체에 의하여 특정 공공의 목적에 공여된 유체물 내지 물적 설비를 지칭하며, 특정 공공의 목적에 공여된 물이라 함은 일반공중의 자유로운 사용에 직접적으로 제공되는 **공공용물에 한하지 아니하고**, 행정주체 자신의 사용에 제공되는 **공용물도 포함**하며 국가 또는 지방자치단체가 소유권, 임차권 그밖의 **권한에 기하여 관리하고 있는 경우뿐만 아니라 사실상의 관리를 하고 있는 경우도 포함**한다(대법원 1995.01.24. 선고 94다45302).

② (○) 도로의 관리상 하자가 인정되는 이상 비록 그 사고의 원인에 제3자나 피해자의 행위가 개입되었더라도 국가에 대하여 손해배상책임을 물을 수 있다.

> **관련 판례**
> 영조물의 설치 또는 관리상의 하자로 인한 사고라 함은 영조물의 설치 또는 관리상의 하자만이 손해발생의 원인이 되는 경우만을 말하는 것이 아니고, 다른 자연적 사실이나 제3자의 행위 또는 피해자의 행위와 경합하여 손해가 발생하더라도 영조물의 설치 또는 관리상의 하자가 공동원인의 하나가 되는 이상 그 손해는 영조물의 설치 또는 관리상의 하자에 의하여 발생한 것이라고 해석함이 상당하다(대법원 1994. 11. 22. 선고 94다32924).

③ (○) A지방자치단체도 비용부담자로 국가배상법 제6조 제1항에 따른 책임을 진다. 따라서 갑은 A에게 국가배상을 청구할 수 있다.

```
국도(국가사무) → A지방자치단체의 장에게 (기관)위임
1. 국가 = 국가배상법 제2조 또는 제5조의 책임(=사무귀속주체)
2. A지방자치단체 = 국가배상법 제6조 제1항의 책임(=비용부담자)
```

④ (×) 국가배상법 제5조 소정의 영조물의 설치·관리상의 하자로 인한 책임은 무과실책임이고 나아가 민법 제758조 소정의 공작물의 점유자의 책임과는 달리 면책사유도 규정되어 있지 않으므로, 국가 또는 지방자치단체는 영조물의 설치·관리상의 하자로 인하여 타인에게 손해를 가한 경우에 그 손해의 방지에 필요한 주의를 해태하지 아니하였다 하여 면책을 주장할 수 없다(대법원 1994.11.22. 선고 94다32924).

11 정답 ①

① (×) 피고를 잘못 지정한 경우, 법원은 석명권을 행사하여 보정(피고경정)할 수 있게 하여 소송을 진행하고, 그래도 안 되면 비로소 부적법한 소를 각하하는 것이다. 주의할 것은, 원고가 피고를 잘못 지정한 경우에는 법원이 신청을 받아 피고경정을 할 수는 있으나, 직권으로 경정해 줄 수는 없다.

> **관련 판례**
> 세무서장의 위임에 의하여 성업공사가 한 공매처분에 대하여 피고 지정을 잘못하여 피고적격이 없는 세무서장을 상대로 그 공매처분의 취소를 구하는 소송이 제기된 경우, 법원으로서는 석명권을 행사하여 피고를 성업공사로 경정하게 하여 소송을 진행하여야 한다(대법원 1997.2.28. 선고 96누1757).

② (○) 소의 종류의 변경에 따른 피고의 경정 = 소의 교환적 변경

> **관련 판례**
> 소위 주관적, 예비적 병합은 행정소송법 제28조 제3항과 같은 예외적 규정이 있는 경우를 제외하고는 원칙적으로 허용되지 않는 것이고, 또 행정소송법상 소의 종류의 변경에 따른 당사자(피고)의 변경은 교환적 변경에 한 한다고 봄이 상당하므로 예비적 청구만이 있는 피고의 추가 경정신청은 허용되지 않는다(대법원 1989. 10. 27.자 89두1).

③ (○) 원고는 피고인 행정청이 속하는 국가 또는 공공단체를 상대로 손해배상, 제해시설의 설치 그 밖에 적당한 구제방법의 청구를 당해 취소소송 등이 계속된 법원에 병합하여 제기할 수 있다(행정소송법 제28조 제3항).

④ (○) 하급행정청이 자신의 명의로 처분을 했다면 그 처분 명의자인 하급행정청이 취소소송의 피고가 된다.

> **관련 판례**
> 행정처분의 취소 또는 무효확인을 구하는 행정소송은 다른 법률에 특별한 규정이 없는 한 그 처분을 행한 행정청을 피고로 하여야 하며, 행정처분을 행할 적법한 권한있는 상급행정청으로부터 내부위임을 받은데 불과한 하급행정청이 권한없이 행정처분을 한 경우에도 실제로 그 처분을 행한 하급행정청을 피고로 할 것이지 그 상급행정청을 피고로 할 것은 아니다(대법원 1989. 11. 14. 선고 89누4765).

12 정답 ③

① (○) 직접처분은 의무이행심판에서만 인정되고, 취소심판에서는 위원회의 직접처분이 인정되지 않는다. 반면 간접강제는 취소심판, 무효확인심판, 의무이행심판 모두에서 인정된다.

② (○) **제50조(위원회의 직접 처분)** ① 위원회는 피청구인이 제49조 제3항(편저자 주: 의무이행심판에서 **처분명령재결에 따른 재처분의무**)에도 불구하고 **처분을 하지 아니하는 경우**에는 당사자가 신청하면 기간을 정하여 서면으로 시정을 명하고 **그 기간에 이행하지 아니하면 직접 처분을 할 수 있다.** 다만, 그 처분의 성질이나 그 밖의 불가피한 사유로 위원회가 직접 처분을 할 수 없는 경우에는 그러하지 아니하다.

③ (×) 재결에 판결에서와 같은 기판력이 인정되는 것은 아니어서 재결이 확정된 경우에도 처분의 기초가 된 사실관계나 법률적 판단이 확정되고 당사자들이나 법원이 이에 기속되어 모순되는 주장이나 판단을 할 수 없게 되는 것은 아니다(대법원 2015.11.27. 선고 2013다6759).

④ (○) 조정에 대하여는 제48조부터 제50조까지(재결의 송달과 효력 발생, 재결의 기속력 등, 위원회의 직접 처분) 제50조의2(위원회의 간접강제), **제51조(행정심판 재청구의 금지)의 규정을 준용**한다(동법 제43조의2 제4항). → 따라서 조정이 성립된 이상 이에 대해 불만이 있어도 다시 행정심판을 청구할 수는 없다.

13 정답 ③

① (○) **환지예정지 지정**이나 **환지처분**은 그에 의하여 직접 토지소유자 등의 권리의무가 변동되므로 이를 **항고소송의 대상이 되는 처분**이라고 볼 수 있으나, **환지계획**은 위와 같은 환지예정지 지정이나 환지처분의 근거가 될 뿐 그 자체가 직접 토지소유자 등의 법률상의 지위를 변동시키거나 또는 환지예정지 지정이나 환지처분과는 다른 고유한 **법률효과를 수반하는 것이 아니어서 이를 항고소송의 대상이 되는 처분에 해당한다고 할 수가 없다**(대법원 1999.8.20. 선고 97누6889).

② (○) 사업시행계획이 인가·고시되면 행정처분으로서의 효력이 발생한다.

> **관련 판례**
> 구 도시 및 주거환경정비법(2007.12.21. 법률 제8785호로 개정되기 전의 것)에 따른 주택재건축정비사업조합은 관할 행정청의 감독 아래 위 법상 주택재건축사업을 시행하는 공법인으로서, 그 목적 범위 내에서 법령이 정하는 바에 따라 일정한 행정작용을 행하는 행정주체의 지위를 가진다 할 것인데, 재건축정비사업조합이 이러한 행정주체의 지위에서 위 법에 기초하여 수립한 사업시행계획은 인가·고시를 통해 확정되면 이해관계인에 대한 ⑨ (**구속적 행정계획**)으로서 독립된 행정처분에 해당하고, 이와 같은 사업시행계획안에 대한 조합 총회결의는

그 행정처분에 이르는 절차적 요건 중 하나에 불과한 것으로서, 그 계획이 확정된 후에는 ⓒ (항고소송)의 방법으로 계획의 취소 또는 무효확인을 구할 수 있을 뿐, 절차적 요건에 불과한 총회결의 부분만을 대상으로 그 효력 유무를 다투는 확인의 소를 제기하는 것은 허용되지 아니하고, 한편 이러한 ⓒ (항고소송)의 대상이 되는 행정처분의 효력이나 집행 혹은 절차속행 등의 정지를 구하는 신청은 행정소송법상 ⓓ (집행정지신청)의 방법으로서만 가능할 뿐 민사소송법상 가처분의 방법으로는 허용될 수 없다(대법원 2009.11.2. 자 2009마596). → 2012년 국가직 9급 기출 해설 내용

③ (×) 도시환경정비사업을 직접 시행하려는 토지 등 소유자들은 시장·군수로부터 **사업시행인가를 받기 전에는** 행정주체로서의 지위를 가지지 못한다. 따라서 그가 작성한 사업시행계획은 인가처분의 요건 중 하나에 불과하고 항고소송의 대상이 되는 독립된 행정처분에 해당하지 아니한다고 할 것이다(대법원 2013. 6. 13. 선고 2011두19994).

④ (○) 장기미집행 도시계획시설결정의 실효제도는 법률상의 권리에 불과

> **관련 판례**
> 장기미집행 도시계획시설결정의 실효제도는 도시계획시설부지로 하여금 도시계획시설결정으로 인한 사회적 제약으로부터 벗어나게 하는 것으로서 결과적으로 개인의 재산권이 보다 보호되는 측면이 있는 것은 사실이나, 이와 같은 보호는 입법자가 새로운 제도를 마련함에 따라 얻게 되는 법률에 기한 권리일 뿐 헌법상 재산권으로부터 당연히 도출되는 권리는 아니다(헌법재판소 2005.9.29. 선고 2002헌바84, 89, 2003헌마678, 943(병합) 전원재판부).

14 정답 ②

① (×) 동일한 행정처분에 대하여 무효확인의 소를 제기하였다가 그 후 그 처분의 취소를 구하는 소를 추가적으로 병합한 경우, 주된 청구인 **무효확인의 소가 적법한 제소기간 내에 제기되었다면** 추가로 병합된 취소청구의 소도 적법하게 제기된 것으로 볼 수 있다(대법원 2005.12.23. 선고 2005두3554).

② (○) 행정소송법 제20조 제1항에 따르면, 취소소송은 처분 등이 있음을 안 날부터 90일 이내에 제기하여야 하는데, **행정심판청구를 할 수 있는 경우에 행정심판청구가 있은 때의 기간은 재결서 정본을 송달받은 날부터 기산**한다. 여기서 말하는 '**행정심판**'은 행정심판법에 따른 **일반행정심판**과 **특별행정심판**(행정심판법 제4조)을 말한다(대법원 2019. 4. 3. 선고 2017두52764).

③ (×) **이미 불가쟁력이 발생한 처분에 대해 잘못 알려 행정심판을 제기한 경우(=소송 제기 불가)**

> **관련 판례**
> 이미 제소기간이 지남으로써 불가쟁력이 발생하여 불복청구를 할 수 없었던 경우라면 그 이후에 행정청이 행정심판청구를 할 수 있다고 잘못 알렸다고 하더라도 그 때문에 처분 상대방이 적법한 제소기간 내에 취소소송을 제기할 수 있는 기회를 상실하게 된 것은 아니므로 이러한 경우에 잘못된 안내에 따라 청구된 행정심판 재결서 정본을 송달받은 날부터 다시 취소소송의 제소기간이 기산되는 것은 아니다(대법원 2012. 9.27. 선고 2011두27247).

④ (×) 부작위법확인소송에도 행정소송법 제20조(제소기간)의 규정이 적용된다. 여기서 제소기간이 적용된다는 의미는 부작위법확인소송은 원칙적으로 제소기간 제한 없이 소송을 제기할 수 있지만, **만약 행정심판(의무이행심판)을 거친 경우에는 재결서 정본을 송달받은 날부터 90일 이내에 행정소송을 제기해야** 한다는 것을 의미한다.

15 정답 ②

① (○) 행정소송법 제30조 제2항의 규정에 의하면 행정청의 거부처분을 취소하는 판결이 확정된 경우에는 그 처분을 행한 행정청이 판결의 취지에 따라 이전의 신청에 대하여 재처분할 의무가 있으나, 이 때 확정판결의 당사자인 처분 행정청은 그 행정소송의 **사실심 변론종결 이후 발생한 새로운 사유를 내세워 다시 이전의 신청에 대한 거부처분을 할 수 있고 그러한 처분도 위 조항에 규정된 재처분에 해당된다고 할 것이다**(대법원 2004.01.15. 자 2002무30).

② (×) 확정판결의 당사자인 처분 행정청은 종전 처분 후에 발생한 새로운 사유를 내세워 다시 처분을 할 수 있고, 새로운 처분의 처분사유가 종전 처분의 처분사유와 기본적 사실관계에서 동일하지 않은 **다른 사유에 해당하는 이상, 처분사유가 종전 처분 당시 이미 존재하고 있었고 당사자가 이를 알고 있었더라도 이를 내세워 새로이 처분을 하는 것은 확정판결의 기속력에 저촉되지 않는다**(대법원 2016. 3. 24. 선고 2015두48235).

> **관련 판례**
> 기본적 사실관계의 동일성 유무는 처분사유를 법률적으로 평가하기 이전의 구체적 사실에 착안하여 그 기초인 사회적 사실관계가 기본적인 점에서 동일한지에 따라 결정되므로, 추가 또는 변경된 사유가 처분 당시에 이미 존재하고 있었다거나 당사자가 그 사실을 알고 있었다고 하여 당초의 처분사유와 동일성이 있다고 할 수 없다(대법원 2014.5.16. 선고 2013두26118).

③ (○) 취소판결에 따른 재처분의무 및 결과제거의무

④ (○) 경원관계 소송에서 거부처분의 취소판결이 확정되는 경우에도 행정청이 경원자(=수익적 처분을 받은 자)에 대한 수익적 처분을 반드시 취소해야 하는 것은 아니고, 판결의 취지에 따라 다시 심사해야할 의무가 있을 뿐이다.

> **관련 판례**
> 1. 원고적격 원칙적 인정: 인가·허가 등 수익적 행정처분을 신청한 여러 사람이 서로 경원관계에 있어서 한 사람에 대한 허가 등 처분이 다른 사람에 대한 불허가 등으로 귀결될 수밖에 없을 때 허가 등 처분을 받지 못한 사람은 신청에 대한 거부처분의 직접 상대방으로서 원칙적으로 자신에 대한 거부처분의 취소를 구할 원고적격이 있다.
> 2. 소의 이익도 인정: 취소판결이 확정되는 경우 판결의 직접적인 효과로 경원자에 대한 허가 등 처분이 취소되거나 효력이 소멸되는 것은 아니더라도 행정청은 취소판결의 기속력에 따라 판결에서 확인된 위법사유를 배제한 상태에서 취소판결의 원고와 경원자의 각 신청에 관하여 처분요건의 구비 여부와 우열을 다시 심사하여야 할 의무가 있으며, 재심사 결과 경원자에 대한 수익적 처분이 직권취소되고 취소판결의 원고에게 수익적 처분이 이루어질 가능성을 완전히 배제할 수는 없으므로, 특별한 사정이 없는 한 경원관계에서 허가 등 처분을 받지 못한 사람은 자신에 대한 거부처분의 취소를 구할 소의 이익이 있다(대법원 2015.10.29. 선고 2013두27517).

16 정답 ③

① (×) 국유재산법 제72조 제1항, 제73조 제2항에 의한 변상금 부과·징수권은 민사상 부당이득반환청구권과 법적 성질을 달리하는 별개의 권리이므로, 변상금 부과·징수권을 행사하였다 하더라도 이로써 민사상 부당이득반환청구권의 소멸시효가 중단된다고 할 수 없다(대법원 2014.10.30. 선고 2014다44932).

② (×) 부가가치세법령의 내용, 형식 및 입법 취지 등에 비추어 보면, 납세의무자에 대한 **국가의 부가가치세 환급세액 지급의무**는 그 납세의무자로부터 어느 과세기간에 과다하게 거래징수된 세액 상당을 국가가 실제로 납부받았는지와 관계없이 **부가가치세법령의 규정에 의하여 직접 발생하는 것으로서, 그 법적 성질은** 정의와 공평의 관념에서 수익자와 손실자 사이의 재산상태 조정을 위해 인정되는 **부당이득 반환의무가 아니라 부가가치세법령에 의하여** 그 존부나 범위가 구체적으로 확정되고 조세 정책적 관점에서 **특별히 인정되는 공법상 의무**라고 봄이 타당하다. 그렇다면 납세의무자에 대한 국가의 부가가치세 환급세액 지급의무에 대응하는 **국가에 대한 납세의무자의 부가가치세 환급세액 지급청구**는 민사소송이 아니라 행정소송법 제3조 제2호에 규정된 **당사자소송의 절차에 따라야 한다**(대법원 2013. 3. 21. 선고 2011다95564 전원합의체 판결).

③ (○) 금전의 급부를 목적으로 하는 권리는 다른 법률에 규정이 없는 한 5년 동안 행사하지 아니하면 시효로 인하여 소멸한다. 여기서 시효로 소멸하는 권리란 국가 또는 지방자치단체가 국민에 대해 갖는 권리와 국민이 국가 또는 지방자치단체에 대해서 갖는 권리 모두 포함된다.

> **국가재정법**
> 제96조(금전채권·채무의 소멸시효) ① 금전의 급부를 목적으로 하는 국가의 권리로서 시효에 관하여 다른 법률에 규정이 없는 것은 5년 동안 행사하지 아니하면 시효로 인하여 소멸한다.
> ② 국가에 대한 권리(=편저자 주: 국민의 국가에 대한 권리)로서 금전의 급부를 목적으로 하는 것도 또한 제1항과 같다.

④ (×) 소멸시효는 객관적으로 권리가 발생하여 **그 권리를 행사할 수 있는 때로부터 진행**하고 그 권리를 행사할 수 없는 동안만은 진행하지 아니하는데, 여기서 권리를 행사할 수 없는 경우라 함은 그 권리행사에 법률상의 장애사유가 있는 경우를 말하는데, 변상금 부과처분에 대한 **취소소송**이 진행 중이라도 그 부과권자로서는 위법한 처분을 스스로 취소하고 그 하자를 보완하여 다시 적법한 부과처분을 할 수도 있는 것이어서 그 권리행사에 법률상의 장애사유가 있는 경우에 해당한다고 할 수 없으므로, **그 처분에 대한 취소소송이 진행되는 동안에도 그 부과권의 소멸시효가 진행**된다(대법원 2006.2.10. 선고 2003두5686).

17 정답 ③

① (×) **수허가자의 지위를 양수받아 명의변경신고를 할 수 있는 양수인의 지위**는 단순한 반사적 이익이나 사실상의 이익이 아니라 **산림법령에 의하여 보호되는 직접적이고 구체적인 이익으로서 법률상 이익**이라고 할 것이고, 채석허가가 유효하게 존속하고 있다는 것이 양수인의 명의변경신고의 전제가 된다는 의미에서 **관할 행정청이 양도인에 대하여 채석허가를 취소하는 처분**을 하였다면 이는 양수인의 지위에 대한 직접적 침해가 된다고 할 것이므로 **양수인은 채석허가를 취소하는 처분의 취소를 구할 법률상 이익을 가진다**(대법원 2003.7.11. 선고 2001두6289).

② (×) **문화재의 지정**이나 그 보호구역으로 지정이 있음으로써 유적의 보존 관리 등이 법적으로 확보되어 지역주민이나 국민일반 또는 학술연구자가 이를 활용하고 그로 인한 이익을 얻는 것이지만, 그 지정은 문화재를 보존하여 이를 활용함으로써 국민의 문화적 향상을 도모함과 아울러 인류문화의 발전에 기여한다고 하는 목적을 위하여 행해지는 것이지, 그 이익이 **일반 국민**이나 **인근주민의 문화재를 향유할 구체적이고도 법률적인 이익이라고 할 수는 없다**(대법원 1992.9.22. 선고 91누13212).

③ (○) 환경영향평가 대상지역 밖의 주민이라 할지라도 공유수면매립면허처분 등으로 인하여 그 처분 전과 비교하여 수인한도를 넘는 환경피해를 받거나 받을 우려가 있는 경우에는, 공유수면매립면허처분 등으로 인하여 환경상 이익에 대한 침해 또는 침해우려가 있다는 것을 입증함으로써 그 처분 등의 무효확인을 구할 원고적격을 인정받을 수 있다(대법원 2006.3.16. 선고 2006두330 전원합의체 판결).

④ (×) **구내소매인과 일반소매인 사이에서는 구내소매인의 영업소와 일반소매인의 영업소 간에 거리제한을 두지 아니할 뿐 아니라 건축물 또는 시설물의 구조·상주인원 및 이용인원 등을 고려하여 동일 시설물 내 2개소 이상의 장소에 구내소매인을 지정할 수 있으며, 이 경우 일반소매인이 지정된 장소가 구내소매인 지정대상이 된 때에는 동일 건축물 또는 시설물 안에 지정된 일반소매인은 구내소매인으로 보고, 구내소매인이 지정된 건축물 등에는 일반소매인을 지정할 수 없으며, 구내소매인은 담배진열장 및 담배소매점 표지판을 건물 또는 시설물의 외부에 설치하여서는 아니 된다고 규정하는 등 일반소매인의 입장에서 구내소매인과의 과당경쟁으로 인한 경영의 불합리를 방지하는 것을 그 목적으로 할 수 있다고 보기 어려우므로, **일반소매인으로 지정되어 영업을 하고 있는 기존업자의 신규 구내소매인에 대한 이익은 법률상 보호되는 이익이 아니라 단순한 사실상의 반사적 이익이라고 해석함이 상당하므로, 기존 일반소매인은 신규 구내소매인 지정처분의 취소를 구할 원고적격이 없다**(대법원 2008.4.10. 선고 2008두402).

18 정답 ④

① (○) 법령 준수 유도에 중점을 두어야 한다.

> 행정조사는 법령등의 위반에 대한 처벌보다는 법령등을 준수하도록 유도하는 데 중점을 두어야 한다(행정조사기본법 제4조 제4항).

② (○) 임의조사는 법적근거가 필요 없다.

③ (○) 자율신고제도를 운영할 수 있다.

> 제25조(자율신고제도) ① 행정기관의 장은 법령등에서 규정하고 있는 조사사항을 조사대상자로 하여금 스스로 신고하도록 하는 제도를 운영할 수 있다.
> ② 행정기관의 장은 조사대상자가 제1항에 따라 신고한 내용이 거짓의 신고라고 인정할 만한 근거가 있거나 신고내용을 신뢰할 수 없는 경우를 제외하고는 그 신고내용을 행정조사에 갈음할 수 있다.

④ (×) 시료채취는 시료 소유자 등의 경제 활동에 방해되지 않도록 최소한도에 그쳐야 한다.

> 제12조(시료채취) ① 조사원이 조사목적의 달성을 위하여 시료채취를 하는 경우에는 그 시료의 소유자 및 관리자의 정상적인 경제활동을 방해하지 아니하는 범위 안에서 최소한도로 하여야 한다.
> ② 행정기관의 장은 제1항에 따른 시료채취로 조사대상자에게 손실을 입힌 때에는 대통령령으로 정하는 절차와 방법에 따라 그 손실을 보상하여야 한다.

19 정답 ④

① (○) **행정처분의 집행정지**는 행정처분집행 부정지의 원칙에 대한 예외로서 인정되는 일시적인 응급처분이라 할 것이므로 집행정지결정을 하려면 이에 대한 **본안소송이 법원에 제기되어 계속중임을 요건으로** 하는 것이므로 집행정지결정을 한 후에라도 본안소송이 취하되어 소송이 계속하지 아니한 것으로 되면 집행정지결정은 당연히 그 효력이 소멸되는 것이고 별도의 취소조치를 필요로 하는 것이 아니다(대법원 1975. 11. 11. 선고 75누97).

② (○) 허가신청에 대한 거부처분은 그 효력이 정지되더라도 그 처분이 없었던 것과 같은 상태를 만드는 것에 지나지 아니하는 것이고 그 이상으로 행정청에 대하여 어떠한 처분을 명하는 등 적극적인 상태를 만들어 내는 경우를 포함하지 아니하는 것이므로, 효력을 정지할 필요성이 없다(대법원 1991.5.2. 자 91두15).

③ (○) 처분의 효력정지는 보충성이 요구된다.

> **행정소송법**
> 제23조(집행정지) ② 취소소송이 제기된 경우에 처분 등이나 그 집행 또는 절차의 속행으로 인하여 생길 회복하기 어려운 손해를 예방하기 위하여 긴급한 필요가 있다고 인정할 때에는 본안이 계속되고 있는 법원은 당사자의 신청 또는 직권에 의하여 처분 등의 효력이나 그 집행 또는 절차의 속행의 전부 또는 일부의 정지(이하 "집행정지"라 한다)를 결정할 수 있다. 다만, **처분의 효력정지는 처분 등의 집행 또는 절차의 속행을 정지함으로써 목적을 달성할 수 있는 경우에는 허용되지 아니한다.**

④ (×) 본안소송에서의 처분의 취소가능성이 없음에도 불구하고 처분의 효력정지나 집행정지를 인정한다는 것은 제도의 취지에 반하므로 집행정지사건 자체에 의하여도 신청인의 본안청구가 이유 없음이 명백할 때에는 행정처분의 효력정지나 집행정지를 명할 수 없다(대법원 1992.8.7. 자 92두30).

이라 볼 수 없다(헌재 2006.2.23. 2004헌마19).

④ (○) **사업시행자의 이주대책 수립·실시의무를 정하고 있는 구 공익사업법 제78조 제1항은 물론 이주대책의 내용에 관하여 규정하고 있는 같은 조 제4항 본문 역시** 당사자의 합의 또는 사업시행자의 재량에 의하여 적용을 배제할 수 없는 **강행법규**이다(대법원 2011.6.23. 선고 2007다63089 전원합의체 판결).

20 정답 ③

① (○) 토지수용으로 인한 손실보상액을 산정함에 있어서는 **당해 공공사업의 시행을 직접 목적으로 하는 계획의 승인·고시로 인한 가격변동은 이를 고려함이 없이 수용재결 당시의 가격을 기준으로 하여 정하여야 한다**(대법원 2004.6.11. 선고 2003두14703).

② (○) 잔여지 수용청구권은 손실보상의 일환으로 토지소유자에게 부여되는 권리로서 그 요건을 구비한 때에는 잔여지를 수용하는 **토지수용위원회의 재결이 없더라도 그 청구에 의하여 수용의 효과가 발생하는 형성권적 성질**을 가지므로, 잔여지 수용청구를 받아들이지 않은 토지수용위원회의 재결에 대하여 토지소유자가 불복하여 제기하는 소송은 위 법 제85조 제2항에 규정되어 있는 '보상금의 증감에 관한 소송'에 해당하여 **사업시행자를 피고로 하여야 한다**(대법원 2010. 8. 19. 선고 2008두822).

③ (×) **이주대책**은 헌법 제23조 제3항에 규정된 정당한 보상에 포함되는 것이라기보다는 이에 부가하여 이주자들에게 종전의 생활상태를 회복시키기 위한 **생활보상의 일환으로서 국가의 정책적인 배려에 의하여 마련된 제도**라고 볼 것이다. 따라서 **이주대책의 실시 여부는 입법자의 입법정책적 재량의 영역**에 속하므로 공익사업을 위한 토지 등의 취득 및 보상에 관한 **법률 시행령 제40조 제3항 제3호가 이주대책의 대상자에서 세입자를 제외하고 있는 것이 세입자의 재산권을 침해하는 것**

한수성 임팩트행정법 동형모의고사

제 6 회 정답 및 해설

정답 확인

01	02	03	04	05
③	③	③	③	②
06	07	08	09	10
②	③	①	③	②
11	12	13	14	15
②	③	④	①	③
16	17	18	19	20
④	④	④	②	③

01 정답 ③

① (○) 행정에 관한 기간의 계산에 관하여는 이 법 또는 다른 법령등에 특별한 규정이 있는 경우를 제외하고는 「민법」을 준용한다(행정기본법 제6조 제1항).

② (○), ③ (×) 행정기본법 제7조

> **행정기본법**
> 제7조(법령등 시행일의 기간 계산) 법령등(훈령·예규·고시·지침 등을 포함한다. 이하 이 조에서 같다)의 시행일을 정하거나 계산할 때에는 다음 각 호의 기준에 따른다.
> 1. 법령등을 공포한 날부터 시행하는 경우에는 공포한 날을 시행일로 한다.
> 2. 법령등을 공포한 날부터 일정 기간이 경과한 날부터 시행하는 경우 법령등을 공포한 날을 첫날에 산입하지 아니한다(=③번 지문).
> 3. 법령등을 공포한 날부터 일정 기간이 경과한 날부터 시행하는 경우 그 기간의 말일이 토요일 또는 공휴일인 때에는 그 말일로 기간이 만료한다(=②번 지문).

④ (○) 법령등 또는 처분에서 국민의 권익을 제한하거나 의무를 부과하는 경우 **권익이 제한되거나 의무가 지속되는 기간의 계산은 다음 각 호의 기준에 따른다. 다만, 다음 각 호의 기준에 따르는 것이 국민에게 불리한 경우에는 그러하지 아니하다**(행정기본법 제6조 제2항).

> 1. 기간을 일, 주, 월 또는 연으로 정한 경우에는 기간의 첫날을 산입한다.
> 2. 기간의 말일이 토요일 또는 공휴일인 경우에도 기간은 그 날로 만료한다.

02 정답 ③

① (×) 구법의 위임에 의한 유효한 법규명령이 법개정으로 위임의 근거가 없어지게 되면 그때부터 무효인 법규명령이 된다(대법원 1995.6.30. 선고 93추83).

② (×) 삼권분립의 원칙, 법치행정의 원칙을 당연한 전제로 하고 있는 우리 헌법 하에서 **행정권의 행정입법 등 법집행의무는 헌법적 의무**라고 보아야 할 것이다. 그런데 이는 행정입법의 제정이 법률의 집행에 필수불가결한 경우로서 행정입법을 제정하지 아니하는 것이 곧 행정권에 의한 입법권 침해의 결과를 초래하는 경우를 말하는 것이므로, **만일 하위 행정입법의 제정 없이 상위 법령의 규정만으로도 집행이 이루어질 수 있는 경우라면 하위 행정입법을 하여야 할 헌법적 작위의무는 인정되지 아니한다**(헌재 2005.12.22. 2004헌마66).

③ (○) 법률조항의 위임에 따라 **대통령령으로 규정한 내용이 헌법에 위반될 경우라도 그 대통령령의 규정이 위헌으로 되는 것은 별론으로 하고 그로 인하여 정당하고 적법하게 입법권을 위임한 수권법률까지 위헌으로 되는 것은 아니다**(헌법재판소 2016. 10. 27. 선고 2016헌바321).

④ (×) **법률이 공법적 단체 등의 정관에 자치법적 사항을 위임한 경우에는 헌법 제75조가 정하는 포괄적인 위임입법의 금지는 원칙적으로 적용되지 않는다**고 봄이 상당하다(대법원 2007.10.12. 선고 2006두14476).

03 정답 ③

① (○) 기한 → 독립쟁송가능성 부정

> **관련 판례**
> 기부채납받은 행정재산에 대한 사용·수익허가 중 사용·수익허가의 기간에 대하여 독립하여 행정소송을 제기할 수 없다(대법원 2001.6.15. 선고 99두509).

② (○) 토지소유자가 토지형질변경행위허가에 붙은 기부채납의 부관에 따라 토지를 국가나 지방자치단체에 기부채납(증여)한 경우, 기부채납의 부관이 당연무효이거나 취소되지 아니한 이상 토지소유자는 위 부관으로 인하여 증여계약의 중요부분에 착오가 있음을 이유로 증여계약을 취소할 수 없다(대법원 1999.5.25. 선고 98다53134).

③ (×) 행정행위의 부관인 부담에 정해진 바에 따라 **당해 행정청이 아닌 다른 행정청이 그 부담상의 의무이행을 요구하는 의사표시**를 하였을 경우, **이러한 행위가 당연히 또는 무조건으로 행정소송법상 항고소송의 대상이 되는 처분에 해당한다고 할 수는 없다**(대법원 1992. 1. 21. 선고 91누1264). → 건설부장관이 공유수면매립면허를 함에 있어 그 면허 받은 자에게 당해 공유수면에 이미 토사를 투기한 지방해운항만청장에게 그 대가를 지급하도록 한 부관에 따라 한 같은 해운항만청장

의 수토대금 납부고지행위가 행정처분에 해당한다고 할 수 없다고 한 사례
④ (○) 행정처분에 부담인 부관을 붙인 경우 **부관의 무효화**에 의하여 본체인 행정처분 자체의 효력에도 영향이 있게 될 수는 있지만, 그 처분을 받은 사람이 **부담의 이행으로 사법상 매매 등의 법률행위를 한 경우**에는 그 부관은 특별한 사정이 없는 한 법률행위를 하게 된 동기 내지 연유로 작용하였을 뿐이므로 이는 법률행위의 취소사유가 될 수 있음은 별론으로 하고 그 **법률행위 자체를 당연히 무효화하는 것은 아니다**(대법원 2009.6.25. 선고 2006다18174).

04 정답 ②

① (○) 과세처분에 관한 불복절차과정에서 불복사유가 옳다고 인정하고 이에 따라 필요한 처분을 하였을 경우에는 불복제도와 이에 따른 시정방법을 인정하고 있는 법 취지에 비추어 동일 사항에 관하여 특별한 사유 없이 이를 번복하고 다시 종전의 처분을 되풀이할 수는 없다. 따라서 과세관청이 과세처분에 대한 이의신청절차에서 납세자의 이의신청 사유가 옳다고 인정하여 과세처분을 직권으로 취소하였음에도, 특별한 사유 없이 이를 번복하고 종전 처분을 되풀이하여서 한 과세처분은 위법하다(대법원 2014.7.24. 선고 2011두14227).
② (×) 행정청은 행정소송이 계속되고 있는 때에도 직권으로 그 처분을 변경할 수 있고, 행정소송법 제22조 제1항은 이를 전제로 처분변경으로 인한 소의 변경에 관하여 규정하고 있다. **점용료 부과처분에 취소사유에 해당하는 흠이 있는 경우 도로관리청으로서는 당초 처분 자체를 취소하고 흠을 보완하여 새로운 부과처분을 하거나, 흠 있는 부분에 해당하는 점용료를 감액하는 처분을 할 수 있다.** 한편 흠 있는 행정행위의 치유는 원칙적으로 허용되지 않을 뿐 아니라, 흠의 치유는 성립 당시에 적법한 요건을 갖추지 못한 흠 있는 행정행위를 그대로 존속시키면서 사후에 그 흠의 원인이 된 적법 요건을 보완하는 경우를 말한다. 그런데 앞서 본 바와 같은 흠 있는 부분에 해당하는 점용료를 감액하는 처분은 당초 처분 자체를 일부 취소하는 변경처분에 해당하고, 그 실질은 종래의 위법한 부분을 제거하는 것으로서 **흠의 치유와는 차이가 있다.**
그러므로 이러한 변경처분은 흠의 치유와는 성격을 달리하는 것으로서, 변경처분 자체가 신뢰보호 원칙에 반한다는 등의 특별한 사정이 없는 한 **점용료 부과처분에 대한 취소소송이 제기된 이후에도 허용될 수 있다.** 이에 따라 특별사용의 필요가 없는 부분을 도로점용허가의 점용장소 및 점용면적으로 포함한 흠이 있고 그로 인하여 점용료 부과처분에도 흠이 있게 된 경우, 도로관리청으로서는 도로점용허가 중 특별사용의 필요가 없는 부분을 직권취소하면서 특별사용의 필요가 없는 점용장소 및 점용면적을 제외한 상태로 점용료를 재산정한 후 당초 처분을 취소하고 재산정한 점용료를 새롭게 부과하거나, 당초 처분을 취소하지 않고 당초 처분으로 부과된 점용료와 재산정된 점용료의 차액을 감액할 수도 있다(대법원 2019. 1. 17. 선고 2016두56721, 2016두56738(병합)).
③ (○) **행정처분이 불복기간의 경과로 인하여 확정될 경우** 그 확정력은, 처분으로 인하여 법률상 이익을 침해받은 자가 해당 처분이나 재결의 효력을 더 이상 다툴 수 없다는 의미일 뿐, 더 나아가 판결에 있어서와 같은 기판력이 인정되는 것은 아니어서 **처분의 기초가 된 사실관계나 법률적 판단이 확정되고 당사자들이나 법원이 이에 기속되어 모순되는 주장이나 판단을 할 수 없게 되는 것은 아니다**(대법원 2019. 10. 17. 선고 2018두104).
④ (○) 민사소송에 있어서 어느 행정처분의 당연무효여부가 선결문제로 되는 때에는 이를 판단하여 당연무효임을 전제로 판결할 수 있고 반드시 행정소송 등의 절차에 의하여 그 취소나 무효확인을 받아야 하는 것이 아니다(대법원 71다2279, 71다744).

05 정답 ②

① (○) **변상금 부과처분에 대한 취소소송이 진행 중이라도 그 부과권자로서는 위법한 처분을 스스로 취소하고 그 하자를 보완하여 다시 적법한 부과처분을 할 수도 있는 것이어서** 그 권리행사에 법률 상의 장애사유가 있는 경우에 해당한다고 할 수 없으므로, 그 처분에 대한 취소소송이 진행 되는 동안에도 그 부과권의 소멸시효가 진행된다(대법원 2006.2.10. 선고 2003두5686).
② (×) 행정청은 **적법한 처분이 다음 각 호의 어느 하나에 해당하는 경우에는 그 처분의 전부 또는 일부를 장래를 향하여 철회할 수 있다**(행정기본법 제19조 제1항).
  1. 법률에서 정한 철회 사유에 해당하게 된 경우
  2. 법령등의 변경이나 사정변경으로 처분을 더 이상 존속시킬 필요가 없게 된 경우
  3. 중대한 공익을 위하여 필요한 경우
③ (○) **행정처분에 대한 법정의 불복기간이 지나면 직권으로도 취소할 수 없게 되는 것은 아니므로,** 처분청은 토지에 대한 개별토지가격의 산정에 명백한 잘못이 있다면 **이를 직권으로 취소할 수 있다**(대법원 1995.9.15. 선고 95누6311).
④ (○) 행정청은 위법 또는 부당한 처분의 전부나 일부를 소급하여 취소할 수 있다. 다만, 당사자의 신뢰를 보호할 가치가 있는 등 정당한 사유가 있는 경우에는 장래를 향하여 취소할 수 있다(행정기본법 제18조 제1항).

06 정답 ②

① (○) 선행처분인 **도시ㆍ군계획시설결정**과 후행처분인 **실시계획인가**(2016두 49938) = 하자승계 ✕
② (×) **공인중개사** 업무정지처분의 하자와 후 행처분인 **공인중개사무소 개설등록취소처분**(2017두40372) = 하자승계 ✕
③ (○) **표준지공시지가결정**과 **수용재결**(2007두13845) = 서루 별개의 법적효과를 목적으로 하는 처분임에도 예외적으로 하자승계 ○
④ (○) 병역법상 **보충역편입처분**과 **공익근무요원소집처분**(2001두5422) = 하자승계 ✕

07 정답 ③

① (○) 어업권면허에 선행하는 우선순위결정은 행정청이 우선권자로 결정된 자의 신청이 있으면 어업권면허처분을 하겠다는 것을 약속하는 행위로서 강학상 확약에 불과하고 행정처분은 아니므로, 우선순위결정

에 공정력이나 불가쟁력과 같은 효력은 인정되지 아니하며, 따라서 우선순위결정이 잘못되었다는 이유로 종전의 어업권면허처분이 취소되면 행정청은 종전의 우선순위결정을 무시하고 다시 우선순위를 결정한 다음 새로운 우선순위결정에 기하여 새로운 어업권면허를 할 수 있다(대법원 1995. 1. 20. 선고 94누6529).

② (○) 처분에 대한 정당한 권한을 갖는 행정청이 확약을 하여야 한다.

③ (×) 행정청이 상대방에게 장차 어떤 처분을 하겠다고 확약 또는 공적인 의사표명을 하였다고 하더라도, 그 자체에서 상대방으로 하여금 언제까지 처분의 발령을 신청을 하도록 유효기간을 두었는데도 그 기간 내에 상대방의 신청이 없었다거나 **확약 또는 공적인 의사표명이 있은 후에 사실적·법률적 상태가 변경되었다면, 그와 같은 확약 또는 공적인 의사표명은 행정청의 별다른 의사표시를 기다리지 않고 실효된다**(대법원 1996. 8. 20. 선고 95누10877).

> **행정절차법**
> 제40조의2(확약) ④ 행정청은 다음 각 호의 어느 하나에 해당하는 경우에는 확약에 기속되지 아니한다.
> 1. 확약을 한 후에 확약의 내용을 이행할 수 없을 정도로 법령등이나 사정이 변경된 경우
> 2. 확약이 위법한 경우

④ (○) 신뢰보호원칙의 적용요건의 하나인 행정청의 선행조치에는 확약도 포함될 수 있다.

08 정답 ①

① (○) 도시계획구역 내 토지 등을 소유하고 있는 사람과 같이 당해 도시계획시설결정에 이해관계가 있는 주민에게 도시시설계획의 입안 내지 변경을 요구할 수 있는 법규상 또는 조리상의 신청권이 있으며, 이러한 신청에 대한 거부행위가 항고소송의 대상이 되는 행정처분에 해당한다(대법원 2015.3.26. 선고 2014두42742).

② (×) **장기미집행 도시계획시설결정의 실효제도는 도시계획시설부지로 하여금 도시계획시설결정으로 인한 사회적 제약으로부터 벗어나게 하는 것으로서 결과적으로 개인의 재산권이 보다 보호되는 측면이 있는 것은 사실이나, 이와 같은 보호는 입법자가 새로운 제도를 마련함에 따라 얻게 되는 법률에 기한 권리일 뿐 헌법상 재산권으로부터 당연히 도출되는 권리는 아니다**(헌재 2005.9.29. 2002헌바84).

③ (×) 우리 판례는 모든 절차가 주된 인허가로 집중됨을 긍정하고 있다.

> **관련 판례**
> 인허가 의제 규정의 입법 취지를 고려하면, 주택건설사업계획 승인권자가 구 주택법 제17조 제3항에 따라 도시·군관리계획 결정권자와 협의를 거쳐 관계 주택건설사업계획을 승인하면 같은 조 제1항 제5호에 따라 도시·군관리계획결정이 이루어진 것으로 의제되고, 이러한 협의 절차와 별도로 국토의 계획 및 이용에 관한 법률 제28조 등에서 정한 도시·군관리계획 입안을 위한 주민 의견청취 절차를 거칠 필요는 없다(대법원 2018. 11. 29. 선고 2016두38792).

④ (×) **후행 도시계획의 결정을 하는 행정청이 선행 도시계획의 결정·변경 등에 관한 권한을 가지고 있지 아니한 경우**에 선행 도시계획과 서로 양립할 수 없는 내용이 포함된 후행 도시계획결정을 하는 것은 아무런 권한 없이 선행 도시계획결정을 폐지하고, 양립할 수 없는 새로운 내용이 포함된 후행 도시계획결정을 하는 것으로서, **선행 도시계획결정의 폐지 부분은 권한 없는 자에 의하여 행해진 것으로서 무효이다**(대법원 2000.9.8. 선고 99두11257).

> **비교**
> 도시계획의 결정·변경 등에 관한 권한을 가진 행정청은 이미 도시계획이 결정·고시된 지역에 대하여도 다른 내용의 도시계획을 결정·고시할 수 있고, 이때에 후행 도시계획에 선행 도시계획과 서로 양립할 수 없는 내용이 포함되어 있다면, 특별한 사정이 없는 한 선행 도시계획은 후행 도시계획과 같은 내용으로 변경되는 것이 원칙이다(대법원 2000.9.8. 선고 99두11257).

09 정답 ③

① (○) 구 헌법재판소법(2011. 4. 5. 법률 제10546호로 개정되기 전의 것) 제47조 제1항은 "법률의 위헌결정은 법원 기타 국가기관 및 지방자치단체를 기속한다."고 규정하고 있는데, 이러한 위헌결정의 기속력과 헌법을 최고규범으로 하는 법질서의 체계적 요청에 비추어 국가기관 및 지방자치단체는 위헌으로 선언된 법률규정에 근거하여 새로운 행정처분을 할 수 없음은 물론이고, 위헌결정 전에 이미 형성된 법률관계에 기한 후속처분이라도 그것이 새로운 위헌적 법률관계를 생성·확대하는 경우라면 이를 허용할 수 없다. 따라서 **조세 부과의 근거가 되었던 법률규정이 위헌으로 선언된 경우**, 비록 그에 기한 과세처분이 위헌결정 전에 이루어졌고, 과세처분에 대한 제소기간이 이미 경과하여 조세채권이 확정되었으며, 조세채권의 집행을 위한 체납처분의 근거규정 자체에 대하여는 따로 위헌결정이 내려진 바 없다고 하더라도, **위와 같은 위헌결정 이후에 조세채권의 집행을 위한 새로운 체납처분에 착수하거나 이를 속행하는 것은 더 이상 허용되지 않고**, 나아가 이러한 위헌결정의 효력에 위배하여 이루어진 체납처분은 그 사유만으로 하자가 중대하고 객관적으로 명백하여 **당연무효**라고 보아야 한다(대법원 2012. 2. 16. 선고 2010두10907).

② (○) 국세기본법 및 국세기본법 시행령이 과세전적부심사를 거치지 않고 곧바로 과세처분을 할 수 있거나 과세전적부심사에 대한 결정이 있기 전이라도 과세처분을 할 수 있는 예외사유로 정하고 있다는 등의 특별한 사정이 없는 한, **과세예고 통지 후 과세전적부심사 청구나 그에 대한 결정이 있기도 전에 과세처분을 하는 것은 원칙적으로 과세전적부심사 이후에 이루어져야 하는 과세처분을 그보다 앞서 함으로써 과세전적부심사 제도 자체를 형해화시킬 뿐만 아니라 과세전적부심사 결정과 과세처분 사이의 관계 및 그 불복절차를 불분명하게 할 우려가 있으므로, 그와 같은 과세처분은 납세자의 절차적 권리를 침해하는 것으로서 그 절차상 하자가 중대하고도 명백하여 무효**라고 할 것이다(대법원 2016. 12. 27. 선고 2016두49228).

③ (×) 민원사무를 처리하는 행정기관이 민원 1회방문 처리제를 시행하는 절차의 일환으로 민원사항의 심의·조정 등을 위한 **민원조정위원회를 개최하면서 민원인에게 회의일정 등을 사전에 통지하지 아니하였다 하더라도, 이러한 사정만으로 곧바로 민원사항에 대한 행정기관의 장의 거부처분에 취소사유에 이를 정도의 흠이 존재한다고 보기는 어렵다.** 다만 행정기관의 장의 거부처분이 재량행위인 경우에, 위와 같은 사전통지의 흠결로 민원인에게 의견진술의 기회를 주지 아니한 결과 민원조정위원회의 심의과정에서 고려대상에 마땅히 포함시켜야 할 사항을 누락하는 등 재량권의 불행사 또는 해태로 볼 수 있는 구체적 사정이 있다면, 거부처분은 재량권을 일탈·남용한 것으로서 위법하다(대법원 2015. 8. 27. 선고 2013두1560).

판결 이유 중

민원조정위원회는 이러한 민원 1회방문 처리제의 시행을 위한 절차적 구성요소의 하나로 설치·운영되는 것으로서, 그 심의·조정 대상은 당사자에게 의무를 과하거나 권익을 제한하는 이른바 침해적 행정처분에 관한 사항이 아니라 민원인이 행정기관에 대하여 요구하는 특정한 행위에 관한 사항이다. 따라서 민원 1회방문 처리제의 부수적 목적으로 민원 처리과정의 투명성·책임성과 민원행정의 능률성·효율성 제고가 고려될 수 있다 하더라도, 민원인이 행정기관에 처분 등 특정한 행위를 요구함에 대하여 민원사무처리법령에서 민원조정위원회를 개최하도록 하고 민원인에게 그 회의일정 등을 사전통지하도록 정한 주된 취지 역시 민원인의 불편과 부담 경감에 있다고 해석될 수 있고, 행정청이 침해적 행정처분을 하는 경우에 그 침해되는 권익을 보호하기 위하여 당사자에게 사전통지를 하고 의견제출의 기회를 주도록 정한 행정절차법상의 행정절차와는 그 입법 목적이나 취지가 다르다.

④ (○) **금지행위 및 시설의 해제 여부에 관한 행정처분을 하면서 절차상 위와 같은 심의를 누락한 흠이 있다면** 그와 같은 흠을 가리켜 위 행정처분의 효력에 아무런 영향을 주지 않는다거나 경미한 정도에 불과하다고 볼 수는 없으므로, 특별한 사정이 없는 한 이는 행정처분을 위법하게 하는 **취소사유가 된다**(대법원 2007. 3. 15. 선고 2006두 15806).

10 정답 ②

① (○) 학교폭력대책자치위원회의 **회의록**(2010두2913) = 비공개대상 정보

② (×) 공공기관은 청구인이 사본 또는 복제물의 교부를 원하는 경우에는 **이를 교부하여야** 한다. 다만, **공개 대상 정보의 양이 너무 많아 정상적인 업무수행에 현저한 지장을 초래할 우려가 있는 경우에는 정보의 사본·복제물을 일정 기간별로 나누어 제공하거나 열람과 병행하여 제공할 수 있다**(공공기관의 정보공개에 관한 법률 제13조 제2항).

③ (○) 2002학년도부터 2005학년도까지의 대학수학능력시험 **원데이터**(2007두9877) = 공개대상 정보

④ (○) 공공기관의 정보공개에 관한 법률(이하 '정보공개법'이라고 한다) 제9조 제1항 제6호 본문은 비공개대상정보의 하나로 '당해 정보에 포함되어 있는 이름·주민등록번호 등 개인에 관한 사항으로서 공개될 경우 개인의 사생활의 비밀 또는 자유를 침해할 우려가 있다고 인정되는 정보'를 규정하고 있고, 같은 호 단서 (다)목은 '공공기관이 작성하거나 취득한 정보로서 공개하는 것이 공익 또는 개인의 권리구제를 위하여 필요하다고 인정되는 정보'를 비공개대상정보에서 제외한다고 규정하고 있다. 여기에서 '**공개하는 것이 공익을 위하여 필요하다고 인정되는 정보**'에 해당하는지 여부는 비공개에 의하여 보호되는 개인의 사생활의 비밀 등 이익과 공개에 의하여 보호되는 국정운영의 투명성 확보 등의 공익을 비교·교량하여 **구체적 사안에 따라 신중히 판단하여야** 한다(대법원 2013. 2. 14. 선고 2010두24784).

11 정답 ②

① (○) 정보주체는 완전히 자동화된 시스템에 의해 개인정보를 처리하는 결정을 거부할 수 있는 권리가 있다. 그러나 행정기본법에 따른 자동적 처분은 제외된다.

개인정보보호법

제37조의2(자동화된 결정에 대한 정보주체의 권리 등) ① 정보주체는 완전히 자동화된 시스템(인공지능 기술을 적용한 시스템을 포함한다)으로 개인정보를 처리하여 이루어지는 결정(「행정기본법」제20조에 따른 행정청의 자동적 처분은 제외하며, 이하 이 조에서 "자동화된 결정"이라 한다)이 자신의 권리 또는 의무에 중대한 영향을 미치는 경우에는 해당 개인정보처리자에 대하여 해당 결정을 거부할 수 있는 권리를 가진다. 다만, 자동화된 결정이 제15조제1항제1호·제2호 및 제4호에 따라 이루어지는 경우에는 그러하지 아니하다.

② (×) 「개인정보 보호법」제15조 제1항은 정보주체의 동의를 받은 경우(제1호) 외에도 제2호 내지 제6호에서 정보주체의 동의 없이 개인정보를 수집·이용할 수 있는 경우를 별도로 규정하고 있다. 그중 인사검증회의의 공개와 관련하여서는 「개인정보 보호법」제15조 제1항 제3호의 "**공공기관이 '법령 등'에서 정하는 소관 업무의 수행을 위하여 불가피한 경우**"에 해당하는지 여부가 문제될 수 있는바, 여기에서 말하는 '**법령 등**'이란 어디까지나 '**적법**'한 법령 등을 의미한다고 보아야 한다(대법원 2017. 12. 13. 선고 2014추644 판결 참조). 그런데 앞서 본 바와 같이 공공기관의 장에 대한 인사검증의 근거가 되는 이 사건 조례안 제4조, 제7조 제1항 등이 상위 법령의 근거 없이 원고의 임명·위촉권을 본질적으로 제약하거나 법률의 위임 없이 주민의 의무 부과에 관한 사항을 정한 것으로 위법하다고 판단하는 이상, 그에 기초하여 인사검증과 관련된 자료 제출이나 인사검증회의를 공개하도록 하는 것을 적법한 법령에서 정하는 소관 업무의 수행을 위하여 불가피한 경우에 해당하는 것으로 볼 수 없다. 그 밖에 인사검증의 대상자가 피고의 개인정보 수집·이용에 전면적으로 동의하였다거나 개인정보처리자의 정당한 이익이 인사검증 대상자의 권리보다 명백하게 우선하는 경우에 해당한다고 볼 수 없는 이상 「개인정보 보호법」제15조 제1항 나머지 각 호의 개인정보 수집·이용 요건을 갖추었다고도 볼 수 없다. 따라서 **인사검증의 공개에 관한 위 조례안 규정들이 「개인정보 보호법」제15조 제1항에 위반된다**는 취지의 원고의 주장은 이유 있다(대법원 2023. 3. 9. 선고 2022추5118).

③ (○) **제15조(개인정보의 수집·이용)** ① 개인정보처리자는 다음 각 호의 어느 하나에 해당하는 경우에는 **개인정보를 수집할 수 있으며 그 수집 목적의 범위에서 이용할 수 있다.** 〈개정 2023. 3. 14.〉

1. 정보주체의 동의를 받은 경우
2. 법률에 특별한 규정이 있거나 법령상 의무를 준수하기 위하여 불가피한 경우
3. 공공기관이 법령 등에서 정하는 소관 업무의 수행을 위하여 불가피한 경우
4. 정보주체와 체결한 계약을 이행하거나 계약을 체결하는 과정에서 정보주체의 요청에 따른 조치를 이행하기 위하여 필요한 경우
5. 명백히 정보주체 또는 제3자의 급박한 생명, 신체, 재산의 이익을 위하여 필요하다고 인정되는 경우
6. 개인정보처리자의 정당한 이익을 달성하기 위하여 필요한 경우로서 명백하게 정보주체의 권리보다 우선하는 경우. 이 경우 개인정보처리자의 정당한 이익과 상당한 관련이 있고 합리적인 범위를 초과하지 아니하는 경우에 한한다.
7. **공중위생 등 공공의 안전과 안녕을 위하여 긴급히 필요**한 경우

④ (○) 개인정보처리자는 정보주체가 필요한 최소한의 정보 외의 개인정보 수집에 동의하지 아니한다는 이유로 정보주체에게 재화 또는 서비스의 제공을 거부하여서는 아니 된다(개인정보보호법 제16조 제3항).

12 정답 ③

① (○) 행정대집행의 절차가 인정되는 경우에는 따로 민사소송의 방법으로 공작물의 철거, 수거 등을 구할 수는 없다(대법원 2000.5.12. 선고 99다18909).

② (○) 건물의 점유자가 철거의무자일 때에는 건물철거의무에 퇴거의무도 포함되어 있는 것이어서 **별도로 퇴거를 명하는 집행권원이 필요하지 않다**(대법원 2017.4.28. 선고 2016다213916).

③ (×) 관리권자인 보령시장이 행정대집행을 실시하지 아니하는 경우 **국가에 대하여 이 사건 토지 사용청구권을 가지는 원고로서는** 위 청구권을 보전하기 위하여 국가를 대위하여 피고들을 상대로 민사소송의 방법으로 이 사건 시설물의 철거를 구하는 이외에는 이를 실현할 수 있는 다른 절차와 방법이 없어 그 보전의 필요성이 인정되므로, 원고는 **국가를 대위하여 피고들을 상대로 민사소송의 방법으로 이 사건 시설물의 철거를 구할 수 있다**(대법원 2009.6.11. 선고 2009다1122).

④ (○) 구 공공용지의 취득 및 손실보상에 관한 특례법에 의한 **협의취득** 시 건물소유자가 매매대상 건물에 대한 **철거의무를 부담하겠다는 취지의 약정을 한 경우, 그 철거의무가 행정대집행법에 의한 대집행의 대상이 아니다**(대법원 2006.10.13. 선고 2006두7096).

13 정답 ④

① (○) 지방자치단체 소속 공무원이 지방자치단체 고유의 자치사무를 수행하던 중 도로법 규정에 의한 위반행위를 한 경우에는 지방자치단체는 도로법 제86조의 양벌규정에 따라 처벌대상이 되는 법인에 해당한다(대법원 2005.11.10. 선고 2004도2657).

② (○) 구 개인정보 보호법은 제2조 제5호, 제6호에서 공공기관 중 법인격이 없는 '중앙행정기관 및 그 소속 기관'등을 개인정보처리자 중 하나로 규정하고 있으면서도, 양벌규정에 의하여 처벌되는 개인정보처리자로는 같은 법 제74조 제2항에서 '법인 또는 개인'만을 규정하고 있을 뿐이고, 법인격 없는 공공기관에 대하여도 위 양벌규정을 적용할 것인지 여부에 대하여는 명문의 규정을 두고 있지 않으므로, **죄형법정주의의 원칙상 '법인격 없는 공공기관'을 위 양벌규정에 의하여 처벌할 수 없고, 그 경우 행위자 역시 위 양벌규정으로 처벌할 수 없다고 봄이 타당하다**(대법원 2021. 10. 28. 선고 2020도1942).

③ (○) 질서위반행위규제법 제7조(고의 또는 과실) 고의 또는 과실이 없는 질서위반행위는 과태료를 부과하지 아니한다.

④ (×) **질서위반행위 후 법률이 변경**되어 그 행위가 질서위반행위에 해당하지 아니하게 되거나 과태료가 변경되기 전의 법률보다 가볍게 된 때에는 법률에 특별한 규정이 없는 한 **변경된 법률을 적용한다**(질서위반행위규제법 제3조 제2항). 따라서 즉, 재판 시 법률인 변경된 법률을 적용해야 하므로 과태료를 부과할 수 없다.

14 정답 ①

① (×) 국가배상법 제5조 제1항 소정의 "**공공의 영조물**"이라 함은 국가 또는 지방자치단체에 의하여 특정 공공의 목적에 공여된 유체물 내지 물적 설비를 지칭하며, 특정 공공의 목적에 공여된 물이라 함은 일반공중의 자유로운 사용에 직접적으로 제공되는 **공공용물**에 한하지 아니하고, 행정주체 자신의 사용에 제공되는 **공용물**도 포함하며 **국가 또는 지방자치단체가 소유권, 임차권 그밖의 권한에 기하여 관리하고 있는 경우뿐만 아니라 사실상의 관리를 하고 있는 경우도 포함한다**(대법원 1995. 1. 24. 선고 94다45302).

② (○) 타인에게 위해를 끼칠 위험성이 있는 상태란 그 영조물을 구성하는 물적 시설 자체에 있는 물리적·외형적 흠결이나 불비로 인하여 그 이용자에게 위해를 끼칠 위험성이 있는 경우뿐만 아니라 **그 영조물이 공공의 목적에 이용됨에 있어 그 이용 상태 및 정도가 일정한 한도를 초과하여 제3자에게 사회통념상 수인할 것이 기대되는 한도를 넘는 피해를 입히는 경우까지 포함한다고 보아야 할 것이다**(대법원 2015.10.15. 선고 2013다23914).

③ (○) 국가배상법 제5조 제1항에 규정된 '**영조물 설치·관리상의 하자**'는 공공의 목적에 공여된 영조물이 그 용도에 따라 통상 갖추어야 할 안전성을 갖추지 못한 상태에 있음을 말한다. 그리고 위와 같은 안전성의 구비 여부는 영조물의 설치자 또는 관리자가 그 영조물의 위험성에 비례하여 사회통념상 일반적으로 요구되는 정도의 방호조치의무를 다하였는지를 기준으로 판단하여야 하고, 아울러 **그 설치자 또는 관리자의 재정적·인적·물적 제약 등도 고려하여야 한다.** 따라서 영조물이 그 설치 및 관리에 있어 완전무결한 상태를 유지할 정도의 고도의 안전성을 갖추지 아니하였다고 하여 하자가 있다고 단정할 수는 없고, 영조물 이용자의 상식적이고 질서 있는 이용 방법을 기대한 상대적인 안전성을 갖추는 것으로 족하다(대법원 2022. 7. 28. 선고 2022다225910).

④ (○) 설치·관리자가 그 영조물의 위험성에 비례하여 사회통념상 일반적으로 요구되는 정도의 방호조치의무를 다하였는지 여부를 그 기준으로 삼아야 하며, 만일 객관적으로 보아 시간적·장소적으로 영조물의 기능상 결함으로 인한 **손해발생의 예견가능성과 회피가능성이 없는 경우** 즉 그 영조물의 결함이 영조물의 설치·관리자의 관리행위가 미칠 수 없는 상황 아래에 있는 경우임이 입증되는 경우라면 **영조물의 설치·관리상의 하자를 인정할 수 없다**(대법원 2001.7.27. 선고 2000다56822).

15 정답 ③

① (○) 헌법 제23조에서 보장하는 재산권은 사적 유용성 및 그에 대한 원칙적 처분권을 내포하는 재산가치 있는 구체적 권리이므로, 구체적인 권리가 아닌 단순한 이익이나 재화의 획득에 관한 기회 또는 기업활동의 사실적·법적 여건 등은 재산권보장의 대상에 포함되지 아니한다(헌법재판소 2023. 6. 29. 선고 2020헌마1669).

② (○) 생활대책대상자 선정기준에 해당하는 자는 사업시행자에게 생활대책대상자 선정 여부의 확인·결정을 신청할 수 있는 권리를 가지는 것이어서, 만일 **사업시행자가 그러한 자를 생활대책대상자에서 제외하거나 선정을 거부하면, 이러한 생활대책대상자 선정기준에 해당하는 자는 사업시행자를 상대로 항고소송을 제기할 수 있다고 보는 것이 타당하다**(대법원 2011. 10. 13. 선고 2008두17905).

③ (×) **잔여 영업시설의 손실에 대한 보상**을 받기 위해서는, 토지보상법 제34조, 제50조 등에 규정된 **재결절차를 거친 다음 그 재결에 대하여 불복이 있는 때에 비로소** 토지보상법 제83조 내지 제85조에 따라 **권리구제를 받을 수 있을 뿐이다. 이러한 재결절차를 거치지 않은 채 곧바로 사업시행자를 상대로 손실보상을 청구하는 것은 허용되지 않는다**(대법원 2018. 7. 20. 선고 2015두4044).

④ (○) 어떤 보상항목이 공익사업을 위한 토지 등의 취득 및 보상에 관한 법령상 손실보상대상에 해당함에도 관할 토지수용위원회가 사실을 오인하거나 법리를 오해함으로써 손실보상대상에 해당하지 않는다고 잘못된 내용의 재결을 한 경우에는, 피보상자는 관할 토지수용위원회를 상대로 그 재결에 대한 취소소송을 제기할 것이 아니라, **사업시행자를 상대로** 구 공익사업을 위한 토지 등의 취득 및 보상에 관한 법률 제85조 제2항에 따른 **보상금증감소송을 제기하여야** 한다(대법원 2018. 7. 20. 선고 2015두4044).

16 정답 ④

① (○) 행정심판에 있어서 **재결청의 재결 내용**이 처분청의 취소를 명하는 것이 아니라 **처분청의 처분을 스스로 취소하는 것일 때에는 그 재결의 형성력이 발생**하여 당해 행정처분은 별도의 행정처분을 기다릴 것 없이 당연히 취소되어 소멸되는 것이다(대법원 1997.5.30. 선고 96누14678).

② (○) 행정처분이나 행정심판 재결이 불복기간의 경과로 확정된 경우, 그 확정력(불가쟁력)의 의미는 더 이상 다툴 수 없다는 의미일 뿐, 더 나아가 판결에 있어서와 같은 기판력이 인정되는 것은 아니어서 그 처분의 기초가 된 사실관계나 법률적 판단이 확정되고 당사자들이나 법원이 이에 기속되어 모순되는 주장이나 판단을 할 수 없게 되는 것은 아니다(대법원 2004.7.8. 선고 2002두11288).

③ (○) **당사자의 신청을 받아들이지 않은 거부처분이 재결에서 취소**된 경우에 행정청은 종전 거부처분 또는 재결 후에 발생한 새로운 사유를 내세워 다시 거부처분을 할 수 있다. 그 재결의 취지에 따라 이전의 신청에 대하여 다시 어떠한 처분을 하여야 할지는 처분을 할 때의 법령과 사실을 기준으로 판단하여야 하기 때문이다. 또한 행정청이 재결에 따라 이전의 신청을 받아들이는 후속처분을 하였더라도 후속처분이 위법한 경우에는 재결에 대한 취소소송을 제기하지 않고도 곧바로 후속처분에 대한 항고소송을 제기하여 다툴 수 있다. 나아가 거부처분을 취소하는 재결이 있더라도 그에 따른 후속처분이 있기까지는 제3자의 권리나 이익에 변동이 있다고 볼 수 없고 후속처분 시에 비로소 제3자의 권리나 이익에 변동이 발생하며, 재결에 대한 항고소송을 제기하여 재결을 취소하는 판결이 확정되더라도 그와 별도로 후속처분이 취소되지 않는 이상 후속처분으로 인한 제3자의 권리나 이익에 대한 침해 상태는 여전히 유지된다. 이러한 점들을 종합하면, **거부처분이 재결에서 취소된 경우 재결에 따른 후속처분이 아니라 그 재결의 취소를 구하는 것은 실효적이고 직접적인 권리구제수단이 될 수 없어 분쟁해결의 유효적절한 수단이라고 할 수 없으므로 법률상 이익이 없다**(대법원 2017. 10. 31. 선고 2015두45045).

④ (×) 교원소청심사위원회의 소청심사결정 중 임용기간이 만료된 교원에 대한 **재임용거부처분을 취소하는 결정**은 재임용거부처분을 취소함으로써 학교법인 등에 해당 교원에 대한 재임용심사를 다시 하도록 하는 절차적 의무를 부과하는 데 그칠 뿐, **학교법인 등에 반드시 해당 교원을 재임용하여야 하는 의무를 부과하거나 혹은 그 교원이 바로 재임용되는 것과 같은 법적 효과까지 인정되는 것은 아니다**(대법원 2023. 2. 2. 선고 2022다226234).

17 정답 ④

① (○) 행정처분에 대한 행정심판의 재결에 이유모순의 위법이 있다는 사유는 재결처분 자체에 고유한 하자로서 재결처분의 취소를 구하는 소송에서는 그 위법사유로서 주장할 수 있으나, 원처분의 취소를 구하는 소송에서는 그 취소를 구할 위법사유로서 주장할 수 없다(대법원 1996. 2. 13. 선고 95누8027).

② (○) 항고소송은 원칙적으로 당해 처분을 대상으로 하나, 당해 처분에 대한 재결 자체에 고유한 주체, 절차, 형식 또는 내용상의 위법이 있는 경우에 한하여 그 재결을 대상으로 할 수 있다고 해석되므로, 징계혐의자에 대한 **감봉 1월의 징계처분을 견책으로 변경한 소청결정 중 그를 견책에 처한 조치는 재량권의 남용 또는 일탈로서 위법하다는 사유는 소청결정 자체에 고유한 위법을 주장하는 것으로 볼 수 없어 소청결정의 취소사유가 될 수 없다**(대법원 1993. 8. 24. 선고 93누5673).

③ (○) 행정심판청구가 부적법하지 않음에도 각하한 재결은 심판청구인의 실체심리를 받을 권리를 박탈한 것으로서 원처분에 없는 고유한 하자가 있는 경우에 해당하고, 따라서 위 재결은 취소소송의 대상이 된다(대법원 2001. 7. 27. 선고 99두2970).

④ (×) 재결취소소송의 경우 재결 자체에 고유한 위법이 있는지 여부를 심리할 것이고, **재결 자체에 고유한 위법이 없는 경우에는** 원처분의 당부와는 상관없이 **당해 재결취소소송은 이를 기각**하여야 한다(대법원 1994. 1. 25. 선고 93누16901).

18 정답 ③

① (○) 상표원부에 상표권자인 법인에 대한 청산종결등기가 되었음을 이유로 상표권의 말소등록이 이루어졌다고 해도 이는 상표권이 소멸하였음을 확인하는 사실적·확인적 행위에 지나지 않고, **말소등록으로 비로소 상표권 소멸의 효력이 발생하는 것이 아니어서**, 상표권의 말소등록은 국민의 권리의무에 직접적으로 영향을 미치는 행위라고 할 수 없다(대법원 2015.10.29. 선고 2014두2362).

② (○) 어떠한 처분의 근거가 행정규칙에 규정되어 있다고 하더라도, 그 처분이 상대방에게 권리의 설정 또는 의무의 부담을 명하거나 기타 법적인 효과를 발생하게 하는 등으로 그 상대방의 권리·의무에 직접 영향을 미치는 행위라면, 이 경우에도 항고소송의 대상이 되는 행정처분에 해당한다(대법원 2004.11.26. 선고 2003두10251·10268).

③ (×) **공정거래위원회의 입찰참가자격제한 등 요청 결정은 항고소송의 대상이 되는 처분에 해당**한다(대법원 2023. 4. 27. 선고 2020두47892, 대법원 2023. 2. 2. 선고 2020두48260).

> **관련 판례**
>
> 구 하도급거래 공정화에 관한 법률 제26조 제2항은 입찰참가자격제한 요청의 요건을 구 하도급거래 공정화에 관한 법률 시행령으로 정하는 기준에 따라 부과한 벌점의 누산점수가 일정 기준을 초과하는 경우로 구체화하고, **위 요건을 충족하는 경우 공정거래위원회는 법 제26조 제2항 후단에 따라 관계 행정기관의 장에게 해당 사업자에 대한 입찰참가자격제한 요청 결정을 하게 되며, 이를 요청받은 관계 행정기관의 장은 특별한 사정이 없는 한 그 사업자에 대하여 입찰참가자격을 제한하는 처분을 해야 하므로, 사업자로서는 입찰참가자격제한 요청 결정이 있으면 장차 후속 처분으로 입찰참가자격이 제한될 수 있는 법률상 불이익이 존재한다.** 이때 입찰참가자격제한 요청 결정이 있음을 알고 있는 사업자로 하여금 입찰참가자격제한처분에 대하여만 다툴 수 있도록

하는 것보다는 그에 앞서 직접 입찰참가자격제한 요청 결정의 적법성을 다툴 수 있도록 함으로써 분쟁을 조기에 근본적으로 해결하도록 하는 것이 법치행정의 원리에도 부합한다. 따라서 공정거래위원회의 입찰참가자격제한 요청 결정은 항고소송의 대상이 되는 처분에 해당한다(대법원 2023. 4. 27. 선고 2020두47892, 대법원 2023. 2. 2. 선고 2020두48260).

④ (○) 산업단지개발계획상 산업단지 안의 토지 소유자로서 산업단지개발계획에 적합한 시설을 설치하여 입주하려는 자는 산업단지지정권자 또는 그로부터 권한을 위임받은 기관에 대하여 산업단지개발계획의 변경을 요청할 수 있는 법규상 또는 조리상 신청권이 있고, 이러한 신청에 대한 거부행위는 항고소송의 대상이 되는 행정처분에 해당한다고 보아야 한다(대법원 2017. 8. 29. 선고 2016두44186).

19 정답 ②

① (×) 특정인에 대한 행정처분을 주소불명 등의 이유로 송달할 수 없어 관보·공보·게시판·일간신문 등에 공고한 경우에는, 공고가 효력을 발생하는 날에 상대방이 그 행정처분이 있음을 알았다고 볼 수는 없고, 상대방이 당해 처분이 있었다는 사실을 현실적으로 안 날에 그 처분이 있음을 알았다고 보아야 한다(대법원 2006. 4. 28. 선고 2005두14851).

② (○) 행정소송법 제20조가 제소기간을 규정하면서 '처분 등이 있은 날' 또는 '처분 등이 있음을 안 날'을 각 제소기간의 기산점으로 삼은 것은 그때 비로소 적법한 취소소송을 제기할 객관적 또는 주관적 여지가 발생하기 때문이므로, **처분 당시에는 취소소송의 제기가 법제상 허용되지 않아 소송을 제기할 수 없다가 위헌결정으로 인하여 비로소 취소소송을 제기할 수 있게 된 경우, 객관적으로는 '위헌결정이 있은 날', 주관적으로는 '위헌결정이 있음을 안 날'** 비로소 취소소송을 제기할 수 있게 되어 **이때를 제소기간의 기산점**으로 삼아야 한다(대법원 2008. 2. 1. 선고 2007두20997).

③ (×) 행정처분의 무효확인을 구하는 소에는 특단의 사정이 없는 한 그 취소를 구하는 취지도 포함되어 있다고 보아야 하는 점 등에 비추어 볼 때, 동일한 행정처분에 대하여 무효확인의 소를 제기하였다가 그 후 그 처분의 취소를 구하는 소를 추가적으로 병합한 경우, **주된 청구인 무효확인의 소가 적법한 제소기간 내에 제기되었다면 추가로 병합된 취소청구의 소도 적법하게 제기된 것으로 봄이 상당**하다(대법원 2005. 12. 23. 선고 2005두3554).

④ (×) 부작위위법확인의 소는 부작위상태가 계속되는 한 그 위법의 확인을 구할 이익이 있다고 보아야 하므로 원칙적으로 제소기간의 제한을 받지 않는다. 그러나 행정소송법 제38조 제2항이 제소기간을 규정한 같은 법 제20조를 부작위위법확인소송에 준용하고 있는 점에 비추어 보면, **행정심판 등 전심절차를 거친 경우에는 행정소송법 제20조가 정한 제소기간 내에 부작위위법확인의 소를 제기하여야** 한다(대법원 2009. 7. 23. 선고 2008두10560).

추어야 한다(대법원 1993.3.12. 선고 92누11039).

② (○) 행정처분의 근거 법률에 의하여 보호되는 직접적이고 구체적인 이익이 있는 경우에는 행정소송법 제35조에 규정된 '무효확인을 구할 법률상 이익'이 있다고 보아야 하고, 이와 별도로 무효확인소송의 보충성이 요구되는 것은 아니므로 행정처분의 무효를 전제로 한 이행소송 등과 같은 직접적인 구제수단이 있는지 여부를 따질 필요가 없다고 해석함이 상당하다(대법원 2008.3.20. 선고 2007두6342 전원합의체 판결).

③ (×) 하자 있는 행정처분을 놓고 이를 무효로 볼 것인지 아니면 단순히 취소할 수 있는 처분으로 볼 것인지는 동일한 사실관계를 토대로 한 법률적 평가의 문제에 불과하고, **행정처분의 무효확인을 구하는 소에는 특단의 사정이 없는 한 그 취소를 구하는 취지도 포함되어 있다고 보아야 하는 점** 등에 비추어 볼 때, 동일한 행정처분에 대하여 무효확인의 소를 제기하였다가 그 후 그 처분의 취소를 구하는 소를 추가적으로 병합한 경우, **주된 청구인 무효확인의 소가 적법한 제소기간 내에 제기되었다면 추가로 병합된 취소청구의 소도 적법하게 제기된 것으로 봄이 상당**하다(대법원 2005. 12. 23. 선고 2005두3554).

④ (○) 행정처분의 당연무효를 주장하여 그 무효확인을 구하는 행정소송에 있어서는 원고에게 그 행정처분이 무효인 사유를 주장·입증할 책임이 있다(대법원 2010. 5. 13. 선고 2009두3460).

20 정답 ③

① (○) 행정처분의 **당연무효를 선언하는 의미에서 취소를 구하는 행정소송을 제기한 경우에도 제소기간의 준수 등 취소소송의 제소요건을 갖**

제 7 회 정답 및 해설

정답 확인

01	02	03	04	05
①	④	④	④	③
06	07	08	09	10
②	④	①	④	③
11	12	13	14	15
②	③	①	④	④
16	17	18	19	20
①	①	①	④	③

01 정답 ①

① (○) 주민등록번호와 주민등록증은 외부에 공시되어 대내외적으로 행정행위의 적법한 존재를 추단하는 중요한 근거가 되는 점에 비추어 볼 때 **행정청이 원고들에게 공신력이 있는 주민등록번호와 이에 따른 주민등록증을 부여한 행위는 원고들에게 대한민국 국적을 취득하였다는 공적인 견해를 표명한 것이라고 보아야** 한다(대법원 2006.6.9. 선고 2004두46).

② (×) **시의 도시계획과장과 도시계획국장이** 도시계획사업의 준공과 동시에 사업부지에 편입한 토지에 대한 **완충녹지 지정을 해제함과 아울러 당초의 토지소유자들에게 환매하겠다는 약속을 했음에도, 이를 믿고 토지를 협의매각한 토지소유자의 완충녹지지정해제신청을 거부한 것은, 행정상 신뢰보호의 원칙을 위반하거나 재량권을 일탈 · 남용한 위법한 처분이라고 한 사례**(대법원 2008.10.9. 선고 2008두6127).

③ (×) 헌법 제53조에 따라서 국회가 의결한 법률안을 대통령이 공포하는 등의 절차를 거쳐서 법률이 확정되면 그 규정 내용에 따라서 국민의 권리 · 의무에 관한 새로운 법규가 형성될 수 있지만, 이와 같이 법률이 확정되기 전에는 기존 법규를 수정 · 변경하는 법적 효과가 발생할 수 없고, 다원적 의견이나 각가지 이익을 반영시킨 토론과정을 거쳐 다수결의 원리에 따라 통일적인 국가의사를 형성하는 국회에서 일정한 법률안을 심의하거나 의결한 적이 있다고 하더라도, 그것이 법률로 확정되지 아니한 이상 **국가가 이해관계자들에게 위 법률안에 관련된 사항을 약속하였다고 볼 수 없으며, 이러한 사정만으로 어떠한 신뢰를 부여하였다고 볼 수도 없다**(대법원 2008. 5. 29. 선고 2004다33469).

④ (×) 헌법재판소의 위헌결정은 **행정청이 개인에 대하여 신뢰의 대상이 되는 공적인 견해를 표명한 것이라고 할 수 없으므로** 그 결정에 관련한 개인의 행위에 대하여는 신뢰보호의 원칙이 적용되지 아니한다(대법원 2003.06.27. 선고 2002두6965).

02 정답 ④

① (○) 건축법상 신고사항에 관하여는 건축을 하고자 하는 자가 적법한 요건을 갖춘 신고만 하면 건축을 할 수 있는 것이고 행정청의 수리처분 등 별단의 조처를 기다릴 필요가 없다고 할 것이다(대법원 1990. 6. 12. 선고 90누2468).

② (○) **인 · 허가의제 효과를 수반하는 건축신고는** 일반적인 건축신고와는 달리, 특별한 사정이 없는 한 **행정청이 그 실체적 요건에 관한 심사를 한 후 수리하여야 하는 이른바 '수리를 요하는 신고'로 보는 것이 옳다**(대법원 2011.1.20. 선고 2010두14954 전원합의체 판결).

③ (○) 건축주가 건축물을 건축하기 위해서는 건축법상 건축허가와 국토계획법상 개발행위(건축물의 건축) 허가를 각각 별도로 신청하여야 하는 것이 아니라, **건축법상 건축허가절차에서 관련 인허가 의제 제도를 통해 두 허가의 발급 여부가 동시에 심사 · 결정되도록 하여야 한다.** 즉, 건축주는 건축행정청에 건축법상 건축허가를 신청하면서 국토계획법상 개발행위(건축물의 건축) 허가 심사에도 필요한 자료를 첨부하여 제출하여야 하고, 건축행정청은 개발행위허가권자와 사전 협의절차를 거침으로써 건축법상 건축허가를 발급할 때 국토계획법상 개발행위(건축물의 건축) 허가가 의제되도록 하여야 한다(대법원 2020. 7. 23. 선고 2019두31839).

④ (×) 어떤 인허가의 근거 법령에서 절차간소화를 위하여 관련 인허가를 의제 처리할 수 있는 근거 규정을 둔 경우에는, 사업시행자가 인허가를 신청하면서 하나의 절차 내에서 관련 인허가를 의제 처리해 줄 것을 신청할 수 있다. 관련 인허가 의제 제도는 사업시행자의 이익을 위하여 만들어진 것이므로, **사업시행자가 반드시 관련 인허가 의제 처리를 신청할 의무가 있는 것은 아니다**(대법원 2020. 7. 23. 선고 2019두31839).

03 정답 ④

① (○) **국가유공자 단체의 대의원의 선출에 관한 사항은** 국가의 통치조직과 작용에 관한 기본적이고 본질적인 사항이라고 볼 수 없으므로, **법률유보 내지 의회유보의 원칙이 지켜져야 할 영역이라고 할 수 없다.** 따라서 각 단체의 대의원의 정수 및 선임방법 등은 정관으로 정하도록 규정하고 있는 국가유공자등단체설립에관한법률 제11조가 법률유보 혹은 의회유보의 원칙에 위배되어 청구인의 기본권을 침해한다고 할 수 없다(헌법재판소 2006.3.30. 자 2005헌바31).

② (○) **토초세법상의 기준시가는** 국민의 납세의무의 성부 및 범위와 직접적인 관계를 가지고 있는 **중요한 사항이므로** 이를 하위법규에 백지위임하지 아니하고 **그 대강이라도 토초세법 자체에서 직접 규정해 두어야만 함에도 불구하고,** 토초세법 제11조 제2항이 그 기준시가를 전적으로 대통령령에 맡겨 두고 있는 것은 헌법상의 조세법률주의 혹은 위임입법의 범위를 구체적으로 정하도록 한 헌법 제75조의 취지에 위반

된다(헌재 1994. 7. 29. 92헌바49).
③ (○) 법외노조 통보는 적법하게 설립된 노동조합의 법적 지위를 박탈하는 중대한 침익적 처분으로서 원칙적으로 국민의 대표자인 입법자가 스스로 형식적 법률로써 규정하여야 할 사항이고, 행정입법으로 이를 규정하기 위하여는 반드시 법률의 명시적이고 구체적인 위임이 있어야 한다. 그런데 노동조합 및 노동관계조정법 시행령(이하 '노동조합법 시행령'이라 한다) 제9조 제2항은 **법률의 위임 없이 법률이 정하지 아니한 법외노조 통보에 관하여 규정함으로써 헌법상 노동3권을 본질적으로 제한하고 있으므로 그 자체로 무효**이다(대법원 2020. 9. 3. 선고 2016두32992).
④ (×) 국가공무원인 교원의 보수는 본질적으로 급부적 성격이 강한 국가행정의 영역에 속하는 것으로서 해마다 국가의 재정상황 등에 따라 그 액수가 수시로 변화하고, 교원의 보수체계 역시 국가의 정치·사회·경제적 상황, 시대 변화에 따른 교원의 지위 및 역할의 변화, 민간 영역의 보수 체계의 변화 등 사회적·경제적 여건에 따라 적절히 대처할 필요성이 있기 때문에 이에 관한 모든 사항을 법률에 규정하는 것은 입법기술상 매우 어렵다. 따라서 **국가공무원인 교원의 보수에 관한 구체적인 내용(보수 체계, 보수 내용, 지급 방법 등)까지 반드시 법률의 형식으로만 정해야 하는 '기본적인 사항'이라고 보기는 어렵고, 이를 행정부의 하위법령에 위임하는 것은 불가피하다**(대법원 2023. 10. 26. 선고 2020두50966).

04 정답 ④

① (○), ② (○) 선행처분의 주요 부분을 실질적으로 변경하는 내용으로 후행처분을 한 경우에 선행처분은 특별한 사정이 없는 한 그 효력을 상실하지만, 후행처분이 있었다고 하여 일률적으로 선행처분이 존재하지 않게 되는 것은 아니고 선행처분의 내용 중 일부만을 소폭 변경하는 정도에 불과한 경우에는 선행처분이 소멸한다고 볼 수 없다(대법원 2012. 12. 13. 선고 2010두20782,20799).
③ (○) 선행처분이 후행처분에 의하여 변경되지 아니한 범위 내에서 존속하고 후행처분은 선행처분의 내용 중 일부를 변경하는 범위 내에서 효력을 가지는 경우에, 선행처분의 취소를 구하는 소를 제기한 후 후행처분의 취소를 구하는 청구를 추가하여 청구를 변경하였다면 후행처분에 관한 제소기간 준수 여부는 청구변경 당시를 기준으로 판단하여야 하나, **선행처분에만 존재하는 취소사유를 이유로 후행처분의 취소를 청구할 수는 없다**(대법원 2012. 12. 13. 선고 2010두20782,20799).
④ (×) 행정청이 식품위생법령에 따라 **영업자에게 행정제재처분을 한 후 그 처분을 영업자에게 유리하게 변경하는 처분을 한 경우, 변경처분에 의하여 당초 처분은 소멸하는 것이 아니고 당초부터 유리하게 변경된 내용의 처분으로 존재하는 것**이므로, 변경처분에 의하여 유리하게 변경된 내용의 행정제재가 위법하다 하여 그 취소를 구하는 경우 **그 취소소송의 대상은 변경된 내용의 당초 처분**이지 변경처분은 아니고, **제소기간의 준수 여부도 변경처분이 아닌 변경된 내용의 당초 처분을 기준으로 판단**하여야 한다(대법원 2007. 4. 27. 선고 2004두9302).

05 정답 ③

① (×) 위임의 명확성의 요구 정도는 규율대상의 종류와 성격에 따라 달라져서, 다양한 사실관계를 규율하거나 사실관계가 수시로 변화될 것이 예상되는 분야에서는 다른 분야에 비하여 상대적으로 입법위임의 명확성·구체성이 완화된다(헌법재판소 2003.7.24. 선고 2002헌바82 결정).
② (×) 국회전속적 입법사항은 원칙적으로 위임이 금지된다. 그러나 국회가 법률로 본질적인 사항을 정하였다면 그 세부 사항은 구체적인 범위를 정하여 하위 법령에 위임할 수도 있다.

> 헌법은 일정한 사항을 법률로 정하도록 하고 있다. 대표적인 것이 ① 죄형법정주의(제12조)와 ② 조세법률주의(제59조) 6 이다. 죄형법정주의란 범죄의 구성요건과 그에 대한 형벌은 법률로 규정하라는 헌법상의 원칙이며, 조세법률주의도 조세의 종목과 세율은 법률로 정하라는 헌법상의 원칙이다. 다만, 부득이한 사정이 있는 경우 처벌규정 등 국회전속사항에 대해서도 일정한 요건 하에 예외적으로 위임이 가능하다는 것이 대법원 및 헌법재판소의 태도이다.

③ (○) **형벌법규에 대하여도 특히 긴급한 필요가 있거나 미리 법률로서 자세히 정할 수 없는 부득이한 사정이 있는 경우** 수권법률(위임법률)이 구성요건의 점에서는 처벌대상인 행위가 어떠한 것일거라고 이를 예측할 수 있을 정도로 구체적으로 정하고, 형벌의 점에서는 형벌의 종류 및 그 상한과 폭을 명확히 규정하는 것을 조건으로 위임입법이 허용되며 이러한 위임입법은 죄형법정주의에 반하지 않는다(헌재 1996.2.29. 94헌마213).
④ (×) **법률에서 위임받은 사항을 전혀 규정하지 아니하고 그대로 재위임하는 것은 허용되지 않으며 위임받은 사항에 관하여 대강을 정하고 그 중의 특정사항을 범위를 정하여 하위법령에 다시 위임하는 경우에만 재위임이 허용**된다(헌법재판소 1996.2.29. 94헌마213).

06 정답 ②

ㄱ. (○) 제2종 소형면허만 취소(○), 甲의 제1종 대형, 제1종 보통면허 취소 (×)

> **관련 판례**
> [1] 한 사람이 여러 종류의 자동차운전면허를 취득하는 경우뿐 아니라 이를 취소 또는 정지하는 경우에도 서로 별개의 것으로 취급하는 것이 원칙이고, 다만 취소사유가 특정 면허에 관한 것이 아니고 다른 면허와 공통된 것이거나 운전면허를 받은 사람에 관한 것일 경우에는 여러 면허를 전부 취소할 수도 있다.
> [2] 이륜자동차(250cc 오토바이)를 음주운전한 사유만으로 제1종 대형면허나 보통면허의 취소나 정지를 할 수 없다(대법원 1992.9.22. 선고, 91누8289).

ㄴ. (×) 제1종 보통면허 취소(○) + 제1종 대형면허 + 원동기장치자전거면허까지 취소(○)

> **관련 판례**
> 제1종 보통면허 소지자는 승용자동차만이 아니라 원동기장치자전거까지 운전할 수 있도록 규정하고 있어 제1종 보통면허의 취소에는 원동기장치자전거의 운전까지 금지하는 취지가 포함된 것이어서 이들 차량의 운전면허는 서로 관련된 것이라고 할 것이므로, **제1종 보통면허로 운전할 수 있는 차량을 운전면허정지기간 중에 운전한 경우에는 이와 관련된 원동기장치자전거면허까지 취소할 수 있다**(대법원 1997.05.16. 선고 97누2313).

ㄷ. (×) 제1종 대형면허 취소(○) + 제1종 보통면허까지 취소(○)

> **관련 판례**
> 제1종 대형면허 소지자는 제1종 보통면허 소지자가 운전할 수 있는 차량을 모두 운전할 수 있는 것으로 규정하고 있어, 제1종 대형면허의 취소에는 당연히 제1종 보통면허 소지자가 운전할 수 있는 차량의 운전까지 금지하는 취지가 포함된 것이어서 이들 차량의 운전면허는 서로 관련된 것이라고 할 것이므로, **제1종 대형면허로 운전할 수 있는 차량을 음주운전하거나 그 제재를 위한 음주측정의 요구를 거부한 경우에는 그와 관련된 제1종 보통면허까지 취소할 수 있다**(대법원 1997. 2. 28. 선고 96누17578).

ㄹ. (○) 제2종 소형면허만 취소(○), 甲의 제1종 대형, 제1종 보통면허 취소(×)

> **관련 판례**
> 제2종 소형면허 이외의 다른 운전면허를 가지고는 위 오토바이를 운전할 수 없어 취소 사유가 다른 면허와 공통된 것도 아니므로, 甲이 위 오토바이를 훔친 것은 제1종 대형면허나 보통면허와는 아무런 관련이 없어 위 오토바이를 훔쳤다는 사유만으로 제1종 대형면허나 보통면허를 취소할 수 없다(대법원 2012. 5. 24. 선고 2012두1891).

지위확인소송, 계약직공무원에 대한 해지의사표시무효확인소송 등)와 일정한 이행을 구하는 **이행의 소**(예: 보상금지급청구소송 등)이 있다. **다만 확인의 소에는 즉시확정의 이익(보충성)이 요구되므로, 보다 적절한 이행의 소가 있다면 확인의 소는 제기할 수 없다.**

> **관련 판례**
> 지방자치단체와 채용계약에 의하여 채용된 계약직공무원이 그 계약기간 만료 이전에 채용계약 해지 등의 불이익을 받은 후 그 계약기간이 만료된 때에는, 이미 채용기간이 만료되어 소송 결과에 의해 법률상 그 직위가 회복되지 않는 이상 채용계약 해지의 의사표시의 무효확인만으로는 당해 소송에서 추구하는 권리구제의 기능이 있다고 할 수 없고, 침해된 급료지급청구권이나 사실상의 명예를 회복하는 수단은 바로 급료의 지급을 구하거나 명예훼손을 전제로 한 손해배상을 구하는 등의 이행청구소송으로 직접적인 권리구제방법이 있는 이상 무효확인소송은 적절한 권리구제수단이라 할 수 없어 확인소송의 또 다른 소송요건을 구비하지 못하고 있다 할 것이며, 위와 같이 직접적인 권리구제의 방법이 있는 이상 무효확인 소송을 허용하지 않는다고 해서 당사자의 권리구제를 봉쇄하는 것도 아니다(대법원 2008. 6. 12. 선고 2006두16328).

07 정답 ④

① (×) [1] 행정청이 자신과 상대방 사이의 법률관계를 일방적인 의사표시로 종료시켰다고 하더라도 곧바로 의사표시가 행정청으로서 공권력을 행사하여 행하는 행정처분이라고 단정할 수는 없고, 관계 법령이 상대방의 법률관계에 관하여 구체적으로 어떻게 규정하고 있는지에 따라 의사표시가 항고소송의 대상이 되는 행정처분에 해당하는지 아니면 공법상 계약관계의 일방 당사자로서 대등한 지위에서 행하는 의사표시인지를 개별적으로 판단하여야 한다.
[2] 중소기업기술정보진흥원장이 갑 주식회사와 중소기업 정보화지원사업 지원대상인 사업의 지원에 관한 협약을 체결하였는데, 협약(=공법상 계약)이 갑 회사에 책임이 있는 사업실패로 해지되었다는 이유로 협약에서 정한 대로 지급받은 정부지원금을 반환할 것을 통보한 사안에서, 협약의 해지 및 그에 따른 환수통보는 행정청이 우월한 지위에서 행하는 공권력의 행사로서 행정처분에 해당한다고 볼 수 없다고 한 사례(대법원 2015. 8. 27. 선고 2015두41449).

② (×) **계약직공무원 채용계약해지의 의사표시는** 일반공무원에 대한 징계처분과는 달라서 항고소송의 대상이 되는 처분 등의 성격을 가진 것으로 인정되지 아니하고, 일정한 사유가 있을 때에 국가 또는 지방자치단체가 채용계약 관계의 한쪽 당사자로서 대등한 지위에서 행하는 의사표시로 취급되는 것으로 이해되므로, 이를 징계해고 등에서와 같이 그 징계사유에 한하여 효력 유무를 판단하여야 하거나, **행정처분과 같이 행정절차법에 의하여 근거와 이유를 제시하여야 하는 것은 아니다**(대법원 2002. 11. 26. 선고 2002두5948).

③ (×) ① 국유재산 등의 관리청이 하는 행정재산의 사용·수익에 대한 허가는 특정인에게 행정재산을 사용할 수 있는 권리를 설정하여 주는 강학상 특허에 해당한다. **국립의료원 부설 주차장에 관한 위탁관리용역운영계약의 실질은 행정재산에 대한 국유재산법 제24조 제1항의 사용·수익 허가임을 이유로**, 민사소송으로 제기된 위 계약에 따른 가산금지급채무의 부존재확인청구에 관하여 본안 판단을 한 원심판결을 파기하고, 소를 각하한 사례(대법원 2006.3.9. 선고 2004다31074)

④ (○) 당사자소송은 공법상 법률관계를 확인하는 **확인의 소**(예: 공무원

08 정답 ①

① (×) 행정권 행사의 근거가 되는 법(근거규범, 작용법상 권한규범)은 원칙상 형식적 의미의 법률이지만, 법률에 근거한 명령일 수도 있다(헌재 2005. 2. 24. 2003헌마289). 따라서 **법률상 위임에 따른 법규명령이나 조례의 경우에도 법률유보원칙에서의 법률에 포함된다고 보아야 한다.**

② (○) 오늘날 **법률유보원칙은** 단순히 **행정작용이 법률에 근거를 두기만 하면 충분한 것이 아니라, 국가공동체와 그 구성원에게 기본적이고도 중요한 의미를 갖는 영역, 특히 국민의 기본권실현과 관련된 영역**에 있어서는 국민의 대표자인 입법자가 그 본질적 사항에 대해서 스스로 결정하여야 한다는 요구까지 내포(=의회유보원칙)하고 있다(헌재 1999.5.27. 98헌바70).

③ (○), ④ (○) 법률우위의 원칙은 국가의 모든 작용에 적용된다. 따라서 공행정작용뿐만 아니라 사경제주체로서의 활동도 법을 위반해서는 아니 된다. 또한 법률우위의 원칙은 공법적 행위 중 행정행위와 같은 구체적 규율은 물론 법규명령이나 조례와 같은 행정입법에도 적용되므로 상위 법령에 반하는 법규명령이나 조례를 제정할 수 없다.

09 정답 ④

① (○) 신청에 따른 처분이 이루어지지 아니한 경우에는 아직 당사자에게 권익이 부과되지 아니하였으므로 특별한 사정이 없는 한 신청에 대한 **거부처분**이라고 하더라도 직접 당사자의 권익을 제한하는 것은 아니어서 신청에 대한 거부처분을 여기에서 말하는 '당사자의 권익을 제한하는 처분'에 해당한다고 할 수 없는 것이어서 **처분의 사전통지대상이 된다고 할 수 없다**(대법원 2003. 11. 28. 선고 2003두674).

② (○) **영업자지위승계신고를 수리하는** 처분은 종전의 영업자의 권익을 제한하는 처분이라 할 것이고 따라서 종전의 영업자는 그 처분에 대하여 직접 그 상대가 되는 자에 해당한다고 봄이 상당하므로, 행정청으로서는 위 신고를 수리하는 처분을 함에 있어서 행정절차법 규정 소정

의 당사자에 해당하는 **종전의 영업자에 대하여** 위 규정 소정의 **행정절차를 실시하고 처분을 하여야** 한다(대법원 2003. 2. 14. 선고 2001두7015).

③ (○) **국가공무원법상 직위해제처분은** 구 행정절차법 제3조 제2항 제9호, 동법 시행령 제2조 제3호에 의하여 당해 행정작용의 성질상 행정절차를 거치기 곤란하거나 불필요하다고 인정되는 사항 또는 행정절차에 준하는 절차를 거친 사항에 해당하므로, **처분의 사전통지 및 의견청취 등에 관한 행정절차법의 규정이 별도로 적용되지 아니한다고 봄**이 상당하다(대법원 2014. 5. 16. 선고 2012두26180).

④ (×) 건축법상의 공사중지명령에 대한 사전통지를 하고 의견제출의 기회를 준다면 많은 액수의 손실보상금을 기대하여 공사를 강행할 우려가 있다는 사정이 사전통지 및 의견제출절차의 예외사유에 해당하지 아니한다고 한 사례(대법원 2004. 5. 28. 선고 2004두1254).

10 정답 ③

① (○) 1. 정보공개청구권은 법률상 보호되는 구체적인 권리이므로 **청구인이 공공기관에 대하여 정보공개를 청구하였다가 거부처분을 받은 것 자체가 법률상 이익의 침해에 해당한다고 할 것이고**(대법원 2003. 12. 12. 선고 2003두8050 판결 참조), 거부처분을 받은 것 이외에 추가로 어떤 법률상의 이익을 가질 것을 요구하는 것은 아니다(대법원 2004. 9. 23. 선고 2003두1370).
2. **공개청구 대상이 되는 정보가 이미 다른 사람에게 공개되어 널리 알려져 있다거나 인터넷 등을 통하여 공개되어 인터넷검색 등을 통하여 쉽게 알 수 있는 경우라도 소의 이익이 없거나 비공개결정이 정당화될 수 없다**(대법원 2010.12.23. 선고 2008두13392).

② (○) 제8조의2(공개대상정보의 원문공개) 공공기관 중 중앙행정기관 및 대통령령으로 정하는 기관은 **전자적 형태로 보유·관리하는 정보 중 공개대상으로 분류된 정보를 국민의 정보공개 청구가 없더라도 정보통신망을 활용한 정보공개시스템 등을 통하여 공개하여야** 한다.

③ (×) 행정소송법 제20조 제1항 본문은 "취소소송은 처분등이 있음을 안 날부터 90일 이내에 제기하여야 한다."라고 규정하고 있다. 위와 같은 관련 법령의 규정 내용과 그 취지 등을 종합하여 보면, 청구인이 공공기관의 비공개 결정 등에 대한 이의신청을 하여 공공기관으로부터 이의신청에 대한 결과를 통지받은 후 취소소송을 제기하는 경우 **그 제소기간은 이의신청에 대한 결과를 통지받은 날부터 기산한다**고 봄이 타당하다(대법원 2023. 7. 27. 선고 2022두52980).

④ (○) 견책의 징계처분을 받은 갑이 사단장에게 징계위원회에 참여한 징계위원의 성명과 직위에 대한 정보공개청구를 하였으나 **위 정보가 공공기관의 정보공개에 관한 법률 제9조 제1항 제1호, 제2호, 제5호, 제6호에 해당한다는 이유로 공개를 거부한 사안에서, 비록 징계처분 취소사건에서 갑의 청구를 기각하는 판결이 확정되었더라도** 이러한 사정만으로 위 처분의 취소를 구할 이익이 없어지지 않고, 사단장이 갑의 정보공개청구를 거부한 이상 갑으로서는 여전히 정보공개거부처분의 취소를 구할 법률상 이익이 있으므로, 이와 달리 본 원심판결에 법리오해의 잘못이 있다고 한 사례(대법원 2022. 5. 26. 선고 2022두33439).

11 정답 ②

① (○), ② (×) 개인정보보호법 제15조 제1항 제7호, 제6호

> **개인정보보호법**
>
> 제15조(개인정보의 수집·이용) ① 개인정보처리자는 다음 각 호의 어느 하나에 해당하는 경우에는 개인정보를 수집할 수 있으며 그 수집 목적의 범위에서 이용할 수 있다. 〈개정 2023. 3. 14.〉
> 1. 정보주체의 동의를 받은 경우
> 2. 법률에 특별한 규정이 있거나 법령상 의무를 준수하기 위하여 불가피한 경우
> 3. 공공기관이 법령 등에서 정하는 소관 업무의 수행을 위하여 불가피한 경우
> 4. 정보주체와 체결한 계약을 이행하거나 계약을 체결하는 과정에서 정보주체의 요청에 따른 조치를 이행하기 위하여 필요한 경우
> 5. 명백히 정보주체 또는 제3자의 급박한 생명, 신체, 재산의 이익을 위하여 필요하다고 인정되는 경우
> 6. 개인정보처리자의 정당한 이익을 달성하기 위하여 필요한 경우로서 명백하게 정보주체의 권리보다 우선하는 경우. 이 경우 개인정보처리자의 정당한 이익과 상당한 관련이 있고 합리적인 범위를 초과하지 아니하는 경우에 한한다(=②지문 X).
> 7. 공중위생 등 공공의 안전과 안녕을 위하여 긴급히 필요한 경우(=①지문 O).

③ (○) 공공기관의 장은 대통령령으로 정하는 기준에 해당하는 **개인정보파일의 운용으로 인하여 정보주체의 개인정보 침해가 우려되는 경우에는 그 위험요인의 분석과 개선 사항 도출을 위한 평가(이하 "영향평가"라 한다)를 하고 그 결과를 보호위원회에 제출하여야** 한다(동법 제33조 제1항).

④ (○) 정보주체는 개인정보처리자가 처리하는 자신의 개인정보에 대한 열람을 해당 개인정보처리자에게 요구할 수 있다(동법 제35조 제1항). 제1항에도 불구하고 **정보주체가 자신의 개인정보에 대한 열람을 공공기관에 요구하고자 할 때에는 공공기관에 직접 열람을 요구하거나 대통령령으로 정하는 바에 따라 보호위원회를 통하여 열람을 요구할 수 있다**(동조 제2항).

12 정답 ③

① (○) 구 여객자동차 운수사업법 제51조 제3항에 따라 국토해양부장관 또는 시·도지사는 여객자동차 운수사업자가 '거짓이나 부정한 방법으로 지급받은 보조금'에 대하여 반환할 것을 명하여야 하고, 위 규정을 '정상적으로 지급받은 보조금'까지 반환하도록 명할 수 있는 것으로 해석하는 것은 문언의 범위를 넘어서는 것이며, 규정의 형식이나 체재 등에 비추어 보면, **위 환수처분은 국토해양부장관 또는 시·도지사가 지급받은 보조금을 반환할 것을 명하여야 하는 기속행위**라고 본 원심판단을 정당하다고 한 사례(대법원 2013. 12. 12. 선고 2011두3388).

② (○) **자유재량에 의한 행정처분이 그 재량권의 한계를 벗어난 것이어서 위법하다는 점은 그 행정처분의 효력을 다투는 자가 이를 주장·입증**하여야 하고 처분청이 그 재량권의 행사가 정당한 것이었다는 점까지 주장·입증할 필요는 없다(대법원 1987. 12. 8. 선고 87누861).

③ (×) 고용보험 및 산업재해보상보험의 보험료징수 등에 관한 법률 제4조, 제16조의2, 제17조, 제19조, 제23조의 각 규정에 의하면, **사업주가 당연가입자가 되는 고용보험 및 산재보험에서 보험료 납부의무 부

존재확인의 소는 공법상의 법률관계 자체를 다투는 소송으로서 **공법상 당사자소송**이다(대법원 2016. 10. 13. 선고 2016다221658).

④ (○) 공유재산 및 물품관리법(이하 '공유재산법'이라 한다) 제2조 제1호, 제7조 제1항, 제20조 제1항, 제2항 제2호의 내용과 체계에 관련 법리를 종합하면, 지방자치단체의 장이 공유재산 법에 근거하여 기부채납 및 사용·수익허가 방식으로 **민간투자사업을 추진하는** 과정에서 사업시행자를 지정하기 위한 전 단계에서 공모제안을 받아 일정한 심사를 거쳐 **우선협상대상자를 선정하는 행위**와 **이미 선정된 우선협상대상자를 그 지위에서 배제하는 행위**는 민간투자사업의 세부내용에 관한 협상을 거쳐 공유재산법에 따른 공유재산의 사용·수익허가를 우선적으로 부여받을 수 있는 지위를 설정하거나 또는 이미 설정한 지위를 박탈하는 조치이므로 **모두 항고소송의 대상이 되는 행정처분으로 보아야 한다**(대법원 2020. 4. 29. 선고 2017두31064).

13 정답 ①

① (×) 행정청의 과태료처분이나 법원의 과태료 재판이 확정된 후 법률이 변경되어 그 행위가 **질서위반행위에 해당하지 아니하게 된 때**에는 변경된 법률에 특별한 규정이 없는 한 **과태료의 징수 또는 집행을 면제**한다(동법 제3조 제3항).

② (○) **하나의 행위가 2 이상의 질서위반행위에 해당**하는 경우에는 각 질서위반행위에 대하여 정한 과태료 중 **가장 중한 과태료를 부과**한다(동법 제13조 제1항).

③ (○) 과태료는 행정청의 과태료 부과처분이나 법원의 과태료 재판이 확정된 후 **5년간 징수하지 아니하거나 집행하지 아니하면 시효로 인하여 소멸**한다(동법 제15조 제1항).

④ (○) 행정청의 과태료부과에 불복하는 당사자는 제17조 제1항에 따른 **과태료부과 통지를 받은 날부터 60일 이내에 해당 행정청에 서면으로 이의제기를 할 수 있다**(동법 제20조 제1항). 제1항에 따른 **이의제기가 있는 경우**에는 행정청의 과태료 부과처분은 그 **효력을 상실**한다(동법 제20조 제2항).

14 정답 ④

① (○) 수질오염물질을 측정하는 경우 시료채취의 방법, 오염물질 측정의 **방법 등을 정한 구 수질오염공정시험기준**(2019. 12. 24. 국립환경과학원고시 제2019-63호로 개정되기 전의 것)은 형식 및 내용에 비추어 행정기관 내부의 사무처리준칙에 불과하므로 일반 국민이나 법원을 구속하는 대외적 구속력은 없다. 따라서 **시료채취의 방법 등이 위 고시에서 정한 절차에 위반된다고 하여 그러한 사정만으로 곧바로 그에 기초하여 내려진 행정처분이 위법하다고 볼 수는 없고**, 관계 법령의 규정 내용과 취지 등에 비추어 절차상 하자가 채취된 시료를 객관적인 자료로 활용할 수 없을 정도로 중대한지에 따라 판단되어야 한다(대법원 2021. 5. 7. 선고 2020두57042 판결 등 참조). 다만 이때에도 시료의 채취와 보존, 검사방법의 적법성 또는 적절성이 담보되어 **시료를 객관적인 자료로 활용할 수 있고 그에 따른 실험결과를 믿을 수 있다는 사정은 행정청이 증명책임을 부담**하는 것이 원칙이다(대법원 2022. 9. 16. 선고 2021두58912).

② (○) 구 국세기본법 제81조의5가 정한 **세무조사대상 선정사유가 없음**에도 세무조사대상으로 선정하여 과세자료를 수집하고 그에 기하여 과세처분을 하는 것은 적법절차의 원칙을 어기고 구 국세기본법 제81조의5와 제81조의3 제1항을 위반한 것으로서 특별한 사정이 없는 한 **과세처분은 위법**하다(대법원 2014. 6. 26. 선고 2012두911).

③ (○) **부과처분을 위한 과세관청의 질문조사권이 행해지는 세무조사결정이 있는 경우** 납세의무자는 세무공무원의 과세자료 수집을 위한 질문에 대답하고 검사를 수인하여야 할 법적 의무를 부담하게 되는 점 등을 종합하면, 세무조사결정은 납세의무자의 권리·의무에 직접 영향을 미치는 공권력의 행사에 따른 행정작용으로서 **항고소송의 대상이 된다**고 할 것이다(대법원 2011. 3. 10. 선고 2009두23617,23624).

④ (×) 행정기관은 행정조사를 통하여 알게 된 정보를 다른 법률에 따라 내부에서 이용하거나 다른 기관에 제공하는 경우를 제외하고는 **원래의 조사목적 이외의 용도로 이용하거나 타인에게 제공하여서는 아니 된다**(행정조사기본법 제4조 제6항).

15 정답 ④

① (○) 철도운행사업 및 철도시설물 관련 국가배상청구

국가의 철도운행사업과 관련하여 발생한 사고에 대해 공무원의 직무상 과실을 원인으로 손해배상을 청구하는 경우 적용될 법규	민법
국가의 철도운행사업과 관련하여 발생한 사고에 대해 영조물 설치·관리의 하자를 원인으로 손해배상을 청구하는 경우 적용될 법규	국가배상법

[1] 국가 또는 지방자치단체라 할지라도 공권력의 행사가 아니고 단순한 **사경제의 주체로 활동**하였을 경우에는 그 손해배상책임에 **국가배상법이 적용될 수 없고 민법상의 사용자책임 등이 인정**되는 것이고 **국가의 철도운행사업**은 국가가 공권력의 행사로서 하는 것이 아니고 **사경제적 작용**이라 할 것이므로, 이로 인한 사고에 공무원이 간여하였다고 하더라도 **국가배상법을 적용할 것이 아니고 일반 민법의 규정에 따라야** 한다.

[2] 공공의 영조물인 **철도시설물의 설치 또는 관리의 하자**로 인한 불법행위를 원인으로 하여 국가에 대하여 손해배상청구를 하는 경우에는 **국가배상법이 적용**된다(대법원 1999. 6. 22. 선고 99다7008).

② (○) 국가배상법이 정한 손해배상청구의 요건인 '공무원의 직무'에는 **국가나 지방자치단체의 권력적 작용뿐만 아니라 비권력적 작용도 포함되지만, 단순한 사경제의 주체로서 하는 작용은 포함되지 아니한다**(대판 1999. 11.26. 선고 98다47245).

③ (○) 어떠한 행정처분이 후에 항고소송에서 취소되었다고 할지라도 그 기판력에 의하여 당해 행정처분이 곧바로 공무원의 고의 또는 과실로 인한 것으로서 불법행위를 구성한다고 단정할 수는 없는 것이다(대법원 2003. 11.27. 선고 2001다33789·33796·33802·33819).

④ (×) **경과실이 있는 공무원이 피해자에 대하여 손해배상책임을 부담하지 아니함에도 피해자에게 손해를 배상하였다면** 그것은 채무자 아닌 사람이 타인의 채무를 변제한 경우에 해당하고, 이는 민법 제469조의 '제3자의 변제' 또는 민법 제744조의 '도의관념에 적합한 비채변제'에 해당하여 피해자는 공무원에 대하여 이를 반환할 의무가 없고, 그에 따라 피해자의 국가에 대한 손해배상청구권이 소멸하여 국가는 자신의 출연 없이 채무를 면하게 되므로, **피해자에게 손해를 직접 배상한 경과실이 있는 공무원은 특별한 사정이 없는 한 국가에 대하여 국가의**

피해자에 대한 손해배상책임의 범위 내에서 공무원이 변제한 금액에 관하여 **구상권을 취득**한다고 봄이 타당하다(대법원 2014.8.20. 선고 2012다54478).

16 정답 ①

① (×) **행정청의 처분**(「행정심판법」 제3조에 따라 같은 법에 따른 행정심판의 대상이 되는 처분을 말한다. 이하 이 조에서 같다)**에 이의가 있는 당사자는 처분을 받은 날부터 30일 이내에 해당 행정청에 이의신청을 할 수 있다**(행정기본법 제36조 제1항).

> **행정심판법**
> 제3조(행정심판의 대상) ① 행정청의 처분 또는 부작위에 대하여는 다른 법률에 특별한 규정이 있는 경우 외에는 이 법에 따라 행정심판을 청구할 수 있다.
> ② 대통령의 처분 또는 부작위에 대하여는 다른 법률에서 행정심판을 청구할 수 있도록 정한 경우 외에는 행정심판을 청구할 수 없다.

② (○) 제1항에 따라 이의신청을 한 경우에도 그 이의신청과 관계없이 「행정심판법」에 따른 행정심판 또는 「행정소송법」에 따른 행정소송을 제기할 수 있다(행정기본법 제36조 제3항).

③ (○) 과태료의 부과 및 징수에 관한 사항에 대하여는 행정기본법을 적용하지 않는다.

> **행정기본법**
> 제36조(처분에 대한 이의신청) ⑦ 다음 각 호의 어느 하나에 해당하는 사항에 관하여는 이 조를 적용하지 아니한다.
> 1. 공무원 인사 관계 법령에 따른 징계 등 처분에 관한 사항
> 2. 「국가인권위원회법」 제30조에 따른 진정에 대한 국가인권위원회의 결정
> 3. 「노동위원회법」 제2조의2에 따라 노동위원회의 의결을 거쳐 행하는 사항
> 4. 형사, 행형 및 보안처분 관계 법령에 따라 행하는 사항
> 5. 외국인의 출입국 · 난민인정 · 귀화 · 국적회복에 관한 사항
> 6. 과태료 부과 및 징수에 관한 사항

④ (○) 다른 법률에서 이의신청과 이에 준하는 절차에 대하여 정하고 있는 경우에도 그 법률에서 규정하지 아니한 사항에 관하여는 이 조에서 정하는 바에 따른다(행정기본법 제36조 제5항).

17 정답 ①

① (×) **취소소송은 다른 법률에 특별한 규정이 없는 한 그 처분등을 행한 행정청을 피고로 한다.** 다만, 처분등이 있은 뒤에 그 처분등에 관계되는 권한이 다른 행정청에 승계된 때에는 이를 승계한 행정청을 피고로 한다(행정소송법 제13조 제1항).

② (○) **광주광역시문화예술회관장의 단원 위촉**은 공법상의 근무관계의 설정을 목적으로 하여 광주광역시와 단원이 되고자 하는 자 사이에 대등한 지위에서 의사가 합치되어 성립하는 공법상 근로계약에 해당한다고 보아야 할 것이므로, **재위촉을 하지 아니한 것을 항고소송의 대상이 되는 불합격처분이라고 할 수는 없다**(대법원 2001.12.11. 선고 2001두7794).

③ (○) **민주화운동관련자 명예회복 및 보상심의위원회의 결정은 국민의 권리의무에 직접 영향을 미치는 행정처분에 해당**한다고 할 것이다. 민주화운동관련자 명예회복 및 보상심의위원회에서 심의 · 결정을 받아야만 비로소 보상금 등의 지급 대상자로 확정될 수 있기 때문이다. 따라서 관련자 등으로서 보상금 등을 지급받고자 하는 신청에 대하여 보상심의위원회가 관련자 해당 요건의 전부 또는 일부를 인정하지 아니하여 보상금 등의 지급을 기각하는 결정을 한 경우에는 신청인은 보상심의위원회를 상대로 그 결정의 취소를 구하는 소송을 제기하여 보상금 등의 지급대상자가 될 수 있다(대법원 2008.4.17. 선고 전원합의체 판결 2005두16185).

④ (○) **공무원연금관리공단의 지급정지처분 여부에 관계없이** 개정된 구 공무원연금법시행규칙이 시행된 때로부터 그 법 규정에 의하여 당연히 퇴직연금 중 일부 금액의 지급이 정지되는 것이므로, **공무원연금관리공단이 위와 같은 법령의 개정사실과 퇴직연금 수급자가 퇴직연금 중 일부 금액의 지급정지대상자가 되었다는 사실을 통보한 것은 단지 위와 같이 법령에서 정한 사유의 발생으로 퇴직연금 중 일부 금액의 지급이 정지된다는 점을 알려주는 관념의 통지에 불과하고, 그로 인하여 비로소 지급이 정지되는 것은 아니므로 항고소송의 대상이 되는 행정처분으로 볼 수 없다**(대법원 2004. 7. 8. 선고 2004두244).

18 정답 ①

① (×) 개발제한구역 안에서의 공장설립을 승인한 처분이 위법하다는 이유로 쟁송 취소되었으나 **그 승인 처분에 기초한 공장건축허가처분이 잔존하는 경우, 인근 주민들에게 공장건축허가처분의 취소를 구할 법률상 이익이 있다**(대법원 2018. 7. 12. 선고 2015두3485).

② (○) **구체적인 사안에서 권리보호의 필요성 유무를 판단할 때에는** 국민의 재판청구권을 보장한 헌법 제27조 제1항의 취지와 행정처분으로 인한 권익침해를 효과적으로 구제하려는 행정소송법의 목적 등에 비추어 **행정처분의 존재로 인하여 국민의 권익이 실제로 침해되고 있는 경우는 물론이고 권익침해의 구체적 · 현실적 위험이 있는 경우에도 이를 구제하는 소송이 허용되어야 한다는 요청을 고려하여야** 한다. 따라서 처분이 유효하게 존속하는 경우에는 특별한 사정이 없는 한 그 처분의 존재로 인하여 실제로 침해되고 있거나 침해될 수 있는 현실적인 위험을 제거하기 위해 취소소송을 제기할 권리보호의 필요성이 인정된다고 보아야 한다(대법원 2018. 7. 12. 선고 2015두3485).

③ (○) 행정처분의 무효 확인 또는 취소를 구하는 소가 제소 당시에는 소의 이익이 있어 적법하였는데, 소송계속 중 해당 행정처분이 기간의 경과 등으로 그 효과가 소멸한 때에 처분이 취소되어도 원상회복이 불가능하다고 보이는 경우라도, 무효 확인 또는 취소로써 회복할 수 있는 다른 권리나 이익이 남아 있거나 또는 **그 행정처분과 동일한 사유로 위법한 처분이 반복될 위험성이 있어 행정처분의 위법성 확인 내지 불분명한 법률문제에 대한 해명이 필요한 경우에는** 행정의 적법성 확보와 그에 대한 사법통제, 국민의 권리구제 확대 등의 측면에서 **예외적으로 그 처분의 취소를 구할 소의 이익을 인정할 수 있다.** 여기에서 '그 행정처분과 동일한 사유로 위법한 처분이 반복될 위험성이 있는 경우'란 불분명한 법률문제에 대한 해명이 필요한 상황에 대한 대표적인 예시일 뿐이며, 반드시 '해당 사건의 동일한 소송 당사자 사이에서'반복될 위험이 있는 경우만을 의미하는 것은 아니다(대법원 2020. 12. 24. 선고 2020두30450).

④ (○) 행정처분의 무효확인 또는 취소를 구하는 소가 제소 당시에는 소

의 이익이 있어 적법하였더라도, 소송 계속 중 처분청이 다툼의 대상이 되는 **행정처분을 직권으로 취소**하면 그 처분은 효력을 상실하여 더 이상 존재하지 않는 것이므로, 존재하지 않는 그 처분을 대상으로 한 항고소송은 **원칙적으로 소의 이익이 소멸**하여 **부적법**하다. 다만 처분청의 직권취소에도 불구하고 완전한 원상회복이 이루어지지 않아 무효확인 또는 취소로써 회복할 수 있는 다른 권리나 이익이 남아 있거나 또는 동일한 소송 당사자 사이에서 그 행정처분과 동일한 사유로 위법한 처분이 반복될 위험성이 있어 행정처분의 위법성 확인 내지 불분명한 법률문제에 대한 해명이 필요한 경우 행정의 적법성 확보와 그에 대한 사법통제, 국민의 권리구제의 확대 등의 측면에서 예외적으로 그 처분의 취소를 구할 소의 이익을 인정할 수 있을 뿐이다(대법원 2019. 6. 27. 선고 2018두49130).

> **관련 판례**
>
> 행정소송법 제38조 제1항이 무효확인 판결에 관하여 취소판결에 관한 규정을 준용함에 있어서 같은 법 제30조 제2항을 준용한다고 규정하면서도 같은 법 제34조(편저자 주: 간접강제)는 이를 준용한다는 규정을 두지 않고 있으므로, 행정처분에 대하여 무효확인 판결이 내려진 경우에는 그 행정처분이 거부처분인 경우에도 행정청에 판결의 취지에 따른 재처분의무가 인정될 뿐 그에 대하여 간접강제까지 허용되는 것은 아니라고 할 것이다(대법원 1998.12.24. 자 98무37).

19 정답 ④

① (×) 취소판결의 형성력으로 인해 취소판결의 대상인 조합설립인가처분은 소급하여 효력을 상실한다.
② (×) 취소 확정판결의 **기속력은 판결의 주문 및 전제가 되는 처분 등의 구체적 위법사유에 관한 판단에도 미치나**, 종전 처분이 판결에 의하여 취소되었더라도 종전 처분과 다른 사유를 들어서 새로이 처분을 하는 것은 기속력에 저촉되지 않는다(대법원 2016. 3. 24. 선고 2015두48235).
③ (×) 동일사유의 반복 = 원칙적으로 판결의 기속력에 반함

> **관련 판례**
>
> 징계처분의 취소를 구하는 소에서 징계사유가 될 수 없다고 판결한 사유와 동일한 사유를 내세워 행정청이 다시 징계처분을 한 것은 확정판결에 저촉되는 행정처분을 한 것으로서, 위 취소판결의 기속력이나 확정판결의 기판력에 저촉되어 허용될 수 없다(대법원 1992. 7. 14. 선고 92누2912).

④ (○) **행정처분을 취소한다는 확정판결**이 있으면 **그 취소판결의 형성력**에 의하여 당해 행정처분의 취소나 취소통지 등의 별도의 절차를 요하지 아니하고 **당연히 취소의 효과가 발생**한다(대법원 1991. 10. 11. 선고 90누5443).

20 정답 ③

① (×) 취소소송에 해당하나 위 취소판결은 일정한 재처분의무를 발생시키지 않는다. 즉, 토지수용에 대한 취소판결이 있는 경우, 형성력에 따라 소급해서 위 수용재결의 효력이 상실되며, 관할토지수용위원회가 별도로 이를 취소하는 등의 조치를 취할 필요가 없다.
② (×) 당사자소송에 해당하므로, 애초에 재처분의무 및 간접강제가 인정되지 않는다.
③ (○) 부작위위법확인소송에서의 인용판결이 확정되면 피고 행정청에게 판결의 취지에 따라 신청에 따른 처분을 해야할 의무가 발생하며, 이를 이행하지 않는 경우에는 간접강제가 가능하다.
④ (×) 거부처분이 인용된 경우에 해당하나, 무효등확인소송에서는 간접강제에 관한 행정소송법 규정이 준용되지 않는다.

한수성 임팩트행정법 동형모의고사
제 8 회 정답 및 해설

정답 확인

01	02	03	04	05
③	④	③	①	③
06	07	08	09	10
②	②	②	②	②
11	12	13	14	15
②	④	③	①	③
16	17	18	19	20
④	④	③	④	③

01 정답 ③

① (○) 신뢰보호의 원칙은 행정청이 공적인 견해를 표명할 당시의 사정이 그대로 유지됨을 전제로 적용되는 것이 원칙이므로, **사후에 그와 같은 사정이 변경된 경우에는 그 공적 견해가 더 이상 개인에게 신뢰의 대상이 된다고 보기 어려운 만큼, 특별한 사정이 없는 한 행정청이 그 견해표명에 반하는 처분을 하더라도 신뢰보호의 원칙에 위반된다고 할 수 없다**(대법원 2020. 6. 25. 선고 2018두34732).

② (○) **귀책사유라 함은** 1) 행정청의 견해표명의 하자가 상대방 등 관계자의 사실은폐나 기타 사위의 방법에 의한 신청행위 등 부정행위에 기인한 것이거나(or) 2) 그러한 부정행위가 없다고 하더라도 하자가 있음을 알았거나 중대한 과실로 알지 못한 경우 등을 의미한다고 해석함이 상당하다(대법원 2002.11.8. 선고 2001두1512).

③ (×) 행정처분은 그 근거 법령이 개정된 경우에도 경과규정에서 달리 정함이 없는 한 **처분 당시 시행되는 개정 법령과 그에 정한 기준에 의하는 것이 원칙**이고, 그 개정 법령이 기존의 사실 또는 법률관계를 적용대상으로 하면서 국민의 재산권과 관련하여 종전보다 불리한 법률효과를 규정하고 있는 경우에도 그러한 사실 또는 법률관계가 개정 법령이 시행되기 이전에 이미 완성 또는 종결된 것이 아니라면 이를 헌법상 금지되는 소급입법에 의한 재산권 침해라고 할 수는 없으며, 그러한 개정 법령의 적용과 관련하여서는 개정 전 법령의 존속에 대한 국민의 신뢰가 개정 법령의 적용에 관한 공익상의 요구보다 더 보호가치가 있다고 인정되는 경우에 그러한 국민의 신뢰를 보호하기 위하여 그 적용이 제한될 수 있는 여지가 있을 따름이다(대법원 2009. 4. 23. 선고 2008두8918).

④ (○) **정책적·잠정적·일시적 조세우대조치라 할 한시적 법인세액 감면제도를 시행하다가 위 법 제2조 제3항을 신설하면서 법인세액 감면대상이 되지 아니하는 업종으로 변경된 기업에 대하여 아무런 경과규정을 두지 아니하였다고 하여, 위 법 제2조 제3항이 헌법상의 평등의 원칙, 재산권의 보장, 과잉금지의 원칙, 신뢰보호의 원칙 등에 위배된다고 할 수 없다**(대법원 2009.9.10. 선고 2008두9324).

02 정답 ④

① (×) 사무관리가 성립하기 위하여는 우선 **사무가 타인의 사무이고 타인을 위하여 사무를 처리하는 의사, 즉 관리의 사실상 이익을 타인에게 귀속시키려는 의사**가 있어야 하며, 나아가 사무의 처리가 본인에게 불리하거나 본인의 의사에 반한다는 것이 명백하지 아니할 것을 요한다. 다만 타인의 사무가 국가의 사무인 경우, 원칙적으로 사인이 법령상 근거 없이 국가의 사무를 수행할 수 없다는 점을 고려하면, 사인이 처리한 국가의 사무가 사인이 국가를 대신하여 처리할 수 있는 성질의 것으로서, 사무 처리의 긴급성 등 국가의 사무에 대한 사인의 개입이 정당화되는 경우에 한하여 사무관리가 성립하고, **사인은 그 범위 내에서 국가에 대하여 국가의 사무를 처리하면서 지출된 필요비 내지 유익비의 상환을 청구할 수 있다**(대법원 2016. 5. 26. 선고 2015다254354).

② (×) 행정처분의 취소를 구하는 취소소송에 당해 처분의 취소를 선결문제로 하는 **부당이득반환청구가 병합된 경우, 그 청구가 인용되려면 소송절차에서 당해 처분이 취소되면 충분하고 당해 처분의 취소가 확정되어야 하는 것은 아니다**(대법원 2009.4.9. 선고 2008두23153).

③ (×) 지방자치단체가 보조금 지급결정을 하면서 일정 기한 내에 보조금을 반환하도록 하는 교부조건을 부가한 사안에서, **보조사업자의 지방자치단체에 대한 보조금 반환의무는 행정처분인 위 보조금 지급결정에 부가된 부관상 의무이고, 이러한 부관상 의무는 보조사업자가 지방자치단체에 부담하는 공법상 의무이므로**, 보조사업자에 대한 지방자치단체의 보조금반환청구는 공법상 권리관계의 일방 당사자를 상대로 하여 공법상 의무이행을 구하는 청구로서 행정소송법 제3조 제2호에 규정한 당사자소송의 대상이 된다(대법원 2011. 6. 9. 선고 2011다2951).

④ (○) 국유재산법 제72조 제1항, 제73조 제2항에 의한 **변상금 부과·징수권은 민사상 부당이득반환청구권과 법적 성질을 달리하는 별개의 권리이므로, 변상금 부과·징수권을 행사하였다 하더라도 이로써 민사상 부당이득반환청구권의 소멸시효가 중단된다고 할 수 없다**(대법원 2014.10.30. 선고 2014다44932).

03 정답 ③

① (○) 취소소송은 다른 법률에 특별한 규정이 없는 한 **그 처분 등을 행한 행정청**을 피고로 한다. 다만, 처분 등이 있은 뒤에 그 처분 등에 관계되는 권한이 다른 행정청에 승계된 때에는 **이를 승계한 행정청**을 피고로 한다(행정소송법 제13조 제1항).

② (○) 조례가 집행행위의 개입 없이도 그 자체로서 직접 국민의 구체적인 권리의무나 법적 이익에 영향을 미치는 등의 법률상 효과를 발생하는 경우 그 조례는 항고소송의 대상이 되는 행정처분에 해당하고, 이러한 **조례에 대한 무효확인소송**을 제기함에 있어서 행정소송법 제38조 제1항, 제13조에 의하여 **피고적격**은 지방자치단체의 집행기관으로서 조례로서의 효력을 발생시키는 **공포권**이 있는 **지방자치단체의 장**이다(대법원 1996.9.20. 선고 95누8003).

③ (×) 원고가 피고를 잘못 지정한 때에는 법원은 원고의 **신청**에 의하여 결정으로써 피고의 경정을 허가할 수 있다(행정소송법 제14조 제1항).
→ 원고가 피고를 잘못 지정한 경우에는 법원이 직권으로 피고경정허가를 할 수 없고, 오로지 신청에 의해서만 가능하다.

④ (○) 행정처분을 행할 적법한 권한 있는 상급행정청으로부터 내부위임을 받은 데 불과한 하급행정청이 권한 없이 행정처분을 한 경우에도 **실제로 그 처분을 행한 하급행정청**을 피고로 하여야 할 것이지 그 처분을 행할 적법한 권한 있는 상급행정청을 피고로 할 것은 아니다(대법원 1994.8.12. 선고 94누2763).

04 정답 ①

① (×) 위헌결정 이후에 제소된 사건(일반사건)이라도 구체적 타당성의 요청이 현저하고 소급효의 부인이 정의와 형평에 반하는 경우에는 예외적으로 소급효를 인정할 수 있다.

> **관련 판례**
> 구 헌법재판소법 제47조 제2항 본문은 위헌결정의 시간적 효력 범위에 관하여 장래효를 원칙으로 규정하고 있으나, 위헌결정을 위한 계기를 부여한 사건(당해 사건), 위헌결정이 있기 전에 이와 동종의 위헌 여부에 관하여 헌법재판소에 위헌제청을 하였거나 법원에 위헌제청신청을 한 사건(동종사건). 따로 위헌제청신청을 아니하였지만 당해 법률조항이 재판의 전제가 되어 법원에 계속중인 사건(병행사건)에 대하여 예외적으로 소급효가 인정되고, 위헌결정 이후에 제소된 사건(일반사건)이라도 구체적 타당성의 요청이 현저하고 소급효의 부인이 정의와 형평에 반하는 경우에는 예외적으로 소급효를 인정할 수 있다(헌법재판소 2013. 6. 27. 선고 2010헌마535).

② (○) A법률이 위헌결정되기 이전에 이에 근거해서 내려진 부담금 부과처분은 취소사유에 해당한다.

> **관련 판례**
> 일반적으로 법률이 헌법에 위반된다는 사정이 헌법재판소의 위헌결정이 있기 전에는 객관적으로 명백한 것이라고 할 수는 없으므로 헌법재판소의 위헌결정 전에 행정처분의 근거되는 당해 법률이 헌법에 위반된다는 사유는 특별한 사정이 없는 한 그 행정처분의 취소소송의 전제가 될 수 있을 뿐 당연무효사유는 아니라고 봄이 상당하다(대법원 1994.10.28. 선고 92누9463).

③ (○), ④ (○) 조세 부과의 근거가 되었던 **법률규정이 위헌**으로 선언된 경우, 비록 그에 기한 과세처분이 위헌결정 전에 이루어졌고, 과세처분에 대한 제소기간이 이미 경과하여 조세채권이 확정되었으며, 조세채권의 집행을 위한 체납처분의 근거규정 자체에 대하여는 따로 위헌결정이 내려진 바 없다고 하더라도, 위와 같은 **위헌결정 이후에 조세채권의 집행을 위한 새로운 체납처분**에 착수하거나 이를 속행하는 것은 더 이상 허용되지 않고, 나아가 **이러한 위헌결정의 효력에 위배하여 이루어진 체납처분**은 그 사유만으로 하자가 중대하고 객관적으로 명백하여 **당연무효**라고 보아야 한다(대법원 2012. 2. 16. 선고 2010두10907 전원합의체 판결).

05 정답 ③

① (○) **과태료재판**의 경우, 법원으로서는 기록상 현출되어 있는 사항에 관하여 직권으로 증거조사를 하고 이를 기초로 하여 판단할 수 있는 것이나, 그 경우 **행정청의 과태료부과처분사유와 기본적 사실관계에서 동일성이 인정되는 한도 내에서만 과태료**를 부과할 수 있다(대법원 2012. 10. 19.자 2012마1163).

② (○) **과태료부과처분**은 행정소송법상의 항고소송의 대상이 되는 행정처분이 아니다.

> **관련 판례**
> 건축법에 의하여 부과된 과태료처분의 당부는 최종적으로 비송사건절차법에 의한 절차에 의하여만 판단되어야 한다고 보아야 하므로, 그 과태료처분은 행정소송의 대상이 되는 행정처분이라고 볼 수 없다(대법원 1995.7.28. 선고 95누2623).

③ (×) 행정벌은 공통적으로 반드시 고의나 과실이 요구된다.

> **질서위반행위규제법**
> 제7조(고의 또는 과실) 고의 또는 과실이 없는 질서위반행위는 과태료를 부과하지 아니한다.

④ (○) 법원이 비송사건절차법에 따라 과태료 재판을 함에 있어서는 관할 관청이 부과한 과태료처분에 대한 당부를 심판하는 행정소송절차가 아니므로 행정관청 내부의 부과 기준에 기속됨이 없이 관계 법령에서 **규정하는 과태료 상한의 범위 내에서** 그 동기·위반의 정도·결과 등 여러 인자를 고려하여 재량으로 그 액수를 정할 수 있으며, 항고법원이 정한 과태료 액수가 법이 정한 범위 내에서 이루어진 이상 그것이 현저히 부당하여 재량권남용에 해당되지 않는 한 그 액수가 많다고 다투는 것은 적법한 재항고이유가 될 수 없다(대법원 1998. 12. 23.자 98마2866).

06 정답 ②

① (○) 이 법에 따른 **손해배상의 소송**은 배상심의회에 배상신청을 하지 아니하고도 제기할 수 있다(국가배상법 제9조).

② (×) 헌법 제29조는 국가배상법 제2조의 유형에 해당하는 국가배상책임유형만 규정하고 있을 뿐, 국가배상법 제5조의 영조물의 설치·관리의 하자로 인한 국가배상책임에 대해서는 규정하고 있지 않다.

③ (○) **지방자치단체장 간의 기관위임**의 경우에 위임받은 하위 지방자치단체장은 상위 지방자치단체 산하 행정기관의 지위에서 그 사무를 처리하는 것이므로 사무귀속의 주체가 달라진다고 할 수 없고, 따라서 하위 지방자치단체장을 보조하는 **하위 지방자치단체 소속 공무원이 위임사무처리에 있어 고의 또는 과실로 타인에게 손해를 가하였더라도 상위 지방자치단체는 여전히 그 사무귀속 주체로서 손해배상책임**을 진다(대법원 1996.11.8. 선고 96다21331).

④ (○) 이 법은 외국인이 피해자인 경우에는 **해당 국가와 상호 보증이 있을 때에만 적용**한다(국가배상법 제7조 - 외국인에 대한 책임).

07 정답 ②

① (○) 이유제시의 생략사유 중 처분 후 당사자가 요청하더라도 끝까지 생략할 수 있는 것은 **신청 내용을 모두 그대로 인정하는 처분인 경우**만 이다. 나머지는 생략했어도 처분 후 당사자가 요청하면 이유제시를 해야 한다.

> 제23조(처분의 이유 제시) ① 행정청은 처분을 할 때에는 다음 각 호의 어느 하나에 해당하는 경우를 제외하고는 당사자에게 그 근거와 이유를 제시하여야 한다.
> 1. 신청 내용을 모두 그대로 인정하는 처분인 경우
> 2. 단순·반복적인 처분 또는 경미한 처분으로서 당사자가 그 이유를 명백히 알 수 있는 경우
> 3. 긴급히 처분을 할 필요가 있는 경우
> ② 행정청은 제1항 제2호 및 제3호의 경우에 처분 후 당사자가 요청하는 경우에는 그 근거와 이유를 제시하여야 한다.
> ㄴ. 제1호는 제외: 제1호의 경우에는 당사자가 요청해도 이유제시 생략 가

② (×) [1] 전자문서법의 규정에 비추어 보면, 전자우편은 물론 휴대전화 문자메시지도 전자문서에 해당한다고 할 것이므로, **휴대전화 문자메시지가 전자문서법 제4조의2에서 정한 요건을 갖춘 이상 폐기물관리법 시행규칙 제68조의3 제1항에서 정한 서면의 범위에 포함된다**고 할 것이다. 다만, 행정청이 폐기물관리법 제48조 제1항, 같은 법 시행규칙 제68조의3 제1항에서 정한 **폐기물 조치명령을 전자문서로 하고자 할 때에는 구 행정절차법**(2022. 1. 11. 법률 제18748호로 개정되기 전의 것, 이하 같다) **제24조 제1항에 따라 당사자의 동의가 필요하다.**

[2] 이 사건 조치명령은 당사자의 동의가 없었음에도 전자문서로 이루어진 처분으로서 구 행정절차법 제24조 제1항을 위반한 하자가 있다. 행정절차법의 적용을 받는 이 사건 조치명령은, 구 행정절차법 제24조 제1항의 규정에 따라 다른 법령에 특별한 규정이 없는 한 문서로 작성하여 같은 법 제14조에서 정한 송달의 방법으로 상대방에게 송달하여야만 비로소 그 효력이 발생한다(대법원 2003. 12. 11. 선고 2003두7668 판결 등 참조). 그런데 위에서 본 것과 같이 **이 사건 조치명령이 구 행정절차법 제24조 제1항을 위반한 이상 이 사건 조치명령은 피고인에 대하여 효력이 발생하지 않았다**(대법원 2024. 5. 9. 선고 2023도3914).

> **현행 행정절차법**
> 제24조(처분의 방식) ① 행정청이 처분을 할 때에는 다른 법령등에 특별한 규정이 있는 경우를 제외하고는 문서로 하여야 하며, 다음 각 호의 어느 하나에 해당하는 경우에는 전자문서로 할 수 있다. 〈개정 2022. 1. 11.〉
> 1. 당사자등의 동의가 있는 경우
> 2. 당사자가 전자문서로 처분을 신청한 경우
> ② 제1항에도 불구하고 공공의 안전 또는 복리를 위하여 긴급히 처분을 할 필요가 있거나 사안이 경미한 경우에는 말, 전화, 휴대전화를 이용한 문자 전송, 팩스 또는 전자우편 등 문서가 아닌 방법으로 처분을 할 수 있다. 이 경우 당사자가 요청하면 지체 없이 처분에 관한 문서를 주어야 한다.

③ (○) 공무원 인사관계 법령에 의한 처분에 관한 사항이라 하더라도 전부에 대하여 행정절차법의 적용이 배제되는 것이 아니라, **성질상 행정절차를 거치기 곤란하거나 불필요하다고 인정되는 처분이나 행정절차에 준하는 절차를 거치도록 하고 있는 처분의 경우에만 행정절차법의 적용이 배제되는 것으로 보아야 한다**(대법원 2013.1.16. 선고 2011두30687).

④ (○) 군인사법령에 의한 진급선발 취소처분 = 행정절차법이 적용됨

> **관련 판례**
> 군인사법 및 그 시행령에 이 사건 처분과 같이 진급예정자 명단에 포함된 자의 진급 선발을 취소하는 처분을 함에 있어 행정절차에 준하는 절차를 거치도록 하는 규정이 없을 뿐만 아니라 위 처분이 성질상 행정절차를 거치기 곤란하거나 불필요하다고 인정되는 처분이라고 보기도 어렵다고 할 것이어서 이 사건 처분이 행정절차법의 적용이 제외 되는 경우에 해당한다고 할 수 없으므로, 군인사법령에 의하여 진급예정자 명단에 포함된 자에 대하여 의견제출의 기회를 부여하지 아니한 채 진급선발을 취소하는 처분을 한 것은 절차상 하자가 있어 위법하다(대법원 2007. 9. 21. 선고 2006두20631).

08 정답 ②

ㄱ. (○) 만일 공개청구자가 특정한 바와 같은 정보를 공공기관이 보유·관리하고 있지 않은 경우라면 특별한 사정이 없는 한 해당 정보에 대한 공개거부처분에 대하여는 취소를 구할 법률상 이익이 없다. 이와 관련하여 **공개청구자는 그가 공개를 구하는 정보를 공공기관이 보유·관리하고 있을 상당한 개연성이 있다는 점에 대하여 입증할 책임이 있으**나, 공개를 구하는 정보를 공공기관이 한때 보유·관리하였으나 후에 그 정보가 담긴 문서들이 폐기되어 존재하지 않게 된 것이라면 **그 정보를 더 이상 보유·관리하고 있지 않다는 점에 대한 증명책임은 공공기관에 있다**(대법원 2013. 1. 24. 선고 2010두18918).

ㄴ. (×) '무상보상평수 산출내역'에 관한 정보가 법 제7조 제1항 제7호 소정의 '법인 등의 영업상 비밀에 관한 사항으로서 공개될 경우 법인 등의 정당한 이익을 현저히 해할 우려가 있다고 인정되는 정보'에 해당한다고 보기도 어렵다(대법원 2006. 1. 13. 선고 2003두9459).

ㄷ. (×) 정보공개를 청구하는 자가 공공기관에 대해 정보의 사본 또는 출력물의 교부의 방법으로 공개방법을 선택하여 정보공개청구를 한 경우에 공개청구를 받은 공공기관으로서는 같은 법 제8조 제2항에서 규정한 정보의 사본 또는 복제물의 교부를 제한할 수 있는 사유에 해당하지 않는 한 **정보공개청구자가 선택한 공개방법에 따라 정보를 공개하여야 하므로 그 공개방법을 선택할 재량권이 없다고 해석함이 상당하다**(대법원 2003. 12. 12. 선고 2003두8050).

ㄹ. (○) 교도소에 수용 중이던 재소자가 담당 교도관들을 상대로 가혹행위를 이유로 형사고소 및 민사소송을 제기하면서 그 증명자료 확보를 위해 '근무보고서'와 '징벌위원회 회의록'등의 정보공개를 요청하였으나 교도소장이 이를 거부한 사안에서, **근무보고서는 공공기관의 정보공개에 관한 법률 제9조 제1항 제4호에 정한 비공개대상정보에 해당한다고 볼 수 없고**, 징벌위원회 회의록 중 비공개 심사·의결 부분은 위 법 제9조 제1항 제5호의 비공개사유에 해당하지만 **재소자의 진술, 위원장 및 위원들과 재소자 사이의 문답 등 징벌절차 진행 부분은 비공개사유에 해당하지 않는다고 보아 분리 공개가 허용된다**(대법원 2009. 12. 10. 선고 2009두12785).

09 정답 ②

① (○) 관계 법령이나 행정청이 사전에 공표한 처분기준에 신청기간을 제한하는 특별한 규정이 없는 이상 재신청을 불허할 법적 근거가 없으며,

설령 신청기간을 제한하는 특별한 규정이 있더라도 재신청이 신청기간을 도과하였는지는 본안에서 재신청에 대한 거부처분이 적법한가를 판단하는 단계에서 고려할 요소이지, **소송요건 심사단계에서 고려할 요소가 아니다**(대법원 2021. 1. 14. 선고 2020두50324).

② (×) 구 군인연금법에 의한 **사망보상금 등의 급여를 받을 권리는 법령의 규정에 따라 직접 발생하는 것이 아니라 급여를 받으려고 하는 사람이 소속하였던 군의 참모총장의 확인을 얻어 청구함에 따라 국방부장관 등이 지급결정을 함으로써 구체적인 권리가 발생한다.**

국방부장관 등이 하는 급여지급결정은 단순히 급여수급 대상자를 확인·결정하는 것에 그치는 것이 아니라 구체적인 급여수급액을 확인·결정하는 것까지 포함한다. 구 군인연금법령상 급여를 받으려고 하는 사람은 우선 관계 법령에 따라 국방부장관 등에게 급여지급을 청구하여 국방부장관 등이 이를 거부하거나 일부 금액만 인정하는 급여지급결정을 하는 경우 그 결정을 대상으로 항고소송을 제기하는 등으로 구체적 권리를 인정받은 다음 비로소 당사자소송으로 그 급여의 지급을 구해야 한다.

이러한 구체적인 권리가 발생하지 않은 상태에서 곧바로 국가를 상대로 한 당사자소송으로 급여의 지급을 소구하는 것은 허용되지 않는다 (대법원 2021. 12. 16. 선고 2019두45944).

③ (○) 당사자가 행정청에 대하여 어떠한 행정행위를 하여 줄 것을 **신청하지 아니하**거나 그러한 신청을 하였더라도 당사자가 행정청에 대하여 그러한 **행정행위를 하여 줄 것을 요구할 수 있는 법규상 또는 조리상의 권리를 가지고 있지 아니한 경우에는** 원고적격이 없거나 항고소송의 대상인 위법한 부작위가 있다고 볼 수 없어 그 부작위위법확인의 소는 **부적법하다**(대판 1995.9.15. 95누7345).

④ (○) 건설교통부장관은 지방자치단체의 장이 기관위임사무인 국토이용계획 사무를 처리함에 있어 자신과 의견이 다를 경우 행정협의조정위원회에 협의·조정 신청을 하여 그 협의·조정 결정에 따라 의견불일치를 해소할 수 있고, 법원에 의한 판결을 받지 않고서도 행정권한의 위임 및 위탁에 관한 규정이나 구 지방자치법에서 정하고 있는 지도·감독을 통하여 직접 지방자치단체의 장의 사무처리에 대하여 시정명령을 발하고 그 사무처리를 취소 또는 정지할 수 있으며, 지방자치단체의 장에게 기간을 정하여 직무이행명령을 하고 지방자치단체의 장이 이를 이행하지 아니할 때에는 직접 필요한 조치를 할 수도 있으므로, **국가가 국토이용계획과 관련한 지방자치단체의 장의 기관위임사무의 처리에 관하여 지방자치단체의 장을 상대로 취소소송을 제기하는 것은 허용되지 않는다**(대법원 2007. 9. 20. 선고 2005두6935).

10 정답 ②

① (○) 국세기본법 및 국세징수법의 개정 연혁에 따르면 **결손처분의 취소는 종료된 체납처분 절차를 다시 시작하는 행정절차의 의미만을 가질 뿐** 국민의 권리와 의무에 영향을 미치는 **행정처분이 아니라** 행정관청의 내부적인 사무처리 절차에 지나지 아니하므로, 과세관청은 이 사건 법률조항이 없다 하더라도 압류할 수 있는 다른 재산을 발견한 때에는 결손처분을 취소하고 체납처분 절차로 나아갈 수 있다(헌법재판소 2012. 4. 24. 선고 2009헌바417).

② (×) 갑 시장이 감사원으로부터 감사원법 제32조에 따라 을에 대하여 징계의 종류를 정직으로 정한 징계 요구를 받게 되자 감사원법 제36조 제2항에 따라 감사원에 징계 요구에 대한 재심의를 청구하였고, 감사원이 재심의청구를 기각하자 을이 감사원의 징계 요구와 그에 대한 재심의결정의 취소를 구하고 갑 시장이 감사원의 재심의결정 취소를 구하는 소를 제기한 사안에서, **징계 요구는 징계 요구를 받은 기관의 장이 요구받은 내용대로 처분하지 않더라도 불이익을 받는 규정도 없고, 징계 요구 내용대로 효과가 발생하는 것도 아니며, 징계 요구에 의하여 행정청이 일정한 행정처분을 하였을 때 비로소 이해관계인의 권리관계에 영향을 미칠 뿐, 징계 요구 자체만으로는 징계 요구 대상 공무원의 권리·의무에 직접적인 변동을 초래하지도 아니하므로,** 행정청 사이의 내부적인 의사결정의 경로로서 '징계 요구, 징계 절차 회부, 징계'로 이어지는 과정에서의 중간처분에 불과하여, **감사원의 징계 요구와 재심의결정이 항고소송의 대상이 되는 행정처분이라고 할 수 없고,** 감사원법 제40조 제2항을 갑 시장에게 감사원을 상대로 한 기관소송을 허용하는 규정으로 볼 수는 없고 그 밖에 행정소송법을 비롯한 어떠한 법률에도 갑 시장에게 '감사원의 재심의 판결'에 대하여 기관소송을 허용하는 규정을 두고 있지 않으므로, 갑 시장이 제기한 소송이 기관소송으로서 감사원법 제40조 제2항에 따라 허용된다고 볼 수 없다 (대법원 2016. 12. 27. 선고 2014두5637).

③ (○) 행정청이 관련 법령에 근거하여 행한 **공사중지명령의 상대방이 명령의 취소를 구한 소송에서 패소함으로써 그 명령이 적법한 것으로 이미 확정되었다면, 이후 이러한 공사중지명령의 상대방은 그 명령의 해제신청을 거부한 처분의 취소를 구하는 소송에서 그 명령의 적법성을 다툴 수 없다.** 그와 같은 공사중지명령에 대하여 그 명령의 상대방이 해제를 구하기 위해서는 명령의 내용 자체로 또는 성질상으로 명령 이후에 원인사유가 해소되었음이 인정되어야 한다(대법원 2014. 11. 27. 선고 2014두37665).

④ (○) 토지에 관한 소유권보존등기 또는 소유권이전등기를 신청하려면 이를 등기소에 제출해야 하는 점 등을 종합해 보면, 토지대장은 토지의 소유권을 제대로 행사하기 위한 전제요건으로서 토지 소유자의 실체적 권리관계에 밀접하게 관련되어 있으므로, 이러한 **토지대장을 직권으로 말소한 행위는 국민의 권리관계에 영향을 미치는 것으로서 항고소송의 대상이 되는 행정처분에 해당한다**(대법원 2013. 10. 24. 선고 2011두13286).

11 정답 ②

① (○) 행정법상의 질서벌인 과태료의 부과처분과 형사처벌은 그 성질이나 목적을 달리하는 별개의 것이므로 행정법상의 질서벌인 **과태료를 납부한 후에 형사처벌을 한다고 하여 이를 일사부재리의 원칙에 반하는 것이라고 할 수는 없으며,** 만일 임시운행허가기간을 넘어 운행한 자(=편저자 주: 과태료 대상)가 등록된 차량에 관하여 그러한 행위를 한 경우라면 과태료의 제재만을 받게 되겠지만, 무등록 차량에 관하여 그러한 행위(=편저자 주: 형사처벌 대상)를 한 경우라면 과태료와 별도로 형사처벌의 대상이 된다(대법원 1996.4.12. 선고 96도158).

② (×) 이 사건 건물을 철거하여 이 사건 공유수면을 원상회복하여야 할 의무는 대체적 작위의무에 해당하므로 행정대집행의 대상이 된다 할 것이며, 당진시장은 **이 사건 건물 철거의무를 행정대집행의 방법으로 실현하는 과정에서 부수적으로 피고들과 그 가족들의 퇴거 조치를 실현할 수 있으므로,** 행정대집행 외에 **별도로 퇴거를 명하는 집행권원은 필요하지 않다**고 할 것이다.

원심이 같은 취지에서 **원고가 피고들에 대하여 건물퇴거를 구하는 이 사건 소가 부적법**하다고 판단한 것은 정당하고, 거기에 상고이유 주장과 같이 소의 이익이나 행정대집행에 관한 법리를 오해한 잘못이 없다

(대법원 2017. 4. 28. 선고 2016다213916).

③ (○) **직접강제**는 행정대집행이나 이행강제금 부과의 방법으로는 행정상 의무 이행을 확보할 수 없거나 그 실현이 불가능한 경우에 실시하여야 한다(행정기본법 제32조 제1항).

④ (○) 과세관청이 체납처분으로서 행하는 **공매**는 우월한 공권력의 행사로서 행정소송의 대상이 되는 공법상의 행정처분이며 **공매에 의하여 재산을 매수한 자는 그 공매처분이 취소된 경우에 그 취소처분의 위법을 주장하여 행정소송을 제기할 법률상 이익이 있다**(대법원 1984.9.25. 선고 84누201).

12 정답 ④

① (○) 법률의 위임 규정 자체가 그 의미 내용을 정확하게 알 수 있는 용어를 사용하여 위임의 한계를 분명히 하고 있는데도 시행령이 그 문언적 의미의 한계를 벗어났다든지, 위임 규정에서 사용하고 있는 용어의 의미를 넘어 그 범위를 확장하거나 축소함으로써 **위임 내용을 구체화하는 단계를 벗어나 새로운 입법을 한 것으로 평가할 수 있다면, 이는 위임의 한계를 일탈한 것으로서 허용되지 않는다**(대법원 2012.12.20. 선고 2011두30878 전원합의체 판결).

② (○) **교육부장관이** 내신성적 산정기준의 통일을 기하기 위해 대학입시기본계획의 내용에서 **내신성적 산정기준에 관한 시행지침을 마련하여 시·도 교육감에 통보한 것은** 행정조직 내부에서 내신성적 평가에 관한 내부적 심사기준을 시달한 것에 불과하여, 내신성적 산정지침을 **항고소송의 대상이 되는 행정처분으로 볼 수 없다**(대법원 1994.9.10. 선고 94두33).

③ (○) 일반적으로 법률의 위임에 의하여 효력을 갖는 법규명령의 경우, 구법에 위임의 근거가 없어 무효였더라도 **사후에 법개정으로 위임의 근거가 부여되면 그 때부터는 유효한 법규명령**이 된다(대법원 1995.6.30. 선고 93추83).

④ (×) 여객자동차운수사업법에 따른 **개인택시운송사업 면허는** 특정인에게 권리나 이익을 부여하는 재량행위이고, **행정청이 면허 발급 여부를 심사함에 있어 이미 설정된 면허기준의 해석상 당해 신청이 면허발급의 우선순위에 해당함이 명백함에도 불구하고 이를 제외시켜면허거부처분을 하였다면** 특별한 사정이 없는 한 그 거부처분은 재량권을 남용한 위법한 처분이다(대법원 2002. 1. 22. 선고 2001두8414).

13 정답 ③

① (×) 독립설

> **관련 판례**
>
> 행정처분에 붙은 부담인 부관이 제소기간의 도과로 확정되어 이미 불가쟁력이 생겼다면 그 하자가 중대하고 명백하여 당연 무효로 보아야 할 경우 외에는 누구나 그 효력을 부인할 수 없을 것이지만, **부담의 이행으로서 하게 된 사법상 매매 등의 법률행위는 부담을 붙인 행정처분과는 어디까지나 별개의 법률행위이므로 그 부담의 불가쟁력의 문제와는 별도로 법률행위가 사회질서 위반이나 강행규정에 위반되는지 여부 등을 따져보아 그 법률행위의 유효 여부를 판단하여야** 한다(대법원 2009.6.25. 선고 2006다18174).

② (×) 부담부 행정행위에 있어서 **부담의무를 불이행하면, 이는 주된 행위의 철회사유가 된다. 따라서 행정청에 의해 철회되지 않는 한 바로 처분의 효력이 소멸되지 않는다.**

③ (○) 행정행위의 부관은 부담의 경우를 제외하고는 독립하여 행정소송의 대상이 될 수 없는 것인바, **행정청이 한 공유수면매립준공인가 중 매립지 일부에 대하여 한 국가귀속처분은** 매립준공인가를 함에 있어서 매립의 면허를 받은자의 매립지에 대한 소유권취득을 규정한 **공유수면매립법 제14조의 효과 일부를 배제하는 부관을 붙인 것이므로 이러한 행정행위의 부관에 대하여는 독립하여 행정소송의 대상으로 삼을 수 없다**(대법원 1991. 12. 13. 선고 90누8503).

④ (×) 행정청이 수익적 행정처분을 하면서 부가한 **부담의 위법 여부는 처분 당시 법령을 기준으로 판단하여야 하고, 부담이 처분 당시 법령을 기준으로 적법하다면 처분 후 부담의 전제가 된 주된 행정처분의 근거 법령이 개정됨으로써 행정청이 더 이상 부관을 붙일 수 없게 되었다 하더라도 곧바로 위법하게 되거나 그 효력이 소멸하게 되는 것은 아니다**(대법원 2009. 2. 12. 선고 2005다65500).

14 정답 ①

① (×) 수익적 행정처분에 대한 취소권 등의 행사는 기득권의 침해를 정당화할 만한 중대한 공익상의 필요 또는 제3자의 이익보호의 필요가 있는 때에 한하여 허용될 수 있다는 법리는, 처분청이 수익적 행정처분을 직권으로 취소·철회하는 경우에 적용되는 법리일 뿐 **쟁송취소의 경우에는 적용되지 않는다**(대법원 2019. 10. 17. 선고 2018두104).

② (○) 구 학교보건법상 학교환경위생정화구역에서의 금지행위 및 시설의 해제 여부에 관한 행정처분을 함에 있어 **학교환경위생정화위원회의 심의절차를 누락한 행정처분이 위법하여 취소사유가 된다**(대법원 2007.3.15. 선고 2006두15806).

③ (○) 행정청이 식품위생법상의 청문절차를 이행함에 있어 **청문서 도달기간을 다소 어겼지만 영업자가 이의하지 아니한 채 청문일에 출석하여 의견을 진술하고 변명하는 등 방어의 기회를 충분히 가진 경우 하자가 치유되었다고 봐야 한다**(대법원 1992.10.23. 선고 92누2844).

④ (○) 무효인 처분은 하자가 치유될 수 없다.

> **관련 판례**
>
> 토지등급결정내용의 개별통지가 있다고 볼 수 없어 토지등급결정이 무효인 이상, 토지소유자가 그 결정 이전이나 이후에 토지등급결정내용을 알았다거나 또는 그 결정 이후 매년 정기 등급수정의 결과가 토지소유자 등의 열람에 공하여졌다 하더라도 **개별통지의 하자가 치유되는 것은 아니다**(대법원 1997. 5. 28. 선고 96누5308).

15 정답 ③

① (○) 구 **건축법상 이행강제금은** 시정명령의 불이행이라는 과거의 위반행위에 대한 제재가 아니라, 시정명령을 이행하지 않고 있는 건축주·공사시공자·현장관리인·소유자·관리자 또는 점유자(이하 '건축주 등'이라 한다)에 대하여 다시 상당한 이행기한을 부여하고 기한 안에 시정명령을 이행하지 않으면 이행강제금이 부과된다는 사실을 고지함으로써 의무자에게 심리적 압박을 주어 시정명령에 따른 의무의 이행을 간접적으로 강제하는 행정상의 간접강제 수단에 해당한다(대법원

② (○) 행정청은 이행강제금을 부과받은 자가 납부기한까지 이행강제금을 내지 아니하면 국세강제징수의 예 또는 「지방행정제재·부과금의 징수 등에 관한 법률」에 따라 징수한다(행정기본법 제31조 제6항).

③ (×) 농지법은 농지 처분명령에 대한 **이행강제금 부과처분에 불복하는 자**가 그 처분을 고지받은 날부터 30일 이내에 부과권자에게 이의를 제기할 수 있고, 이의를 받은 부과권자는 지체 없이 관할 법원에 그 사실을 통보하여야 하며, 그 통보를 받은 관할 법원은 **비송사건절차법에 따른 과태료 재판에 준하여** 재판을 하도록 정하고 있다(제62조 제1항, 제6항, 제7항). 따라서 농지법 제62조 제1항에 따른 이행강제금 부과처분에 불복하는 경우에는 비송사건절차법에 따른 재판절차가 적용되어야 하고, **행정소송법상 항고소송의 대상은 될 수 없다**(대법원 2019. 4. 11. 선고 2018두42955).

④ (○) 구 건축법상 **이행강제금을 부과받은 사람**이 이행강제금사건의 제1심결정 후 항고심결정이 있기 전에 **사망**한 경우, **항고심결정은 당연무효**이고, **이미 사망한 사람의 이름으로 제기된 재항고는 보정할 수 없는 흠결이 있는 것으로서 부적법하다**(대법원 2006. 12. 8.자 2006마470).

16 정답 ④

① (×) 2010. 5. 24.자 **대북조치**가 개성공단에서의 신규투자와 투자확대를 불허함에 따라 청구인이 보유한 개성공단 내의 **토지이용권을 사용·수익하지 못하게 되는 제한**이 발생하기는 하였으나, 이는 개성공단이라는 특수한 지역에 위치한 사업용 재산이 받는 사회적 제약이 구체화된 것일 뿐이므로, 공익목적을 위해 이미 형성된 구체적 재산권을 개별적, 구체적으로 제한하는 헌법 제23조 제3항 소정의 공용 제한과는 구별된다. 그렇다면 2010. 5. 24.자 대북조치로 인한 **토지이용권의 제한은 헌법 제23조 제1항, 제2항에 따라 재산권의 내용과 한계를 정한 것인 동시에 재산권의 사회적 제약을 구체화하는 것으로 볼 수 있다**(헌재 2022. 5. 26. 2016헌마95).

② (×) **하천법 부칙**(1984. 12. 31.) 제2조와 '법률 제3782호 **하천법 중 개정법률 부칙** 제2조의 규정에 의한 보상청구권의 소멸시효가 만료된 하천구역 편입토지 보상에 관한 특별조치법' 제2조, 제6조의 각 규정들을 종합하면, 위 규정들에 의한 **손실보상청구권**은 1984. 12. 31. 전에 **토지가 하천구역으로 된 경우에는 당연히 발생되는 것이지**, 관리청의 보상금지급결정에 의하여 비로소 발생하는 것은 아니므로, 위 규정들에 의한 **손실보상금의 지급을 구하거나 손실보상청구권의 확인을 구하는 소송은 행정소송법 제3조 제2호 소정의 당사자소송**에 의하여야 한다(대법원 2006. 5. 18. 선고 2004다6207).

③ (×) 제1항에 따라 제기하려는 **행정소송이 보상금의 증감(增減)에 관한 소송**인 경우 그 소송을 제기하는 자가 토지소유자 또는 관계인일 때에는 **사업시행자를**, 사업시행자일 때에는 **토지소유자 또는 관계인을** 각각 **피고로** 한다(공익사업을 위한 토지 등의 취득 및 보상에 관한 법률).

④ (○) 원처분주의

> **관련 판례**
> 수용재결에 불복하여 취소소송을 제기하는 때에는 이의신청을 거친 경우에도 수용재결을 한 중앙토지수용위원회 또는 지방토지수용위원회를 피고로 하여 수용재결의 취소를 구하여야 하고, 다만 이의신청에 대한 재결 자체에 고유한 위법이 있음을 이유로 하는 경우에는 그 이의재결을 한 중앙토지수용위원회를 피고로 하여 이의재결의 취소를 구할 수 있다고 보아야 한다(대법원 2010. 1. 28. 선고 2008두1504).

17 정답 ④

행정소송법 제11조(선결문제)는 동법 제17조, 제25조, 제26조 및 제33조를 준용한다.

> **행정소송법**
> 제11조(선결문제) ① 처분 등의 효력 유무 또는 존재 여부가 민사소송의 선결문제로 되어 당해 민사소송의 수소법원이 이를 심리·판단하는 경우에는 제17조(행정청의 소송참가), 제25조(행정심판기록의 제출명령), 제26조(직권심리) 및 제33조(소송비용에 관한 재판의 효력)의 규정을 준용한다.
> ② 제1항의 경우 당해 수소법원은 그 처분 등을 행한 행정청에게 그 선결문제로 된 사실을 통지하여야 한다.

① (○) 행정소송법 제17조 제1항

> 제17조(행정청의 소송참가) ① 법원은 다른 행정청을 소송에 참가시킬 필요가 있다고 인정할 때에는 당사자 또는 당해 행정청의 신청 또는 직권에 의하여 결정으로써 그 행정청을 소송에 참가시킬 수 있다.

② (○) 행정소송법 제25조 제1항

> 제25조(행정심판기록의 제출명령) ① 법원은 당사자의 신청이 있는 때에는 결정으로써 재결을 행한 행정청에 대하여 행정심판에 관한 기록의 제출을 명할 수 있다.

③ (○) 행정소송법 제26조

> 제26조(직권심리) 법원은 필요하다고 인정할 때에는 직권으로 증거조사를 할 수 있고, 당사자가 주장하지 아니한 사실에 대하여도 판단할 수 있다.

④ (×) 민사법원은 취소권자가 아니므로 행정처분을 취소하여 효력을 부인할 수 없다.

> **관련 판례**
> 국세 등의 부과 및 징수처분과 같은 행정처분이 당연무효임을 전제로 하여 민사소송을 제기한 때에는 그 행정처분이 당연무효인지의 여부가 선결문제이므로 법원은 이를 심사하여 그 행정처분의 하자가 중대하고도 명백하여 당연무효라고 인정될 경우에는 이를 전제로 하여 판단할 수 있으나 그 하자가 단순한 취소사유에 그칠 때에는 법원은 그 효력을 부인할 수 없다(대법원 1973. 7. 10. 선고 70다1439).

18 정답 ③

① (○) 부동산 실권리자명의 등기에 관한 법률 제5조에 의하여 부과된 과징금 채무는 대체적 급부가 가능한 의무이므로 위 과징금을 부과받은 자가 사망한 경우 그 상속인에게 포괄승계된다(대법원 1999. 5. 14. 선고 99두35).

② (○) 과징금부과처분 취소소송에 관련청구소송인 부당이득반환청구소송을 병합해서 제기할 수 있다(행정소송법 제10조 제2항).

> **행정소송법**
> 제10조(관련청구소송의 이송 및 병합) ① 취소소송과 다음 각호의 1에 해당하는 소송(이하 "관련청구소송"이라 한다)이 각각 다른 법원에 계속되고 있는 경우에 관련청구소송이 계속된 법원이 상당하다고 인정하는 때에는 당사자의 신청 또는 직권에 의하여 이를 취소소송이 계속된 법원으로 이송할 수 있다.

1. 당해 처분등과 관련되는 손해배상·부당이득반환·원상회복등 청구소송
2. 당해 처분등과 관련되는 취소소송
② 취소소송에는 사실심의 변론종결시까지 관련청구소송을 병합하거나 피고외의 자를 상대로 한 관련청구소송을 취소소송이 계속된 법원에 병합하여 제기할 수 있다.

③ (×) 회사 분할 시 신설회사 또는 존속회사가 승계하는 것은 분할하는 회사의 권리와 의무이고, 분할하는 회사의 분할 전 법 위반행위를 이유로 과징금이 부과되기 전까지는 단순한 사실행위만 존재할 뿐 과징금과 관련하여 분할하는 회사에 승계 대상이 되는 어떠한 의무가 있다고 할 수 없으므로, 특별한 규정이 없는 한 **신설회사에 대하여 분할하는 회사의 분할 전 법 위반행위를 이유로 과징금을 부과하는 것은 허용되지 않는다**(대법원 2011. 5. 26. 선고 2008두18335).

④ (○) 처분을 할 것인지 여부와 처분의 정도에 관하여 **재량이 인정되는 과징금 납부명령**에 대하여 그 명령이 재량권을 일탈하였을 경우, **법원으로서는 재량권의 일탈 여부만 판단할 수 있을 뿐이지 재량권의 범위 내에서 어느 정도가 적정한 것인지에 관하여는 판단할 수 없어 그 전부를 취소**할 수밖에 없고, 법원이 적정하다고 인정하는 부분을 초과한 부분만 취소할 수는 없다(대법원 2009. 6. 23. 선고 2007두18062).

19 정답 ④

① (○) 행정심판청구가 **부적법하지 않음에도 각하한 재결**은 심판청구인의 실체심리를 받을 권리를 박탈한 것으로서 원처분에 없는 고유한 하자가 있는 경우 에 해당하고, 따라서 **위 재결은 취소소송의 대상이 된다**(대법원 2001. 7. 27. 선고 99두2970).

② (○) 선정대표자가 선정되면 다른 청구인들은 **그 선정대표자를 통해서만 그 사건에 관한 행위를 할 수 있다**(행정심판법 제15조 제4항).

③ (○) 제1항에 따른 **임시처분**은 제30조 제2항에 따른 **집행정지로 목적을 달성할 수 있는 경우에는 허용되지 아니한다**(행정심판법 제31조 제3항).

④ (×) 처분의 상대방이 아닌 제3자가 심판청구를 한 경우 위원회는 **재결서의 등본**을 지체 없이 피청구인을 거쳐 **처분의 상대방**에게 송달하여야 한다(행정심판법 제48조 제4항).

20 정답 ③

① (○) 산업재해보상보험법에 의한 요양승인신청에는 상병부위 및 상병명을 기재하도록 되어 있고, 요양승인 여부도 신청한 상병부위 및 상병명별로 이루어지므로, 여러 개의 상병에 대한 요양불승인처분에 대한 취소소송에서 그 일부 상병이 요양의 대상이 되는 것으로 인정되더라도 나머지 상병이 요양의 대상이 되지 아니하는 경우에는 **요양불승인처분 중 요양의 대상이 되는 상병에 대한 부분만을 취소하여야 할 것**이지, 그 불승인처분 전부를 취소할 수는 없다(대법원 1998. 12. 22. 선고 98두8773).

② (○) **환경영향평가를 거쳐야 할 대상사업에 대하여 환경영향평가를 거치지 아니하였음에도 불구하고 승인 등 처분**이 이루어진다면, 사전에 환경영향평가를 함에 있어 평가대상지역 주민들의 의견을 수렴하고 그 결과를 토대로 하여 환경부장관과의 협의내용을 사업계획에 미리 반영시키는 것 자체가 원천적으로 봉쇄되는바, 이렇게 되면 환경파괴를 미연에 방지하고 쾌적한 환경을 유지·조성하기 위하여 환경영향평가제도를 둔 입법 취지를 달성할 수 없게 되는 결과를 초래할 뿐만 아니라 환경영향평가대상지역 안의 주민들의 직접적이고 개별적인 이익을 근본적으로 침해하게 되므로, 이러한 행정처분의 하자는 법규의 중요한 부분을 위반한 중대한 것이고 객관적으로도 명백한 것이라고 하지 않을 수 없어, 이와 같은 처분은 **당연무효**이다(대법원 2006. 6. 30. 선고 2005두14363).

③ (×) 甲을 친일반민족행위자로 결정한 친일반민족행위진상규명위원회(이하 '진상규명위원회'라 한다)의 **최종발표(선행처분)**에 따라 지방보훈지청장이 독립유공자 예우에 관한 법률(이하 '독립유공자법'이라 한다) 적용 대상자로 보상금 등의 예우를 받던 甲의 **유가족 乙 등에 대하여 독립유공자법 적용배제자 결정(후행처분)**을 한 사안에서, 진상규명위원회가 甲의 친일반민족행위자 결정 사실을 통지하지 않아 乙은 후행처분이 있기 전까지 선행처분의 사실을 알지 못하였고, 후행처분인 지방보훈지청장의 독립유공자법 적용배제결정이 자신의 법률상 지위에 직접적인 영향을 미치는 행정처분이라고 생각했을 뿐, 통지를 받지도 않은 진상규명위원회의 친일반민족행위자 결정처분이 자신의 법률상 지위에 영향을 주는 독립된 행정처분이라고 생각하기는 쉽지 않았을 것으로 보여, 乙이 선행처분에 대하여 일제강점하 반민족행위 진상규명에 관한 특별법에 의한 이의신청절차를 밟거나 후행처분에 대한 것과 별개로 행정심판이나 행정소송을 제기하지 않았다고 하여 선행처분의 하자를 이유로 후행처분의 효력을 다툴 수 없게 하는 것은 乙에게 수인한도를 넘는 불이익을 주고 그 결과가 乙에게 예측가능한 것이라고 할 수 없어 선행처분의 후행처분에 대한 구속력을 인정할 수 없으므로 **선행처분의 위법을 이유로 후행처분의 효력을 다툴 수 있음에도**, 이와 달리 본 원심판결에 법리를 오해한 위법이 있다고 한 사례()대법원 2013. 3. 14. 선고 2012두6964.

④ (○) 경찰공무원에게 인정된 징계사유가 상훈감경 제외사유에 해당하지 아니함에도, 경찰공무원에 대한 징계위원회의 심의과정에서 징계의결이 요구된 비위행위가 상훈감경 제외사유에 해당한다는 이유로 그 공적 사항을 징계양정에 전혀 고려하지 아니한 때에는 그 징계양정이 결과적으로 적정한지와 상관없이 이는 관계 법령이 정한 징계절차를 지키지 아니한 것으로서 위법하다. 원심이 이 사건 비위행위를 '공금 횡령'이 아닌 '지연처리·보고로 인한 직무유기 또는 직무태만'에 해당하는 것으로 판단한 이상, **징계위원회의 심의과정에서 공적 사항을 고려하지 않고 결정된 이 사건 정직처분은** 그 징계양정이 결과적으로 적정한지와 상관없이 **법령이 정한 징계절차를 지키지 아니한 것으로서 위법**하다고 보아야 함에도, 이와 달리 판단한 원심판결에는 징계재량권의 범위에 관한 법리를 오해하여 판결에 영향을 미친 잘못이 있다.(대법원 2015. 11. 12. 선고 2014두35638).

제 9 회 정답 및 해설

한수성 임팩트행정법 동형모의고사

모두공 www.modoogong.com
모두소 www.modoofire.com
공단기 www.gong.conects.com

정답 확인

01	02	03	04	05
②	④	④	④	③
06	07	08	09	10
①	②	③	②	④
11	12	13	14	15
③	③	④	①	③
16	17	18	19	20
①	④	③	③	①

01 정답 ②

① (○) 법령등을 공포한 날부터 일정 기간이 경과한 날부터 시행하는 경우 그 기간의 말일이 **토요일 또는 공휴일**인 때에는 **그 말일로 기간이 만료**한다(행정기본법 제7조 제3호).

② (×) 「국회법」 제98조제3항 전단에 따라 하는 **국회의장의 법률 공포**는 **서울특별시에서 발행되는 둘 이상의 일간신문에 게재함으로써** 한다(법령 등 공포에 관한 법률 제11조 제2항).

③ (○) 관보의 내용 해석 및 적용 시기 등에 대하여 종이관보와 전자관보는 동일한 효력을 가진다(법령 등 공포에 관한 법률 제11조 제4항).

④ (○) 법령등을 위반한 행위의 성립과 이에 대한 제재처분은 법령등에 특별한 규정이 있는 경우를 제외하고는 법령등을 위반한 행위 당시의 법령등에 따른다. 다만, **법령등을 위반한 행위 후 법령등의 변경에 의하여 그 행위가 법령등을 위반한 행위에 해당하지 아니하거나 제재처분 기준이 가벼워진 경우**로서 해당 법령등에 특별한 규정이 없는 경우에는 **변경된 법령등을 적용**한다(행정기본법 제14조 제3항).

02 정답 ④

① (○) 환경영향평가 대상지역 밖에 거주하는 주민에게 **헌법상의 환경권 또는 환경정책기본법에 근거**하여 공유수면매립면허처분과 농지개량사업 시행인가처분의 **무효확인을 구할 원고적격이 없다**고 한 사례(대법원 2006. 3.16. 선고 2006두330 전원합의체 판결).

② (○) **부제소특약에 관한 부분은 당사자가 임의로 처분할 수 없는 공법상의 권리관계를 대상으로 하여 사인의 국가에 대한 공권인 소권을 당사자의 합의로 포기하는 것으로서 허용될 수 없다**(대법원 1998.8.21. 선고 98두8919).

③ (○) 상수원보호구역 설정의 근거가 되는 수도법 제5조 제1항 및 동 시행령 제7조 제1항이 보호하고자 하는 것은 상수원의 확보와 수질보전일 뿐이고, 그 상수원에서 급수를 받고 있는 지역주민들이 가지는 상수원의 오염을 막아 양질의 급수를 받을 이익은 직접적이고 구체적으로는 보호하고 있지 않음이 명백하여 위 지역주민들이 가지는 이익은 상수원의 확보와 수질보호라는 공공의 이익이 달성됨에 따라 반사적으로 얻게 되는 이익에 불과하므로 지역주민들에 불과한 원고들에게는 위 상수원보호구역변경처분의 취소를 구할 법률상의 이익이 없다(대법원 1995.9.26. 선고 94누14544).

④ (×) [1] 환경영향평가에 관한 **자연공원법령 및 환경영향평가법령의 규정들의 취지**는 집단시설지구개발사업이 환경을 해치지 아니하는 방법으로 시행되도록 함으로써 집단시설지구개발사업과 관련된 환경공익을 보호하려는 데에 그치는 것이 아니라 **그 사업으로 인하여 직접적이고 중대한 환경피해를 입으리라고 예상되는 환경영향평가대상지역 안의 주민들이 개발 전과 비교하여 수인한도를 넘는 환경침해를 받지 아니하고 쾌적한 환경에서 생활할 수 있는 개별적 이익까지도 이를 보호하려는 데에 있다** 할 것이므로, 위 주민들이 당해 변경승인 및 허가처분과 관련하여 갖고 있는 위와 같은 환경상의 이익은 단순히 환경공익 보호의 결과로 국민일반이 공통적으로 가지게 되는 추상적·평균적·일반적인 이익에 그치지 아니하고 주민 개개인에 대하여 개별적으로 보호되는 직접적·구체적인 이익이라고 보아야 한다.18회 하이라이트 [2] 당해 국립공원 용화집단시설지구개발사업으로 인하여 **직접적이고 중대한 환경피해를 입으리라고 예상되는 환경영향평가대상지역 안의 주민에게 환경영향평가대상사업에 관한 변경승인 및 허가처분의 취소를 구할 원고적격이 있다**고 한 사례(대법원 1998. 4. 24. 선고 97누3286).

03 정답 ④

① (○) 소득금액조정 합계표 작성요령은 법률의 위임을 받은 것이기는 하나 **법인세의 부과징수라는 행정적 편의를 도모하기 위한 절차적 규정으로서 단순히 행정규칙의 성질을 가지는 데 불과하여 과세관청이나 일반국민을 기속하는 것이 아니다**(대법원 2003. 9. 5. 선고 2001두403).

② (○) 일반적으로 법률의 위임에 의하여 효력을 갖는 법규명령의 경우, **구법에 위임의 근거가 없어 무효였더라도 사후에 법개정으로 위임의 근거가 부여되면 그 때부터는 유효한 법규명령**이 된다(대법원 1995.6.30. 선고 93추83).

③ (○) 부작위위법확인소송의 대상이 될 수 있는 것은 구체적 권리·의무에 관한 분쟁이어야 하고 추상적인 법령에 관하여 제정의 여부 등은 그 자체로서 국민의 구체적인 권리·의무에 직접적 변동을 초래하는 것이 아니어서 그 소송의 대상이 될 수 없다(대판 1992.5.8. 선고 91누11261).

④ (×) 법령의 위임이 없음에도 법령에 규정된 처분 요건에 해당하는 사

항을 부령에서 변경하여 규정한 경우에는 그 부령의 규정은 행정청 내부의 사무처리 기준 등을 정한 것으로서 행정조직 내에서 적용되는 행정명령의 성격을 지닐 뿐 국민에 대한 대외적 구속력은 없다고 보아야 한다. 따라서 어떤 행정처분이 그와 같이 법규성이 없는 시행규칙 등의 규정에 위배된다고 하더라도 그 이유만으로 처분이 위법하게 되는 것은 아니라 할 것이고, 또 그 규칙 등에서 정한 요건에 부합한다고 하여 반드시 그 처분이 적법한 것이라고 할 수도 없다. 이 경우 **처분의 적법 여부**는 그러한 규칙 등에서 정한 요건에 합치하는지 여부가 아니라 **일반 국민에 대하여 구속력을 가지는 법률 등 법규성이 있는 관계 법령의 규정을 기준으로 판단하여야 한다**(대법원 2013.9.12. 선고 2011두10584).

04 정답 ④

① (○) 정당하게 도시계획결정 등의 처분을 하였다고 하더라도 이를 관보에 게재하여 고시하지 아니한 이상 대외적으로는 아무런 효력도 발생하지 아니한다(대법원 1985.12.10. 선고 85누186).

② (○) 비구속적 행정계획안이나 행정지침이라도 국민의 기본권에 직접적으로 영향을 끼치고, 앞으로 법령의 뒷받침에 의하여 그대로 실시될 것이 틀림없을 것으로 예상될 수 있을 때에는, 공권력행위로서 예외적으로 헌법소원의 대상이 될 수 있다(헌재 2000.6.1. 99헌마538).

③ (○) **문화재보호구역 내에 있는 토지소유자** 등으로서는 위 보호구역의 **지정해제를 요구할 수 있는 법규상 또는 조리상의 신청권이 있다**고 할 것이고, 이러한 **신청에 대한 거부행위는** 항고소송의 대상이 되는 **행정처분에 해당**한다(대법원 2004.04.27. 선고 2003두8821).

④ (×) **도시계획의 수립**에 있어서 도시계획법 제16조의2 소정의 **공청회를 열지 아니**하고 공공용지의 취득및손실보상에관한특례법 제8조 소정의 이주대책을 수립하지 아니하였다 하더라도 이는 **절차상의 위법으로서 취소사유에 불과**하고 그 하자가 도시계획결정 또는 도시계획사업시행인가가 무효라고 할 수 있을 정도로 중대하고 명백하다고는 할 수 없으므로 이러한 위법을 선행처분인 도시계획결정이나 사업시행인가 단계에서 다투지 아니하였다면 그 쟁송기간이 이미 도과한 후인 수용재결 단계에 있어서는 위 도시계획수립행위의 위와 같은 위법을 들어 재결처분의 취소를 구할 수는 없다고 할 것이다(대법원 1990.1.23. 선고 87누947).

05 정답 ③

① (○) 행정청은 이행강제금을 부과받은 자가 납부기한까지 이행강제금을 내지 아니하면 국세강제징수의 예 또는 「지방행정제재·부과금의 징수 등에 관한 법률」에 따라 징수한다(행정기본법 제31조 제6항).

② (○) 농지법은 농지 처분명령에 대한 이행강제금 부과처분에 불복하는 자가 그 처분을 고지받은 날부터 30일 이내에 부과권자에게 이의를 제기할 수 있고, 이의를 받은 부과권자는 지체 없이 관할 법원에 그 사실을 통보하여야 하며, 그 통보를 받은 관할 법원은 비송사건절차법에 따른 과태료 재판에 준하여 재판을 하도록 정하고 있다(제62조 제1항, 제6항, 제7항). 따라서 **농지법 제62조 제1항에 따른 이행강제금 부과처분**에 불복하는 경우에는 비송사건절차법에 따른 재판절차가 적용되어야 하고, **행정소송법상 항고소송의 대상은 될 수 없다**(대법원 2019. 4. 11. 선고 2018두42955).

③ (×) 단속규정을 위반한 경우 과태료부과대상이 될 뿐, 사법상 행위의 효력까지 부정되지 않는다.

> 구 주택건설촉진법 제52조의3 제1항 제6호는 "제32조 제2호의 규정을 위반하여 주택을 공급한 자"를 과태료에 처하도록 규정하고 있으나, 주택공급계약이 위 법 제32조, 위 규칙 제27조 제4항, 제3항에 위반하였다고 하더라도 그 사법적 효력까지 부인된다고 할 수는 없다(대법원 2007. 8. 23. 선고 2005다59475,59482,59499).

④ (○) 이 사건 심판청구의 당해 사건인 과태료 부과처분의 당부는 질서위반행위규제법에 정해진 절차에 따라 해당 행정청에 대한 이의제기를 거쳐 과태료 재판절차에서 판단되어야 하므로, 이 사건 **과태료 부과처분은 행정소송의 대상이 되는 행정처분이라고 할 수 없어** 당해 사건이 부적법하여 각하를 면할 수 없으므로, 이 사건 심판청구는 재판의 전제성 요건을 흠결하여 부적법하다(헌법재판소 2012. 11. 29. 선고 2011헌바251 전원재판부).

06 정답 ①

① (×) **기부금품모집규제법상의 기부금품모집허가는** 공익목적을 위하여 일반적·상대적으로 제한된 기본권적 자유를 다시 회복시켜주는 **강학상의 허가에 해당**하는 만큼 그에 대한 허가절차는 기부금품을 자유로이 모집할 수 있는 권리(이는 헌법상의 행복추구권에서 파생되는 일반적 행동자유권에 속한다) 자체를 제거해서는 아니되고, 허가절차에 규정된 법률요건을 충족하는 경우에는 국민에게 기본권 행사의 형식적 제한을 다시 해제할 것을 요구할 수 있는 법적 권리를 부여하여야 하므로, 같은 법이 비록 기부금품의 모집허가 대상사업을 같은 법 제4조 제2항 각 호에 규정된 사업에 국한시킴으로써 위 규정에 열거한 사항에 해당하지 아니한 경우에는 허가할 수 없다는 것을 소극적으로 규정하고 있다 하더라도 기부금품모집허가의 법적 성질이 강학상의 허가라는 점을 고려하면, **기부금품 모집행위가 같은 법 제4조 제2항의 각 호의 사업에 해당하는 경우에는 특별한 사정이 없는 한 그 모집행위를 허가하여야 하는 것으로 풀이하여야 한다**(대법원 1999. 7. 23. 선고 99두3690).

② (○) 재단법인의 임원취임이 사법인인 재단법인의 정관에 근거한다 할지라도 이에 대한 행정청의 승인(인가)행위는 법인에 대한 주무관청의 감독권에 연유하는 이상 그 인가행위 또는 인가거부행위는 공법상의 행정처분으로서, 그 임원취임을 인가 또는 거부할 것인지 여부는 주무관청의 권한에 속하는 사항이라고 할 것이고, **재단법인의 임원취임승인 신청에 대하여 주무관청이 이에 기속되어 이를 당연히 승인(인가)하여야 하는 것은 아니다**(대법원 2000. 1. 28. 선고 98두16996).

③ (○) 개인택시 운송사업의 양도·양수에 대한 인가를 한 후, **그 양도·양수 이전에 있었던 양도인에 대한 운송사업면허 취소사유를 들어 양수인의 사업면허를 취소할 수 있다**(대법원 2010.11.11. 선고 2009두14934).

④ (○) 국가공무원법 제74조에 의하면 공무원이 소정의 정년에 달하면 그 사실에 대한 효과로서 공무담임권이 소멸되어 당연히 퇴직되고 **정년퇴직 발령은 정년퇴직 사실을 알리는 이른바 관념의 통지에 불과하므로 행정소송의 대상이 되지 아니한다**(대법원 1983.2.8. 선고 81누263).

07 정답 ②

① (○) 인·허가 의제는 행정기관의 권한에 변경을 가져오는 예외적인 것이므로 법률에 명시적인 근거가 있어야 하며, 의제되는 범위도 법률에 명시되어야 한다.

② (×) 인허가의제를 받으려면 주된 인허가를 신청할 때 관련 인허가에 **필요한 서류를 함께 제출하여야 한다. 다만, 불가피한 사유로 함께 제출할 수 없는 경우에는 주된 인허가 행정청이 별도로 정하는 기한까지 제출할 수** 있다(행정기본법 제24조 제2항).

③ (○) 건축물의 건축이 국토계획법상 개발행위에 해당할 경우 그에 대한 건축허가를 하는 허가권자는 건축허가에 배치·저촉되는 관계 법령상 제한 사유의 하나로 국토계획법령의 개발행위허가기준을 확인하여야 하므로, 국토계획법상 건축물의 건축에 관한 **개발행위허가가 의제되는 건축허가신청이 국토계획법령이 정한 개발행위허가기준에 부합하지 아니하면 허가권자로서는 이를 거부할 수 있다고 보아야** 하고, 이는 건축법 제16조 제3항에 의하여 개발행위허가의 변경이 의제되는 건축허가사항의 변경허가에서도 마찬가지라고 할 것이다(대법원 2016. 8. 24. 선고 2016두35762).

④ (○) **의제된 인허가는 통상적인 인허가와 동일한 효력**을 가지므로, 적어도 '부분 인허가 의제'가 허용되는 경우에는 그 효력을 제거하기 위한 법적 수단으로 **의제된 인허가의 취소나 철회가 허용**될 수 있고, 이러한 직권 취소·철회가 가능한 이상 **그 의제된 인허가에 대한 쟁송취소 역시 허용**된다. 따라서 주택건설사업계획 승인처분에 따라 의제된 인허가가 위법함을 다투고자 하는 이해관계인은, 주택건설사업계획 승인처분의 취소를 구할 것이 아니라 **의제된 인허가의 취소를 구하여야** 하며, **의제된 인허가는** 주택건설사업계획 승인처분과 **별도로 항고소송의 대상이 되는 처분에 해당**한다(대법원 2018. 11. 29. 선고 2016두38792).

08 정답 ③

① (○) **복직명령은 기속행위이므로** 휴직사유가 소멸하였음을 이유로 신청하는 경우 **임용권자는 지체 없이 복직명령을 하여야** 한다(대법원 2014. 6. 12. 선고 2012두4852).

② (○) 야생동·식물보호법 제16조 제3항과 같은 법 시행규칙 제22조 제1항의 체제 또는 문언을 살펴보면 원칙적으로 국제적 멸종위기종 및 그 가공품의 수입 또는 반입 목적 외의 용도로의 사용을 금지하면서 용도변경이 불가피한 경우로서 환경부장관의 용도변경승인을 받은 경우에 한하여 용도변경을 허용하도록 하고 있으므로, 위 법 제16조 제3항에 의한 **용도변경승인은 특정인에게만 용도 외의 사용을 허용해주는 권리나 이익을 부여하는 이른바 수익적 행정행위로서 법령에 특별한 규정이 없는 한 재량행위**이다(대법원 2011.1.27. 선고 2010두23033).

③ (×) **체류자격 변경허가는** 신청인에게 당초의 체류자격과 다른 체류자격에 해당하는 활동을 할 수 있는 권한을 부여하는 일종의 설권적 처분의 성격을 가지므로, **허가권자는 신청인이 관계 법령에서 정한 요건을 충족하였더라도, 신청인의 적격성, 체류 목적, 공익상의 영향 등을 참작하여 허가 여부를 결정할 수 있는 재량을 가진다.** 다만 재량을 행사할 때 판단의 기초가 된 사실인정에 중대한 오류가 있는 경우 또는 비례·평등의 원칙을 위반하거나 사회통념상 현저하게 타당성을 잃는 등의 사유가 있다면 이는 재량권의 일탈·남용으로서 위법하다(대법원 2016. 7. 14. 선고 2015두48846).

④ (○) **가축분뇨법에 따른 처리방법 변경허가는 허가권자의 재량행위에 해당한다.** 허가권자는 변경허가 신청 내용이 가축분뇨법에서 정한 처리시설의 설치기준(제12조의2 제1항)과 정화시설의 방류수 수질기준(제13조)을 충족하는 경우에도 반드시 이를 허가하여야 하는 것은 아니고, 자연과 주변 환경에 미칠 수 있는 영향 등을 고려하여 허가 여부를 결정할 수 있다. **가축분뇨 처리방법 변경 불허가처분에 대한 사법심사는** 법원이 허가권자의 재량권을 대신 행사하는 것이 아니라 **허가권자의 공익판단에 관한 재량의 여지를 감안하여 원칙적으로 재량권의 일탈·남용이 있는지 여부만을 판단하여야 하고, 사실오인과 비례·평등원칙 위반 여부 등이 판단 기준이 된다**(대법원 2021. 6. 30. 선고 2021두35681).

09 정답 ②

① (○) 피고인이 행정청으로부터 자동차 **운전면허취소처분을** 받았으나 나중에 그 행정처분 자체가 행정쟁송절차에 의하여 취소되었다면, 위 **운전면허취소처분은 그 처분시에 소급하여 효력을 잃게 되고,** 피고인은 위 운전면허취소처분에 복종할 의무가 원래부터 없었음이 후에 확정되었다고 봄이 타당할 것이고, 행정행위에 공정력의 효력이 인정된다고 하여 행정소송에 의하여 적법하게 취소된 운전면허취소처분이 단지 장래에 향하여서만 효력을 잃게 된다고 볼 수는 없다(대법원 1999.2.5. 선고 98도4239).

② (×) 위법한 행정대집행이 완료되면 그 처분의 무효확인 또는 취소를 구할 소의 이익은 없다 하더라도, 미리 **그 행정처분의 취소판결이 있어야만, 그 행정처분의 위법임을 이유로 한 손해배상 청구를 할 수 있는 것은 아니다**(대법원 1972.4.28. 선고 72다337).

③ (○) 행정처분이나 행정심판 재결이 불복기간의 경과로 확정된 경우, 그 확정력(불가쟁력)의 의미는 더 이상 다툴 수 없다는 의미일 뿐, 더 나아가 판결에 있어서와 같은 기판력이 인정되는 것은 아니어서 그 처분의 기초가 된 사실관계나 법률적 판단이 확정되고 당사자들이나 법원이 이에 기속되어 모순되는 주장이나 판단을 할 수 없게 되는 것은 아니다(대법원 2004.7.8. 선고 2002두11288).

④ (○) 국민의 권리와 이익을 옹호하고 법적 안정을 도모하기 위하여 특정한 행위에 대하여는 행정청이라 하여도 이것을 자유로이 취소, 변경 및 철회할 수 없다는 행정행위의 불가변력은 당해 행정행위에 대하여서만 인정되는 것이고, 동종의 행정행위라 하더라도 그 대상을 달리할 때에는 이를 인정할 수 없다(대법원 1974. 12.10. 선고 73누129).

10 정답 ④

① (○) 납세자가 아닌 제3자의 재산을 대상으로 한 압류처분은 그 처분의 내용이 법률상 실현될 수 없는 것이어서 당연무효이다(대법원 2006.4.13. 선고 2005두15151).

② (○) 적법한 권한 위임 없이 세관출장소장에 의하여 행하여진 관세부과처분이 그 하자가 중대하기는 하지만 객관적으로 명백하다고 할 수 없어 당연무효는 아니라고 한 사례(대법원 2004.11.26. 선고 2003두2403).

③ (○) 행정청이 식품위생법상의 청문절차를 이행함에 있어 청문서 도달

기간을 다소 어겼지만 영업자가 이의하지 아니한 채 청문일에 출석하여 의견을 진술하고 변명하는 등 방어의 기회를 충분히 가진 경우 하자의 치유되었다고 봐야 한다(대법원 1992.10.23. 선고 92누2844).

④ (×) **절차상 또는 형식상 하자로 인하여 무효인 행정처분이 있은 후 행정청이 관계 법령에서 정한 절차 또는 형식을 갖추어 다시 동일한 행정처분을** 하였다면 **당해 행정처분은 종전의 무효인 행정처분과 관계 없이 새로운 행정처분**이라고 보아야 한다(대법원 2007. 12. 27. 선고 2006두3933 판결, 대법원 2010. 4. 29. 선고 2009두16879 판결 등 참조). 원심은 그 채택 증거를 종합하여 판시와 같은 사실을 인정한 다음, 이 사건 처분은 새로운 국방·군사시설사업 실시계획 승인처분으로서의 요건을 갖춘 새로운 처분일 뿐, 종전처분과 동일성을 유지하되 종전처분의 내용을 일부 수정하거나 새로운 사항을 추가하는 것에 불과한 종전처분의 변경처분이 아니므로, 비록 종전처분에 하자가 있더라도 이 사건 처분이 관계 법령에 규정된 절차를 거쳐 그 요건을 구비한 이상 적법하다는 취지로 판단하였다. 원심판결 이유를 위 법리 및 기록에 비추어 보면, 원심의 이러한 판단은 정당하고, 거기에 상고이유 주장과 같은 새로운 행정처분의 성립 여부에 관한 법리오해 등의 위법이 없다(대법원 2014. 3. 13. 선고 2012두1006).

11 정답 ③

① (○) **상대방 있는 행정처분은 특별한 규정이 없는 한 의사표시에 관한 일반법리에 따라 상대방에게 고지되어야 효력이 발생**하고, 상대방 있는 행정처분이 **상대방에게 고지되지 아니한 경우에는 상대방이 다른 경로를 통해 행정처분의 내용을 알게 되었다고 하더라도 행정처분의 효력이 발생한다고 볼 수 없다**(대법원 2019. 8. 9. 선고 2019두38656).

② (○) 일반적으로 **행정처분이 주체·내용·절차와 형식이라는 내부적 성립요건과 외부에 대한 표시라는 외부적 성립요건을 모두 갖춘 경우에는 행정처분이 존재**한다고 할 수 있다. 행정처분의 외부적 성립은 행정의사가 외부에 표시되어 행정청이 자유롭게 취소·철회할 수 없는 구속을 받게 되는 시점을 확정하는 의미를 가지므로, 어떠한 **처분의 외부적 성립 여부는 행정청에 의해 행정의사가 공식적인 방법으로 외부에 표시되었는지를 기준으로 판단하여야 한다**(대법원 2017. 7. 11. 선고 2016두35120).

③ (×) 송달이 전제된 처분이라면 상대방이 있는 처분(개별처분)이다. 따라서 처분 있음을 안 날은 처분 있음을 현실적으로 안날을 의미한다. 따라서 공시송달에 의한 경우에도 처분 있음을 현실적으로 알아야 90일의 제소기간이 진행된다.

> **비교 판례** 일반처분의 경우 처분 있음을 안날
> 고시 또는 공고에 의하여 행정처분을 하는 경우, 그에 대한 취소소송 제소기간의 기산일은 고시 또는 공고의 효력발생일이며 고시 또는 공고가 있었다는 사실을 현실적으로 알았는지 여부에 관계없이 고시가 효력을 발생하는 날 행정처분이 있었다고 보아야 한다(대법원 2007.6.14. 선고 2004두619).

④ (○) **교부에 의한 송달은 수령확인서를 받고 문서를 교부함으로써** 하며, 송달하는 장소에서 송달받을 자를 만나지 못한 경우에는 그 사무원·피용자(被傭者) 또는 동거인으로서 사리를 분별할 지능이 있는 사람(이하 이 조에서 "사무원등"이라 한다)에게 문서를 교부할 수 있다. **다만, 문서를 송달받을 자 또는 그 사무원등이 정당한 사유 없이 송달받기를 거부하는 때에는 그 사실을 수령확인서에 적고, 문서를 송달할 장소에 놓아둘 수 있다**(행정절차법 제14조 제2항).

12 정답 ③

① (○) **행정조사기본법 제25조(자율신고제도)** ① 행정기관의 장은 법령 등에서 규정하고 있는 조사사항을 조사대상자로 하여금 스스로 신고하도록 하는 제도를 운영할 수 있다. ② 행정기관의 장은 조사대상자가 제1항에 따라 신고한 내용이 거짓의 신고라고 인정할 만한 근거가 있거나 신고내용을 신뢰할 수 없는 경우를 제외하고는 그 신고내용을 행정조사에 갈음할 수 있다.

② (○) 음주운전 여부에 대한 조사 과정에서 운전자 본인의 동의를 받지 아니하고 또한 법원의 영장도 없이 채혈조사를 한 결과를 근거로 한 운전면허 정지·취소 처분은 도로교통법 제44조 제3항을 위반한 것으로서 특별한 사정이 없는 한 위법한 처분으로 볼 수밖에 없다(대법원 2016. 12. 27. 선고 2014두46850).

③ (×) 수출입물품 통관검사절차에서 이루어지는 물품의 개봉, 시료채취, 성분분석 등의 검사 는 수출입품에 대한 적정한 통관 등을 목적으로 조사를 하는 것으로서 이를 수사기관 의 강제처분이라고 할 수 없으므로, 세관공무원은 압수·수색영장 없이 이러한 검사를 진행할 수 있다. 그러나 **마약류 불법거래 방지에 관한 특례법 제4조 제1항에 따른 조치의 일환 으로 특정한 수출입물품을 개봉하여 검사하고 그 내용물의 점유를 취득한 행위**는 위에서 본 수 출입물품에 대한 적정한 통관 등을 목적으로 조사를 하는 경우와는 달리, **범죄수사인 압수 또는 수색에 해당하여 사전 또는 사후에 영장을 받아야 한다**(대법원 2017. 7. 18. 선고 2014도 8719).

④ (○) **행정조사기본법 제22조(조사원 교체신청)** ① 조사대상자는 조사원에게 공정한 행정조사를 기대하기 어려운 사정이 있다고 판단되는 경우에는 행정기관의 장에게 당해 조사원의 교체를 신청할 수 있다.

13 정답 ④

① (○) '한국증권업협회'는 공공기관의 정보공개에 관한 법률 시행령 제2조 제4호의 '특별법에 의하여 설립된 특수법인'에 해당한다고 보기 어렵다(대법원 2010.4.29. 선고, 2008두5643).

② (○) 개인정보는 비공개대상이지만, 직무를 수행한 공무원의 성명과 직위는 공개대상이다.

> **공공기관의 정보공개에 관한 법률**
> 제9조(비공개 대상 정보) ① 공공기관이 보유·관리하는 정보는 공개 대상이 된다. 다만, 다음 각 호의 어느 하나에 해당하는 정보는 공개하지 아니할 수 있다.
> 6. 해당 정보에 포함되어 있는 성명·주민등록번호 등 「개인정보 보호법」 제2조제1호에 따른 개인정보로서 공개될 경우 사생활의 비밀 또는 자유를 침해할 우려가 있다고 인정되는 정보. 다만, 다음 각 목에 열거한 사항은 제외한다.
> 가. 법령에서 정하는 바에 따라 열람할 수 있는 정보
> 나. 공공기관이 공표를 목적으로 작성하거나 취득한 정보로서 사생활의 비밀 또는 자유를 부당하게 침해하지 아니하는 정보
> 다. 공공기관이 작성하거나 취득한 정보로서 공개하는 것이 공익이나 개인의 권리 구제를 위하여 필요하다고 인정되는 정보

라. 직무를 수행한 공무원의 성명·직위
　　마. 공개하는 것이 공익을 위하여 필요한 경우로서 법령에 따라 국가 또는 지방자치단체가 업무의 일부를 위탁 또는 위촉한 개인의 성명·직업

③ (○) 민사소송법 제344조 제2항은 같은 조 제1항에서 정한 문서에 해당하지 아니한 문서라도 문서의 소지자는 원칙적으로 그 제출을 거부하지 못하나, 다만 '공무원 또는 공무원이었던 사람이 그 직무와 관련하여 보관하거나 가지고 있는 문서'는 예외적으로 제출을 거부할 수 있다고 규정하고 있는바, 여기서 말하는 '공무원 또는 공무원이었던 사람이 그 직무와 관련하여 보관하거나 가지고 있는 문서'는 국가기관이 보유·관리하는 **공문서**를 의미한다고 할 것이고, 이러한 **공문서의 공개**에 관하여는 공공기관의 정보공개에 관한 법률에서 정한 **절차와 방법에 의하여야** 할 것이다(대법원 2010.1.19. 자 2008마546 결정).

④ (×) 공공기관이 **공개청구의 대상**이 된 정보를 공개는 하되, 청구인이 **신청한 공개방법 이외의 방법**으로 공개하기로 하는 결정을 하였다면, 이는 정보공개청구 중 **정보공개방법에 관한 부분**에 대하여 **일부 거부처분**을 한 것이고, 청구인은 그에 대하여 **항고소송으로 다툴 수 있다**(대법원 2016.11.10. 선고 2016두44674).

14　정답 ①

① (×) "**질서위반행위**"란 **법률**(지방자치단체의 **조례를 포함**한다. 이하 같다)상의 의무를 위반하여 **과태료를 부과하는 행위**를 말한다. 다만, 다음 각 목의 어느 하나에 해당하는 행위를 제외한다.
　가. 대통령령으로 정하는 **사법(私法)상·소송법상 의무**를 위반하여 과태료를 부과하는 행위
　나. 대통령령으로 정하는 법률에 따른 **징계사유**에 해당하여 과태료를 부과하는 행위

② (○) **신분**에 의하여 성립하는 **질서위반행위**에 신분이 없는 자가 가담한 때에는 신분이 없는 자에 대하여도 질서위반행위가 성립한다(동법 제12조 제2항).

③ (○) **고의 또는 과실이 없는 질서위반행위**는 **과태료를 부과하지 아니한**다(동법 제7조).

④ (○) 질서위반행위규제법은 **대한민국 영역 밖에 있는 대한민국의 선박 또는 항공기 안에서 질서위반행위를 한 외국인**에게 적용한다(동법 제4조 제3항).

15　정답 ③

① (○) 위반사실등의 공표는 관보, 공보 또는 인터넷 홈페이지 등을 통하여 한다(행정절차법 제40조의3 제6항).

② (○) 병무청장이 병역법 제81조의2 제1항에 따라 **병역의무 기피자의 인적사항 등을 인터넷 홈페이지에 게시하는 등의 방법으로 공개한 경우, 병무청장의 공개결정은 항고소송의 대상이 되는 행정처분이다**(대법원 2019. 6. 27. 선고 2018두49130).

③ (×) 행정청은 위반사실등의 공표를 하기 전에 당사자가 공표와 관련된 의무의 이행, 원상회복, 손해배상 등의 조치를 마친 경우에는 위반사실등의 공표를 하지 아니할 수 있다(행정절차법 제40조의3 제7항).

④ (○) 행정청은 공표된 내용이 사실과 다른 것으로 밝혀지거나 공표에 포함된 처분이 취소된 경우에는 그 내용을 정정하여, 정정한 내용을 지체 없이 해당 공표와 같은 방법으로 공표된 기간 이상 공표하여야 한다. 다만, 당사자가 원하지 아니하면 공표하지 아니할 수 있다(행정절차법 제40조의3 제8항).

16　정답 ①

① (×) **경찰관직무집행법 제5조**는 경찰관은 인명 또는 신체에 위해를 미치거나 재산에 중대한 손해를 끼칠 우려가 있는 위험한 사태가 있을 때에는 그 각 호의 조치를 취할 수 있다고 규정하여 **형식상 경찰관에게 재량에 의한 직무수행권한을 부여한 것처럼 되어 있으나**, 경찰관에게 그러한 권한을 부여한 취지와 목적에 비추어 볼 때 **구체적인 사정에 따라 경찰관이 그 권한을 행사하여 필요한 조치를 취하지 아니하는 것이 현저하게 불합리하다고 인정되는 경우에는 그러한 권한의 불행사는 직무상의 의무를 위반한 것이 되어 위법하게 된다**(대법원 1998.8.25. 선고 98다16890).

② (○) 국가배상책임은 공무원에 의한 가해행위의 태양이 확정될 수 있으면 성립되고 구체적인 행위자가 반드시 특정될 것을 요하지 않는다(대법원 2011. 1. 27. 선고 2010다6680).

③ (○) 경찰공무원이 낙석사고 현장 주변 교통정리를 위하여 사고현장 부근으로 이동하던 중 대형 낙석이 순찰차를 덮쳐 사망하자, **전투·훈련 또는 이에 준하는 직무집행뿐만 아니라 '일반 직무집행'에 관하여도 국가나 지방자치단체의 배상책임을 제한하는 것**이라고 해석하여, 위 면책 주장을 받아들인 원심판단을 정당하다(대법원 2011.3.10. 선고 2010다85942).

④ (○) 구 공무원연금법에 따라 각종 급여를 지급하는 제도는 공무원의 **생활안정과 복리향상에 이바지하기 위한 것이라는 점에서 국가배상법 제2조 제1항 단서에 따라 손해배상금을 지급하는 제도와 그 취지 및 목적을 달리하므로**, 경찰공무원인 피해자가 구 공무원연금법의 규정에 따라 **공무상 요양비를 지급받는 것은 국가배상법 제2조 제1항 단서에서 정한 '다른 법령의 규정'에 따라 보상을 지급받는 것에 해당하지 않는다**. 군인연금법이 국가배상법 제2조 제1항 단서에서 정한 '다른 법령'에 해당한다고 하여, 구 공무원연금법도 군인연금법과 동일하게 취급되어야 하는 것은 아니다(대법원 2019. 5. 30. 선고 2017다16174).

17　정답 ④

① (×) 민간기업을 수용의 주체로 규정한 자체를 두고 위헌이라고 할 수 없으며, 나아가 이 사건 수용조항을 통해 민간기업에게 사업시행에 필요한 토지를 수용할 수 있도록 규정할 필요가 있다는 입법자의 인식에도 합리적인 이유가 있다 할 것이다(헌재 2009.9.24. 2007헌바114).

② (×) 공공사업의 시행으로 인하여 사업지구 밖에서 수산제조업에 대한 **간접손실이 발생하리라는 것을 쉽게 예견할 수 있고 그 손실의 범위도 구체적으로 특정할 수 있는 경우라면, 그 손실의 보상에 관하여 같은법 시행규칙의 간접보상 규정을 유추적용할 수 있다**(대법원 1999.12.24. 선고 98다57419).

③ (×) 헌법 제23조 제3항에서 규정한 '**정당한 보상**'이란 원칙적으로 피

수용재산의 객관적인 재산가치를 완전하게 보상하여야 한다는 **완전보상**을 뜻하는 것이지만, **공익사업의 시행으로 인한 개발이익은 완전보상의 범위에 포함되는 피수용토지의 객관적 가치 내지 피수용자의 손실이라고는 볼 수 없다**(헌법재판소 1991.2.11. 90헌바17·18).

④ (○) '생업의 근거를 상실하게 된 자에 대하여 일정 규모의 상업용지 또는 상가분양권 등을 공급하는'**생활대책**은 헌법 제23조 제3항에 규정된 정당한 보상에 포함되는 것이라기보다는 **생활보상의 일환으로서 국가의 정책적인 배려에 의하여 마련된 제도이므로, 그 실시 여부는 입법자의 입법정책적 재량의 영역에 속한다.** 이 사건 법률조항이 공익사업의 시행으로 인하여 농업 등을 계속할 수 없게 되어 이주하는 농민 등에 대한 생활대책 수립의무를 규정하고 있지 않다는 것만으로 재산권을 침해한다고 볼 수 없다(헌재 2013.7.25. 2012헌바71).

18 정답 ③

① (×) 조정에 대하여는 제48조부터 제50조까지(재결의 송달과 효력 발생, **재결의 기속력** 등, 위원회의 직접 처분) 제50조의2(**위원회의 간접강제**), 제51조(**행정심판 재청구의 금지**)의 **규정을 준용한다**(동법 제43조의2 제4항).

② (×) 감사원의 처분 또는 부작위에 대한 심판청구에 대하여는 **감사원에 두는 행정심판위원회**에서 심리·재결한다(행정심판법 제6조 제1항 제1호).

③ (○) 행정심판을 청구하려는 자는 **심판청구서를 작성**하여 **피청구인이나 위원회에 제출**하여야 한다. 이 경우 피청구인의 수만큼 심판청구서 부본을 함께 제출하여야 한다(동법 제23조 제1항).

④ (×) 피청구인의 **경정결정**이 있으면 종전의 피청구인에 대한 심판청구는 **취하되고 종전의 피청구인에 대한 행정심판이 청구된 때에 새로운 피청구인에 대한 행정심판이 청구된 것으로 본다**(동법 제17조 제4항).

19 정답 ③

① (○) **개인지방소득세 부과처분 취소소송의 피고적격 = 지방자치단체의 장(○), 세무서장(×)**

> **관련 판례**
> 납세지 관할 세무서장을 상대로 종합소득세 부과처분과 개인지방소득세 부과처분의 취소를 함께 구한 사안에서, 세무서장이 원고에게 이 사건 종합소득세 부과고지를 하면서 개인지방소득세 부과고지를 함께 한 것은 그에 관한 처분권한을 위임·위탁받아 자기의 권한에 기하여 한 것이 아니라 구 지방세법 부칙 제13조 제2항 등에 따라 단순히 그 부과고지 업무만을 대행한 것에 불과하다. 따라서 이 사건 **개인지방소득세 부과처분의 취소를 구하는 항고소송의 피고는 원고의 소득세 납세지를 관할하는 남양주시장**이 되어야 할 것이지만, 특별한 사정이 없는 한 원고로서는 세무서장을 상대로 한 소송에서 종합소득세 부과처분의 취소판결을 받으면 족하고, 이와 별도로 개인지방소득세 부과처분의 취소를 구하는 소를 제기할 필요도 없다. 결국 이 사건 소 중 개인지방소득세 부과처분의 취소를 구하는 부분은 피고적격이 없는 자를 상대로 한 것이거나 그 취소를 구할 소의 이익이 없어 부적법하다. 이를 간과하고 본안에 관하여 심리·판단한 원심판결에는 조세소송의 피고적격 내지 소의 이익에 관한 법리를 오해하여 판결에 영향을 미친 잘못이 있고, 이를 지적하는 피고의 이 부분 상고이유 주장은 이유 있다(대법원 2023. 8. 18. 선고 2023두40588).

② (○) 처분성이 인정되는 국민권익위원회의 조치요구에 불복하고자 하는 소방청장으로서는 조치요구의 취소를 구하는 항고소송을 제기하는 것이 유효·적절한 수단으로 볼 수 있으므로 **소방청장이 예외적으로 당사자능력과 원고적격을 가진다**고 한 사례(대법원 2018. 8. 1. 선고 2014두35379).

③ (×) 교원소청심사위원회의 결정에는 기속력이 발생하므로 피청구인 국립학교의 장은 이에 기속되어 결정에 불복할 수 없다.

④ (○) 사증발급의 법적 성질, 출입국관리법의 입법 목적, 사증발급 신청인의 대한민국과의 실질적 관련성, 상호주의원칙 등을 고려하면, 우리 출입국관리법의 해석상 **외국인**에게는 **사증발급 거부처분의 취소를 구할 법률상 이익이 인정되지 않는다**(대법원 2018. 5. 15. 선고 2014두42506).

20 정답 ①

① (×) 행정청이 취소해야 취소의 효과가 발생하는 것이 아니라 취소판결 자체의 효력에 의해 계쟁처분이 취소되는 효과가 발생한다(**취소 판결의 형성력**).

> **관련 판례**
> 행정처분을 취소한다는 확정판결이 있으면 그 취소판결의 형성력에 의하여 당해 행정처분의 취소나 취소통지 등의 별도의 절차를 요하지 아니하고 당연히 취소의 효과가 발생한다(대법원 1991. 10. 11. 선고 90누5443).

② (○) 영업의 금지를 명한 영업허가취소처분 자체가 나중에 행정쟁송절차에 의하여 취소되었다면 그 영업허가취소처분은 그 처분시에 소급하여 효력을 잃게 되며, 그 영업허가취소처분에 복종할 의무가 원래부터 없었음이 확정되었다고 봄이 타당하고, 영업허가취소처분이 장래에 향하여서만 효력을 잃게 된다고 볼 것은 아니므로 그 영업허가취소처분 이후의 영업행위를 무허가영업이라고 볼 수는 없다(대법원 1993.6.25. 선고 93도277).

③ (○) **취소판결의 기판력**은 소송물로 된 행정처분의 위법성 존부에 관한 판단 그 자체에만 미치는 것이므로 전소와 후소가 **그 소송물을 달리하는 경우에는 전소 확정판결의 기판력이 후소에 미치지 아니한다**(대법원 1996. 4. 26. 선고 95누5820).

④ (○) **기속력에 위반하는 처분**, 즉 취소판결에 저촉되는 행정청의 행위는 **무효이다**(대법원 1989.9.12. 89누985). 거부처분에 대한 취소의 확정판결이 있음에도 행정청이 아무런 재처분을 하지 아니하거나, **재처분을 하였다 하더라도 그것이 종전 거부처분에 대한 취소의 확정판결의 기속력에 반하는 등으로 당연무효라면** 이는 아무런 재처분을 하지 아니한 때와 마찬가지라 할 것이므로 이러한 경우에는 **행정소송법 제30조 제2항, 제34조 제1항 등에 의한 간접강제신청에 필요한 요건을 갖춘 것으로 보아야 한다**(대법원 2002.12.11. 자 2002무22).

제 10 회 정답 및 해설

한수성 임팩트행정법 동형모의고사

모두공 www.modoogong.com
모두소 www.modoofire.com
공단기 www.gong.conects.com

정답 확인

01	02	03	04	05
③	④	④	②	④
06	07	08	09	10
②	④	②	③	③
11	12	13	14	15
④	①	④	③	④
16	17	18	19	20
①	②	④	②	③

01 정답 ③

① (○) 도시 및 주거환경정비법에 의한 주택재개발 정비사업조합의 정관은 해당 조합의 조직, 기관, 활동, 조합원의 권리의무관계 등 단체법적 법률관계를 규율하는 것으로서 **공법인인 조합과 조합원에 대하여 구속력을 가지는 자치법규이다.** 따라서 주택재개발 정비사업조합의 단체 내부를 규율하는 자치법규인 정관에서 정한 사항은 원칙적으로 해당 조합과 조합원을 위한 규정이라고 봄이 타당하고 조합 외부의 제3자를 보호하거나 제3자를 위한 규정이라고 볼 것은 아니다(대법원 2019. 10. 31. 선고 2017다282438).

② (○) 우수 농수축산물과 이를 재료로 사용하는 가공식품(이하 '우수농산물'이라고 한다) 을 우선적으로 사용하도록 하고 그러한 우수농산물을 사용하는 자를 선별하여 식재료나 식재료 구입비의 일부를 지원하며 지원을 받은 학교는 지원금을 반드시 우수농산물을 구입하는 데 사용하도록 하는 것을 내용으로 하는 위 **지방자치단체의 조례안이** 내국민대우원칙을 규정한 '**1994년 관세 및 무역에 관한 일반협정**'(General Agreement on Tariffs and Trade 1994)**에 위반되어 그 효력이 없다고** 한 사례(대법원 2005.9.9. 선고 2004추10).

③ (×) 구 전기사업법(2013. 3. 23. 법률 제11690호로 개정되기 전의 것) 제16조는 공익사업인 전기사업의 합리적 운용과 사용자의 이익보호를 위하여, 계약자유의 원칙을 일부 제한하여 전기판매사업자와 전기사용자 간의 전기공급 계약의 조건을 당사자들이 개별적으로 협정하는 것을 금지하고 **전기판매사업자가 작성한 기본공급약관**에 따르도록 정하고 있는데, 이러한 기본공급약관은 전기판매사업자와 계약을 체결한 전기사용자에게만 적용되는 것이므로 **일반적 구속력을 가지는 법규로서의 효력은 없고, 보통계약 약관으로서의 성질을 가진다.** 따라서 기본공급약관의 조항이 고객에게 부당하게 불리한 조항으로서 '신의성실의 원칙을 위반하여 공정성을 잃은 약관 조항'에 해당하는 경우에는 약관의 규제에 관한 법률 제6조 제1항, 제2항 제1호에 따라 무효가 된다(대법원 2023. 3. 30. 선고 2018다207076).

④ (○) **남북 사이의 화해와 불가침 및 교류협력에 관한 합의서는** 남북관계가 '나라와 나라 사이의 관계가 아닌 통일을 지향하는 과정에서 잠정적으로 형성되는 특수관계'임을 전제로, 조국의 평화적 통일을 이룩해야 할 공동의 정치적 책무를 지는 남북한 당국이 특수관계인 남북관계에 관하여 채택한 합의문서로서, **남북한 당국이 각기 정치적인 책임을 지고 상호 간에 그 성의 있는 이행을 약속한 것이기는 하나 법적 구속력이 있는 것은 아니어서 이를 국가 간의 조약 또는 이에 준하는 것으로 볼 수 없고, 따라서 국내법과 동일한 효력이 인정되는 것도 아니다**(대법원 1999.07.23. 선고 98두14525).

02 정답 ④

① (○) 국유재산 등의 관리청이 하는 **행정재산의 사용·수익에 대한 허가**는 특정인에게 행정재산을 사용할 수 있는 권리를 설정하여 주는 강학상 **특허에 해당**한다(대법원 2006.3.9. 선고 2004다31074).

② (○) 사법상 계약인 물품구매(제조)계약 추가특수조건에 근거하여 한 **나라장터종합쇼핑몰 거래정지 조치는** 비록 추가특수조건이라는 사법상 계약에 근거한 것이기는 하지만 **행정청인 피고조달청이 행하는 구체적 사실에 관한 법집행으로서의 공권력의 행사로서 그 상대방인 원고의 권리·의무에 직접 영향을 미치므로 항고소송의 대상에 해당한다**(대판 2018. 11. 29. 2015두52395).

③ (○) 예산회계법에 따라 체결되는 계약은 사법상의 계약이라고 할 것이고 동법 제70조의5의 **입찰보증금은** 낙찰자의 계약체결의무이행의 확보를 목적으로 하여 **그 불이행시에 이를 국고에 귀속시켜 국가의 손해를 전보하는 사법상의 손해배상 예정으로서의 성질을 갖는 것이라고** 할 것이므로 입찰보증금의 국고귀속조치는 국가가 사법상의 재산권의 주체로서 행위하는 것이지 공권력을 행사하는 것이거나 공권력작용과 일체성을 가진 것이 아니라 할 것이므로 이에 관한 분쟁은 행정소송이 아닌 **민사소송의 대상이 될 수밖에 없다고 할 것이다**(대법원 1983. 12. 27. 선고 81누366).

④ (×) **일반재산 대부계약은** 사법상 계약이지만(99다61675), 대부료 미납에 대한 **대부료 징수는 강제징수로 행정처분이다**(2014다203588).

03 정답 ④

① (○) 공정거래위원회의 '**표준약관 사용권장행위**'는 그 통지를 받은 해당 사업자 등에게 표준약관과 다른 약관을 사용할 경우 표준약관과 다르게 정한 주요내용을 고객이 알기 쉽게 표시하여야 할 의무를 부과하고, 그 불이행에 대해서는 과태료에 처하도록 되어 있으므로, **이는 사업자 등의 권리·의무에 직접 영향을 미치는 행정처분으로서 항고소송의 대상이 된다**(대법원 2010.10.14. 선고 2008두23184).

② (○) **공법인인 총포·화약안전기술협회**가 자신의 공행정활동에 필요한 재원을 마련하기 위하여 회비납부의무자에 대하여 한 '**회비납부통지**'는 납부의무자의 구체적인 부담금액을 산정·고지하는 '**부담금 부과처분**'으로서 **항고소송의 대상이 된다고 보아야 한다**(대법원 2021. 12. 30. 선고 2018다241458).

③ (○) **근로복지공단이 사업주에 대하여 하는 '개별 사업장의 사업종류 변경결정**은 행정청이 행하는 구체적 사실에 관한 법집행으로서의 공권력의 행사인 '처분'에 해당한다(대법원 2020. 4. 9. 선고 2019두61137).

④ (×) **하도급법상 벌점 부과행위**는 (피고가 행정기관에 대하여 하는) 입찰참가자격의 제한 요청 등의 기초자료로 사용하기 위한 것일 뿐 이를 사업자인 원고의 권리·의무에 직접 영향을 미치는 행위라고 볼 수 없으므로, **항고소송의 대상이 되는 행정처분에 해당하지 않는다**(대법원 2023. 1. 12. 선고 2020두50683).

의사표시인지 여부를 개별적으로 판단하여야 한다(대법원 2014.4.24. 선고 2013두6244).

③ (×) 구「산업집적활성화 및 공장설립에 관한 법률」에 따른 **산업단지입주계약의 해지통보**는 단순히 대등한 당사자의 지위에서 형성된 공법상계약을 계약당사자의 지위에서 종료시키는 의사표시에 불과하다고 볼 것이 아니라 **행정청인 관리권자로부터 관리업무를 위탁받은 피고가 우월적 지위에서 원고에게 일정한 법률상 효과를 발생하게 하는 것으로서 항고소송의 대상이 되는 행정처분에 해당한다고 보아야 할 것이다**(대법원 2017. 6. 15. 선고 2014두46843).

④ (○) **공기업·준정부기관이 법령 또는 계약에 근거하여 선택적으로 입찰참가자격 제한 조치를 할 수 있는 경우, 계약상대방에 대한 입찰참가자격 제한 조치가 법령에 근거한 행정처분인지 아니면 계약에 근거한 권리행사인지는 원칙적으로 의사표시의 해석 문제이다**(대법원 2018. 10. 25. 선고 2016두33537).

04 정답 ②

① (○) **개인택시운송사업면허**는 특정인에게 권리나 이익을 부여하는 행정행위로서 법령에 특별한 규정이 없는 한 **재량행위이다**(대법원 2005.4.28. 선고 2004두8910).

② (×) **난민 인정**에 관한 신청을 받은 행정청은 원칙적으로 법령이 정한 난민 요건에 해당하는지를 심사하여 난민 **인정 여부를 결정할 수 있을 뿐이고, 이와 무관한 다른 사유만을 들어 난민 인정을 거부할 수는 없다**(대법원 2017. 12. 5. 선고 2016두42913).
⇒ 특허 중 예외적 기속행위

③ (○) 구 수도권대기환경특별법 제14조 제1항에서 정한 **대기오염물질 총량관리사업장 설치의 허가 또는 변경허가**는 특정인에게 인구가 밀집되고 대기오염이 심각하다고 인정되는 수도권 대기관리권역에서 총량관리대상 오염물질을 일정량을 초과하여 배출할 수 있는 특정한 권리를 설정하여 주는 행위로서 그 처분의 여부 및 내용의 결정은 **행정청의 재량에 속한다**(대법원 2013. 5. 9. 선고 2012두22799).

④ (○) 국가공무원법 제73조 제2항의 문언에 비추어 **복직명령은 기속행위이므로 휴직사유가 소멸하였음을 이유로 신청하는 경우 임용권자는 지체 없이 복직명령을 하여야 한다**(대법원 2014. 6. 12. 선고 2012두4852).

05 정답 ④

① (×) 관할 행정청이 여객자동차운송사업자에 대한 면허 발급 이후 운송사업자의 동의하에 운송사업자가 준수할 의무를 정하고 이를 위반할 경우 감차명령을 할 수 있다는 내용의 면허 조건을 붙일 수 있으며, 조건을 위반한 경우 여객자동차 운수사업법 제85조 제1항 제38호에 따라 감차명령을 할 수 있으며, 이때 **감차명령이 항고소송의 대상이 되는 처분에 해당한다**(대법원 2016.11.24. 선고 2016두45028).

② (×) 행정청이 자신과 상대방 사이의 근로관계를 일방적인 의사표시로 종료시켰다고 하더라도 **곧바로 그 의사표시가 행정청으로서 공권력을 행사하여 행하는 행정처분이라고 단정할 수는 없고**, 관계 법령이 상대방의 근무관계에 관하여 구체적으로 어떻게 규정하고 있는지에 따라 그 의사표시가 항고소송의 대상이 되는 행정처분에 해당하는 것인지 아니면 공법상 계약관계의 일방 당사자로서 대등한 지위에서 행하는

06 정답 ②

① (○) 청문을 실시한다면 별도의 의견제출절차는 거칠 필요가 없다.

> **행정절차법**
> 제22조(의견청취) ③ 행정청이 당사자에게 의무를 부과하거나 권익을 제한하는 처분을 할 때 제1항(청문) 또는 제2항(공청회)의 경우 외에는 당사자등에게 의견제출의 기회를 주어야 한다.

② (×) 청문이 시작되는 날부터 10일 전까지 일정한 사항을 통지하여야 한다. 청문을 실시한다면 별도의 의견제출절차는 거칠 필요가 없으며, 이때는 의견제출기한은 청문에 필요한 사항으로 갈음한다. 한편, 의견제출기회만 주는 경우라면 미리 사전통지를 하면서, 10일 이상의 기간을 정하여 의견제출기한을 포함하여 당사자등에게 통지하여야 한다.

> **행정절차법**
> 제21조(처분의 사전 통지) ① 행정청은 당사자에게 의무를 부과하거나 권익을 제한하는 처분을 하는 경우에는 미리 다음 각 호의 사항을 당사자등에게 통지하여야 한다.
> 6. 의견제출기한
> ② 행정청은 청문을 하려면 청문이 시작되는 날부터 10일 전까지 제1항 각 호의 사항을 당사자등에게 통지하여야 한다. 이 경우 제1항 제4호부터 제6호까지의 사항은 청문 주재자의 소속·직위 및 성명, 청문의 일시 및 장소, 청문에 응하지 아니하는 경우의 처리방법 등 청문에 필요한 사항으로 갈음한다.

③ (○) 행정절차법 제21조 제4항 제3호는 침해적 행정처분을 할 경우 청문을 실시하지 않을 수 있는 사유로서 "당해 처분의 성질상 의견청취가 현저히 곤란하거나 명백히 불필요하다고 인정될 만한 상당한 이유가 있는 경우"를 규정하고 있으나, 여기에서 말하는 '의견청취가 현저히 곤란하거나 명백히 불필요하다고 인정될 만한 상당한 이유가 있는지 여부'는 당해 행정처분의 성질에 비추어 판단하여야 하는 것이지, 청문통지서의 반송 여부, 청문통지의 방법 등에 의하여 판단할 것은 아니며, 또한 행정처분의 상대방이 통지된 청문일시에 불출석하였다는 이유만으로 행정청이 관계 법령상 그 실시가 요구되는 청문을 실시하지 아니한 채 침해적 행정처분을 할 수는 없을 것이므로, **행정처분의 상대방에 대한 청문통지서가 반송되었다거나, 행정처분의 상대방이 청문일시에 불출석하였다는 이유로 청문을 실시하지 아니하고 한 침해적 행정처분은 위법하다**(대법원 2001. 4. 13. 선고 2000두3337).

④ (○) 행정절차법 제35조 제2항

> **행정절차법**
> 제35조(청문의 종결) ① 청문 주재자는 해당 사안에 대하여 당사자등의 의견진술, 증거조사가 충분히 이루어졌다고 인정하는 경우에는 청문을 마칠 수 있다.
> ② 청문 주재자는 당사자등의 전부 또는 일부가 정당한 사유 없이 청문기일에 출석하지 아니하거나 제31조제3항에 따른 의견서를 제출하지 아니한 경우에는 이들에게 다시 의견진술 및 증거제출의 기회를 주지 아니하고 청문을 마칠 수 있다.

07 정답 ④

① (○) 그 제3자가 어떤 경위로든 행정처분이 있음을 알았거나 쉽게 알 수 있는 등 행정심판법 제 18조 제1항 소정의 심판청구기간 내에 심판청구가 가능하였다는 사정이 있는 경우에는 그 때로부터 90일 이내에 행정심판을 청구하여야 한다(대법원 1997.9.12. 선고 96 누 14661).

② (○) 행정소송법 제31조 제1항.

③ (○) 행정소송법 제31조 제2항.

> **행정소송법**
> 제31조(제3자에 의한 재심청구) ① 처분 등을 취소하는 판결에 의하여 권리 또는 이익의 침해를 받은 제3자는 자기에게 책임 없는 사유로 소송에 참가하지 못함으로써 판결의 결과에 영향을 미칠 공격 또는 방어방법을 제출하지 못한 때에는 이를 이유로 확정된 종국판결에 대하여 재심의 청구를 할 수 있다.
> ② 제1항의 규정에 의한 청구는 확정판결이 있음을 안 날로부터 30일 이내, 판결이 확정된 날로 부터 1년 이내에 제기하여야 한다.

④ (×) 이른바 복효적 행정행위, 특히 제3자효를 수반하는 행정행위에 대한 행정심판청구에 있어서 그 청구를 인용하는 내용의 재결로 인하여 비로소 권리이익을 침해받게 되는 자는 그 인용재결에 대하여 다툴 필요가 있고, 그 인용 재결은 원처분과 내용을 달리하는 것이므로 그 인용재결의 취소를 구하는 것은 원처분에는 없는 재결에 고유한 하자를 주장하는 셈이어서 당연히 항고소송의 대상이 된다(대법원 2001. 5. 29. 선고 99두10292).

08 정답 ②

ㄱ. (항고소송) 민주화운동관련자 명예회복 및 보상심의위원회의 결정은 국민의 권리의무에 직접 영향을 미치는 행정처분에 해당한다고 할 것이다. 민주화운동관련자 명예회복 및 보상 심의위원회에서 심의·결정을 받아야만 비로소 보상금 등의 지급 대상자로 확정될 수 있기 때문이다. 따라서 관련자 등으로서 보상금 등을 지급받고자 하는 신청에 대하여 보상심의위원회가 관련자 해당 요건의 전부 또는 일부를 인정하지 아니하여 보상금 등의 지급을 기각하는 결정을 한 경우에는 신청인은 보상심의위원회를 상대로 그 결정의 취소를 구하는 소송을 제기하여 보상금 등의 지급대상자가 될 수 있다(대법원 2008.4.17. 선고 전원합의체판결 2005두16185).

ㄴ. (민사소송) 조세부과처분이 무효임을 전제로 하여 이미 납부한 세금의 반환을 청구하는 것은 민사상의 부당이득반환청구로서 민사소송절차에 따라야 한다(대법원 1991. 2. 6.자 90프2).

ㄷ. (당사자소송) 석탄광업자가 석탄산업합리화사업단을 상대로 석탄산업법령 및 석탄가격안정지원금 지급 요령에 의하여 지원금의 지급을 구하는 소송은 공법상의 법률관계에 관한 소송인 공법상의 당사자소송에 해당한다(대법원 1997.5.30. 선고, 95다28960).

ㄹ. (당사자소송) 수신료를 징수할 권한이 있는지 여부를 다투는 이 사건 쟁송은 민사소송이 아니라 공법상의 법률관계를 대상으로 하는 것으로서 행정소송법 제3조 제2호에 규정된 당사자소송에 의하여야 한다고 봄이 상당하다(대법원 2008.7.24. 선고 2007다25261).

09 정답 ③

① (×) 금융위원회위원장이 시중 은행을 상대로 투기지역·투기과열지구 내 초고가 아파트에 대한 주택구입용 주택담보대출을 일정 기간 금지한 조치는 비록 행정지도의 형식으로 이루어졌으나, 일정한 경우 주택담보대출을 금지하는 것을 내용으로 하므로 규제적 성격이 강하고, 부동산 가격 폭등을 억제할 정책적 필요성에 따라 추진되었으며, 그 준수 여부를 확인하기 위한 현장점검반 운영이 예정되어 있었다. 그러므로 이 사건 조치는 규제적·구속적 성격을 갖는 행정지도로서 헌법소원의 대상이 되는 공권력 행사에 해당된다(헌법재판소 2023. 3. 23 자 2019헌마1399 결정).

② (×) 행정지도가 강제성을 띠지 않은 비권력적 작용으로서 행정지도의 한계를 일탈하지 아니하였다면, 그로 인하여 상대방에게 어떤 손해가 발생하였다 하더라도 행정기관은 그에 대한 손해배상 책임이 없다(대법원 2008. 9.25. 선고 2006다18228).

③ (○) 기업의 도산과 같이 국민경제에 심대한 영향을 미치는 중요한 사안에 대하여 재무부장관이 부실채권의 정리에 관하여 금융기관에 대하여 행정지도를 함에 있어 사전에 대통령에게 보고하여 지시를 받는다고 하여 위법하다고 할 수는 없으며, 다만 재무부장관이 대통령의 지시에 따라 정해진 정부의 방침을 행정지도라는 방법으로 금융기관에 전달함에 있어 실제에 있어서는 통상의 행정지도의 방법과는 달리 사실상 지시하는 방법으로 행한 경우에 그것이 헌법상의 법치주의 원리, 시장경제의 원리에 반하게 되는 것일 뿐이다(대법원 1999. 7. 23. 선고 96다21706).

④ (×) 교육인적자원부장관의 대학총장들에 대한 이 사건 학칙시정요구는 대학총장의 임의적인 협력을 통하여 사실상의 효과를 발생시키는 행정지도의 일종이지만, 그에 따르지 않을 경우 일정한 불이익조치를 예정하고 있어 사실상 상대방에게 그에 따를 의무를 부과하는 것과 다를 바 없으므로 단순한 행정지도로서의 한계를 넘어 규제적·구속적 성격을 상당히 강하게 갖는 것으로서 헌법소원의 대상이 되는 공권력의 행사라고 볼 수 있다(헌법재판소 2003.6.26. 2002헌마337, 2003헌마7 (병합)).

10 정답 ③

① (○) 인·허가의제 효과를 수반하는 건축신고는 일반적인 건축신고와는 달리, 특별한 사정이 없는 한 행정청이 그 실체적 요건에 관한 심사를 한 후 수리하여야 하는 이른바 '수리를 요하는 신고'로 보는 것이 옳다.

② (○) 행정기본법 제34조

> **행정기본법**
> 제34조(수리 여부에 따른 신고의 효력) 법령등으로 정하는 바에 따라 행정청에 일정한 사항을 통지하여야 하는 신고로서 법률에 신고의 수리가 필요하다고 명시되어 있는 경우(행정 기관의 내부 업무 처리 절차로서 수리를 규정한 경우는 제외한다)에는 행정청이 수리하여야 효력이 발생한다.

③ (×) 공무원이 한 사직 의사표시의 철회나 취소는 **그에 터잡은 의원면직처분이 있을 때까지 할 수 있는 것이고, 일단 면직처분이 있고 난 이후에는 철회나 취소할 여지가 없다**(대법원 2001.8.24. 선고 99두9971).

④ (○) 수산업법 제44조 소정의 **어업의 신고는 행정청의 수리에 의하여 비로소 그 효과가 발생하는 수리를 요하는 신고이다**(대법원 2000.5.26. 선고 99다37382).

11 정답 ④

① (○) 정보공개법 시행령 제2조

> **정보공개법 시행령**
> 제2조(공공기관의 범위) 「공공기관의 정보공개에 관한 법률」(이하 "법"이라 한다) 제2조 제3호 라목에서 "대통령령으로 정하는 기관"이란 다음 각 호의 기관 또는 단체를 말한다.
> 1. 「유아교육법」, 「초·중등교육법」, 「고등교육법」에 따른 각급 학교 또는 그 밖의 다른 법률에 따라 설치된 학교
> 2. 「지방공기업법」에 따른 지방공사 및 지방공단
> 3. 「지방자치단체 출자·출연 기관의 운영에 관한 법률」 제2조 제1항에 따른 출자기관 및 출연기관
> 4. 특별법에 따라 설립된 특수법인
> 5. 「사회복지사업법」 제42조 제1항에 따라 국가나 지방자치단체로부터 보조금을 받는 사회복지법인과 사회복지사업을 하는 비영리법인
> 6. 제5호 외에 「보조금 관리에 관한 법률」 제9조 또는 「지방재정법」 제17조 제1항 각 호 외의 부분 단서에 따라 국가나 지방자치단체로부터 연간 5천만원 이상의 보조금을 받는 기관 또는 단체. 다만, 정보공개 대상 정보는 해당 연도에 보조를 받은 사업으로 한정한다.

② (○) 형사소송법 제59조의2는 재판이 확정된 사건의 소송기록, 즉 형사재판확정기록의 공개 여부나 공개 범위, 불복절차 등에 관하여 공공기관의 정보공개에 관한 법률(이하 '정보공개법'이라 한다)과 달리 규정하고 있는 것으로 정보공개법 제4조 제1항에서 정한 '정보의 공개에 관하여 다른 법률에 특별한 규정이 있는 경우'에 해당한다. ① 따라서 **형사재판확정 기록의 공개에 관하여는 정보공개법에 의한 공개청구가 허용되지 않는다.** 즉, 형사재판확정기록에 관해서는 형사소송법 제59조의2에 따른 열람·등사신청이 허용되고 그 거부나 제한 등에 대한 불복은 준항고에 의한다. 한편 ② **형사재판확정기록이 아닌 불기소처분으로 종결된 기록에 관해서는 정보공개법에 따른 정보공개청구가 허용되고 그 거부나 제한 등에 대한 불복은 항고소송절차에 의한다**(대법원 2022. 2. 11.자 2021모3175).

③ (○) 정보공개법 제10조 1항

> **정보공개법 시행령**
> 제10조(정보공개의 청구방법) ① 정보의 공개를 청구하는 자(이하 "청구인"이라 한다)는 해당 정보를 보유하거나 관리하고 있는 공공기관에 다음 각 호의 사항을 적은 정보공개청구서를 제출하거나 말로써 정보의 공개를 청구할 수 있다.

④ (×) 공개 청구된 정보가 공공기관이 보유·관리하지 아니하는 정보인 경우에는 민원으로 처리할 수 있다. <u>제11조의2 2항과 혼용된 지문이다. 정보공개법 제11조 5항.</u>

> **정보공개법**
> 제11조(정보공개 여부의 결정) ⑤ 공공기관은 정보공개 청구가 다음 각 호의 어느 하나에 해당하는 경우로서 「민원 처리에 관한 법률」에 따른 민원으로 처리할 수 있는 경우에는 민원으로 처리할 수 있다.
> 1. 공개 청구된 정보가 공공기관이 보유·관리하지 아니하는 정보인 경우
> 2. 공개 청구의 내용이 진정·질의 등으로 이 법에 따른 정보공개 청구로 보기 어려운 경우
>
> 제11조의2(반복 청구 등의 처리) ② 공공기관은 제11조에도 불구하고 제10조제1항 및 제2항에 따른 정보공개 청구가 다음 각 호의 어느 하나에 해당하는 경우에는 다음 각 호의 구분에 따라 안내하고, 해당 청구를 종결 처리할 수 있다.
> 1. 제7조제1항에 따른 정보 등 공개를 목적으로 작성되어 이미 정보통신망 등을 통하여 공개된 정보를 청구하는 경우: 해당 정보의 소재(所在)를 안내
> 2. 다른 법령이나 사회통념상 청구인의 여건 등에 비추어 수령할 수 없는 방법으로 정보공개 청구를 하는 경우: 수령이 가능한 방법으로 청구하도록 안내

12 정답 ①

① (×) 이행강제금은 일정한 기한까지 의무를 이행하지 않을 때에는 일정한 금전적 부담을 과할 뜻을 미리 계고함으로써 의무자에게 심리적 압박을 주어 장래에 그 의무를 이행하게 하려는 행정상 간접적인 강제집행 수단의 하나로서 **과거의 일정한 법률위반 행위에 대한 제재로서의 형벌이 아니라 장래의 의무이행의 확보를 위한 강제수단일 뿐이어서 범죄에 대하여 국가가 형벌권을 실행한다고 하는 과벌에 해당하지 아니하므로** 헌법 제13조 제1항이 금지하는 이중처벌금지의 원칙이 적용될 여지가 없을 뿐 아니라, 건축법 제108조, 제110조에 의한 형사처벌의 대상이 되는 행위와 이 사건 법률조항에 따라 이행강제금이 부과되는 행위는 기초적 사실관계가 동일한 행위가 아니라 할 것이므로 이런 점에서도 이 사건 법률조항이 헌법 제13조 제1항의 이중처벌금지의 원칙에 위반되지 아니한다(헌재 2011.10.25. 2009헌바140).

② (○) **시정명령을 받은 의무자가 그 시정명령의 취지에 부합하는 의무를 이행하기 위한 정당한 방법으로 행정청에 신청 또는 신고를 하였으나 행정청이 위법하게 이를 거부 또는 반려함으로써 결국 그 처분이 취소되기에 이르렀다면, 특별한 사정이 없는 한 그 시정명령의 불이행을 이유로 이행강제금을 부과할 수는 없다고 보는 것이 위와 같은 이행강제금 제도의 취지에 부합한다**(대법원 2018. 1. 25. 선고 2015두35116).

③ (○) 독점규제 및 공정거래에 관한 법률(= 공정거래법) 제17조의3은 같은 법 제16조에 따른 시정조치를 그 정한 기간 내에 이행하지 아니하는 자에 대하여 이행강제금을 부과할 수 있는 근거 규정이고, 시정조

치가 공정거래법 제16조 제1항 제7호에 따른 부작위 의무를 명하는 내용이더라도 마찬가지로 보아야 한다. 나아가 이러한 **이행강제금이 부과되기 전에 시정조치를 이행하거나 부작위 의무를 명하는 시정 조치 불이행을 중단한 경우 과거의 시정조치 불이행기간에 대하여 이행강제금을 부과할 수 있다고 봄이 타당하다**(대법원 2019. 12. 12. 선고 2018두63563).

④ (○) 이행강제금의 부과·징수를 위한 계고는 시정명령을 불이행한 경우에 취할 수 있는 절차라 할 것이고, 따라서 **이행강제금을 부과·징수할 때마다 그에 앞서 시정명령 절차를 다시 거쳐야 할 필요는 없다**(대법원 2013. 12. 12. 선고 2012두20397).

13 정답 ④

① (×) 이주대책 수립에 따른 수분양권은 위와 같이 이주자가 이주대책을 수립·실시하는 **사업시행자로부터 이주대책대상자로 확인·결정을 받음으로써 취득**하게 되는 택지나 아파트 등을 분양받을 수 있는 **공법상의 권리**라고 할 것이므로, **이주자가 사업시행자에 대한 이주 대책대상자 선정신청 및 이에 따른 확인·결정 등 절차를 밟지 아니하여 구체적인 수분양권을 아직 취득하지도 못한 상태**에서 곧바로 분양의무의 주체를 상대방으로 하여 민사소송이나 공법상 당사자소송으로 이주대책상의 수분양권의 확인 등을 구하는 것은 허용될 수 없고, 나아가 그 공급대상인 택지나 아파트 등의 특정부분에 관하여 그 수분양권의 확인을 소구하는 것은 더더욱 불가능하다고 보아야 한다(대법원 1994. 5. 24. 선고 92다35783 전원합의체 판결).

② (×) 도시 및 주거환경정비법(이하 '도시정비법'이라고 한다)상 주택재건축정비사업조합이 도시정비법 제48조에 따라 수립한 관리처분계획에 대하여 관할 행정청의 인가·고시가 있게 되면 관리처분계획은 행정처분으로서 효력이 발생하게 되므로, 총회결의의 하자를 이유로 하여 행정처분의 효력을 다투는 항고소송의 방법으로 관리처분계획의 취소 또는 무효확인을 구하여야 하고, 그와 별도로 행정처분에 이르는 절차적 요건 중 하나에 불과한 총회결의 부분만을 따로 떼어내어 효력 유무를 다투는 확인의 소를 제기하는 것은 특별한 사정이 없는 한 허용되지 않는다(대법원 2009. 9. 17. 선고 2007다2428 전원합의체 판결 참조).

③ (×) **환매권의 존부에 관한 확인을 구하는 소송 및 구 공익사업법 제91조 제4항에 따라 환매금액의 증감을 구하는 소송 역시 민사소송에 해당한다**(대법원 2013.2.28. 선고 2010두22368).

④ (○) **제재적 행정처분이 그 처분에서 정한 제재기간의 경과로 인하여 그 효과가 소멸되었으나**, 부령인 시행규칙 또는 지방자치단체의 규칙의 형식으로 정한 처분기준에서 제재적 행정처분을 받은 것을 가중사유나 전제요건으로 삼아 장래의 제재적 행정처분을 하도록 정하고 있는 경우, **선행처분인 제재적 행정처분을 받은 상대방이 그 처분에서 정한 제재기간이 경과하였다 하더라도 그 처분의 취소를 구할 법률상 이익이 있다**(대법원 2006.06.22. 선고 2003두1684 전원 합의체 판결).

14 정답 ③

① (×) 민원인은 하나의 인허가만 신청하면 된다. 다만 인·허가가 의제되는 것은 민원인의 편의를 위한 것이지 의무는 아니므로 인허가를 신청하면서 반드시 관련 인허가 의제 처리를 신청할 의무는 없다(대법원 2020. 7. 23. 선고 2019두31839).

② (×) 건축행정청이 추후 별도로 국토의 계획 및 이용에 관한 법률상 개발행위(토지형질변경허가)를 받을 것을 **명시적 조건으로 하거나 또는 묵시적인 전제로 하여 건축주에 대하여 건축법상 건축신고 수리처분을 한다면, 이는 가까운 장래에 '부지 확보'요건을 갖출 것을 전제로 한 경우이므로 그 건축신고 수리처분이 위법하다고 볼 수는 없지만**(=적법), '부지 확보'요건을 완비하지 못한 상태에서 건축신고 수리처분이 이루어졌음에도 그 처분 당시 건축주가 장래에도 토지형질변경허가를 받지 않거나 받지 못할 것이 명백하였다면, 그 건축신고 수리처분은 '부지 확보'라는 수리요건이 갖추어지지 않았음이 확정된 상태에서 이루어진 처분으로서 적법하다고 볼 수 없다(=위법)(대법원 2023. 9. 21. 선고 2022두31143).

③ (○) 행정청이 주된 인·허가를 불허(=건축불허가처분)하는 처분을 하면서 주된 인·허가사유(건축불허가사유)와 의제되는 인·허가의 사유(농지전용불허가사유, 형질변경불허가사유)를 함께 제시한 경우 **주된 인·허가에 대한 거부처분을 대상으로 쟁송을 제기하여야 한다. 별개의 형질변경불허가처분이나 농지전용불허가처분에 관한 쟁송을 제기하지 아니하였어도, 형질변경불허가 사유나 농지전용불허가 사유에 관하여 불가쟁력이 발생하지 않는다**(대법원 2001.1.16. 선고 99두10988).

④ (×) 행정기본법 25조 1항.

> **행정기본법**
> 제25조(인허가의제의 효과) ① 제24조제3항·제4항에 따라 협의가 된 사항에 대해서는 주된 인허가를 받았을 때 관련 인허가를 받은 것으로 본다.

15 정답 ④

① (×) 직무집행뿐만 아니라 일반 직무집행도 배상책임이 제한된다.

> **관련 판례**
> 경찰공무원이 낙석사고 현장 주변 교통정리를 위하여 사고현장 부근으로 이동하던 중 대형 낙석이 순찰차를 덮쳐 사망하자, 전투·훈련 또는 이에 준하는 직무집행뿐만 아니라 '일반 직무집행'에 관하여도 국가나 지방자치단체의 배상책임을 제한하는 것이라고 해석하여, 위 면책주장을 받아들인 원심판단을 정당하다(대법원 2011.3.10. 선고 2010다85942).

② (×) 직무집행과 관련하여 공상을 입은 군인 등이 먼저 국가배상법에 따라 손해배상금을 지급받은 다음 보훈보상대상자 지원에 관한 법률이 정한 보상금 등 보훈급여금의 지급을 청구하는 경우, **국가배상법에 따라 손해배상을 받았다는 이유로 그 지급을 거부할 수 없다**(2017.2.3. 선고 2015두60075).

③ (×) 국가배상법은 "이 법에 따른 손해배상의 소송은 배상심의회에 배상신청을 하지 아니하고도 제기할 수 있다(국가배상법 제9조)."고 규정하여 배상심의회의 결정절차를 사법 절차에 앞서서 제기할 수 있는 임의적인 절차로 규정하고 있다.

④ (○) 이중배상금지규정에도 불구하고 전사하거나 순직한 군인·군무원·경찰공무원 또는 예비군대원의 **유족은 자신의 정신적 고통에 대한 위자료를 청구할 수 있다**(국가배상법 제2조 제3항). 〈신설 2025. 1. 7.〉

16 정답 ①

① (×) 구 공공용지의 취득 및 손실보상에 관한 특례법(현행 공익사업을 위한 토지 등의 취득 및 보상에 관한 법률)에 의하여 **공공용지를 협의취득한 사업시행자가 그 양도인과 사이에 체결한 매매계약은 공공기관이 사경제 주체로서 행한 사법상 매매이다**(대법원 1999.11.26. 선고 98다47245).

② (○) 잔여지 수용청구권은 손실보상의 일환으로 토지소유자에게 부여되는 권리로서 그 요건을 구비한 때에는 **잔여지를 수용하는 토지수용위원회의 재결이 없더라도 그 청구에 의하여 수용의 효과가 발생하는 형성권적 성질을 가지므로, 잔여지 수용청구를 받아들이지 않은 토지수용위원회의 재결에 대하여 토지소유자가 불복하여 제기하는 소송은** 위 법 제85조 제2항에 규정되어 있는 '보상금의 증감에 관한 소송'에 **해당하여 사업시행자를 피고로 하여야 한다**(대법원 2010. 8. 19. 선고 2008두822).

③ (○) 공익사업을 위한 토지 등의 취득 및 보상에 관한 법률 제85조 제1항. 사업시행자·토지소유자 또는 관계인은 재결에 대하여 불복할 때에는 **재결서를 받은 날부터 90일 이내에**, 이의신청을 거쳤을 때에는 이의신청에 대한 재결서를 받은 날부터 60일 이내에 각각 행정소송을 제기할 수 있다.

④ (○) 수용재결이 있은 후에 사법상 계약의 실질을 가지는 협의취득 절차를 금지해야 할 별다른 필요성을 찾기 어려운 점 등을 종합해 보면, **토지수용위원회의 수용재결이 있은 후라고 하더라도 토지소유자 등과 사업시행자가 다시 협의하여 토지 등의 취득이나 사용 및 그에 대한 보상에 관하여 임의로 계약을 체결할 수 있다고 보아야 한다**(대법원 2017. 4. 13. 선고 2016 두64241).

17 정답 ②

① (○) 효력기간이 정해져 있는 제재적 행정처분의 효력이 발생한 이후에도 행정청은 특별한 사정이 없는 한 상대방에 대한 별도의 처분으로써 효력기간의 시기와 종기를 다시 정할 수 있다. 이는 당초의 제재적 행정처분이 유효함을 전제로 그 구체적인 집행시기만을 변경하는 후속 변경처분이다. 이러한 후속 변경처분도 특별한 규정이 없는 한 의사표시에 관한 일반법리에 따라 상대방에게 고지되어야 효력이 발생한다. (대법원 2022. 2. 11. 선고 2021두40720).

② (×) 행정처분의 효력정지나 집행정지를 구하는 신청사건에 있어서는 행정처분자체의 적법여부를 판단할 것이 아니고 그 행정처분의 효력이나 집행 등을 정지시킬 필요가 있는지의 여부, 즉 행정소송법 제23조 제2항 소정 요건의 존부만이 판단대상이 되는 것이므로, **이러한 요건을 결여하였다는 이유로 효력정지신청을 기각한 결정에 대하여 행정처분 자체의 적법여부를 가지고 불복사유로 삼을 수는 없다**(대법원 1990. 6. 13.자 90두9).

③ (○) 행정소송법 제23조 제5항. **집행정지의 결정 또는 기각의 결정 및 집행정지취소결정이나 기각결정에 대하여는 즉시 항고할 수 있다. 이 경우 집행정지의 결정에 대한 즉시항고에는 결정의 집행을 정지하는 효력이 없다.** (집행부정지)

④ (○) 집행정지결정을 한 후에라도 본안소송이 취하되어 소송이 계속하지 아니한 것으로 되면 집행정지결정은 당연히 그 효력이 소멸되는 것이고 별도의 취소조치를 필요로 하는 것이 아니다(대법원 1975.11.11. 선고 75누97).

18 정답 ④

① (○) 공익근무요원 소집해제신청을 거부한 후에 원고가 계속하여 공익근무요원으로 복무함에 따라 복무기간 만료를 이유로 소집해제처분을 한 경우, 원고가 입게 되는 권리와 이익의 침해는 소집해제처분으로 해소되었으므로 위 거부처분의 취소를 구할 소의 이익이 없다고 한 사례(대법원 2005.5.13. 선고 2004두4369).

② (○) 근로자를 직위해제한 후 그 직위해제 사유와 동일한 사유를 이유로 징계처분을 하였다면 뒤에 이루어진 징계처분에 의하여 그 전에 있었던 직위해제 처분은 그 효력을 상실한다고 할 것이고, 이와 같이 직위해제 처분이 효력을 상실한 경우에는, 인사규정 등에 의하여 승진·승급에 제한이 가하여지는 등의 특별한 사정이 없는 한, 그 무효확인을 구할 이익은 없다(대법원 2007.12.28. 선고 2006다33999).

③ (○) 행정처분이 취소되면 그 처분은 효력을 상실하여 더 이상 존재하지 않는 것이고, 존재 하지 않는 행정처분을 대상으로 한 취소소송은 소의 이익이 없어 부적법하다(대법원 2010.4.29. 선고 2009두16879).

④ (×) 설령 원고가 이 사건 처분이 위법하다는 점에 대한 판결을 받아 피고에 대한 손해배상청구소송에서 이를 원용할 수 있다거나 위 배출시설을 다른 지역으로 이전하는 경우 행정상의 편의를 제공받을 수 있는 이익이 있다 하더라도, **그러한 이익은 사실적·경제적 이익에 불과하여 이 사건 처분의 취소를 구할 법률상 이익에 해당하지 않는다고 판단하였다. 배출시설에 대한 설치허가가 취소된 후 그 배출시설이 어떠한 경위로든 철거되어 다시 복구 등을 통하여 배출시설을 가동할 수 없는 상태라면 이는 배출시설 설치허가의 대상이 되지 아니하므로 외형상 설치허가취소행위가 잔존하고 있다고 하여도 특단의 사정이 없는 한 이제 와서 굳이 위 처분의 취소를 구할 법률상의 이익이 없다 할 것이므로, 그 취소를 구하는 소는 소의 이익이 없어 부적법하다고 할 것이다**(대법원 2002. 1. 11. 선고 2000두2457).

19 정답 ④

① (○) 대통령의 처분 또는 부작위에 대하여는 다른 법률에서 행정심판을 청구할 수 있도록 정한 경우 외에는 **행정심판을 청구할 수 없다**(행정심판법 제3조 제2항).

② (○) **행정심판법 제31조 제1항.**

> **행정심판법**
>
> 제31조(임시처분) ① 위원회는 처분 또는 부작위가 위법·부당하다고 상당히 의심되는 경우로서 처분 또는 부작위 때문에 당사자가 받을 우려가 있는 중대한 불이익이나 당사자에게 생길 급박한 위험을 막기 위하여 임시지위를 정하여야 할 필요가 있는 경우에는 직권으로 또는 당사자의 신청에 의하여 임시처분을 결정할 수 있다.

③ (○) 위원회는 처분, 처분의 집행 또는 절차의 속행 때문에 중대한 손해가 생기는 것을 예방할 필요성이 긴급하다고 인정할 때에는 직권으로 또는 당사자의 신청에 의하여 처분의 효력, 처분의 집행 또는 절차의 속행의 전부 또는 일부의 정지(이하 "집행정지"라 한다)를 결정할 수 있다. 다만, 처분의 효력정지는 처분의 집행 또는 절차의 속행을 정지함으로써 그 목적을 달성할 수 있을 때에는 허용되지 아니한다(행정심판법 제30조 제2항).

④ (×) 자동차운수사업법 제31조 등의 규정에 의한 사업면허의 취소 등의 처분에 관한 규칙(교통부령) 제7조 제3항의 **고지절차에 관한 규정**

은 행정처분의 상대방이 그 처분에 대한 행정심판의 절차를 밟는데 있어 편의를 제공하려는데 있으며 **처분청이 위 규정에 따른 고지의무를 이행하지 아니하였다고 하더라도** 경우에 따라서는 행정심판의 제기기간이 연장될 수 있는 것에 그치고 **이로 인하여 심판의 대상이 되는 행정처분에 어떤 하자가 수반된다고 할 수 없다**(대법원 1987. 11. 24. 선고 87누529).

20 정답 ③

① (○) 감사원규칙은 헌법이 아닌 감사원법(법률) 제52조에 근거하여 제정되는 것으로 행정입법의 법 형식은 제한적·열거적이 아닌 예시적인 것이므로 감사원규칙과 같이 헌법에 규정되어 있지 않지만 법률의 수권에 의해 제정된 명령도 **법규명령으로 보는 것이 다수설 및 판례의 태도이다.**

> **행정기본법**
> 제2조(정의) 이 법에서 사용하는 용어의 뜻은 다음과 같다.
>   1. "법령등"이란 다음 각 목의 것을 말한다.
>   가. 법령: 다음의 어느 하나에 해당하는 것
>   1) 법률 및 대통령령·총리령·부령
>   2) 국회규칙·대법원규칙·헌법재판소규칙·중앙선거관리위원회규칙 및 감사원규칙
>   3) 1) 또는 2)의 위임을 받아 중앙행정기관(「정부조직법」 및 그 밖의 법률에 따라 설치된 중앙행정기관을 말한다. 이하 같다)의 장이 정한 훈령·예규 및 고시 등 행정규칙
>   나. 자치법규: 지방자치단체의 조례 및 규칙

② (○) 행정규칙이 법령의 규정에 의하여 행정관청에 법령의 구체적 내용을 보충할 권한을 부여한 경우나 재량권행사의 준칙인 규칙이 그 정한 바에 따라 되풀이 시행되어 행정관행이 이룩되게 되면, 평등의 원칙이나 신뢰보호의 원칙에 따라 행정기관은 그 상대방에 대한 관계에서 그 **규칙에 따라야 할 자기구속을 당하게 되는 경우에는 대외적인 구속력을 가지게 되는바, 이러한 경우에는 헌법소원의 대상이 될 수도 있다** (헌법재판소 2001.5.31. 99헌마413).

③ (×) **위임명령**은 법률 또는 상위 명령에서 위임받은 사항을 정하는 일종의 법률 보충적 명령을 말하며 법률 또는 상위 명령의 **수권(위임)이 필요하다.**

④ (○) **법률이 공법적 단체 등의 정관에 자치법적 사항을 위임한 경우에는 헌법 제75조가 정하는 포괄적인 위임입법의 금지는 원칙적으로 적용되지 않는다고 봄이 상당하다**(대법원 2007.10.12. 선고 2006두14476).

정답 확인

01	02	03	04	05
③	③	③	④	②
06	07	08	09	10
④	③	③	④	①
11	12	13	14	15
②	②	②	④	④
16	17	18	19	20
②	④	①	②	④

01 정답 ③

① (×) 악취배출시설 설치·운영신고의 법적 성질 = 수리를 요하는 신고

> **관련 판례**
>
> 1. 원심은 악취방지법상의 악취배출시설 설치·운영신고가 수리를 요하지 않는 자기완결적 신고임을 전제로 원고의 악취배출시설 설치·운영신고가 관련 법령에서 정한 형식적 요건을 갖춘 이상 피고가 이를 수리하였는지 여부와 관계없이 그 신고가 피고에게 접수된 때에 효력이 발생하였고, 따라서 피고가 이 사건 각 신고를 반려한 것은 위법하다고 판단하였다.
> 2. 그러나 대도시의 장 등 관할 행정청은 악취배출시설 설치·운영신고의 수리 여부를 심사할 권한이 있다고 봄이 타당하다(대법원 2022. 9. 7. 선고 2020두40327). 그럼에도 원심은 악취방지법상의 악취배출시설 설치·운영신고가 수리를 요하지 않는 자기완결적 신고에 해당한다고 판단하였다. 이러한 원심판단에는 수리를 요하는 신고에 관한 법리를 오해하여 판결에 영향을 미친 잘못이 있다. 이를 지적하는 상고이유 주장은 이유 있다(대법원 2022. 9. 7. 선고 2020두40327).

② (×) 납골당설치 신고는 이른바 '수리를 요하는 신고'라 할 것이므로, 납골당설치 신고가 구 장사법 관련 규정의 모든 요건에 맞는 신고라 하더라도 신고인은 곧바로 납골당을 설치할 수는 없고, 이에 대한 행정청의 수리처분이 있어야만 신고한 대로 납골당을 설치할 수 있다. 한편 수리란 신고를 유효한 것으로 판단하고 법령에 의하여 처리할 의사로 이를 수령하는 수동적 행위이므로 수리행위에 신고필증 교부 등 행위가 꼭 필요한 것은 아니다(대법원 2011.9.8. 선고 2009두6766).

③ (○) 관할관청이 양수인의 영업자 지위승계신고를 수리하면 양도인의 기존 영업수행권은 취소되고 양수인에게 새로운 영업수행권이 설정되는 '공중위생영업자 지위 변경'의 공법상 법률효과가 발생한다(대법원 2022. 1. 27. 선고 2018다259565).

④ (×) 행정청은 법령상 규정된 형식적 요건을 갖추지 못한 신고서가 제출된 경우에는 지체 없이 상당한 기간을 정하여 신고인에게 보완을 요구하여야 한다(행정절차법 제40조 제3항). 행정청은 신고인이 기간 내에 보완을 하지 아니하였을 때에는 그 이유를 구체적으로 밝혀 해당 신고서를 되돌려 보내야 한다(행정절차법 제40조 제4항).

02 정답 ③

① (○) 포괄위임금지의 원칙은 법률이 대법원규칙에 위임하는 경우에도 마찬가지로 적용된다. 다만, 구체성의 요구는 다소 완화될 수 있다.

> **관련 판례**
>
> 헌법 제117조 제1항과 지방자치법 제28조 제1항 본문에 의하면 지방자치단체는 법령의 범위 안에서 그 사무에 관하여 조례를 제정할 수 있으며, 지방자치법은 의결기관으로서의 지방의회와 집행기관으로서의 지방자치단체의 장에게 독자적 권한을 부여하는 한편, 지방의회는 행정사무감사와 조사권 등에 의하여 지방자치단체의 장의 사무집행을 감시·통제할 수 있게 하고 지방자치단체의 장은 지방의회의 의결에 대한 재의 요구권 등으로 의회의 의결권 행사에 제동을 가할 수 있게 함으로써 상호 견제와 균형을 유지하도록 하고 있다. 따라서 지방의회는 자치사무에 관하여 법률에 특별한 규정이 없는 한 위와 같은 지방자치단체의 장의 고유권한을 침해하지 않는 범위 내에서 조례를 제정할 수 있다고 할 것이다. 특히 인사와 관련하여 상위 법령에서 지방자치단체의 장에게 기관구성원 임명·위촉 권한을 부여하면서도 임명·위촉권의 행사에 대한 지방의회의 동의를 받도록 하는 등의 견제나 제약을 규정하고 있거나 그러한 제약을 조례 등에서 할 수 있다고 규정하고 있지 아니하는 한, 당해 법령에 의한 임명·위촉권은 지방자치단체의 장에게 전속적으로 부여된 것이라고 보아야 한다. 따라서 하위 법규인 조례로써는 지방자치단체의 장의 임명·위촉권을 제약할 수 없고, 지방의회의 지방자치단체 사무에 대한 비판, 감시, 통제를 위한 행정사무감사 및 조사권의 행사의 일환으로 위와 같은 제약을 규정하는 조례를 제정할 수도 없다(대법원 2023. 3. 9. 선고 2022추5118).

② (○) 위임입법의 법리는 헌법의 근본원리인 권력분립주의와 의회주의 내지 법치주의에 바탕을 두는 것이기 때문에 행정부에서 제정된 대통령령에서 규정한 내용이 정당한 것인지 여부와 위임의 적법성은 직접적인 관계가 없다. 따라서 대통령령으로 규정한 내용이 헌법에 위반될 경우라도 그 대통령령의 규정이 위헌으로 되는 것은 별론으로 하고 그로 인하여 정당하고 적법하게 입법권을 위임한 수권법률조항까지 위헌으로 되는 것은 아니다(헌법재판소 1997. 9. 25. 선고 96헌바18,97헌바46·47).

③ (×) 대법원은 헌법 제108조에 근거하여 입법권의 위임을 받아 규칙을 제정할 수 있다 할 것이고, 헌법 제75조에 근거한 포괄위임금지원칙은 법률에 이미 하위법규에 규정될 내용 및 범위의 기본사항이 구체적으로 규정되어 있어서 누구라도 당해 법률로부터 하위법규에 규정될 내용의 대강을 예측할 수 있어야 함을 의미하므로, 위임입법이 대법원규칙인 경우에도 수권법률에서 이 원칙을 준수하여야 함은 마찬가지이다(헌법재판소 2016. 6. 30. 선고 2013헌바27 결정).

④ (○) 삼권분립의 원칙, 법치행정의 원칙을 당연한 전제로 하고 있는 우리 헌법 하에서 행정권의 행정입법 등 법집행의무는 헌법적 의무라고 보아야 할 것이나, 이는 행정입법의 제정이 법률의 집행에 필수불가결한 경우로서 행정입법을 제정하지 아니하는 것이 곧 행정권에 의한 입법권 침해의 결과를 초래하는 경우를 말하는 것이므로, 만일 하위 행정입법의 제정 없이 상위 법령의 규정만으로도 집행이 이루어질 수 있는 경우라면 하위 행정입법을 하여야 할 헌법적 작위의무는 인정되지 아니한다고 할 것이다(헌법재판소 2018. 5. 31. 선고 2016헌마626).

03 정답 ③

① (×) 국가배상법 제5조의 영조물 설치·관리의 하자로 인한 손해배상책임은 헌법에는 규정되어 있지 않은 배상책임 유형이다.

② (×) 고등학교 3학년 학생이 교사의 단속을 피해 담배를 피우기 위하여 3층 건물 화장실 밖의 난간을 지나다가 실족하여 사망한 사안에서 학교 관리자에게 그와 같은 이례적인 사고가 있을 것을 예상하여 복도나 화장실 창문에 난간으로의 출입을 막기 위하여 출입금지장치나 추락위험을 알리는 경고표지판을 설치할 의무가 있다고 볼 수 없다는 이유로 학교시설의 설치·관리상의 하자가 없다고 본 사례(대법원 1997.5.16. 선고 96다54102).

③ (○) 가. 지방자치단체가 관리하는 도로 지하에 매설되어 있는 상수도관에 균열이 생겨 그 틈으로 새어 나온 물이 도로 위까지 유출되어 노면이 결빙되었다면 도로로서의 안전성에 결함이 있는 상태로서 설치·관리상의 하자가 있다고 한 사례.

나. 국가배상법 제5조 소정의 영조물의 설치·관리상의 하자로 인한 책임은 무과실책임이고 나아가 민법 제758조 소정의 공작물의 점유자의 책임과는 달리 면책사유도 규정되어 있지 않으므로, 국가 또는 지방자치단체는 영조물의 설치·관리상의 하자로 인하여 타인에게 손해를 가한 경우에 그 손해의 방지에 필요한 주의를 해태하지 아니하였다 하여 면책을 주장할 수 없다.

다. 영조물의 설치 또는 관리상의 하자로 인한 사고라 함은 영조물의 설치 또는 관리상의 하자만이 손해발생의 원인이 되는 경우만을 말하는 것이 아니고, 다른 자연적 사실이나 제3자의 행위 또는 피해자의 행위와 경합하여 손해가 발생하더라도 영조물의 설치 또는 관리상의 하자가 공동원인의 하나가 되는 이상 그 손해는 영조물의 설치 또는 관리상의 하자에 의하여 발생한 것이라고 해석함이 상당하다(대법원 1994. 11. 22. 선고 94다32924).

④ (×) 가변차로에 설치된 신호등의 용도와 오작동시에 발생하는 사고의 위험성과 심각성을 감안할 때, 만일 가변차로에 설치된 두 개의 신호기에서 서로 모순되는 신호가 들어오는 고장을 예방할 방법이 없음에도 그와 같은 신호기를 설치하여 그와 같은 고장을 발생하게 한 것이라면, 그 고장이 자연재해 등 외부요인에 의한 불가항력에 기인한 것이 아닌 한 그 자체로 설치·관리자의 방호조치의무를 다하지 못한 것으로서 신호등이 그 용도에 따라 통상 갖추어야 할 안전성을 갖추지 못한 상태에 있었다고 할 것이고, 따라서 설령 적정전압보다 낮은 저전압이 원인이 되어 위와 같은 오작동이 발생하였고 그 고장은 현재의 기술수준상 부득이한 것이라고 가정하더라도 그와 같은 사정만으로 손해발생의 예견가능성이나 회피가능성이 없어 영조물의 하자를 인정할 수 없는 경우라고 단정할 수 없다고 한 사례(대법원 2001.7.27. 선고 2000다56822).

04 정답 ④

① (○) 헌법 제107조 제2항이 규정한 명령·규칙에 대한 대법원의 최종심사권이란 구체적인 소송사건에서 명령·규칙의 위헌여부가 재판의 전제가 되었을 경우 법률의 경우와는 달리 헌법재판소에 제청할 것 없이 대법원이 최종적으로 심사할 수 있다는 의미이며, 명령·규칙 그 자체에 의하여 직접 기본권이 침해되었음을 이유로 하여 헌법소원심판을 청구하는 것은 위 헌법규정과는 아무런 상관이 없는 문제이다. 따라서 입법부·행정부·사법부에서 제정한 규칙이 별도의 집행행위를 기다리지 않고 직접 기본권을 침해하는 것일 때에는 모두 헌법소원심판의 대상이 될 수 있는 것이다(헌법재판소 1990.10.15. 89헌마178).

② (○) 법령에 근거한 구체적인 집행행위가 재량행위인 경우에는 법령은 집행기관에게 기본권침해의 가능성만을 부여할 뿐 법령 스스로가 기본권의 침해행위를 규정하고 행정청이 이에 따르도록 구속하는 것이 아니므로 이때의 기본권의 침해는 집행기관의 의사에 따른 집행행위, 즉 재량권의 행사에 의하여 비로소 이루어지고 현실화된다 할 것이어서 이러한 경우에는 법령에 의한 기본권 침해의 직접성이 인정될 여지가 없다(헌재 2005. 5. 26. 2002헌마356등).

③ (○) 입법부작위의 형태 중 기본권보장을 위한 법 규정을 두고 있지만 불완전하게 규정하여 그 보충을 요하는 경우에는 그 불완전한 법규 자체를 대상으로 하여 그것이 헌법위반이라는 적극적 헌법소원이 가능함은 별론으로 하고, 입법부작위로서 헌법소원의 대상으로 삼을 수는 없다(헌법재판소 전원재판부 1996.6.13. 94헌마118, 95헌바39(병합)).

④ (×) 헌법 제107조 제2항의 규정에 따르면 행정입법의 심사는 일반적인 재판절차에 의하여 구체적 규범통제의 방법에 의하도록 명시하고 있으므로, 당사자는 구체적 사건의 심판을 위한 선결문제로서 행정입법의 위법성을 주장하여 법원에 대하여 당해 사건에 대한 적용 여부의 판단을 구할 수 있을 뿐 행정입법 자체의 합법성의 심사를 목적으로 하는 독립한 신청을 제기할 수는 없다(대법원 1994. 4. 26.자 93부32).

05 정답 ②

ㄱ. (×) 석탄가공업에 관한 허가는 강학상 허가로 신규허가로 인하여 영업상 이익이 감소된다 하더라도 이는 원고들의 반사적 이익을 침해하는 것에 지나지 아니하므로 원고들은 신규허가 처분에 대하여 행정소송을 제기할 법률상 이익이 없다(대법원 1980.7.22. 선고 80누33·34).

ㄴ. (×) 건축허가권자는 건축허가신청이 건축법 등 관계 법규에서 정하는 어떠한 제한에 배치되지 않는 이상 당연히 같은 법조에서 정하는 건축허가를 하여야 하고, 중대한 공익상의 필요가 없는데도 관계 법령에서 정하는 제한사유 이외의 사유를 들어 요건을 갖춘 자에 대한 허가를 거부할 수는 없다(대법원 2009. 9. 24. 선고 2009두8946).

ㄷ. (○) 개발제한구역 내에서의 건축물의 건축 등에 대한 예외적 허가는 그 상대방에게 수익적인 것으로서 재량행위에 속하는 것이다(대법원 2004.7.22. 선고 2003두7606).

ㄹ. (×) 법령이 규정하는 산림훼손 금지 또는 제한 지역에 해당하는 경우는 물론 금지 또는 제한 지역에 해당하지 않더라도 허가관청은 산림훼손허가신청 대상토지의 현상과 위치 및 주위의 상황 등을 고려하여 국토 및 자연의 유지와 환경의 보전 등 중대한 공익상 필요가 있다

고 인정될 때에는 허가를 거부할 수 있고, 그 경우 법규에 명문의 근거가 없더라도 거부처분을 할 수 있다(대법원 2003.3.28. 선고 2002두12113).

06 정답 ④

① (○) 행정청이 종교단체에 대하여 기본재산전환인가를 함에 있어 인가조건을 부가하고 그 불이행시 인가를 취소할 수 있도록 한 경우, 인가조건의 의미는 철회권을 유보한 것이라고 본 사례(대법원 2003. 5. 30. 선고 2003다6422).

② (○) 행정기본법 제19조 제1항 및 제2항

> **행정기본법**
> 제19조(적법한 처분의 철회) ① 행정청은 적법한 처분이 다음 각 호의 어느 하나에 해당하는 경우에는 그 처분의 전부 또는 일부를 장래를 향하여 철회할 수 있다.
> 1. 법률에서 정한 철회 사유에 해당하게 된 경우
> 2. 법령등의 변경이나 사정변경으로 처분을 더 이상 존속시킬 필요가 없게 된 경우
> 3. 중대한 공익을 위하여 필요한 경우
> ② 행정청은 제1항에 따라 처분을 철회하려는 경우에는 철회로 인하여 당사자가 입게 될 불이익을 철회로 달성되는 공익과 비교·형량하여야 한다.

③ (○) 영유아보육법 제30조 제5항 제3호에 따른 평가인증의 취소는 평가인증 당시에 존재하였던 하자가 아니라 그 이후에 새로이 발생한 사유로 평가인증의 효력을 소멸시키는 경우에 해당하므로, 법적 성격은 평가인증의 '철회'에 해당한다. 행정청이 평가인증이 이루어진 이후에 새로이 발생한 사유를 들어 영유아보육법 제30조 제5항에 따라 평가인증을 철회하는 처분을 하면서도, 평가인증의 효력을 과거로 소급하여 상실시키기 위해서는, 특별한 사정이 없는 한 영유아보육법 제30조 제5항과는 별도의 법적 근거가 필요하다(대판 2018. 6. 28, 2015두58195).

④ (×) 성립당시의 하자를 이유로 효력을 소멸시키는 것이 아니므로 이는 철회에 해당한다.

> **관련 판례**
> 관할청이 사립학교법인에 대하여 한 기존의 자금차입허가의 취소사유가 사립학교법인이 허가에 따라 차입한 자금을 법인회계에 수입조치하지 아니하고 본래의 허가 용도가 아닌 다른 용도에 사용하였다는 것으로서, 이는 허가처분의 효력이 발생하여 자금차입행위가 유효하게 이루어진 이후에 비로소 이행할 수 있는 것들이고 허가처분 당시에 그 처분에 위와 같은 흠이 존재하였던 것은 아니므로, 위와 같은 취소처분은 그 명칭에 불구하고 행정행위의 철회에 해당하는 것으로서 위 자금차입허가의 효력은 장래에 향하여 소멸한다고 한 사례(대법원 2006. 5. 11. 선고 2003다37969)

07 정답 ③

① (○) 행정기본법 제18조 제1항 단서

> **행정기본법**
> 제18조(위법 또는 부당한 처분의 취소) ① 행정청은 위법 또는 부당한 처분의 전부나 일부를 소급하여 취소할 수 있다. 다만, 당사자의 신뢰를 보호할 가치가 있는 등 정당한 사유가 있는 경우에는 장래를 향하여 취소할 수 있다.

② (○) 취소의 취소를 부정한 사례

> 지방병무청장이 재신체검사 등을 거쳐 현역병입영대상편입처분을 보충역편입처분이나 제2국민역편입처분으로 변경하거나 보충역편입처분을 제2국민역편입처분으로 변경하는 경우, 그 후 새로운 병역처분의 성립에 하자가 있었음을 이유로 하여 이를 취소한다고 하더라도 종전의 병역처분의 효력이 되살아나지 않는다(대법원 2002.5.28. 선고 2001두9653).

③ (×) 하자치유가 아닌, 일부취소에 해당하므로 소송 제기 이후에도 행정청이 직권으로 취소할 수 있다고 보아야 한다. 하자치유였다면 쟁송제기 이전까지만 가능하고 소송 도중에는 할 수 없었을 것이다.

> **도로점용허가 중 특별사용의 필요가 없는 부분을 직권취소하는 것은 취소소송 제기 이후에도 가능**
> 행정청은 행정소송이 계속되고 있는 때에도 직권으로 그 처분을 변경할 수 있고, 행정소송법 제22조 제1항은 이를 전제로 처분변경으로 인한 소의 변경에 관하여 규정하고 있다. 점용료 부과처분에 취소사유에 해당하는 흠이 있는 경우 도로관리청으로서는 당초 처분 자체를 취소하고 흠을 보완하여 새로운 부과처분을 하거나, 흠 있는 부분에 해당하는 점용료를 감액하는 처분을 할 수 있다.
> 한편 흠 있는 행정행위의 치유는 원칙적으로 허용되지 않을 뿐 아니라, 흠의 치유는 성립 당시에 적법한 요건을 갖추지 못한 흠 있는 행정행위를 그대로 존속시키면서 사 후에 그 흠의 원인이 된 적법 요건을 보완하는 경우를 말한다. 그런데 앞서 본 바와 같은 흠 있는 부분에 해당하는 점용료를 감액하는 처분은 당초 처분 자체를 일부 취소하는 변경처분에 해당하고, 그 실질은 종래의 위법한 부분을 제거하는 것으로서 흠의 치유와 는 차이가 있다.
> 그러므로 이러한 변경처분은 흠의 치유와는 성격을 달리하는 것으로서, 변경처분 자체가 신뢰보호 원칙에 반한다는 등의 특별한 사정이 없는 한 점용료 부과처분에 대한 취소소송이 제기된 이후에도 허용될 수 있다. 이에 따라 특별사용의 필요가 없는 부분을 도로 점용허가의 점용장소 및 점용면적으로 포함한 흠이 있고 그로 인하여 점용료 부과처분에도 흠이 있게 된 경우, 도로관리청으로서는 도로점용허가 중 특별사용의 필요가 없는 부분을 직권취소하면서 특별사용의 필요가 없는 점용장소 및 점용면적을 제외한 상태로 점용료를 재산정한 후 당초 처분을 취소하고 재산정한 점용료를 새롭게 부과하거나, 당초 처분을 취소하지 않고 당초 처분으로 부과된 점용료와 재산정된 점용료의 차액을 감액 할 수도 있다(대법원 2019. 1. 17. 선고 2016두56721, 56738).

④ (○) 행정기본법 제18조 제2항 제2호

> **행정기본법**
> 제18조(위법 또는 부당한 처분의 취소) ② 행정청은 제1항에 따라 당사자에게 권리나 이익을 부여하는 처분을 취소하려는 경우에는 취소로 인하여 당사자가 입게 될 불이익을 취소로 달성되는 공익과 비교·형량(衡量)하여야 한다. 다만, 다음 각 호의 어느 하나에 해당하는 경우에는 그러하지 아니하다.
> 1. 거짓이나 그 밖의 부정한 방법으로 처분을 받은 경우
> 2. 당사자가 처분의 위법성을 알고 있었거나 중대한 과실로 알지 못한 경우

08 정답 ③

ㄱ. (○) 주택건설촉진법 제33조 제1항이 정하는 **주택건설사업계획의 승인**은 이른바 수익적 행정처분으로서 **행정청의 재량행위**에 속하고, 따라서 그 전 단계로서 같은 법 제32조의4 제1항이 정하는 **주택건설사업계획의 사전결정 역시 재량행위**라고 할 것이므로, 사전결정을 받으려고 하는 주택건설사업계획이 관계 법령이 정하는 제한에 배치되는 경우는 물론이고, **그러한 제한사유가 없는 경우에도 공익상 필요가 있으면 처분권자는 그 사전결정 신청에 대하여 불허가결정을 할 수 있다**(대법원 1998. 4. 24. 선고 97누1501).

ㄴ. (○) 명의신탁이 조세를 포탈하거나 법령에 의한 제한을 회피할 목적이 아니어서 '부동산 실권리자명의 등기에 관한 법률 시행령' 제3조의2 단서의 **과징금 감경사유가 있는 경우 과징금 감경 여부는 과징금 부과 관청의 재량**에 속하는 것이므로, 과징금 부과 관청이 이를 판단하면서 재량권을 일탈·남용하여 과징금 부과처분이 위법하다고 인정될 경우, 법원으로서는 과징금 부과처분 전부를 취소할 수밖에 없고, 법원이 적정하다고 인정되는 부분을 초과한 부분만 취소할 수는 없다(대법원 2010. 7. 15. 선고 2010두7031).

ㄷ. (×) 부동산 실권리자명의 등기에 관한 법률 제3조 제1항, 제5조 제1항, 같은 법 시행령 제3조 제1항의 규정을 종합하면, **명의신탁자에 대하여 과징금을 부과할 것인지 여부는 기속행위에 해당**하므로, 명의신탁이 조세를 포탈하거나 법령에 의한 제한을 회피할 목적이 아닌 경우에 한하여 그 과징금을 일정한 범위 내에서 감경할 수 있을 뿐이지 그에 대하여 과징금 부과처분을 하지 않거나 과징금을 전액 감면할 수 있는 것은 아니다(대법원 2007. 7. 12. 선고 2005두17287).

ㄹ. (○) **가축분뇨법에 따른 처리방법 변경허가**는 허가권자의 **재량행위**에 해당한다. 허가권자는 변경허가 신청 내용이 가축분뇨법에서 정한 처리시설의 설치기준(제12조의2 제1항)과 정화시설의 방류수 수질기준(제13조)을 충족하는 경우에도 반드시 이를 허가하여야 하는 것은 아니고, **자연과 주변 환경에 미칠 수 있는 영향 등을 고려하여 허가 여부를 결정할 수 있다**(대법원 2021. 6. 30. 선고 2021두35681).

09 정답 ④

① (○) 행정주체가 행정계획을 입안·결정함에 있어서 **이익형량을 전혀 행하지 아니하거나 이익형량의 고려 대상에 마땅히 포함시켜야 할 사항을 누락한 경우** 또는 **이익형량을 하였으나 정당성과 객관성이 결여된 경우** 행정계획결정은 **형량에 하자가 있어 위법**하게 된다(대법원 2007.4.12. 선고, 2005두1893).

② (○) 산업단지개발계획상 **산입단지 안의 토지 소유자**로서 산입단지개발계획에 적합한 시설을 설치하여 입주하려는 자는 산업단지지정권자 또는 그로부터 권한을 위임받은 기관에 대하여 **산업단지개발계획의 변경을 요청할 수 있는 법규상 또는 조리상 신청권이 있고**, 이러한 신청에 대한 거부행위는 항고소송의 대상이 되는 행정처분에 해당한다고 보아야 한다(대법원 2017. 8. 29. 선고 2016두44186).

③ (○) **비구속적 행정계획안이나 행정지침이라도** 국민의 기본권에 직접적으로 영향을 끼치고, 앞으로 법령의 뒷받침에 의하여 그대로 실시될 것이 틀림없을 것으로 예상될 수 있을 때에는, **공권력행위로서 예외적으로 헌법소원의 대상이 될 수 있다**(헌재 2000.6.1. 99헌마538).

④ (×) 위 거부처분이 이익형량에 하자가 있다는 이유로 취소판결이 확정되었다면, 그 판결의 취지는 반드시 주민의 입안제안신청을 받아들이라는 취지는 아니다. 따라서 행정청이 다시 새롭게 이익형량을 하여 도리관리계획을 수립했다면 일단 판결의 취지에 따른 재처분의무는 이행한 것이다. 다만 판결의 취지에 따른 재처분의무를 이행했는지 여부와 그 재처분의 내용이 계획재량의 한계를 일탈했는지는 별개의 문제이다.

> **관련 판례**
> 취소 확정판결의 기속력의 범위에 관한 법리 및 도시관리계획의 입안·결정에 관하여 행정청에 부여된 재량을 고려하면, 주민 등의 도시관리계획 입안 제안을 거부한 처분을 이익형량에 하자가 있어 위법하다고 판단하여 취소하는 판결이 확정되었더라도 행정청에 그 입안 제안을 그대로 수용하는 내용의 도시관리계획을 수립할 의무가 있다고는 볼 수 없고, 행정청이 다시 새로운 이익형량을 하여 적극적으로 도시관리계획을 수립하였다면 취소판결의 기속력에 따른 재처분의무를 이행한 것이라고 보아야 한다. 다만 취소판결의 기속력 위배 여부와 계획재량의 한계 일탈 여부는 별개의 문제이므로, 행정청이 적극적으로 수립한 도시관리계획의 내용이 취소판결의 기속력에 위배되지는 않는다고 하더라도 계획재량의 한계를 일탈한 것인지의 여부는 별도로 심리·판단하여야 한다(대법원 2020. 6. 25. 선고 2019두57404).

10 정답 ①

① (×) 행정청이 자신과 상대방 사이의 근로관계를 일방적인 **의사표시**에 의하여 종료시켰다고 하더라도 곧바로 그 의사표시가 행정청으로서 공권력을 행사하여 행하는 행정처분이라고 단정할 수는 없고, 관계 법령이 상대방의 근무관계에 관하여 구체적으로 어떻게 규정하고 있는지에 따라 그 의사표시가 항고소송의 대상이 되는 행정처분에 해당하는 것인지, 아니면 공법상 계약관계의 일방 당사자로서 대등한 지위에서 행하는 의사표시인지 여부를 **개별적으로 판단하여야** 한다(대법원 2012. 10. 25. 선고 2010두18963).

② (○) 구「산업집적활성화 및 공장설립에 관한 법률」에 따른 **산업단지입주계약의 해지통보**는 단순히 대등한 당사자의 지위에서 형성된 공법상계약을 계약당사자의 지위에서 종료시키는 의사표시에 불과하다고 볼 것이 아니라 행정청인 관리권자로부터 관리업무를 위탁받은 피고가 우월적 지위에서 원고에게 일정한 법률상 효과를 발생하게 하는 것으로서 **항고소송의 대상이 되는 행정처분에 해당한다고 보아야 할 것이다**(대법원 2017. 6. 15. 선고 2014두46843).

③ (○) [1] **침익적 행정처분**은 상대방의 권익을 제한하거나 상대방에게 의무를 부과하는 것이므로 헌법상 요구되는 명확성의 원칙에 따라 그 근거가 되는 행정법규를 더욱 엄격하게 해석·적용해야 하고, 행정처분이 상대방에게 지나치게 불리한 방향으로 확대해석이나 유추해석을 해서는 안 된다.
[2] 공기업·준정부기관이 입찰을 거쳐 계약을 체결한 상대방에 대해 위 규정들에 따라 계약조건 위반을 이유로 입찰참가자격제한처분을 하기 위해서는 입찰공고와 계약서에 미리 계약조건과 그 계약조건을 위반할 경우 입찰참가자격 제한을 받을 수 있다는 사실을 모두 명시해야 한다. 계약상대방이 입찰공고와 계약서에 기재되어 있는 계약조건을 위반한 경우에도 공기업·준정부기관이 입찰공고와 계약서에 미리 그 계약조건을 위반할 경우 입찰참가자격이 제한될 수 있음을 명시해 두지 않았다면, 위 규정들을 근거로 입찰참가자격제한처분을 할 수 없다(대법원 2021. 11. 11. 선고 2021두43491).

④ (○) 행정기본법에 공법상 계약 체결에 관한 명시적인 규정은 있으나, 공법상 계약이 구체적으로 무엇인지에 관한 명시적인 정의("공법적 효

과 발생을 목적으로 하는 대등한 당사자 사이의 의사합치")는 두고 있지 않다. 단지 행정청이 공법상 계약을 체결할 수 있다고만 규정하고 있을 뿐이다.

> **행정기본법**
> 제27조(공법상 계약의 체결) ① 행정청은 법령등을 위반하지 아니하는 범위에서 행정목적을 달성하기 위하여 필요한 경우에는 **공법상 법률관계에 관한 계약**(이하 "공법상 계약"이라 한다)을 체결할 수 있다. 이 경우 계약의 목적 및 내용을 명확하게 적은 계약서를 작성하여야 한다.
> ② 행정청은 공법상 계약의 상대방을 선정하고 계약 내용을 정할 때 공법상 계약의 공공성과 제3자의 이해관계를 고려하여야 한다.

11 정답 ②

① (○) 2015년 '한국과 일본 사이의 위안부 합의관련 문서'를 비공개한 결정이 적법하다고 본 사례

> **관련 판례**
> 갑이 외교부장관에게 '2015. 12. 28. 일본군위안부 피해자 합의와 관련하여 한일 외교장관 공동 발표문의 문안을 도출하기 위하여 진행한 협의 협상에서 **일본군과 관헌에 의한 위안부 강제연행의 존부 및 사실인정 문제에 대해 협의한 협상 관련 외교부장관 생산 문서**'에 대한 공개를 청구하였으나, 외교부장관이 갑에게 '공개 청구 정보가 공공기관의 정보공개에 관한 법률 제9조 제1항 제2호에 해당한다.'는 이유로 비공개 결정을 한 사안에서, 12 · 28 일본군위안부 피해자 합의와 관련된 협의가 비공개로 진행되었고, 대한민국과 일본 모두 그 협의 관련 문서를 비공개문서로 분류하여 취급하고 있는데 우리나라가 그 협의 내용을 일방적으로 공개할 경우 우리나라와 일본 사이에 쌓아온 외교적 신뢰관계에 심각한 타격이 있을 수 있는 점, 이에 따라 향후 일본은 물론 다른 나라와 협상을 진행하는 데에도 큰 어려움이 발생할 수 있는 점, 12 · 28일본군위안부 피해자 합의에 사용된 표현이 다소 추상적이고 모호하기는 하나 이는 협상 과정에서 양국이 나름의 숙고와 조율을 거쳐 채택된 표현으로서 그 정확한 의미에 대한 해석이 요구된다기보다 오히려 표현된 대로 이해하는 것이 적절한 점 등을 종합하여, 위 합의를 위한 협상 과정에서 일본군과 관헌에 의한 위안부 '강제연행'의 존부 및 사실인정 문제에 대해 협의한 정보를 공개하지 않은 처분이 적법하다고 본 원심판단이 정당하다고 한 사례(대법원 2023. 6. 1. 선고 2019두41324).

② (×) 공공기관의 정보공개에 관한 법률(이하 '정보공개법'이라 한다)에 따른 정보공개제도는 공공기관이 보유 · 관리하는 정보를 그 상태대로 공개하는 제도이다. 다만 **전자적 형태로 보유 · 관리되는 정보**의 경우, 그 정보가 청구인이 구하는 대로는 되어 있지 않다고 하더라도, **공개청구를 받은 공공기관이 공개청구 대상정보의 기초자료를 전자적 형태로 보유 · 관리하고 있고**, 당해 기관에서 통상 사용되는 컴퓨터 하드웨어 및 소프트웨어와 기술적 전문지식을 사용하여 **그 기초자료를 검색하여 청구인이 구하는 대로 편집할 수 있으며**, 그러한 작업이 당해 기관의 컴퓨터 시스템 운용에 별다른 지장을 초래하지 않는다면, 그 공공기관이 공개청구 대상정보를 보유 · 관리하고 있는 것으로 볼 수 있고, 이러한 경우에 **기초자료를 검색 · 편집하는 것은 새로운 정보의 생산 또는 가공에 해당한다고 할 수 없다**(대법원 2013. 9. 13. 선고 2011두9942).

> 제15조(정보의 전자적 공개) ① 공공기관은 **전자적 형태로 보유 · 관리하는 정보**에 대하여 청구인이 전자적 형태로 공개하여 줄 것을 요청하는 경우에는 그 정보의 성질상 현저히 곤란한 경우를 제외하고는 청구인의 요청에 따라야 한다.
> ② 공공기관은 **전자적 형태로 보유 · 관리하지 아니하는 정보**에 대하여 청구인이 전자적 형태로 공개하여 줄 것을 요청하는 경우에는 정상적인 업무수행에 현저한 지장을 초래하거나 그 정보의 성질이 훼손될 우려가 없으면 그 정보를 전자적 형태로 변환하여 공개할 수 있다.

③ (○) 이미 공개된 정보는 정보의 소재를 안내하고 종결처리 할 수 있다(정보공개법 제11조의2 제2항 제1호).

> **공공기관의 정보공개에 관한 법률**
> 제11조의2(반복 청구 등의 처리) ② 공공기관은 제11조에도 불구하고 제10조제1항 및 제2항에 따른 정보공개 청구가 다음 각 호의 어느 하나에 해당하는 경우에는 다음 각 호의 구분에 따라 **안내**하고, 해당 청구를 종결 처리할 수 있다.
>   1. 제7조제1항에 따른 정보 등 공개를 목적으로 작성되어 **이미 정보통신망 등을 통하여 공개된 정보**를 청구하는 경우: 해당 정보의 소재(所在)를 안내
>   2. 다른 법령이나 사회통념상 청구인의 여건 등에 비추어 수령할 수 없는 방법으로 정보공개 청구를 하는 경우: 수령이 가능한 방법으로 청구하도록 안내

④ (○) [1] 구 공공기관의 정보공개에 관한 법률(2013. 8. 6. 법률 제11991호로 개정되기 전의 것, 이하 '정보공개법'이라고 한다) 제4조 제1항은 "정보의 공개에 관하여는 다른 법률에 특별한 규정이 있는 경우를 제외하고는 이 법이 정하는 바에 의한다."라고 규정하고 있다. 여기서 '정보공개에 관하여 다른 법률에 특별한 규정이 있는 경우'에 해당한다고 하여 **정보공개법의 적용을 배제**하기 위해서는, **특별한 규정이 '법률'**이어야 하고, 나아가 내용이 **정보공개의 대상 및 범위, 정보공개의 절차, 비공개대상정보 등에 관하여 정보공개법과 달리 규정하고 있는 것**이어야 한다.
[2] 형사소송법 제59조의2의 내용 · 취지 등을 고려하면, **형사소송법 제59조의2**는 형사재판확정기록의 공개 여부나 공개 범위, 불복절차 등에 대하여 구 공공기관의 정보공개에 관한 법률(2013. 8. 6. 법률 제11991호로 개정되기 전의 것, 이하 '정보공개법'이라고 한다)과 달리 규정하고 있는 것으로 **정보공개법 제4조 제1항에서 정한 '정보의 공개에 관하여 다른 법률에 특별한 규정이 있는 경우'에 해당**한다. 따라서 형사재판확정기록의 공개에 관하여는 정보공개법에 의한 공개청구가 허용되지 아니한다(대법원 2016. 12. 15. 선고 2013두20882).

12 정답 ②

① (○) 관계 법령에 위반하여 장례식장 영업을 하고 있는 자의 **장례식장 사용 중지 의무(=금지의무, 부작위의무)는 행정대집행법 제2조의 규정에 의한 대집행의 대상이 아니라고 한 사례**(대법원 2005.9.28. 선고 2005두7464).

② (×) 한국토지공사는 이러한 **법령의 위탁에 의하여 대집행을 수권받은 자**로서 공무인 대집행을 실시함에 따르는 권리 · 의무 및 책임이 귀속되는 **행정주체의 지위**에 있다고 볼 것이지 지방자치단체 등의 기관으로서 국가배상법 제2조 소정의 공무원에 해당한다고 볼 것은 아니다(대법원 2010.1.28. 선고 2007다82950, 82967). → 따라서 한국토지공사에 대해서도 국가배상법 제2조 소정의 공무원에 포함됨을 전제

로 이 사건 대집행에 따른 손해배상책임이 고의 또는 중과실로 인한 경우로 제한된다고 한 원심의 판단에는 손해배상책임의 요건에 관한 법리를 오해한 잘못이 있다.

③ (○) 무권한자의 처분은 원칙적으로 무효이다. 또한 선행처분이 무권한 자의 처분으로서 무효라면, 이에 따른 후행처분도 역시 무효이다.

> **관련 판례**
> 행정청의 원고에 대한 원상복구명령은 권한 없는 자의 처분으로 무효라고 할 것이고, 위 원상복구명령이 당연무효인 이상 후행처분인 계고처분의 효력에 당연히 영향을 미쳐 그 계고처분 역시 무효로 된다(대법원 1996. 6. 28. 선고 96누4374).

④ (○) 법령을 위반하여 건축되거나 설치된 것으로서 철거의무 내지 원상회복의무가 있다고 하더라도 그 의무를 대집행하기 위한 계고처분을 하려면 다른 방법으로는 이행의 확보가 어렵고 불이행을 방치함이 심히 공익을 해하는 것으로 인정될 때에 한하여 허용되고 이러한 요건의 주장·증명책임은 행정청에 있다(대법원 2022. 6. 30. 선고 2022두35008).

13 정답 ②

ㄱ. (×) 허가신청에 대한 거부처분은 그 효력이 정지되더라도 그 처분이 없었던 것과 같은 상태를 만드는 것에 지나지 아니하는 것이고 그 이상으로 행정청에 대하여 어떠한 처분을 명하는 등 적극적인 상태를 만들어 내는 경우를 포함하지 아니하는 것이므로, 효력을 정지할 필요성이 없다(대법원 1991.5.2. 자 91두15).

ㄴ. (○) 제재처분에 대한 행정쟁송절차에서 처분에 대해 집행정지결정이 이루어졌더라도 본안에서 해당 처분이 최종적으로 적법한 것으로 확정되어 집행정지결정이 실효되고 제재처분을 다시 집행할 수 있게 되면, 처분청으로서는 당초 집행정지결정이 없었던 경우와 동등한 수준으로 해당 제재처분이 집행되도록 필요한 조치를 취하여야 한다. 집행정지는 행정쟁송절차에서 실효적 권리구제를 확보하기 위한 잠정적 조치일 뿐이므로, 본안 확정판결로 해당 제재처분이 적법하다는 점이 확인되었다면 제재처분의 상대방이 잠정적 집행정지를 통해 집행정지가 이루어지지 않은 경우와 비교하여 제재를 덜 받게 되는 결과가 초래되도록 해서는 안 된다(대법원 2020. 9. 3. 선고 2020두34070).

ㄷ. (×) 처분의 효력기간의 시기와 종기가 집행정지기간 중에 모두 경과한 경우에도 집행정지 기간 동안은 처분의 효력기간이 진행되지 않으므로 처분의 효력이 소멸되지 않는다.

> **관련 판례**
> 행정소송법 제23조에 따른 집행정지결정의 효력은 결정 주문에서 정한 종기까지 존속하고, 그 종기가 도래하면 당연히 소멸한다. 따라서 효력기간이 정해져 있는 제재적 행정처분에 대한 취소소송에서 법원이 본안소송의 판결 선고 시까지 집행정지결정을 하면, 처분에서 정해 둔 효력기간(집행정지결정 당시 이미 일부 집행되었다면 그 나머지 기간)은 판결 선고 시까지 진행하지 않다가 판결이 선고되면 그때 집행정지결정의 효력이 소멸함과 동시에 처분의 효력이 당연히 부활하여 처분에서 정한 효력기간이 다시 진행한다. 이는 처분에서 효력기간의 시기(시기)와 종기(종기)를 정해 두었는데, 그 시기와 종기가 집행정지기간 중에 모두 경과한 경우에도 특별한 사정이 없는 한 마찬가지이다(대법원 2022. 2. 11. 선고 2021두40720).

ㄹ. (○) 행정소송법 제23조 제2항에 정하고 있는 행정처분 등의 집행정지 요건인 '회복하기 어려운 손해'라 함은 특별한 사정이 없는 한 금전으로 보상할 수 없는 손해로서 이는 금전보상이 불능인 경우 내지는 금전보상으로는 사회관념상 행정처분을 받은 당사자가 참고 견딜 수 없거나 또는 참고 견디기가 현저히 곤란한 경우의 유형, 무형의 손해를 일컫는다 할 것인바, 당사자가 처분 등이나 그 집행 또는 절차의 속행으로 인하여 재산상의 손해를 입거나 기업 이미지 및 신용이 훼손당하였다고 주장하는 경우에 그 손해가 금전으로 보상될 수 없어 '회복하기 어려운 손해'에 해당한다고 하기 위해서는 그 경제적 손실이나 기업 이미지 및 신용의 훼손으로 인하여 사업자의 자금사정이나 경영전반에 미치는 파급효과가 매우 중대하여 사업자체를 계속할 수 없거나 중대한 경영상의 위기를 맞게 될 것으로 보이는 등의 사정이 존재하여야 한다(대법원 2003. 10. 9.자 2003무23 결정).

14 정답 ④

① (×) 토지수용위원회의 재결에 대한 불복이 보상금의 증감에 관한 것이 아닌, 수용 자체를 다투는 경우에는 재결(원처분)에 대한 항고소송을 제기하여 불복할 수 있다. 따라서 공익사업을 위한 토지 등의 취득 및 보상에 관한 법률에 따라 수용된 토지의 소유자가 수용대상이 된 토지의 범위가 공익사업의 목적을 넘어 과도하다고 생각하는 경우에는 수용재결 취소소송을 통해 권리를 구제받을 수 있다.

② (×) 수용재결 중 보상금에 대하여만 이의가 있는 경우에는 보상금의 증액 또는 감액을 청구하는 소송(형식적 당사자소송)을 통해 불복할 수 있다. 토지소유자 또는 관계인은 보상금증액청구소송을 제기하고, 사업시행자는 보상금감액청구소송을 제기하게 된다. 따라서 소유 토지가 관할 지방자치단체의 도로확장사업에 편입되어 수용되었으나 보상액에 이의가 있어 보상금 증액소송을 제기하고자 하는 경우, 보상금의 내용을 담고 있는 수용재결에 대한 취소소송이 아니라 사업시행자를 상대로 보상금증액청구소송을 제기해야 한다.

③ (×) 잔여지 수용청구권은 손실보상의 일환으로 토지소유자에게 부여되는 권리로서 그 요건을 구비한 때에는 잔여지를 수용하는 토지수용위원회의 재결이 없더라도 그 청구에 의하여 수용의 효과가 발생하는 형성권적 성질을 가지므로, 잔여지 수용청구를 받아들이지 않은 토지수용위원회의 재결에 대하여 토지소유자가 불복하여 제기하는 소송은 위 법 제85조 제2항에 규정되어 있는 '보상금의 증감에 관한 소송'에 해당하여 사업시행자를 피고로 하여야 한다(대법원 2010. 8. 19. 선고 2008두822).

④ (○) 1) 헌법 제23조 제3항을 보상근거규정(직접효력설)이 아닌 입법자에 대한 구속규정으로 본다면, 헌법 제23조 제3항을 근거로 직접 손실보상을 청구할 수는 없고, 대신 입법자는 헌법 제23조 제3항의 명령에 따라 반드시 보상에 관한 법률규정을 입법해야할 의무가 있다.

2) 한편 공용침해조항과 손실보상조항을 불가분조항으로 보는 입장에 따르게 되면, 공용침해의 근거조항에 이에 대한 손실보상의 규정이 없다면 이는 위헌이 되어 공용침해의 근거조항은 아무런 효력이 없다(위헌무효설).

3) 따라서 이러한 위헌·무효인 공용침해의 근거조항에 의거한 공용침해처분은 위법하므로, 공용침해처분에 대한 취소소송을 통해 권리구제를 받을 수 있다.

15 정답 ④

① (○) 당해 처분의 근거인 폐기물관리법 제26조 제1항, 제2항과 같은법 시행규칙 제17조 제1항 내지 제4항의 체제 또는 문언을 살펴보면 이들 규정들은 폐기물처리업허가를 받기 위한 최소한도의 요건을 규정해 두고 있으나 **사업계획 적정 여부**에 대하여는 일률적으로 확정하여 규정하는 형식을 취하지 아니하여 그 사업의 적정 여부에 대하여 **재량**의 여지를 남겨 두고 있다 할 것이고, 이러한 경우 **사업계획 적정 여부 통보를 위하여 필요한 기준을 정하는 것도 역시 행정청의 재량에 속하는 것이므로**, 그 설정된 기준이 객관적으로 합리적이 아니거나 타당하지 않다고 볼 만한 다른 **특별한 사정**이 없는 이상 행정청의 의사는 가능한 한 존중되어야 한다(대법원 1998. 4. 28. 선고 97누21086).

② (○) 제1항에 따른 처분기준을 공표하는 것이 해당 처분의 성질상 현저히 곤란하거나 공공의 안전 또는 복리를 현저히 해치는 것으로 인정될 만한 상당한 이유가 있는 경우에는 **처분기준을 공표하지 아니할 수 있다**(행정절차법 제20조 제3항).

③ (○) 구 행정절차법(2012. 10. 22. 법률 제11498호로 개정되기 전의 것, 이하 '행정절차법'이라고 한다) 제20조 제1항은 "행정청은 필요한 처분기준을 당해 처분의 성질에 비추어 될 수 있는 한 구체적으로 정하여 공표하여야 한다"라고 규정하고 있다. 이러한 처분기준의 설정·공표제도는 행정청의 자의적인 권한행사를 방지하여 행정의 투명성과 예측가능성을 보장하려는 취지이므로, 행정청은 최대한 구체적으로 처분기준을 설정·공표하여야 하지만, **처분의 근거가 되는 법령에 처분기준을 구체적으로 규정하고 있는 때에는 이를 다시 설정·공표할 의무는 없다**(대법원 2016. 4. 29. 선고 2014두3631).

④ (×) 행정절차법 제20조는 처분기준을 구체적으로 정하여 공표하도록 하고 있을 뿐, 어떠한 내용의 처분에 대해서만 공표하도록 규정하고 있지는 않다. 따라서 **처분의 내용이 수익적이든 침익적이든 모두 그 처분에 대한 기준을 정하여 공표해야** 한다.

> **행정절차법**
> 제20조(처분기준의 설정·공표) ① 행정청은 필요한 처분기준을 해당 처분의 성질에 비추어 되도록 구체적으로 정하여 공표하여야 한다. 처분기준을 변경하는 경우에도 또한 같다.

16 정답 ②

① (○) 처분의 재심사 제도의 의의

> 제37조(처분의 재심사) ① 당사자는 **처분**(제재처분 및 행정상 강제는 제외한다. 이하 이 조에서 같다)이 행정심판, 행정소송 및 그 밖의 쟁송을 통하여 다툴 수 없게 된 경우(법원의 확정판결이 있는 경우는 제외한다)라도 다음 각 호의 어느 하나에 해당하는 경우에는 해당 처분을 한 행정청에 처분을 취소·철회하거나 변경하여 줄 것을 신청할 수 있다.
> 1. 처분의 근거가 된 사실관계 또는 법률관계가 추후에 당사자에게 유리하게 바뀐 경우
> 2. 당사자에게 유리한 결정을 가져다주었을 새로운 증거가 있는 경우

② (×) 제1항에 따른 신청은 해당 **처분의 절차, 행정심판, 행정소송 및 그 밖의 쟁송에서 당사자가 중대한 과실 없이 제1항 각 호의 사유를 주장하지 못한 경우에만** 할 수 있다(동법 제37조 제2항).

③ (○) 제1항에 따른 신청은 당사자가 제1항 각 호의 사유를 안 날부터 60일 이내에 하여야 한다. 다만, **처분**이 있은 날부터 5년이 지나면 신청할 수 없다(동법 제37조 제3항).

④ (○) 제4항에 따른 처분의 재심사 결과 중 **처분을 유지하는 결과에 대해서는 행정심판, 행정소송 및 그 밖의 쟁송수단을 통하여 불복할 수 없다**(동법 제37조 제5항).

17 정답 ④

ㄱ. (×) 행정심판법 제50조의2(위원회의 간접강제) ① 위원회는 피청구인이 제49조 제2항(제49조 제4항에서 준용하는 경우를 포함한다) 또는 제3항에 따른 처분을 하지 아니하면 **청구인의 신청에 의하여 결정**으로 상당한 기간을 정하고 피청구인이 그 기간 내에 이행하지 아니하는 경우에는 그 지연기간에 따라 일정한 배상을 하도록 명하거나 즉시 배상을 할 것을 명할 수 있다.

ㄴ. (○) 행정심판법 제50조의2 (위원회의 간접강제) ② 위원회는 사정의 변경이 있는 경우에는 당사자의 신청에 의하여 제1항에 따른 결정(=편저자 주: 간접강제결정)의 내용을 변경할 수 있다.
③ 위원회는 제1항 또는 제2항에 따른 결정을 하기 전에 신청 상대방의 의견을 들어야 한다.

ㄷ. (○), ㅁ. (○) 행정심판법 제50조의2 (위원회의 간접강제) ⑤ 제1항 또는 제2항에 따른 결정(=편저자 주: 간접강제결정)의 효력은 **피청구인인 행정청이 소속된 국가·지방자치단체 또는 공공단체에 미치며**, 결정서 정본은 제4항에 따른 **소송제기와 관계없이「민사집행법」에 따른 강제집행에 관하여는 집행권원과 같은 효력을 가진다.** 이 경우 집행문은 위원장의 명에 따라 위원회가 소속된 행정청 소속 공무원이 부여한다.

ㄹ. (×) 행정심판법 제50조의2 (위원회의 간접강제) ④ 청구인은 제1항 또는 제2항에 따른 **결정**(=편저자 주: 간접강제결정)에 불복하는 경우 그 결정에 대하여 행정소송을 제기할 수 있다.

18 정답 ①

① (○) 어떤 처분의 당초 처분사유와 기본적 사실관계의 동일성이 인정되지 않는 다른 사유가 있다면, 그 처분에 대한 취소소송에서 처분사유 추가·변경은 허용되지 않지만, **처분청이 그 처분에 대한 취소판결 확정 후 그 다른 사유를 근거로 별도의 처분을 하는 것은 허용된다**(대법원 2020. 12. 24. 선고 2019두55675).

② (×) 건축불허가처분을 취소하는 판결이 확정된 후 국토이용관리법시행령이 준농림지역 안에서의 행위제한에 관하여 지방자치단체의 조례로써 일정 지역에서 숙박업을 영위하기 위한 시설의 설치를 제한할 수 있도록 개정된 경우, 당해 지방자치 단체장이 위 처분 후에 **개정된 신법령에서 정한 사유를 들어 새로운 거부처분을 한 것이 행정소송법 제30조 제2항 소정의 확정판결의 취지에 따라 이전의 신청에 대한 처분을 한 경우에 해당한다**(대법원 1998. 1. 7.자 97두22).

> **관련 판례**
> 행정처분의 적법 여부는 그 행정처분이 행하여 진 때의 법령과 사실을 기준으로 하여 판단하는 것이므로 거부처분 후에 법령이 개정·시행된 경우에는 개정된 법령 및 허가기준을 새로운 사유로 들어 다시 이전의 신청에 대한 거부처분을 할 수 있으며 그러한 처분도 행정소송법 제30조 제2항에 규정된 재처분에 해당된다(대법원 1998. 1. 7.자 97두22).

③ (×) 기각재결이 있는 경우에도, 처분청은 청구인의 권리구제를 위해 해당 처분을 직권으로 취소할 수 있다. 기각재결에는 기속력이 발생하지 않아 피청구인인 행정청이 기각재결을 준수할 의무가 없기 때문이다.
④ (×) 행정소송법 제34조 소정의 간접강제결정에 기한 배상금은 확정판결의 취지에 따른 재처분의 지연에 대한 제재나 손해배상이 아니고 재처분의 이행에 관한 심리적 강제수단에 불과한 것으로 보아야 하므로, 간접강제결정에서 정한 의무이행기한이 경과한 후에라도 확정판결의 취지에 따른 재처분이 행하여지면 배상금을 추심함으로써 심리적 강제를 꾀한다는 당초의 목적이 소멸하여 **처분상대방이 더 이상 배상금을 추심하는 것이 허용되지 않는다**(대법원 2010.12.23. 선고 2009다37725).

19 정답 ②

① (○) 당사자가 행정청에 대하여 어떠한 행정행위를 하여 줄 것을 신청하지 아니하거나 그러한 신청을 하였더라도 **당사자가 행정청에 대하여 그러한 행정행위를 하여 줄 것을 요구할 수 있는 법규상 또는 조리상의 권리를 가지고 있지 아니한 경우에는 원고적격이 없거나 항고소송의 대상인 위법한 부작위가 있다고 볼 수 없어 그 부작위위법확인의 소는 부적법하다**(대판 1995.9.15. 95누7345).
② (×) 형사본안사건에서 무죄가 선고되어 확정되었다면 형사소송법 제332조 규정에 따라 검사가 압수물을 제출자나 소유자 기타 권리자에게 환부하여야 할 의무가 당연히 발생한 것이고, 권리자의 환부신청에 대한 검사의 환부결정 등 어떤 처분에 의하여 비로소 환부의무가 발생하는 것은 아니므로 압수가 해제된 것으로 간주된 압수물에 대하여 피압수자나 기타 권리자가 민사소송으로 그 반환을 구함은 별론으로 하고 **검사가 피압수자의 압수물 환부신청에 대하여 아무런 결정이나 통지도 하지 아니하고 있다고 하더라도 그와 같은 부작위는 현행 행정소송법상의 부작위위법확인소송의 대상이 되지 아니한다**(대법원 1995. 3. 10. 선고 94누14018).
③ (○) 당사자의 신청에 대한 행정청의 **거부처분이 있는 경우**에는 행정청이 당사자의 신청에 대하여 상당한 기간 내에 일정한 처분을 하여야 할 법률상의 응답의무를 이행하지 아니함으로써 야기된 부작위라는 위법상태를 제거하기 위하여 제기하는 **부작위위법확인소송은 허용되지 아니한다**(대법원 1991. 11. 8. 선고 90누9391).
④ (○) 부작위위법확인의 소는 부작위상태가 계속되는 한 그 위법의 확인을 구할 이익이 있다고 보아야 하므로 원칙적으로 제소기간의 제한을 받지 않는다. 그러나 **행정소송법 제38조 제2항이 제소기간을 규정한 같은 법 제20조를 부작위위법확인소송에 준용하고 있는 점에 비추어 보면, 행정심판 등 전심절차를 거친 경우에는 행정소송법 제20조가 정한 제소기간 내에 부작위위법확인의 소를 제기하여야** 한다(대법원 2009. 7. 23. 선고 2008두10560).

20 정답 ④

① (○) **행정소송법**은, 공법상 당사자소송을 항고소송으로 변경하는 경우(행정소송법 제42조, 제21조) 또는 처분변경으로 인하여 소를 변경하는 경우(행정소송법 제44조 제1항, 제22조)에 관하여만 규정하고 있을 뿐, 공법상 당사자소송을 민사소송으로 변경할 수 있는지에 관하여 명문의 규정을 두고 있지 않다. 그러나 공법상 당사자소송에서 민사소송으로의 소 변경이 금지된다고 볼 수 없다. 따라서 **공법상 당사자소송에 대하여도 청구의 기초가 바뀌지 아니하는 한도 안에서 민사소송으로 소 변경이 가능하다고 해석하는 것이 타당하다**(대법원 2023. 6. 29. 선고 2022두44262).
② (○) 원고가 고의 또는 중대한 과실 없이 당사자소송으로 제기하여야 할 것을 항고소송으로 잘못 제기한 경우에, 당사자소송으로서의 소송요건을 결하고 있음이 명백하여 당사자소송으로 제기되었더라도 어차피 부적법하게 되는 경우가 아닌 이상, **법원으로서는 원고로 하여금 당사자소송으로 소 변경을 하도록 하여 심리·판단하여야** 한다(대법원 2016. 5. 24. 선고 2013두14863).
③ (○) **공무원연금법령상 급여를 받으려고 하는 자는 우선 관계 법령에 따라 공무원연금공단에 급여지급을 신청하여 공무원연금공단이 이를 거부하거나 일부 금액만 인정하는 급여지급결정을 하는 경우 그 결정을 대상으로 항고소송을 제기하는 등으로 구체적 권리를 인정받아야 하고, 구체적인 권리가 발생하지 않은 상태에서 곧바로 공무원연금공단을 상대로 한 당사자소송으로 권리의 확인이나 급여의 지급을 소구하는 것은 허용되지 아니한다.** 이러한 법리는 구체적인 급여를 받을 권리의 확인을 구하기 위하여 소를 제기하는 경우뿐만 아니라, 구체적인 급여수급권의 전제가 되는 지위의 확인을 구하는 경우에도 마찬가지로 적용된다(대법원 2017. 2. 9. 선고 2014두43264).
④ (×) 국방부장관의 인정에 의하여 퇴직연금을 지급받아 오던 중 **군인보수법 및 공무원보수규정에 의한 호봉이나 봉급액의 개정 등으로 퇴역연금액이 변경**된 경우에는 **법령의 개정에 따라 당연히 개정규정에 따른 퇴역연금액이 확정**되는 것이지 구 군인연금법 제18조 제1항 및 제2항에 정해진 국방부장관의 퇴역연금액 결정과 통지에 의하여 비로소 그 금액이 확정되는 것이 아니므로, 법령의 개정에 따른 **국방부장관의 퇴역연금액 감액조치**에 대하여 이의가 있는 퇴역연금수급권자는 항고소송을 제기하는 방법으로 감액조치의 효력을 다툴 것이 아니라 **직접 국가를 상대로 정당한 퇴역연금액과 결정, 통지된 퇴역연금액과의 차액의 지급을 구하는 공법상 당사자소송을 제기하는 방법으로 다툴 수 있다** 할 것이다(대법원 2003.9.5. 선고 2002두3522).

제12회 한수성 임팩트행정법 동형모의고사 정답 및 해설

모두공 www.modoogong.com
모두소 www.modoofire.com
공단기 www.gong.conects.com

정답 확인

01	02	03	04	05
③	①	④	②	③
06	07	08	09	10
③	①	②	②	③
11	12	13	14	15
③	①	②	②	②
16	17	18	19	20
①	③	④	③	③

01 정답 ③

① (○) 행정청이 어떤 면허신청에 대하여 이미 설정된 면허기준을 구체적으로 적용함에 있어서 그 해석상 당해 신청이 면허발급의 우선 순위에 해당함이 명백함에도 불구하고 이를 제외시켜 면허거부처분을 하였다면, 특별한 사정이 없는 한, 그 거부처분은 재량권을 남용한 위법한 처분이다(대법원 1997. 10. 24. 선고 97누10772).

② (○) **하천법 제50조에 의한 하천수 사용권**은 하천법 제33조에 의한 하천의 점용허가에 따라 해당 하천을 점용할 수 있는 권리와 마찬가지로 특허에 의한 공물사용권의 일종으로서, 양도가 가능하고 이에 대한 민사집행법상의 집행 역시 가능한 **독립된 재산적 가치가 있는 구체적인 권리**라고 보아야 한다. 따라서 하천법 제50조에 의한 하천수 사용권은 공익사업을 위한 토지 등의 취득 및 보상에 관한 법률 제76조 제1항이 손실보상의 대상으로 규정하고 있는 '물의 사용에 관한 권리'에 해당한다(대법원 2018. 12. 27. 선고 2014두11601).

③ (×) 국유 **일반재산을 대부하는 행위**는 행정처분이 아니라 **사법상의 계약에 해당**하므로 임대계약에 의한 대부료부과조치 역시 사법상의 채무이행을 구하는 것이지 행정처분이라 할 수 없다고 한다(대법원 1993.12.7. 선고, 91누11612).

④ (○) **체류자격 변경허가**는 신청인에게 당초의 체류자격과 다른 체류자격에 해당하는 활동을 할 수 있는 권한을 부여하는 일종의 설권적 처분의 성격을 가지므로, 허가권자는 신청인이 관계 법령에서 정한 요건을 충족하였더라도, 신청인의 적격성, 체류 목적, 공익상의 영향 등을 참작하여 허가 여부를 결정할 수 있는 재량을 가진다(대법원 2016. 7. 14. 선고 2015두48846).

02 정답 ①

① (○) 구 폐기물처리시설 설치촉진 및 주변지역 지원 등에 관한 법률에 정한 **입지선정위원회가** 그 구성방법 및 절차에 관한 같은 법 시행령의 규정에 위배하여 **군수와 주민대표가 선정·추천한 전문가를 포함시키지 않은 채 임의로 구성되어 의결**을 한 경우, 그에 터잡아 이루어진 **폐기물처리시설 입지결정처분의 하자**는 중대한 것이고 객관적으로도 명백하므로 **무효사유에 해당**한다고 한 사례(대법원 2007.4.12. 선고 2006두20150).

② (×) 대한민국 국민에 대한 강제퇴거명령은 위법하지만, 다른 나라의 여권을 가지고 있었던 점을 고려하여 그 위법이 명백하지 않아 당연무효는 아닌 것으로 보았다.

> **관련 판례**
> 원심은 위에서 본 바와 같은 원고의 출생과 중국으로의 이주, 한국계 중국인과의 결혼, 북한의 해외공민증과 중국의 외국인거류증 및 중국 정부가 발행한 중국여권을 소지하게 된 경위 등에 관한 사실과 원고가 여전히 대한민국 국민으로서의 지위를 가지고 있는 사실을 인정한 다음, 원고에 대한 이 사건 강제퇴거명령이나 보호명령은 그 처분의 대상이 될 수 없는 대한민국 국민에 대하여 행하여진 처분으로서 그 하자가 중대하다고 할 것이나, 원고는 중국여권을 소지하고 있어 일응 중국국적을 보유하고 있는 자라고 판단될 만한 외관을 가지고 있었던 이상 그 하자가 객관적으로 명백한 것이라고는 할 수 없다할 것이므로, 위 강제퇴거명령 및 보호명령을 당연무효로 볼 수는 없다 할 것이고 다만 취소할 수 있음에 그친다고 판단하였는바, 기록과 위에서 본 법리에 비추어 살펴보면 원심의 위 인정 판단은 정당하다(대법원 1996. 11. 12. 선고 96누1221).

③ (×) 징계처분이 중대하고 명백한 흠 때문에 당연무효의 것이라면 징계처분을 받은 자가 이를 용인하였다 하여 그 흠이 치료되는 것은 아니다(대법원 1989.12.12. 선고 88누8869).

④ (×) **도시관리계획결정·고시와 그 도면에 특정 토지가 도시관리계획에 포함되지 않았음이 명백한데도 도시관리계획을 집행하기 위한 후속 계획이나 처분에서 그 토지가 도시관리계획에 포함된 것처럼 표시되어 있는 경우가 있다. 이것은 실질적으로 도시관리계획결정을 변경하는 것에 해당하여 구 국토의 계획 및 이용에 관한 법률(2009. 2. 6. 법률 제9442호로 개정되기 전의 것) 제30조 제5항에서 정한 도시관리계획 변경절차를 거치지 않는 한 **당연무효**이다(대법원 2019. 7. 11. 선고 2018두47783).

03 정답 ④

① (○) 산지일시사용신고를 받은 군수 등은 신고서 또는 첨부서류에 흠이 있거나 거짓 또는 그 밖의 부정한 방법으로 신고를 한 것이 아닌 한, 그 신고내용이 법령에서 정하고 있는 신고의 기준, 조건, 대상시설, 행위의 범위, 설치지역 및 설치조건 등을 충족하는 경우에는 그 신고를 수

리하여야 하고, 법령에서 정한 사유 외의 다른 사유를 들어 신고 수리를 거부할 수는 없다(대법원 2022. 11. 30. 선고 2022두50588).
② (○) 착공신고 반려행위가 이루어진 단계에서 당사자로 하여금 반려행위의 적법성을 다투어 법적 불안을 해소한 다음 건축행위에 나아가도록 함으로써 장차 있을지도 모르는 위험에서 미리 벗어날 수 있도록 길을 열어 주고, 위법한 건축물의 양산과 철거를 둘러싼 분쟁을 조기에 근본적으로 해결할 수 있게 하는 것이 법치행정의 원리에 부합한다. 그러므로 **행정청의 착공신고 반려행위는 항고소송의 대상이 된다고 보는 것이 옳다**(대법원 2011. 6. 10. 선고 2010두7321).
③ (○) 건축물의 건축이 국토계획법상 개발행위에 해당할 경우 그에 대한 건축허가를 하는 허가권자는 건축허가에 배치·저촉되는 관계 법령상 제한 사유의 하나로 국토계획법령의 개발행위허가기준을 확인하여야 하므로, 국토계획법상 건축물의 건축에 관한 **개발행위허가가 의제되는 건축허가신청이 국토계획법령이 정한 개발행위허가기준에 부합하지 아니하면 허가권자로서는 이를 거부할 수 있다**고 보아야 하고, 이는 건축법 제16조 제3항에 의하여 개발행위허가의 변경이 의제되는 건축허가사항의 변경허가에서도 마찬가지라고 할 것이다(대법원 2016. 8. 24. 선고 2016두35762).
④ (×) 장기요양기관의 폐업신고와 노인의료복지시설의 폐지신고는, 행정청이 관계 법령이 규정한 요건에 맞는지를 심사한 후 수리하는 이른바 '수리를 필요로 하는 신고'에 해당한다. 그러나 **행정청이 그 신고를 수리하였다고 하더라도, 신고서 위조 등의 사유가 있어 신고행위 자체가 효력이 없다면, 그 수리행위는 유효한 대상이 없는 것으로서, 수리행위 자체에 중대·명백한 하자가 있는지를 따질 것도 없이 당연히 무효이다**(대법원 2018. 6. 12. 선고 2018두33593).

04 정답 ②

ㄱ. (○), ㄷ. (○) **의제된 인허가는 통상적인 인허가와 동일한 효력을 가지므로**, 적어도 '부분 인허가 의제'가 허용되는 경우에는 그 효력을 세우기 위한 법적 수단으로 **의제된 인허가의 취소나 철회가 허용**될 수 있고, 이러한 직권 취소·철회가 가능한 이상 **그 의제된 인허가에 대한 쟁송취소 역시 허용**된다. 따라서 주택건설사업계획 승인처분에 따라 의제된 인허가가 위법함을 다투고자 하는 이해관계인은, 주택건설사업계획 승인처분의 취소를 구할 것이 아니라 **의제된 인허가의 취소를 구하여야** 하며, 의제된 인허가는 주택건설사업계획 승인처분과 **별도로 항고소송의 대상이 되는 처분에 해당한다**(대법원 2018. 11. 29. 선고 2016두38792).
ㄴ. (×) 행정청이 주된 인·허가를 불허(=건축불허가처분)하는 처분을 하면서 주된 인·허가사유(건축불허가사유)와 의제되는 인·허가의 사유(농지전용불허가사유, 형질변경불허가사유)를 함께 제시한 경우 주된 인·허가에 대한 거부처분을 대상으로 쟁송을 제기하여야 한다. 건축불허가처분을 하면서 건축불허가 사유 외에 형질변경불허가 사유나 농지전용불허가 사유를 들고 있는 경우, **그 건축불허가처분에 관한 쟁송**(주된 인·허가에 대한 쟁송)**에서 형질변경불허가 사유나 농지전용불허가 사유**(의제되는 인·허가 불허사유)**에 관하여도 다툴 수 있다**. 별개의 형질변경불허가처분이나 농지전용불허가처분에 관한 쟁송을 제기하지 아니하였을 때 형질변경불허가 사유나 농지전용불허가 사유에 관하여 불가쟁력이 발생하지 않는다(대법원 2001.1.16. 선고 99두10988).
ㄹ. (×) 구 택지개발촉진법(2002. 2. 4. 법률 제6655호로 개정되기 전의 것) 제11조 제1항 제9호에서는 사업시행자가 택지개발사업 실시계획 승인을 받은 때 도로법에 의한 도로공사시행허가 및 도로점용허가를 받은 것으로 본다고 규정하고 있는바, 이러한 **인허가 의제제도는 목적사업의 원활한 수행을 위해 행정절차를 간소화하고자 하는 데 그 취지가 있는 것이므로 위와 같은 실시계획승인에 의해 의제되는 도로공사시행허가 및 도로점용허가는 원칙적으로 당해 택지개발사업을 시행하는 데 필요한 범위 내에서만 그 효력이 유지된다**고 보아야 한다. 따라서 원고가 이 사건 택지개발사업과 관련하여 그 사업시행의 일환으로 이 사건 도로예정지 또는 도로에 전력관을 매설하였다고 하더라도 사업시행완료 후 이를 계속 유지·관리하기 위해 도로를 점용하는 것에 대한 도로점용허가까지 그 실시계획 승인에 의해 의제된다고 볼 수는 없다(대법원 2010. 4. 29. 선고 2009두18547).

05 정답 ③

① (×) 행정처분의 효력정지나 집행정지를 구하는 신청사건에서 행정처분 자체의 적법 여부는 궁극적으로 본안재판에서 심리를 거쳐 판단할 성질의 것이므로 원칙적으로는 판단할 것이 아니고 그 행정처분의 효력이나 집행을 정지할 것인가에 대한 행정소송법 제23조 제2항, 제3항에 정해진 요건의 존부만이 판단의 대상이 된다고 할 것이지만, 효력정지나 집행정지는 신청인이 본안소송에서 승소판결을 받을 때까지 그 지위를 보호함과 동시에 후에 받을 승소판결을 무의미하게 하는 것을 방지하려는 것이어서 본안소송에서 처분의 취소가능성이 없음에도 처분의 효력이나 집행의 정지를 인정한다는 것은 제도의 취지에 반하므로 **효력정지나 집행정지사건 자체에 의하여도 신청인의 본안청구가 이유 없음이 명백하지 않아야 한다는 것도 효력정지나 집행정지의 요건에 포함시켜야** 한다(대법원 1997. 4. 28.자 96두75).
② (×) 집행정지결정의 효력은 결정 주문에서 정한 기간까지 존속하다가 그 기간이 만료되면 **장래에 향하여 소멸한다**. 집행정지결정은 처분의 집행으로 회복하기 어려운 손해를 예방하기 위하여 긴급한 필요가 있고 달리 공공복리에 중대한 영향을 미치지 않을 것을 요건으로 하여 본안판결이 있을 때까지 해당 처분의 집행을 잠정적으로 정지함으로써 위와 같은 손해를 예방하는 데 취지가 있으므로, **항고소송을 제기한 원고가 본안소송에서 패소확정판결을 받았더라도 집행정지결정의 효력이 소급하여 소멸하지 않는다**(대법원 2020. 9. 3. 선고 2020두34070).
③ (○) 행정소송법 제24조 제1항에서 규정하고 있는 **집행정지 결정의 취소사유는 특별한 사정이 없는 한 집행정지 결정이 확정된 이후에 발생한 것이어야** 하고, 그 중 '집행정지가 공공복리에 중대한 영향을 미치는 때'라 함은 일반적·추상적인 공익에 대한 침해의 가능성이 아니라 당해 집행정지 결정과 관련된 구체적·개별적인 공익에 중대한 해를 입힐 개연성을 말하는 것이다(대법원 2005. 7. 15.자 2005무16).
④ (×) **집행정지결정을 하려면 이에 대한 본안소송이 법원에 제기되어 계속 중임을 요건으로 하는 것이므로 집행정지결정을 한 후에라도 본안소송이 취하되어 소송이 계속하지 아니한 것으로 되면 집행정지결정은 당연히 그 효력이 소멸되는 것이고 별도의 취소조치를 필요로 하는 것이 아니다**(대법원 1975. 11. 11. 선고 75누97).

06 정답 ③

ㄱ. (O) 행정지도를 하는 자는 그 상대방에게 그 행정지도의 취지 및 내용과 신분을 밝혀야 한대(행정절차법 제49조 제1항).

ㄴ. (×) 행정지도가 말로 이루어지는 경우에 상대방이 제1항의 사항을 적은 서면의 교부를 요구하면 그 행정지도를 하는 자는 직무 수행에 특별한 지장이 없으면 이를 교부하여야 한대(행정절차법 제49조 제2항).

ㄷ. (×) 행정기관은 행정지도의 상대방이 행정지도에 따르지 아니하였다는 것을 이유로 불이익한 조치를 하여서는 아니 된다(행정절차법 제48조 제2항).

ㄹ. (O) 금융위원회위원장이 시중 은행을 상대로 투기지역·투기과열지구 내 초고가 아파트에 대한 주택구입용 주택담보대출을 일정 기간 금지한 조치는 비록 행정지도의 형식으로 이루어졌으나, 일정한 경우 주택담보대출을 금지하는 것을 내용으로 하므로 규제적 성격이 강하고, 부동산 가격 폭등을 억제할 정책적 필요성에 따라 추진되었으며, 그 준수 여부를 확인하기 위한 현장점검반 운영이 예정되어 있었다. 그러므로 이 사건 조치는 규제적·구속적 성격을 갖는 행정지도로서 헌법소원의 대상이 되는 공권력 행사에 해당된다(헌법재판소 2023. 3. 23 자 2019헌마1399 결정).

07 정답 ①

① (×) 입법부작위의 형태 중 기본권보장을 위한 법 규정을 두고 있지만 불완전하게 규정하여 그 보충을 요하는 경우에는 그 불완전한 법규 자체를 대상으로 하여 그것이 헌법위반이라는 적극적인 헌법소원이 가능함은 별론으로 하고, 입법부작위로서 헌법소원의 대상으로 삼을 수는 없다(헌법재판소 전원재판부 1996.6.13. 94헌마118, 95헌바39(병합)).

> **관련 판례**
> 이른바 부진정입법부작위 대상으로 헌법소원을 제기하려면 그것이 평등의 원칙에 위배된다는 등 헌법위반을 내세워 적극적인 헌법소원을 제기하여야 하며, 이 경우에는 헌법재판소법 소정의 제소기간(청구기간)을 준수하여야 한다(헌재 1996.11.28. 95헌마161).

② (O) 어떠한 고시가 일반적·추상적 성격을 가질 때에는 법규명령 또는 행정규칙에 해당할 것이지만, 다른 집행행위의 매개 없이 그 자체로 직접 국민의 구체적인 권리·의무나 법률관계를 규율하는 성격을 가질 때에는 행정처분에 해당한대(대법원 2006.9.22. 선고 2005두2506).

③ (O) 의료기관의 명칭표시판에 진료과목을 함께 표시하는 경우 글자 크기를 제한하고 있는 구 의료법 시행규칙 제31조가 그 자체로서 국민의 구체적인 권리의무나 법률관계에 직접적인 변동을 초래하지 아니하므로 항고소송의 대상이 되는 행정처분이라고 할 수 없다(대법원 2007. 4. 12. 선고 2005두15168).

④ (O) 조례가 집행행위의 개입 없이도 그 자체로서 직접 국민의 구체적인 권리·의무나 법적 이익에 영향을 미치는 등의 법률상 효과를 발생하는 경우 그 조례는 항고소송의 대상이 되는 행정처분에 해당하고, 피고적격은 지방자치단체의 장이다(대법원 1996.9.20. 선고, 95누8003).

08 정답 ②

① (×) 거부처분이 재결에서 취소된 경우 재결에 따른 후속처분이 아니라 그 재결의 취소를 구하는 것은 실효적이고 직접적인 권리구제수단이 될 수 없어 분쟁해결의 유효적절한 수단이라고 할 수 없으므로 법률상 이익이 없다.

> **관련 판례**
> 당사자의 신청을 받아들이지 않은 거부처분이 재결에서 취소된 경우에 행정청은 종전 거부처분 또는 재결 후에 발생한 새로운 사유를 내세워 다시 거부처분을 할 수 있다. 그 재결의 취지에 따라 이전의 신청에 대하여 다시 어떠한 처분을 하여야 할지는 처분을 할 때의 법령과 사실을 기준으로 판단하여야 하기 때문이다. 또한 행정청이 재결에 따라 이전의 신청을 받아들이는 후속처분을 하였더라도 후속처분이 위법한 경우에는 재결에 대한 취소소송을 제기하지 않고도 곧바로 후속처분에 대한 항고소송을 제기하여 다툴 수 있다. 나아가 거부처분을 취소하는 재결이 있더라도 그에 따른 후속처분이 있기까지는 제3자의 권리나 이익에 변동이 있다고 볼 수 없고 후속처분 시에 비로소 제3자의 권리나 이익에 변동이 발생하며, 재결에 대한 항고소송을 제기하여 재결을 취소하는 판결이 확정되더라도 그와 별도로 후속처분이 취소되지 않는 이상 후속처분으로 인한 제3자의 권리나 이익에 대한 침해 상태는 여전히 유지된다. 이러한 점들을 종합하면, 거부처분이 재결에서 취소된 경우 재결에 따른 후속처분이 아니라 그 재결의 취소를 구하는 것은 실효적이고 직접적인 권리구제수단이 될 수 없어 분쟁해결의 유효적절한 수단이라고 할 수 없으므로 법률상 이익이 없다(대법원 2017. 10. 31. 선고 2015두45045).

② (O) 인용재결청 스스로가 직접 당해 사업계획승인처분을 취소하는 형성적 재결을 한 경우, 그 재결 외에 그에 따른 별도의 처분이 없기 때문에 재결 자체를 쟁송의 대상으로 할 수 있다고 본 사례(대법원 1997. 12. 23. 선고 96누10911).

③ (×) 구 도시 및 주거환경정비법상 재개발조합설립 인가신청에 대하여 행정청의 조합설립인가처분이 있은 이후에 조합설립결의에 하자가 있음을 이유로 재개발조합 설립의 효력을 부정하기 위해서는 항고소송으로 조합설립인가처분의 효력을 다투어야 하고, 특별한 사정이 없는 한 이와는 별도로 민사소송으로 행정청으로부터 조합설립인가처분을 하는 데 필요한 요건 중의 하나에 불과한 조합설립결의에 대하여 무효확인을 구할 확인의 이익은 없다고 보아야 한다(대법원 2009. 9. 24.자 2009마168,169).

④ (×) [1] 인가·고시 이전: 조합총회결의의 효력을 당사자소송으로 다툼

> **관련 판례**
> 행정주체인 재건축조합을 상대로 관리처분계획안에 대한 조합 총회결의의 효력 등을 다투는 소송은 행정처분에 이르는 절차적 요건의 존부나 효력 유무에 관한 소송으로서 그 소송결과에 따라 행정처분의 위법 여부에 직접 영향을 미치는 공법상 법률관계에 관한 것이므로, 이는 행정소송법상의 당사자소송에 해당한대(대법원2009.10.15. 선고 2008다93001).

[2] 인가·고시 이후: 항고소송으로 관리처분계획(=행정처분)의 효력을 다툼

> **관련 판례**
> 도시 및 주거환경정비법상 주택재건축정비사업조합이 같은 법 제48조에 따라 수립한 관리처분계획에 대하여 관할 행정청의 인가·고시까지 있게 되면 관리처분계획은 행정처분으로서 효력이 발생하게 되므로, 총회결의의 하자를 이유로 하여 행정처분의 효력을 다투는 항고소송의 방법으로 관리처분계획의 취소 또는 무효확인을 구하여야 하고, 그와 별도로 행정처분에 이르는 절차적 요건 중 하나에 불과한 총회결의

부분만을 따로 떼어내어 효력 유무를 다투는 확인의 소를 제기하는 것은 특별한 사정이 없는 한 허용되지 않는다(대법원 2009.10.15. 선고 2008다93001).

항고소송과 달리 '행정청'이 아닌 '권리주체'에게 피고적격이 있음을 규정하는 것일 뿐, 피고적격이 인정되는 권리주체를 행정주체로 한정한다는 취지가 아니므로, 이 규정을 들어 사인을 피고로 하는 당사자소송을 제기할 수 없다고 볼 것은 아니다(대법원 2019. 9. 9. 선고 2016다262550).

09 정답 ②

① (×) 당사자소송의 피고는 국가·공공단체 그 밖의 권리주체여야 하고, 항고소송과 다르게 과세관청은 피고가 될 수 없다.

관련 판례
납세의무부존재확인의 소는 공법상의 법률관계 그 자체를 다투는 소송으로서 당사자소송이라 할 것이므로 행정소송법 제3조 제2호, 제39조에 의하여 그 법률관계의 한쪽 당사자인 국가·공공단체 그 밖의 권리주체가 피고적격을 가진다(대법원 2000. 9. 8. 선고 99두2765).

② (○) 공법상 당사자소송으로 확인의 소를 제기하는 경우에는 항고소송인 무효등확인소송과 다르게 확인의 이익(확인의 소의 보충성)을 요구한다.

관련 판례
지방자치단체와 채용계약에 의하여 채용된 계약직공무원이 그 계약기간 만료 이전에 채용계약 해지 등의 불이익을 받은 후 그 계약기간이 만료된 때에는 그 채용계약 해지의 의사표시가 무효라고 하더라도, 지방공무원법이나 지방계약직공무원규정 등에서 계약기간이 만료되는 계약직공무원에 대한 재계약의무를 부여하는 근거 규정이 없으므로 계약기간의 만료로 당연히 계약직공무원의 신분을 상실하고 계약직공무원의 신분을 회복할 수 없는 것이므로, 그 해지의사표시의 무효확인청구는 과거의 법률관계의 확인청구에 지나지 않는다 할 것이고, 한편 과거의 법률관계라 할지라도 현재의 권리 또는 법률상 지위에 영향을 미치고 있고 현재의 권리 또는 법률상 지위에 대한 위험이나 불안을 제거하기 위하여 그 법률관계에 관한 확인판결을 받는 것이 유효 적절한 수단이라고 인정될 때에는 그 법률관계의 확인소송은 즉시확정의 이익이 있다고 보아야 할 것이나, 계약직공무원에 대한 채용계약이 해지된 경우에는 공무원 등으로 임용되는 데에 있어서 법령상의 아무런 제약사유가 되지 않을 뿐만 아니라, 계약기간 만료 전에 채용계약이 해지된 전력이 있는 사람이 공무원 등으로 임용되는 데에 있어서 그러한 전력이 없는 사람보다 사실상 불이익한 장애사유로 작용한다고 하더라도 그것만으로는 법률상의 이익이 침해되었다고 볼 수는 없으므로 그 무효확인을 구할 이익이 없다. 또한, 이 사건과 같이 이미 채용기간이 만료되어 소송 결과에 의해 법률상 그 직위가 회복되지 않는 이상 채용계약 해지의 의사표시의 무효확인만으로는 당해 소송에서 추구하는 권리구제의 가능이 있다고 할 수 없고, 침해된 급료지급청구권이나 사실상의 명예를 회복하는 수단은 바로 급료의 지급을 구하거나 명예훼손을 전제로 한 손해배상을 구하는 등의 이행청구소송으로 직접적인 권리구제방법이 있는 이상 무효확인소송은 적절한 권리구제수단이라 할 수 없어 확인소송의 또 다른 소송요건을 구비하지 못하고 있다 할 것이며, 위와 같이 직접적인 권리구제의 방법이 있는 이상 무효확인 소송을 허용하지 않는다고 해서 당사자의 권리구제를 봉쇄하는 것도 아니다(대법원 2008. 6. 12. 선고 2006두16328).

③ (×) 당사자소송에 대하여는 행정소송법 제23조 제2항의 집행정지에 관한 규정이 준용되지 아니하므로(행정소송법 제44조 제1항 참조), 이를 본안으로 하는 가처분에 대하여는 행정소송법 제8조 제2항에 따라 민사집행법상 가처분에 관한 규정이 준용되어야 한다(대법원 2015.08.21. 자2015무26).

④ (×) 행정소송법 제39조는, "당사자소송은 국가·공공단체 그 밖의 권리주체를 피고로 한다."라고 규정하고 있다. 이것은 당사자소송의 경우 항고소송과 달리 '행정청'이 아닌 '권리주체'에게 피고적격이 있음을 규정하는 것일 뿐, 피고적격이 인정되는 권리주체를 행정주체로 한정한다는 취지가 아니므로, 이 규정을 들어 사인을 피고로 하는 당사자소송을 제기할 수 없다고 볼 것은 아니다(대법원 2019. 9. 9. 선고 2016다262550).

10 정답 ③

ㄱ. (○) 고지절차에 관한 규정은 행정처분의 상대방이 그 처분에 대한 행정심판의 절차를 밟는데 있어 편의를 제공하려는데 있으며 처분청이 위 규정에 따른 고지의무를 이행하지 아니하였다고 하더라도 경우에 따라서는 행정심판의 제기기간이 연장될 수 있는 것에 그치고 이로 인하여 심판의 대상이 되는 행정처분에 어떤 하자가 수반된다고 할 수 없다(대법원 1987. 11. 24. 선고 87누529).

ㄴ. (×) 여러 처분사유에 관하여 하나의 제재처분을 하였을 때 그중 일부가 적법하지 않다고 하더라도 나머지 처분사유들만으로도 그 처분의 정당성이 인정되는 경우에는 그 처분을 위법하다고 보아 취소하여서는 아니 된다(대법원 2017. 6. 15. 선고 2015두2826).

ㄷ. (×) 교원소청심사위원회가 한 결정의 취소를 구하는 소송에서 그 결정의 적부는 결정이 이루어진 시점을 기준으로 판단하여야 하지만, 그렇다고 하여 소청심사 단계에서 이미 주장된 사유만을 행정소송의 판단대상으로 삼을 것은 아니다. 따라서 소청심사 결정 후에 생긴 사유가 아닌 이상 소청심사 단계에서 주장하지 아니한 사유도 행정소송에서 주장할 수 있고, 법원도 이에 대하여 심리·판단할 수 있다(대법원 2018. 7. 12. 선고 2017두65821).

ㄹ. (×) 행정법규 위반에 대하여 가하는 제재조치는 행정목적의 달성을 위하여 행정법규 위반이라는 객관적 사실에 착안하여 가하는 제재이므로 위반자의 고의·과실이 있어야만 하는 것은 아니나, 그렇다고 하여 위반자의 의무 해태를 탓할 수 없는 정당한 사유가 있는 경우까지 부과할 수 있는 것은 아니다(대법원 2014.12.24. 선고 2010두6700).

11 정답 ③

① (×) 행정청이 없게 된 때에는 그 처분등에 관한 사무가 귀속되는 국가 또는 공공단체를 피고로 한다.

행정소송법
제13조(피고적격) ① 취소소송은 다른 법률에 특별한 규정이 없는 한 그 처분등을 행한 행정청을 피고로 한다. 다만, 처분등이 있은 뒤에 그 처분등에 관계되는 권한이 다른 행정청에 승계된 때에는 이를 승계한 행정청을 피고로 한다.
② 제1항의 규정에 의한 행정청이 없게 된 때에는 그 처분등에 관한 사무가 귀속되는 국가 또는 공공단체를 피고로 한다.

② (×) 내부위임을 받은 북구청장은 원칙적으로 인천광역시장 명의로 처분을 해야하고, 이때 항고소송의 피고는 위임관청인 인천광역시장이다.

> **관련 판례**
>
> 행정관청이 특정한 권한을 법률에 따라 다른 행정관청에 이관한 경우와 달리 내부적인 사무처리의 편의를 도모하기 위하여 그의 보조기관 또는 하급행정관청으로 하여금 그의 권한을 사실상 행하도록 하는 내부위임의 경우에는 수임관청이 그 위임된 바에 따라 위임관청의 이름으로 권한을 행사하였다면 그 처분청은 위임관청이므로 그 처분의 취소나 무효확인을 구하는 소송의 피고는 위임관청으로 삼아야 한다(대법원 1991.10.8. 선고 91누520).

③ (O) 권한위임의 경우에는 수임관청인 에스에이치공사가 항고소송의 피고가 된다.

> **관련 판례**
>
> 에스에이치공사가 택지개발사업 시행자인 서울특별시장으로부터 이주대책 수립권한을 포함한 택지개발사업에 따른 권한을 위임 또는 위탁받은 경우, 이주대책 대상자들이 에스에이치공사 명의로 이루어진 이주대책에 관한 처분에 대한 취소소송을 제기함에 있어 정당한 피고는 에스에이치공사가 된다고 한 사례(대법원 2007. 8. 23. 선고 2005두3776).

④ (×) 피대행자인 농림축산식품부장관이 항고소송의 피고가 된다.

> **관련 판례**
>
> 대리기관이 대리관계를 표시하고 피대리 행정청을 대리하여 행정처분을 한 경우, 행정처분에 대한 항고소송의 피고적격(=피대리 행정청)
> 피고 농림축산식품부장관이 2016. 5. 12. 원고에 대하여 농지보전부담금 부과처분을 한다는 의사표시가 담긴 2016. 6. 20.자 납부통지서를 수납업무 대행자인 피고 한국농어촌공사가 원고에게 전달함으로써, 이 사건 농지보전부담금 부과처분은 성립요건과 효력 발생요건을 모두 갖추게 되었다(대법원 2017. 4. 13. 선고 2015두36331 판결 참조). 나아가 피고 한국농어촌공사가 '피고 농림축산식품부장관의 대행자'지위에서 위와 같은 납부통지를 하였음을 분명하게 밝힌 이상, 피고 농림축산식품부장관이 이 사건 농지보전부담금 부과처분을 외부적으로 자신의 명의로 행한 행정청으로서 항고소송의 피고가 되어야 하고, 단순한 대행자에 불과한 피고 한국농어촌공사를 피고로 삼을 수는 없다(대법원 2018. 10. 25. 선고 2018두43095).

12 정답 ①

① (×) 지방자치단체의 장이 기관위임된 국가행정사무를 처리하는 경우 그에 소요되는 경비의 실질적·궁극적 부담자는 국가라고 하더라도 당해 지방자치단체는 국가로부터 내부적으로 교부된 금원으로 그 사무에 필요한 경비를 대외적으로 지출하는 자이므로, 이러한 경우 지방자치단체는 국가배상법 제6조 제1항 소정의 비용부담자로서 공무원의 불법행위로 인한 같은 법에 의한 손해를 배상할 책임이 있다(대법원 1994. 12. 9. 선고 94다38137).

② (O) 일반적으로 공무원이 직무를 집행함에 있어서 관계 법규를 알지 못하거나 필요한 지식을 갖추지 못하여 법규의 해석을 그르쳐 잘못된 행정처분을 하였다면 그가 법률전문가가 아닌 행정직 공무원이라고 하여 과실이 없다고 할 수 없다(대법원 2020. 5. 14. 선고 2019다277126).

③ (O) 경찰관이 교통법규 등을 위반하고 도주하는 차량을 순찰차로 추적하는 직무를 집행하는 중에 그 도주차량의 주행에 의하여 제3자가 손해를 입었다고 하더라도 그 추적이 당해 직무 목적을 수행하는 데에 불필요하다거나 또는 도주차량의 도주의 태양 및 도로교통상황 등으로부터 예측되는 피해발생의 구체적 위험성의 유무 및 내용에 비추어 추적의 개시·계속 혹은 추적의 방법이 상당하지 않다는 등의 특별한 사정이 없는 한 그 추적행위를 위법하다고 할 수는 없다(대법원 2000. 11. 10. 선고 2000다26807,26814).

④ (O) 생명·신체의 침해로 인한 국가배상을 받을 권리는 양도하거나 압류하지 못한다(국가배상법 제4조). 반대해석하면 그 이외의 국가배상을 받을 권리는 양도나 압류가 금지되지 않는다.

13 정답 ②

① (O) 타인에게 위해를 끼칠 위험성이 있는 상태란 그 영조물을 구성하는 물적 시설 자체에 있는 물리적·외형적 흠결이나 불비로 인하여 그 이용자에게 위해를 끼칠 위험성이 있는 경우뿐만 아니라 그 영조물이 공공의 목적에 이용됨에 있어 그 이용 상태 및 정도가 일정한 한도를 초과하여 제3자에게 사회통념상 수인할 것이 기대되는 한도를 넘는 피해를 입히는 경우까지 포함한다고 보아야 할 것이다(대법원 2015.10.15. 선고 2013다23914).

② (×) 피해자가 소음피해 등을 용인하면서 접근한 것으로 인정될 수 있다면 가해자의 면책이 인정될 수도 있는데, 이는 어디까지나 생명이나 신체에 관련된 것이 아닌 정신적 고통이나 생활방해의 정도에 대한 것이다. 따라서 아무리 피해자가 소음피해를 용인하면서 접근한 것으로 인정될 수 있어도 생명이나 신체에 관련된 피해가 발생한 경우라면 가해자의 면책은 인정될 수 없어 국가배상책임이 인정되어야 한다.

> **관련 판례**
>
> 소음 등을 포함한 공해 등의 위험지역으로 이주하여 들어가서 거주하는 경우와 같이 위험의 존재를 인식하면서 그로 인한 피해를 용인하며 접근한 것으로 볼 수 있는 경우에, 그 피해가 직접 생명이나 신체에 관련된 것이 아니라 정신적 고통이나 생활방해의 정도에 그치고 그 침해행위에 고도의 공공성이 인정되는 때에는, 위험에 접근한 후 실제로 입은 피해 정도가 위험에 접근할 당시에 인식하고 있었던 위험의 정도를 초과하는 것이거나 위험에 접근한 후에 그 위험이 특별히 증대하였다는 등의 특별한 사정이 없는 한 가해자의 면책을 인정하여야 하는 경우도 있을 수 있을 것이나(대법원 2004. 3. 12. 선고 2002다14242 판결 참조), 일반인이 공해 등의 위험지역으로 이주하여 거주하는 경우라고 하더라도 위험에 접근할 당시에 그러한 위험이 존재하는 사실을 정확하게 알 수 없는 경우가 많고, 그 밖에 위험에 접근하게 된 경위와 동기 등의 여러 가지 사정을 종합하여 그와 같은 위험의 존재를 인식하면서 굳이 위험으로 인한 피해를 용인하였다고 볼 수 없는 경우에는 손해배상액의 산정에 있어 형평의 원칙상 과실상계에 준하여 감액사유로 고려하는 것이 상당하다(대법원 2005. 1. 27. 선고 2003다49566).

③ (O) 항공기가 토지의 상공을 통과하여 비행하는 등으로 토지의 사용·수익에 방해가 되어 손해배상책임이 인정되면, 소유자는 항공기의 비행 등으로 토지를 더 이상 본래의 용법대로 사용할 수 없게 됨으로 인하여 발생하게 된 재산적 손해와 공중 부분의 사용료 상당 손해의 배상을 청구할 수 있다(대법원 2016. 11. 10. 선고 2013다71098).

> **관련 판례**
>
> 토지의 상공에 고압전선이 통과하게 됨으로써 토지소유자가 토지 상공의 사용·수익을 제한받게 되는 경우, 특별한 사정이 없는 한 고압전선의 소유자는 토지소유자의 사용·수익이 제한되는 상공 부분에 대한 차임 상당의 부당이득을 얻고 있으므로, 토지소유자는 이에 대한 반환을 구할 수 있다. 이때 토지소유자의 사용·수익이 제한되는 상공의 범위

에는 고압전선이 통과하는 부분뿐만 아니라 관계 법령에서 고압전선과 건조물 사이에 일정한 거리를 유지하도록 규정하고 있는 경우 그 거리 내의 부분도 포함된다. 한편 고압전선의 소유자가 해당 토지 상공에 관하여 일정한 사용권원을 취득한 경우, 그 양적 범위가 토지소유자의 사용·수익이 제한되는 상공의 범위에 미치지 못한다면, 사용·수익이 제한되는 상공 중 사용권원을 취득하지 못한 부분에 대해서 고압전선의 소유자는 특별한 사정이 없는 한 차임 상당의 부당이득을 토지소유자에게 반환할 의무를 부담한다(대법원 2022. 11. 30. 선고 2017다257043).

④ (○) 공항의 소음피해를 인식하고 거주했더라도, 접근 당시에 인식했던 위험의 정도를 초과하는 피해가 발생했거나, 혹은 위험에 접근한 후에 그 위험이 특별히 증대된 경우라면 이 부분은 가해자의 면책이 인정될 수 없다.

관련 판례

소음 등을 포함한 공해 등의 위험지역으로 이주하여 들어가서 거주하는 경우와 같이 위험의 존재를 인식하면서 그로 인한 피해를 용인하며 접근한 것으로 볼 수 있는 경우에, 그 피해가 직접 생명이나 신체에 관련된 것이 아니라 정신적 고통이나 생활방해의 정도에 그치고 그 침해행위에 고도의 공공성이 인정되는 때에는, 위험에 접근한 후 실제로 입은 피해 정도가 위험에 접근할 당시에 인식하고 있었던 위험의 정도를 초과하는 것이거나 위험에 접근한 후에 그 위험이 특별히 증대하였다는 등의 특별한 사정이 없는 한 가해자의 면책을 인정하여야 하는 경우도 있을 수 있을 것이나(대법원 2004. 3. 12. 선고 2002다14242 판결 참조), 일반인이 공해 등의 위험지역으로 이주하여 거주하는 경우라고 하더라도 위험에 접근할 당시에 그러한 위험이 존재하는 사실을 정확하게 알 수 없는 경우가 많고, 그 밖에 위험에 접근하게 된 경위와 동기 등의 여러 가지 사정을 종합하여 그와 같은 위험의 존재를 인식하면서 굳이 위험으로 인한 피해를 용인하였다고 볼 수 없는 경우에는 손해배상액의 산정에 있어 형평의 원칙상 과실상계에 준하여 감액사유로 고려하는 것이 상당하다(대법원 2005. 1. 27. 선고 2003다49566).

14 정답 ②

① (○), ② (×) 공익사업을 위한 토지 등의 취득 및 보상에 관한 법률(이하 '공익사업법'이라고 한다)에 의한 **보상합의는 공공기관이 사경제주체로서 행하는 사법상 계약의 실질을 가지는 것으로서, 당사자 간의 합의로 같은 법 소정의 손실보상의 기준에 의하지 아니한 손실보상금을 정할 수 있으며**(=① 옳음), 이와 같이 **같은 법이 정하는 기준에 따르지 아니하고 손실보상액에 관한 합의를 하였다고 하더라도 그 합의가 착오 등을 이유로 적법하게 취소되지 않는 한 유효하다**. 따라서 공익사업법에 의한 보상을 하면서 손실보상금에 관한 당사자 간의 **합의가 성립하면 그 합의 내용대로 구속력이 있고, 손실보상금에 관한 합의 내용이 공익사업법에서 정하는 손실보상 기준에 맞지 않는다고 하더라도 합의가 적법하게 취소되는 등의 특별한 사정이 없는 한 추가로 공익사업법상 기준에 따른 손실보상금 청구를 할 수는 없다**(=② 틀림)(대법원 2013. 8. 22. 선고 2012다3517).

③ (○) **잔여 영업시설의 손실에 대한 보상을 받기 위해서는**, 토지보상법 제34조, 제50조 등에 규정된 **재결절차를 거친 다음 그 재결에 대하여 불복이 있는 때에 비로소** 토지보상법 제83조 내지 제85조에 따라 **권리구제를 받을 수 있을 뿐이다. 이러한 재결절차를 거치지 않은 채 곧바로 사업시행자를 상대로 손실보상을 청구하는 것은 허용되지 않는다**(대법원 2018. 7. 20. 선고 2015두4044).

④ (○) **잔여지 수용청구권**은 **손실보상**의 일환으로 토지소유자에게 부여되는 권리로서 그 요건을 구비한 때에는 잔여지를 수용하는 **토지수용위원회의 재결이 없더라도 그 청구에 의하여 수용의 효과가 발생하는 형성권적 성질**을 가지므로, 잔여지 수용청구를 받아들이지 않은 토지수용위원회의 재결에 대하여 토지소유자가 불복하여 제기하는 소송은 위 법 제85조 제2항에 규정되어 있는 '보상금의 증감에 관한 소송'에 해당하여 사업시행자를 피고로 하여야 한다(대법원 2010. 8. 19. 선고 2008두822).

15 정답 ②

① (○) **사립학교 교원에 대한 징계처분의 경우에는 학교법인 등의 징계처분은 행정처분성이 없는 것이고 그에 대한 소청심사청구에 따라 위원회가 한 결정이 행정처분이고** 교원이나 학교법인 등은 그 결정에 대하여 행정소송으로 다투는 구조가 되므로, **행정소송에서의 심판대상은 학교법인 등의 원 징계처분이 아니라 위원회의 결정이 되고, 따라서 피고도 행정청인 위원회가 되는 것이다**(대법원 2013. 7. 25. 선고 2012두12297).

② (×) **법원이 위원회의 결정을 취소한 판결이 확정된다고 하더라도 위원회가 다시 그 소청심사청구사건을 재심사하게 될 뿐 학교법인 등이 곧바로 위 판결의 취지에 따라 재징계 등을 하여야 할 의무를 부담하는 것은 아니다**(대법원 2013. 7. 25. 선고 2012두12297).

③ (○) 교원소청심사위원회(이하 '위원회'라 한다)의 결정은 처분청에 대하여 기속력을 가지고 이는 그 결정의 주문에 포함된 사항뿐 아니라 그 전제가 된 요건사실의 인정과 판단, 즉 처분 등의 구체적 위법사유에 관한 판단에까지 미친다. 따라서 위원회가 사립학교 교원의 소청심사청구를 인용하여 징계처분을 취소한 데 대하여 행정소송이 제기되지 아니하거나 그에 대하여 학교법인 등이 제기한 행정소송에서 법원이 위원회 결정의 취소를 구하는 청구를 기각하여 위원회 결정이 그대로 확정되면, 위원회 결정의 주문과 그 전제가 되는 이유에 관한 판단만이 학교법인 등 처분청을 기속하게 되고, 설령 판결 이유에서 위원회의 결정과 달리 판단된 부분이 있더라도 이는 기속력을 가질 수 없다. 그러므로 사립학교 교원이 어떠한 징계처분을 받아 위원회에 소청심사청구를 하였고, 이에 대하여 **위원회가 그 징계사유 자체가 인정되지 않는다는 이유로 징계양정의 당부에 대해서는 나아가 판단하지 않은 채 징계처분을 취소하는 결정을 한 경우, 그에 대하여 학교법인 등이 제기한 행정소송 절차에서 심리한 결과 징계사유 중 일부 사유는 인정된다고 판단이 되면 법원으로서는 위원회의 결정을 취소하여야 한다.** 이는 설령 인정된 징계사유를 기준으로 볼 때 당초의 징계양정이 과중한 것이어서 그 징계처분을 취소한 위원회 결정이 결론에 있어서는 타당하다고 하더라도 마찬가지이다. 위와 같이 행정소송에 있어 확정판결의 기속력은 처분 등을 취소하는 경우에 그 피고인 행정청에 대해서만 미치는 것이므로, 법원이 위원회 결정의 결론이 타당하다고 하여 학교법인 등의 청구를 기각하게 되면 결국 행정소송의 대상이 된 위원회 결정이 유효한 것으로 확정되어 학교법인 등도 이에 기속되므로, 위원회 결정의 잘못은 바로잡을 길이 없게 되고 학교법인 등도 해당 교원에 대한 적절한 재징계를 할 수 없게 되기 때문이다(대법원 2013. 7. 25. 선고 2012두12297).

④ (○) A대학교가 국립대학교인 경우, 甲에 대한 해임처분은 그 자체 행정처분의 법적 성격을 가지므로 그에 대해 소청심사를 청구하고 위원회의 결정이 있은 후 그에 불복하는 항고소송이 제기되더라도 그 심판대상은 원칙적으로 원처분인 해임처분이며(원처분주의), 위원회의 결

정에 고유한 위법이 있다면 그러한 경우에 한하여 甲은 위원회를 피고로 하여 그 결정에 대해 항고소송을 제기할 수 있다.

> **관련 판례**
>
> 국·공립학교 교원에 대한 징계처분의 경우에는 원 징계처분 자체가 행정처분이므로 그에 대하여 위원회에 소청심사를 청구하고 위원회의 결정이 있은 후 그에 불복하는 행정소송이 제기되더라도 그 심판대상은 교육감 등에 의한 원 징계처분이 되는 것이 원칙이다. 다만 위원회의 심사절차에 위법사유가 있다는 등 고유의 위법이 있는 경우에 한하여 위원회의 결정이 소송에서의 심판대상이 된다. 따라서 그 행정소송의 피고도 위와 같은 예외적 경우가 아닌 한 원처분을 한 처분청이 되는 것이지 위원회가 되는 것이 아니다. 또한 법원에서도 위원회 결정의 당부가 아니라 원처분의 위법 여부가 판단대상이 되는 것이므로 위원회 결정의 결론과 상관없이 원처분에 적법한 처분사유가 있는지, 그 징계양정이 적정한지가 판단대상이 되고(다만 위원회에서 원처분의 징계양정을 변경한 경우에는 그 내용에 따라 원처분이 변경된 것으로 간주되어 그 변경된 처분이 심판대상이 된다), 거기에 위법사유가 있다고 인정되면 위원회의 결정이 아니라 원 징계처분을 취소하게 되고, 그에 따라 후속절차도 원 징계처분을 한 처분청이 판결의 기속력에 따라 징계를 하지 않거나 재징계를 하게 되는 구조로 운영된다(대법원 2013. 7. 25. 선고 2012두12297).

16 정답 ①

ㄱ. (○) 보행자 신호기가 고장난 횡단보도 상에서 교통사고가 발생한 사안에서, **적색등의 전구가 단선되어 있었던 위 보행자 신호기는 그 용도에 따라 통상 갖추어야 할 안전성을 갖추지 못한 관리상의 하자가 있어 지방자치단체의 배상책임이 인정된다**고 한 사례(대법원 2007. 10. 26. 선고 2005다51235).

ㄴ. (○) 국가배상법 제2조 제1항 단서 규정은 군인 등 위 법률 규정에 열거된 사람이 전투, 훈련 등 직무집행과 관련하여 전사·순직하거나 공상을 입은 데 대하여 재해보상금, 유족연금, 상이연금 등 별도의 보상제도가 마련되어 있는 경우에는 이중배상의 금지를 위하여 이들의 국가에 대한 국가배상법 또는 민법상의 손해배상청구권 자체를 절대적으로 배제하는 규정이므로, 이들은 국가에 대하여 손해배상청구권을 행사할 수 없다(대법원 1992. 2. 11. 선고 91다12738 판결 등 참조). 따라서 다른 법령에 보상제도가 규정되어 있고, 그 법령에 규정된 요건에 해당되어 **군인 등에게 보상을 받을 수 있는 권리가 발생한 이상, 군인 등이 실제로 그 권리를 행사하였는지 또는 그 권리를 행사하고 있는지 여부에 관계없이 국가배상법 제2조 제1항 단서 규정이 적용**된다고 보아야 한다(대법원 2015. 11. 26. 선고 2015다226137).

ㄷ. (○) 공법인이 국가로부터 위탁받은 공행정사무를 집행하는 과정에서 공법인의 임직원이나 피용인이 고의 또는 과실로 법령을 위반하여 타인에게 손해를 입힌 경우에는, 공법인은 위탁받은 공행정사무에 관한 행정주체의 지위에서 배상책임을 부담하여야 하지만, **공법인의 임직원이나 피용인은 실질적인 의미에서 공무를 수행한 사람으로서 국가배상법 제2조에서 정한 공무원에 해당하므로 고의 또는 중과실이 있는 경우에만 배상책임을 부담하고 경과실이 있는 경우에는 배상책임을 면한다.** 한편 공무원의 중과실이란 공무원에게 통상 요구되는 정도의 상당한 주의를 하지 않더라도 약간의 주의를 한다면 손쉽게 위법·유해한 결과를 예견할 수 있는 경우임에도 만연히 이를 간과한 경우와 같이, 거의 고의에 가까운 현저한 주의를 결여한 상태를 의미한다(대법원 2021. 1. 28. 선고 2019다260197).

ㄹ. (○) **교차로의 진행방향 신호기의 정지신호가 단선으로 소등**되어 있는 상태에서 그대로 진행하다가 다른 방향의 진행신호에 따라 교차로에 진입한 차량과 충돌한 경우, 신호기의 적색신호가 소등된 기능상 결함이 있었다는 사정만으로 **신호기의 설치 또는 관리상의 하자를 인정할 수 없다**고 한 사례(대법원 2000. 2. 25. 선고 99다54004).

17 정답 ③

① (×), ④ (×) 사업양도계약이 무효라면 수리처분이 있어도 효력이 없다(①). 한편 사업양도계약이 무효라고 주장하는 양도인은 민사쟁송으로 양도계약의 무효를 구함이 없이 곧바로 수리처분에 대해 항고소송으로 무효확인을 구할 법률상 이익이 있다(④).

> **관련 판례**
>
> 사업양도·양수에 따른 허가관청의 지위승계신고의 수리는 적법한 사업의 양도·양수가 있었음을 전제로 하는 것이므로 그 수리대상인 사업양도·양수가 존재하지 아니하거나 무효인 때에는 수리를 하였다 하더라도 그 수리는 유효한 대상이 없는 것으로서 당연히 무효라 할 것이고, 사업의 양도행위가 무효라고 주장하는 양도자는 민사쟁송으로 양도·양수행위의 무효를 구함이 없이 막바로 허가관청을 상대로 하여 행정소송으로 위 신고수리처분의 무효확인을 구할 법률상 이익이 있다(대법원 2005. 12. 23. 선고 2005두3554).

② (×) 구 식품위생법 규정에 의하여 영업자지위승계신고를 수리하는 처분은 종전의 영업자의 권익을 제한하는 처분이라 할 것이고 따라서 종전의 영업자는 그 처분에 대하여 직접 그 상대가 되는 자에 해당한다고 봄이 상당하므로, 행정청으로서는 위 신고를 수리하는 처분을 함에 있어서 행정절차법 규정 소정의 당사자에 해당하는 종전의 영업자에 대하여 위 규정 소정의 행정절차(=사전통지 및 의견제출기회 등)를 실시하고 처분을 하여야 한다(대법원 2003. 2. 14. 선고 2001두7015).

③ (○) 양도인에 대한 허가가 취소된 경우, 사실상의 양수인이 이를 다툴 원고적격이 인정된다.

> **관련 판례**
>
> 산림법령이 수허가자의 명의변경제도를 두고 있는 취지는, 채석허가가 일반적·상대적 금지를 해제하여 줌으로써 채석행위를 자유롭게 할 수 있는 자유를 회복시켜 주는 것일 뿐 권리를 설정하는 것이 아니어서 관할 행정청과의 관계에서 수허가자의 지위의 승계를 직접 주장할 수는 없다 하더라도, 채석허가가 대물적 허가의 성질을 아울러 가지고 있고 수허가자의 지위가 사실상 양도·양수되는 점을 고려하여 수허가자의 지위를 사실상 양수한 양수인의 이익을 보호하고자 하는 데 있는 것으로 해석되므로, 수허가자의 지위를 양수받아 명의변경신고를 할 수 있는 양수인의 지위는 단순한 반사적 이익이나 사실상의 이익이 아니라 산림법령에 의하여 보호되는 직접적이고 구체적인 이익으로서 법률상 이익이라고 할 것이고, 채석허가가 유효하게 존속하고 있다는 것이 양수인의 명의변경신고의 전제가 된다는 의미에서 관할 행정청이 양도인에 대하여 채석허가를 취소하는 처분을 하였다면 이는 양수인의 지위에 대한 직접적 침해가 된다고 할 것이므로 양수인은 채석허가를 취소하는 처분의 취소를 구할 법률상 이익을 가진다(대법원 2003. 7. 11. 선고 2001두6289).

18 정답 ④

① (×) 행정청이 주택재개발사업의 조합설립추진위원회 구성을 승인하는 처분(=구성승인처분) (2011두8291) = 인가

② (×) **재개발조합설립인가신청에 대한 행정청의 조합설립인가처분은** 단순히 사인(私人)들의 조합설립행위에 대한 보충행위로서의 성질을 가지는 것이 아니라 법령상 일정한 요건을 갖추는 경우 **행정주체(공법인)의 지위를 부여하는 일종의 설권적 처분의 성질을 가진다고 보아야 한다.** 그러므로 구 도시 및 주거환경정비법(2007. 12. 21. 법률 제8785호로 개정되기 전의 것)상 재개발조합설립인가신청에 대하여 행정청의 조합설립인가처분이 있은 이후에는, 조합설립동의에 하자가 있음을 이유로 재개발조합 설립의 효력을 부정하려면 항고소송으로 조합설립인가처분의 효력을 다투어야 한다(대법원 2010. 1. 28. 선고 2009두4845).

③ (×) 구 도시 및 주거환경정비법(2012. 2. 1. 법률 제11293호로 개정되기 전의 것) 제20조 제3항은 **조합이 정관을 변경하고자 하는 경우에는 총회를 개최하여 조합원 과반수 또는 3분의 2 이상의 동의를 얻어 시장·군수의 인가를 받도록** 규정하고 있다. 여기서 **시장 등의 인가는 그 대상이 되는 기본행위를 보충하여 법률상 효력을 완성시키는 행위**로서 이러한 인가를 받지 못한 경우 변경된 정관은 효력이 없고, 시장 등이 변경된 정관을 인가하더라도 정관변경의 효력이 총회의 의결이 있었던 때로 소급하여 발생한다고 할 수 없다(대법원 2014. 7. 10. 선고 2013도11532).

> **비교 판례**
> 허가받을 것을 전제로 한 거래계약(허가를 배제하거나 잠탈하는 내용의 계약이 아닌 계약은 여기에 해당하는 것으로 본다)일 경우에는 허가를 받을 때까지는 법률상 미완성의 법률행위로서 소유권 등 권리의 이전 또는 설정에 관한 거래의 효력이 전혀 발생하지 않음은 위의 확정적 무효의 경우와 다를 바 없지만, 일단 허가를 받으면 그 계약은 소급하여 유효한 계약이 되고 이와 달리 불허가가 된 때에는 무효로 확정되므로 허가를 받기까지는 유동적 무효의 상태에 있다고 보는 것이 타당하다(대법원 1991. 12. 24. 선고 90다12243).

④ (○) [1] 토지 등 소유자들이 직접 시행하는 도시환경정비사업에서 **토지 등 소유자에 대한 사업시행인가처분은** 단순히 사업시행계획에 대한 보충행위로서의 성질을 가지는 것이 아니라 구 도시정비법상 **정비사업을 시행할 수 있는 권한을 가지는 행정주체로서의 지위를 부여하는 일종의 설권적 처분의 성격을 가진다.**

[2] 도시환경정비사업을 직접 시행하려는 **토지 등 소유자들은 시장·군수로부터 사업시행인가를 받기 전에는 행정주체로서의 지위를 가지지 못한다.** 따라서 그가 작성한 **사업시행계획은 인가처분의 요건 중 하나에 불과하고 항고소송의 대상이 되는 독립된 행정처분에 해당하지 아니한다**고 할 것이다(대법원 2013. 6. 13. 선고 2011두19994).

19 정답 ③

ㄱ. (○) 고시 또는 공고에 의하여 행정처분을 하는 경우, 그에 대한 취소소송 제소기간의 기산일은 고시 또는 공고의 효력발생일이며 고시 또는 공고가 있었다는 사실을 현실적으로 알았는지 여부에 관계없이 고시가 효력을 발생하는 날 행정처분이 있음을 알았다고 보아야 한다(대법원 2007.6.14. 선고 2004두619).

ㄴ. (×) **이의신청에 대한 결과를 통지받은 후 행정심판 또는 행정소송을 제기하려는 자는 그 결과를 통지받은 날**(제2항에 따른 통지기간 내에 결과를 통지받지 못한 경우에는 같은 항에 따른 통지기간이 만료되는 날의 다음 날을 말한다)**부터 90일 이내에 행정심판 또는 행정소송을 제기할 수 있다**(행정기본법 제36조 제4항).

ㄷ. (×) 상대방 있는 행정처분은 특별한 규정이 없는 한 의사표시에 관한 일반법리에 따라 상대방에게 고지되어야 효력이 발생하고, 상대방 있는 행정처분이 상대방에게 고지되지 아니한 경우에는 상대방이 다른 경로를 통해 행정처분의 내용을 알게 되었다고 하더라도 행정처분의 효력이 발생한다고 볼 수 없다(대법원 2019. 8. 9. 선고 2019두38656). → 따라서 위 통보서를 송달받기 이전에는 아직 처분의 효력이 발생하지 않아 제소기간이 진행될 수 없고, 송달이 이루어져 현실적으로 알게 된 날이 제소기간의 기산점이 된다.

> **관련 판례**
> 지방보훈청장이 허혈성심장질환이 있는 甲에게 재심 서면판정 신체검사를 실시한 다음 종전과 동일하게 전(공)상군경 7급 국가유공자로 판정하는 '고엽제후유증전환 재심신체검사 무변동처분'통보서를 송달하자 甲이 위 처분의 취소를 구한 사안에서, 위 처분이 甲에게 고지되어 처분이 있다는 사실을 현실적으로 알았을 때 행정소송법 제20조 제1항에서 정한 제소기간이 진행한다고 보아야 함에도, 甲이 통보서를 송달받기 전에 자신의 의무기록에 관한 정보공개를 청구하여 위 처분을 하는 내용의 통보서를 비롯한 일체의 서류를 교부받은 날부터 제소기간을 기산하여 위 소는 90일이 지난 후 제기한 것으로서 부적법하다고 본 원심판결에 법리를 오해한 위법이 있다고 한 사례(대법원 2014. 9. 25. 선고 2014두8254).

ㄹ. (×) 당초처분이 소송의 대상이며, 제소기간 준수 여부도 이를 기준으로 한다. 한편 당초처분이 행정심판 재결을 거친 경우에 해당하므로 재결서 정본을 송달받은 날로부터 90일 이내에 당초처분에 대한 취소소송을 제기하여야 한다.

> **관련 판례**
> 행정청이 식품위생법령에 따라 영업자에게 행정제재처분을 한 후 그 처분을 영업자에게 유리하게 변경하는 처분을 한 경우, 변경처분에 의하여 낭초 처분은 소멸하는 것이 아니고 당초부터 유리하게 변경된 내용의 처분으로 존재하는 것이므로, 변경처분에 의하여 유리하게 변경된 내용의 행정제재가 위법하다 하여 그 취소를 구하는 경우 그 취소소송의 대상은 변경된 내용의 당초 처분이지 변경처분은 아니고, 제소기간의 준수 여부도 변경처분이 아닌 변경된 내용의 당초 처분을 기준으로 판단하여야 한다(대법원 2007.04.27. 선고 2004두9302).

20 정답 ③

① (○) 국가에 대한 텔레비전수신료부과처분에 대해서도 사전통지, 의견청취, 이유제시와 관련한 행정절차법이 적용되어야 한다고 본 사례

> **관련 판례**
> 행정절차법 제2조 제4호에 의하면, '당사자 등'이란 행정청의 처분에 대하여 직접 그 상대가 되는 당사자와 행정청이 직권 또는 신청에 의하여 행정절차에 참여하게 한 이해관계인을 의미하는데, 같은 법 제9조에서는 자연인, 법인, 법인 아닌 사단 또는 재단 외에 '다른 법령 등에 따라 권리·의무의 주체가 될 수 있는 자'역시 '당사자 등'이 될 수 있다고 규정하고 있을 뿐, 국가를 '당사자 등'에서 제외하지 않고 있다. 또한 행정절차법 제3조 제2항에서 행정절차법이 적용되지 않는 사항을 열거하고 있는데, '국가를 상대로 하는 행정행위'는 그 예외사유에 해당하지 않는다. 위와 같은 행정절차법의 규정과 행정의 공정성·투명성 및

신뢰성 확보라는 행정절차법의 입법 취지 등을 고려해 보면, 행정기관의 처분에 의하여 불이익을 입게 되는 **국가를 일반 국민과 달리 취급할 이유가 없다**. 따라서 **국가에 대해 행정처분을 할 때에도 사전 통지, 의견청취, 이유 제시와 관련한 행정절차법이 그대로 적용된다**고 보아야 한다(대법원 2023. 9. 21. 선고 2023두39724).

② (○) 행정절차법 시행령에 의하면, 조세관계법령에 의한 조세의 부과·징수에 관한 사항은 행정절차법이 직접 적용되지는 않는다. 그러나 헌법상 적법절차의 원칙은 행정작용에도 적용되고 그러한 적법절차원칙의 기본정신은 과세처분에 대해서도 그대로 적용되어야 한다.

> **관련 판례**
>
> [1] 헌법상 적법절차의 원칙은 형사소송절차뿐만 아니라 국민에게 부담을 주는 행정작용에서도 준수되어야 하므로, 그 기본 정신은 과세처분에 대해서도 그대로 관철되어야 한다. 행정처분에 처분의 이유를 제시하도록 한 행정절차법이 과세처분에 직접 적용되지는 않지만(행정절차법 제3조 제2항 제9호, 행정절차법 시행령 제2조 제5호), 그 기본 원리가 과세처분의 장면이라고 하여 본질적으로 달라져서는 안 되는 것이고 이를 완화하여 적용할 하등의 이유도 없다.
>
> [2] 개별 세법에 납세고지에 관한 별도의 규정이 없더라도 국세징수법이 정한 것과 같은 납세고지의 요건을 갖추지 않으면 안 된다는 것이고, 이는 적법절차의 원칙이 과세처분에도 적용됨에 따른 당연한 귀결이다. 같은 맥락에서, 하나의 납세고지서에 의하여 복수의 과세처분을 함께 하는 경우에는 과세처분별로 그 세액과 산출근거 등을 구분하여 기재함으로써 납세의무자가 각 과세처분의 내용을 알 수 있도록 해야 하는 것 역시 당연하다고 할 것이다(대법원 2012.10.18. 선고 2010두12347).

③ (×) 보건복지부장관이 작성한 「보육사업안내」에 평가인증취소의 절차에 관한 사항을 일부 정하고 있다 하더라도 이러한 사정만으로 행정절차법 제3조 제1항이 정한 '다른 법률에 특별한 규정이 있는 경우'에 해당하여 **평가인증취소에 행정절차법 적용이 배제된다고 보기 어렵다**(대법원 2016. 11. 9. 선고 2014두1260).

④ (○) 생도에 대한 퇴학처분과 같이 신분을 박탈하는 징계처분은 행정절차법 적용이 제외되는 경우가 아니다. 즉, 행정절차법이 적용된다.

> **관련 판례**
>
> 행정절차법의 적용이 제외되는 공무원 인사관계 법령에 의한 처분에 관한 사항이란 성질상 행정절차를 거치기 곤란하거나 불필요하다고 인정되는 처분이나 행정절차에 준하는 절차를 거치도록 하고 있는 처분에 관한 사항만을 말하는 것으로 보아야 한다. 이러한 법리는 '공무원 인사관계 법령에 의한 처분'에 해당하는 육군3사관학교 생도에 대한 퇴학처분에도 마찬가지로 적용된다. 그리고 행정절차법 시행령 제2조 제8호는 '학교·연수원 등에서 교육·훈련의 목적을 달성하기 위하여 학생·연수생들을 대상으로 하는 사항'을 행정절차법의 적용이 제외되는 경우로 규정하고 있으나, 이는 교육과정과 내용의 구체적 결정, 과제의 부과, 성적의 평가, 공식적 징계에 이르지 아니한 질책·훈계 등과 같이 교육·훈련의 목적을 직접 달성하기 위하여 행하는 사항을 말하는 것으로 보아야 하고, **생도에 대한 퇴학처분과 같이 신분을 박탈하는 징계처분은 여기에 해당한다고 볼 수 없다**(대법원 2018. 3. 13. 선고 2016두33339).

MEMO
언제나 열정~! 열정~! 열정~!

MEMO

언제나 열정~! 열정~! 열정~!

MEMO
언제나 열정~! 열정~! 열정~!

언제나 열정~! 열정~! 열정~!

한수성
임팩트
행정법
총론
동형모의고사

....

초판발행 2024년 01월 24일
개정1판 2025년 02월 17일

편저자 한수성
발행인 양승윤
발행처 ㈜용감한컴퍼니
등록번호 제2016-000098호
전화 070-4603-1578
팩스 070-4850-8623
이메일 book@bravecompany.io
ISBN 979-11-6743-564-4
정가 20,000원

이 책은 ㈜용감한컴퍼니가 저작권자와의 계약에 따라 발행한 것이므로
본사의 허락 없이는 어떠한 형태나 수단으로도 이 책의 내용을 이용하지 못합니다.
잘못된 책은 구입처에서 교환해 드립니다.

한수성 임팩트 행정법 총론
동형모의고사

7·9급 공무원 시험 대비!
최신출제경향 및
개정법령, 판례 모두 반영

다양한 문제,
빠짐없는 지문 구성과
디테일한 해설로 빈틈없는 학습 가능

실제 시험과
가장 유사한 모의고사로
실전 완벽 대비 및 핵심 개념 최종 점검

검색창에 '임팩트행정법총론'을 검색해보세요.

 임팩트행정법총론 ▼

모두공 www.modoogong.com | 모두소 www.modoofire.com
공단기 www.gong.conects.com | 한수성 임팩트행정법 cafe.naver.com/impacthan

공부한 내용이 바로 점수에 영향을 주는
한수성 임팩트행정법 교재

한수성
임팩트행정법총론
(전2권 + 법령집)
50,000원

기본서

한수성
임팩트행정법총론
단원별 기출문제(전2권)
44,000원

기출

한수성
임팩트행정법
한마디
38,000원

기본서 요약

한수성
임팩트행정법
다나문
25,000원

문제 요약

한수성
임팩트행정법총론
동형모의고사
20,000원

최종 완성

* 해당 도서는 각종 인터넷 서점 및 모두공 홈페이지에서 구매하실 수 있습니다.
한수성 임팩트행정법 〈모두공〉에서 많은 자료를 활용하실 수 있습니다.

열정 가득한 당신, 행정법 공부 열심히 할 준비가 되셨죠?

기출 중심의 임팩트있는 핵심 논점 학습

POINT 1

기출 중심학습 + 핵심 논점 제지 + 컴팩트한 커리큘럼

POINT 2

- **이론** — 고득점을 향한 첫걸음
  개념 이해를 통한 판례 학습 분량의 최소화 및 완벽한 단권화

- **OX** — 약점체크 & 빠른 회독
  효율적인 출제 포인트 파악 OX로 빠르게 지문 습득

- **기출** — 사례형 및 법령문제 분석
  문제풀이에 대한 적응력 상승 기출을 통한 출제유형 완벽 학습

한수성 임팩트행정법 커리큘럼

4월	5월	6월	7월	8월	9월
기초	올인원			기출	

10월	11월	12월	1월	2월	3월
한마디&다나문			동형		최신판례&파이널

*교재의 경우 개강 일정에 맞춰 출간 예정   **커리큘럼의 경우 사정에 따라 조정 가능   ***특강의 경우는 별도로 안내 예정